»WIR SOLLTEN UNS KENNENLERNEN!«

JÖRG TER VEER

»WIR SOLLTEN UNS KENNENLERNEN!«

EINE ZU 99 % WAHRE GESCHICHTE
ÜBER MEINE ATEMBERAUBENDE PARTNERSUCHE
NACH DER SCHEIDUNG

SCHWARZKOPF & SCHWARZKOPF

INHALT

PROLOG 9

1. RAUS AUS DEM LAUFSTALL 11

2. THE WIND JUST KIND OF PUSHED ME … 16

3. LERNKURVE 19

4. SIE SPIELT CELLO 25

5. DREI NÜSSE … 27

6. … FÜR ASCHENPUTTEL 31

7. AUS REINER NEUGIERDE 33

8. ZAHLTAG 40

9. DIE EINHUNDERTVIER-PUNKTE-FRAU 45

10. SEKUNDENBRUCHTEILE 49

11. WIMPELSAMMLUNG UND GOLDRAHMEN 54

12. DAS ERSTE HERZFLIMMERN 59

13. VAGINALORGASMUS 65

14. DER ADMINISTRATOR 72

15. EM@IL FÜR DICH 76

16. DIE NOBLE AUS DEM VORALPENLAND 83
17. DIE VIRTUELLE FALLE 89
18. DOPPELTER FALLRÜCKZIEHER 95
19. LAND IN SICHT? 102
20. ZWISCHENTREFFEN 107
21. NÄGEL MIT KÖPFEN 115
22. AM ABGRUND DER LIEBE 117
23. PARTNERSUCHE RELOADED 124
24. EIN GELBER KASTEN 126
25. EROTIK DES VIRTUELLEN SCHWEIGENS 130
26. SAUFWETTEN EINER PHARMAREFERENTIN 133
27. CINDYS WORTE 139
28. EIN JUNKIE AUF YOUTUBE 144
29. NEUES SPIEL FÜR NEUES GLÜCK 147
30. RENNPFERD 154
31. NICHT IM HIER UND JETZT 158
32. LIFESTYLE BLOG 163

33. KAMPFSPORT 174
34. AUSZEIT IM CLUB 181
35. DAS GRUNDELEMENT WASSER 188
36. RÜCKKEHR 195
37. HALBWERTZEIT 200
38. OBERLIPPE 203
39. NIEMALS DEN GLEICHEN WEG ZURÜCK 208
40. SCHLOSSPARK, DIE ZWEITE! 212
41. HERBSTFLATTERN 216
42. TRAUMFRAU MIT TÜCKEN 222
43. UNTER WASSER 229
44. ALTE STRÖMUNG 233
45. RASENMÄHERIN 237
46. DOPPELTER KLICK, DOPPELTES GLÜCK? 239
47. WIR SOLLTEN UNS KENNENLERNEN! 243
48. TÜBINGEN – KÖLN 249
49. DIES UND DAS UND ANDERES 253

50. ÜBER SUSHI UND MUT ... 259

51. CRÈME DE LA CRÈME ... 267

52. COUNTDOWN? ... 275

53. POP ... 279

54. TÄNZELNDE FISCHE ... 285

55. DAMENBESUCH ... 290

56. DUNKELBLAU ... 299

57. TACHELES ... 305

58. JUWELENDÄMMERUNG ... 316

59. GEBURTSTAGSÜBERRASCHUNGEN ... 322

EPILOG ... 329

WAS BLEIBT? MEIN PLÄDOYER ... 332

PROFILAUSZÜGE ... 338
JÖRG TER VEER, AUSZÜGE AUS DEM PROFIL VON 2010 • JÖRG TER VEER, AUSZÜGE AUS DEM PROFIL 2014 • AUSZÜGE AUS DEM PROFIL MEINER FREUNDIN (2014) • SO PASSEN SIE ZUSAMMEN

DANKE ... 349

Ich widme dieses Buch allen mehr oder weniger alleine erziehenden Menschen, die jeden Tag dafür sorgen, dass die wertvolle Familiennormalität keine Risse bekommt, während sie nebenher nach der Liebe Ausschau halten.

Der Inhalt der folgenden Geschichte ist aus meiner Erinnerung rekonstruiert. Bei manchen Details des Geschehens war ich mir im Nachhinein bezüglich der genauen Reihenfolge nicht mehr ganz sicher. Dies möge mir der Leser bei über hundert Blind Dates und einer beträchtlich höheren Zahl an Mail- und Internetkontakten nachsehen. Die in diesem Buch erwähnten Personen sind außerdem zum eigenen Schutz mit geänderten Namen, Orten und Merkmalen erwähnt, sodass von den individuellen Schilderungen nicht auf die jeweilige Identität geschlossen werden kann. Insofern enthält dieses Buch natürlich nur eine zu 99 % wahre Geschichte.

PROLOG

Die ganze Sache begann, als die Kulisse meines Lebens zu gleichen Teilen aus Ende und Anfang bestand. Ich war Mitte vierzig, und mein Flirt-Selbstvertrauen steuerte nicht gerade einem Jahrhunderthoch entgegen. Die Partnersuche hatte dreizehn Jahre lang keine Rolle in meinem Leben gespielt, und ich konnte letztendlich nicht verhindern, was ich meinen eigenen Kindern immer ersparen wollte: eine Trennung! Das Ende unserer Ehe war von endlosen Gesprächen, einer Paartherapie und einem Coaching begleitet worden, und ich fühlte mich nach diesem Moloch defizitär. Es gab zwar keine verletzenden Affären und somit auch keinen hastigen Übergang in neue Partnerschaften, aber wir hatten unser Scheitern dem Kind beibringen müssen, mit bebendem Herzen, einigen offenen und vielen stillen Tränen und mit dem Bedürfnis, die eigene Liebe für die Tochter zu verdoppeln, um den Verlust für sie zu kompensieren. All das macht traurig und nicht selbstbewusst.

Unsere damals elfjährige Tochter wurde nach der Wohnungstrennung wechselseitig von uns betreut, meine zweite Tochter aus früherer Beziehung war bereits erwachsen und lebte in meiner Geburtsstadt Düsseldorf. Nach dem Auszug meiner Frau wohnte ich weiterhin in unserem kleinen Ort in der Nähe von Heidelberg und legte für meinen Job weiterhin jeden Tag hundert Kilometer mit dem Auto zurück. Neben dem Geldverdienen und der Kinderbetreuung an drei bis vier Wochentagen musste ich natürlich einkaufen (in der Mittagspause), kochen (abends), Wäsche aufhängen (morgens) und die Raumpflege erledigen (meist am Wochenende). Außerdem trieb ich weiterhin etwas Sport (morgens früh als Alternative zum Wäscheaufhängen), und so blieb wenig Zeit für andere Dinge.

Nichtsdestotrotz wurde mein Kopf langsam frei, denn die Trennung hatte sich über zwei zähe, schwere Jahre hingezogen, und ich konnte es kaum erwarten, das Leben selbstbestimmt zu genießen.

Vor allem wollte ich so schnell wie möglich eine neue Freundin finden, jemanden, mit dem ich endlich alles richtig machen und das Leben so teilen konnte, dass genügend Glück für beide übrig blieb. Aber wo würde ich eine solche Frau kennenlernen? Mir fehlte selbst an kinderfreien Tagen die Lust und Ausdauer, mich abends in Diskotheken oder Bars herumzutreiben, denn ich war nach meinem Tagespensum meist ausgelaugt. Außerdem kannte ich die richtigen Orte und Leute dafür nicht. Ich hatte keinen »besten Single-Freund« für nächtliche Streifzüge, denn bereits *vor* meiner Ehe hatte ich mich in zwei Umzugsetappen immer weiter von der rheinischen Heimat entfernt, und so bestand mein Freundeskreis mittlerweile nur noch aus Paaren mit Kindern, denen die Augen selbst am Wochenende spätestens um dreiundzwanzig Uhr zufielen. Die Partnersuche im Internet kam mir nicht in den Sinn, denn sie war damals noch nicht so naheliegend und verbreitet wie heute. Der Arbeitsplatz schied als Partnerbörse ebenfalls aus, und so hatte ich keinen Schimmer, auf welcher Straße genau ich mein Glück suchen sollte.

Aber wie so oft im Leben fing dann alles irgendwann ganz harmlos an, bevor mein Dasein eine atemberaubende Geschwindigkeit aufnahm. Ich ahnte noch nichts von der Schlagzahl der kommenden Jahre, den unerwartet langen und überraschend kurzen Achterbahnfahrten. Diesen als harmlosen Zufall verkleideten Auftakt meiner Zukunft erlebte ich im Auto, während ich vor einer der vielen roten Ampeln in Heidelberg stand und gedankenverloren aus dem Fenster schaute. Irgendwann realisierte ich, dass ich sekundenlang auf ein Plakat am Straßenrand gestarrt hatte. Ich zog meine Brille auf und las: Ü30-Party! Ich glaube, das Plakat war blau und meine Brille ganz sicher rosarot.

1

RAUS AUS DEM LAUFSTALL

Der Juni 2010 begann hochsommerlich. In der ersten Woche kletterte das Thermometer im Delta bereits zweimal über dreißig Grad, und so durfte es von mir aus weitergehen. Licht und Luft sollten in mein Leben treten und gerne auch wieder die Liebe. Hoffentlich. Bald.

Ich war noch nie zuvor alleine auf einer Ü30-Party gewesen. Entweder hatte ich diese Partys früher im U40-Stadium noch ausgeblendet, oder sie wurden tatsächlich erst einige Jahre nach meiner Heirat erfunden. Ich unternehme hin und wieder ganz gerne etwas alleine, gehe zum Beispiel mit einer Zeitschrift oder einem Buch bewaffnet und ohne nennenswerte Minderwertigkeitskomplexe in ein Restaurant oder auch mal ins Kino. Und mit genau dieser Selbstverständlichkeit könnte ich doch ebenfalls alleine ein Ü30-Event besuchen, dachte ich.

Seit dem einvernehmlichen Auszug meiner Frau waren einige Wochen vergangen, und nun, kurz nach der Begegnung mit dem Plakat am Straßenrand, besaß ich genügend Mut und ausreichend Naivität, um dieses Vorhaben in Angriff zu nehmen. In den wenigen Tagen vor dem Wochenende freundete ich mich immer mehr mit der Idee an, ohne große Erwartungen dort hinzufahren, ein bisschen zu tanzen, die zwanglose Abwechslung zu genießen, und falls ich wirklich jemanden kennenlernen sollte, käme halt noch ein Hauptgewinn obendrauf. Sollte das Ambiente oder die Musik nicht nach meinem Geschmack sein, würde ich einfach wieder nach Hause fahren und keiner etwas davon mitbekommen. Ich wollte meine zwanglose, aber noch sehr zaghafte Partnersuche auf keinen Fall im Bekanntenkreis zur Schau zu stellen. Zum einen war mir die Offenlegung dieses aus meiner Sicht eher intimen Vorhabens unangenehm, und zum anderen wollte ich, dass meine Tochter von derartigen Gerüchten oder Schilderungen verschont bleibt. Da die Party »in der Stadt« und nicht in meinem Wohnort stattfand, würde niemand von dem kleinen Experiment erfahren, geschweige denn, sich anschließend über *»den Typen, der jetzt von seiner Frau getrennt wohnt und am Wochenende immer auf den Ü30-Partys Frauen anglotzt«* lustig machen. Ich glotzte Frauen schon damals nie an, sondern dosierte den Blickkontakt immer angemessen. Aber das »Stille-Post-Prinzip« in kleinen Orten hat sicher schon manch unbescholtenen Familienvater im Handumdrehen als gefährlichen Stalker gebrandmarkt.

Am frühen Ü30-Samstagabend zog ich mir also ein lässiges Outfit an (Jeans und Langarm-T-Shirt – kein Hemd!), trug nicht zu viel Eau de Cologne auf und steckte ein paar Kaugummis und lose Geldscheine in meine Hosentasche, um unerotische Gesäßbeulen durch eine dicke Brieftasche zu vermeiden. Ich war entspannt, ausgeschlafen und ein wenig stolz auf meine anonyme Unternehmungslust, die ja vielleicht sogar mit einem Hauptgewinn belohnt würde, wenn die Frau fürs Leben zufällig an mir vorbeitanzte. Ich stieg ins Auto, fuhr los und öffnete nach wenigen Metern das Sonnendach meines biederen Passat-Familien-Kombis. Anschließend drehte ich die Musik etwas lauter und genoss die Fahrt durch den abendlichen Hochsommer. Ich wählte die Route durch das Neckartal mit dem Fluss und dem Heidelberger Schloss zur Linken, während sich aus den Lautsprechern die samtige Stimme von Robbie Robertsons *Somewhere Down the Crazy River* im Wagen ausbreitete. Wenige Minuten nachdem ich die historische Schlossruine links liegen gelassen hatte, drehte ich die Musik etwas leiser, bevor ich auf die Schottereinfahrt zum Parkplatz einbog. Ich wollte mir mein Ü30-Image nicht gleich am Anfang mit einer wummernden Passat-Blechdose versauen. Mein Blick schweifte über den bereits gut gefüllten Parkplatz, und kurz darauf ließ ich meinen Wagen in eine der freien Lücken rollen. Den nächsten Refrain wartete ich noch ab, dann schloss ich das Sonnendach und zog den Schlüssel aus dem Zündschloss. Als ich ausstieg, drangen die letzten wärmenden Strahlen der tief stehenden Sonne durch die Blätter der großen Kastanienbäume auf dem weitläufigen Areal vor dem Club. Mitten durch diese Licht- und Schattenspiele steuerte ich neugierig und selbstbewusst auf den Eingangsbereich zu, wo der Startschuss für mein Wochenende fallen sollte. Als ich gerade das Eintrittsgeld aus meiner Hosentasche fingerte, sprach mich jemand von hinten an: »Hallo! Was machst du denn hier?« War das schon mein Hauptgewinn? Nein! Es war die Schwester meiner früheren Nachbarin. Diese Nachbarin lebte nicht nur in meinem Ort, sondern war auch eine enge Vertraute meiner Ex-Frau. Zwar war sie mir ebenso wenig feindlich gesinnt wie meine Ex-Frau, aber vermutlich besaß sie ein ausgeprägtes Interesse an meiner derzeitigen Freizeitgestaltung. Aber es stand ja nur die Schwester und nicht die Nachbarin vor mir, und diese Schwester wohnte über fünfzig Kilometer von meinem Ort entfernt. Sie kannte weder meine persönliche Situation, noch war sie mit meiner Ex-Frau befreundet. Alles halb so schlimm also.

»Claudia ist auch hier, ich übernachte heute bei ihr!«, ergänzte sie freudestrahlend.

Okay, also doch die Nachbarin, die wie aufs Stichwort nun auch vom Parkplatz auf uns zueilte. Meine selbstbewusste Neugierde reduzierte sich urplötzlich auf das Existenzminimum, und obwohl (oder weil?) ich eine gewisse Freude im Blick der Schwester bemerkte, verpufften in meiner Fantasie augenblicklich alle diffusen Bilder von großen Losen und weiblichen Hauptgewinnen. Es ist, wie es ist, dachte ich, Augen zu und durch, denn jetzt auf dem Absatz umzukehren wäre weitaus merkwürdiger und würde die Ü30-Gerüchteküche in meinem Ort mindestens genauso anheizen. Wir bezahlten gemeinsam den Eintrittspreis, ich betrieb freundlichen Small Talk, durchzogen von Gefasel wie »noch nie hier gewesen und zufällig Zeit gehabt«, worauf ich von der inzwischen unübersehbar euphorischen Schwester eine kurze Einführung in die verschiedenen Dancefloors und den Live Act im Erdgeschoss bekam – eine AC/DC-Coverband, wie toll! Auf der Eingangstreppe flöteten wir uns ein von meiner Seite äußerst unaufrichtiges »Bis später!« zu, denn als die Damen sich nach oben begaben, verspürte ich plötzlich den dringenden Wunsch, doch die AC/DC-Coverband im Erdgeschoss zu begutachten. Das lag nicht an der Band, sondern am Erdgeschoss. Hier war ich anonym und befand mich auf absolut sicherem Terrain, denn welche Frau hört schon AC/DC? Selbst ich höre schon lange nicht mehr AC/DC. Und später könnte ich ja zu den anderen Dancefloors tigern, dann wäre es sicher voll genug, sodass die Nachbarin und ihre paarungswillige Schwester nicht mehr meine Wege kreuzten.

Die Band spielte noch nicht, es lief gedämpfte Hintergrundmusik (natürlich Hardrock zur Einstimmung auf Hardrock), und ich konnte mir in Ruhe etwas zu trinken besorgen. Der Raum war erst zu einem Viertel gefüllt, und der Mann am Mischpult sortierte noch seine Einstellungen. Manche der tröpfchenweise hereinströmenden Gäste belegten zielstrebig die guten Stehplätze, wo man sein Glas zum Beispiel auf einem Sideboard an der Wand abstellen konnte, den Raum und die Band im Überblick hatte und nicht direkt vor den Lautsprechern ums Überleben kämpfen musste. Einen solchen Platz hatte ich ebenfalls eingenommen, als die Musiker kurze Zeit später einer nach dem anderen die Bühne betraten, den ersten Song anzählten und loslegten. Sie spielten wirklich nicht schlecht, und als ich während des Refrains meinen Kopf kurz nach rechts drehte, stand urplötzlich wieder die Schwester der Nachbarin neben mir. Sie musste über irgendeine Rumpelstilzchen-Nebelwolke oder eine unterirdische Hebebühne verfügen, denn sie schien von einer Sekunde auf die andere aufgetaucht zu sein. Oder verlieh die Euphorie ihr Flügel? Ich hätte mich besser verstecken sollen, dachte ich, von wegen »Frauen mögen AC/DC nicht«. Sie tippte mir prompt auf die Schulter, kam mit ihrem Gesicht bedenklich nah an mein Ohr und teilte mir brüllend mit, dass die Band toll sei und sie diese schon öfter gesehen habe. Ich fand die Band auch toll, inzwischen jedoch nur, weil sie so laut spielten, dass wir uns nicht vernünftig weiter unterhalten konnten – obwohl mir das sowieso nicht mehr möglich war, denn ich hörte für ein paar Minuten nur noch sehr wenig auf dem Ohr, in das die Schwester aus einem Zentimeter Entfernung gebrüllt hatte. Sie strahlte mich an, ich nickte ihr einige Male freundlich zu, schonte fortan meine Stimme (und das rechte Ohr), nippte an meinem Grapefruit-Weizen mit reduziertem Alkoholgehalt (Auto fahren!), wippte augenscheinlich angetan zu den alten Hardrock-Klassikern und vermied jeden weiteren Blickkontakt mit der Dame rechts neben mir, indem ich hoch konzentriert jedes noch so kleine Detail des Bühnengeschehens verfolgte. Wenige Minuten später stieß natürlich prompt die Nachbarin zu uns. Sie deutete meine Fokussierung auf die Bühne allerdings richtig und merkte, dass mir die Situation unangenehm war. Auf ihre Initiative hin machten sich die beiden in der Pause nach dem ersten Set wieder auf den Weg in die anderen Stockwerke. Die Nachbarin rief mir zu: »Ich will jetzt tanzen, viel Spaß!«, zog ihre immer noch aufgekratzt grinsende Schwester hinter sich her, und weg waren die beiden.

Meine Partynacht hatte noch nicht begonnen, und ich wäre am liebsten wieder nach Hause gefahren. Ich fühlte mich nicht nur ein wenig ertappt, sondern vor allem bis über beide Ohren beobachtet, auch wenn das rechte Ohr nur noch eingeschränkt funktionierte. Der Rest des Abends ist schnell erzählt. Ich schlenderte einige Male durch die verschiedenen Stockwerke, und die Musik gefiel mir auf dem noch intakten Ohr ganz gut. Aber alle Gäste wirkten auf mich wie eine große, seit Jahren eingeschworene WG. Selbst wenn ich irgendeine Dame hätte ansprechen wollen – mein fehlender Mut hätte es verhindert. Die einzelnen WG-Grüppchen wirkten wie kleine Festungen, in die ich nicht eindringen konnte, und ich kam mir vor wie der Typ, der in dieser WG sowieso nie aufgenommen wird. Ich erinnere mich nicht einmal, ob mir auf den ersten Blick jemand gefiel. Wahrscheinlich weil mein inneres Auge den ersten

Blick meist auf das etwas jämmerliche Außenseiterbild warf, das ich abzugeben glaubte. War es die Welt da draußen oder ich, der sich in den letzten zehn Jahren verändert hatte? Auf dem Dancefloor mit der besten Musik bewegte sich zu allem Überfluss bereits die Nachbarin in Höchstform, und da die libidinöse Schwester neben ihr tanzte, mich sofort entdeckte und grinsend winkte, wäre es sicher die falsche Botschaft gewesen, mich ausgerechnet in dieses Getümmel zu stürzen. Noch vor zweiundzwanzig Uhr und somit ungewöhnlich früh beschloss ich, wieder nach Hause zu fahren, und dachte auf dem Heimweg, dass dies der falsche Ort und ich vermutlich zu alleine für meine erste Ü30-Party war. Trotzdem gab ich mir redliche Mühe, das Ganze positiv zu sehen: Ich hatte nicht nur das orientierungslose, verkaterte Aufwachen in einem fremden Bett am nächsten Morgen verhindert, sondern ich wusste nun auch, wo ich die kommenden Wochenenden *nicht* verbringen würde.

2

THE WIND JUST KIND OF PUSHED ME ...

Durch das kläglich gescheiterte Ü30-Vorhaben wurde ich mit dem Grundproblem meiner Partnersuche konfrontiert: meinem sozialen Setting! Ich hatte im Laufe der zehn Ehejahre eine Metamorphose meines Freundeskreises erleben dürfen, denn dieser war durch Krabbelgruppen, Kindergärten, Elternabende und nachbarschaftliche Selektionsprozesse auf mehr oder weniger gleichaltrige Paare mit mehr oder weniger gleichaltrigen Kindern zurechtgestutzt worden. Jugendfreunde, die ich binnen kurzer Zeit und geografisch erreichbar hätte reaktivieren können, gab es nicht mehr. Ich lebte seit fast zwölf Jahren in der Nähe von Heidelberg, und sowohl meine Brüder als auch frühere Weggefährten befanden sich circa dreihundert Kilometer entfernt in meiner Heimatstadt Düsseldorf.

Selbst die Freunde aus meiner neunzig Autominuten weiter nördlich gelebten Marburger Dekade befanden sich im Gegensatz zu mir immer noch neunzig Autominuten weiter nördlich. Der verkorkste Abend hatte mir außerdem schlagartig klar gemacht, dass ich für einen einsamen Tiger auf den Dancefloors der Region zu unsicher und zu dünnhäutig war. Also schaltete ich einen Gang zurück und beschloss, mich neben Tochter und Arbeit erst mal meinem Sport zu widmen und meine kinderfreien Wochenendabende beispielsweise wieder in einem Restaurant und anschließend im Theater oder bei Konzerten zu verbringen. Da ist der Fokus klar und die Blickrichtung vorgegeben. Und ich gab nicht das Bild eines panisch Partnersuchenden, sondern eines kulturinteressierten Singles ab. Außerdem war ich abgelenkt und fühlte mich dem Leben näher als zu Hause vor dem Fernseher. Die Abwesenheit von weiblichen Hauptgewinnen wurde in diesem Fall zwar nur durch kulturelle Inhalte kompensiert, aber das erweiterte zumindest meinen Horizont. Um diesen Entschluss in die Tat umzusetzen, kaufte ich mir zwei Wochen nach der Ü30-Party das zufällig beim Einkauf entdeckte *Meier-Magazin. Meier* ist sozusagen das Stadtmagazin des Rhein-Neckar-Deltas, also für die Metropolregion Mannheim/Heidelberg. Dort sind in der üblichen Manier alle Veranstaltungen, News und Restauranttipps zusammengefasst (inzwischen existiert *Meier* nur noch online, da die Printversion leider eingestellt wurde). Ich legte die Lektüre voller Vorfreude in meinen Einkaufswagen. Das Kaleidoskop der metropolregionalen Unterhaltungskultur stand mir an diesem Abend offen, und ich würde irgendeine feine Sache entdecken, egal ob Jazz, Klassik, Pop, Theater, Kleinkunst oder Ü30 … – äh nein, das hatten wir ja schon.

Zu Hause angekommen, räumte ich die Einkäufe ein, führte einen kurzen Hausputz für die wichtigsten Teile der Wohnung durch und setzte mich mit wachsender Unternehmungslust und dem *Meier* in der Hand auf mein Sofa, um mir das Abendprogramm zusammenzustellen. Ich erwähnte im letzten Kapitel bereits meinen

Hochsommerabend-Lieblingssong von Robbie Robertson, *Somewhere Down the Crazy River*. Eine der Textzeilen befindet sich seit Jahrzehnten in meiner persönlichen Lyrics-Bestenliste. Es ist die Antwort auf die im Song gestellte Frage, warum er während der heißen Nächte am »Crazy River« in Arkansas immer wieder in »Nick's Café« landet. Die Antwort lautet:

»Uh … I don't know … the wind just kind of pushed me this way …«

Auch wenn eine Prise Scheinheiligkeit in dieser Aussage liegt, so passt das Bild eines vom Wind in sein Schicksal geschubsten Menschen sehr gut für meine damalige Situation. Ein ähnlicher Wind blätterte nämlich in meinem Wohnzimmer bei der Suche nach dem Abendprogramm als Erstes die Seiten mit den Kontaktanzeigen auf. Das klingt ebenfalls scheinheilig, aber genauso war es. Ich hatte beim Kauf des Magazins nicht an Kontaktanzeigen gedacht, denn diese hatte ich seit der Pubertät erfolgreich aus meinem Leben verdrängt. Mein Vater hatte nach der Trennung meiner Eltern versucht, über Kontaktanzeigen eine Dame für den Rest des Lebens kennenzulernen, was ihm letztendlich misslang, denn seine spätere Frau ergatterte er im Bekanntenkreis. Seitdem trugen diese Anzeigen für mich den Stempel eines untauglichen, altertümlichen Mittels mit Chiffre und handgeschriebenen Briefen. Sie erschienen mir wie ein Fossil der Partnersuche aus längst vergangenen Zeiten, wie verstaubte Nebelkerzen, die verzweifelte Menschen als letzte Hoffnung in den endlosen Nachthimmel schossen, wo sie wirkungslos verpufften und mit ihnen auch die Hoffnung auf ein letztes Fünkchen Lebensglück.

Mein erster skeptischer Blick fiel auf die vor mir liegenden Inserate im Bereich *»Frau sucht Mann«*. Während ich die Seite kurz überflog, stellte ich allerdings überrascht fest, dass es neben den erwartet langweiligen und zwanghaft originellen Formulierungen auch einige durchaus witzige und interessante Zeilen gab. Und als ich noch genauer hinschaute, traute ich meinen Augen kaum, unter fast jeder Anzeige war eine E-Mail-Adresse angegeben! Es klingt vollkommen lächerlich, aber es stimmt: Ich war allen Ernstes überrascht, dass dort E-Mail-Adressen standen, so als seien Kleinanzeigenteile lokaler Veranstaltungsmagazine von der digitalen Revolution der letzten Jahrzehnte ausgenommen gewesen, nur, weil sie immer noch bedrucktes Papier waren. Einige dieser chiffrierten Mailadressen wirkten auf mich für damalige Verhältnisse sogar halbwegs originell, und ich entdeckte Schöpfungen wie *»hoffnung68@abc.de«* (Hoffnung 68 … typisch für Heidelberg!) oder *»traumfrauforever@xyz«*. Auf einmal schoss mir ein Gedanke durch den Kopf und durchbrach meine aus heutiger Sicht lethargische Naivität: Sollte mir eine der Anzeigen tatsächlich zusagen, so konnte ich *vom Sofa aus* eine E-Mail schreiben und bekäme vielleicht sogar *zeitnah* eine Antwort! Was für ein Service! Mit einem Mal hatte ich für den Samstagabend etwas vor.

3

LERNKURVE

Neugierig las ich alle Anzeigen durch, und im ersten Moment gefielen mir überraschend viele.

Das wäre heute nicht mehr der Fall, aber damals nach der zähen Trennungsphase erschien mir jeder Normalität verheißende, verbale Allgemeinplatz interessant. Die Abwesenheit von Konflikten drückte meinem Leben bereits den Stempel »Prädikat wertvoll« auf, und wenn in einer Anzeige die Worte *»attraktiv«*, *»liebevoll«* und *»intelligent«* standen, waren dies Hinweisschilder ins ewige Glück. Folgte auch noch das Wort *»humorvoll«*, zündete ich in Gedanken ein Feuerwerk. Ich zog drei Anzeigen in die engere Wahl, formulierte auf jede eine halbwegs originelle Antwort und schickte diese sofort ab. Eine der Inserentinnen war sogar eine Bikerin, was ich erfreut zur Kenntnis nahm, denn das Radfahren trainierte ich ebenfalls regelmäßig. Die gesamte Aktion fiel mir nicht schwer und kostete weniger Zeit, als ich gedacht hatte, sodass mir der Abend immer noch zur freien Verfügung stand. Ich beschloss, in einem thailändischen Restaurant in der Heidelberger Altstadt etwas essen zu gehen, und fuhr nach dem Begleichen der Rechnung zügiger als gewöhnlich nach Hause. Hatte sich bereits jemand auf meine Mails gemeldet? Ich spürte, wie meine Neugierde* auf der Heimfahrt mit jedem Kilometer wuchs. Zu Hause angekommen, zog ich meine Jacke aus, schenkte mir ein Glas Rotwein und ein Glas Wasser ein, nahm auf dem Sofa Platz und fuhr den Computer hoch. Das Überraschungsei ging auf und … es hatte sich tatsächlich jemand gemeldet. Die Bikerin! Ich war total von den Socken, wie schnell das gehen kann mit der potenziellen Lebenspartnerin! Sie fand meine Art zu schreiben ganz witzig, und ihr Schreibstil war auch akzeptabel. Manche Sätze waren etwas umständlich formuliert, aber meine Freude überwog, und ich war nicht kleinlich. Wir schrieben uns zwei-, dreimal, und am nächsten Tag einigten wir uns darauf, Fotos zu versenden. Ich suchte ein sympathisches Foto von mir aus, und sie schickte mir im Gegenzug gleich drei von sich. Diese Fotos waren teilweise nachbearbeitet und zeigten die Bikerin in etwas seltsamen Perspektiven. Auf einer Schwarz-Weiß-Aufnahme beispielsweise – nach ihrer Aussage *»etwas fertig nach dem Sport«* – saß sie auf einer Bank, den Blick abwesend nach unten gerichtet, mit verlaufener Schminke und blonden, zusammengesteckten Haa-

* *Von dieser Neugierde und dem Warten auf Antworten leben nicht nur sämtliche Social-Media-Plattformen und Partnerbörsen, sondern auch die Smartphone-Industrie, sonst würden viele Menschen nicht alle paar Minuten auf das Display schauen oder den Katastrophenschutz rufen, wenn sie das Ladekabel vergessen haben. 2010 gehörte ich jedoch noch zu der schrumpfenden Minderheit, die nur ein gewöhnliches Handy besaß, sodass ich für Kontakte mit der vernetzten Außenwelt auf meinen Computer zu Hause angewiesen war. So etwas ist heutzutage natürlich unvorstellbar.*

ren. Aus fotografischer Sicht war das Bild nicht schlecht, es war sehr grob gerastert, ähnlich wie ein Zeitungsfoto, und mir gefiel es von den dreien am besten. Mein Bild schien ihr auch zu gefallen, und so vereinbarten wir für die folgende Woche ein Treffen. Ich erklärte mich gentlemanlike bereit, in einem Restaurant in Mannheim abends einen Tisch zu reservieren, und schon war mein erstes Blind Date terminiert. Ich schwankte zwischen Euphorie und Gelassenheit und freute mich, dass endlich etwas heterosexuelle Bewegung in mein Leben kam.

Zwei Tage vor dem Treffen schrieb die Bikerin mir spätabends eine seltsame Mail. Bisher hatten mich ihre zahlreichen Mails meist gefreut, diese Mail besaß für mich allerdings einen etwas sonderbaren Inhalt, denn sie schilderte ein spontanes Treffen, das sie am gleichen Abend erlebt hatte. Eine Freundin hatte sie wegen einer »Überraschung« zu einer Bekannten mitgenommen. Dort angekommen, stellte sie fest, dass noch mehr Damen im Wohnzimmer versammelt waren. Die Atmosphäre war seltsam aufgekratzt, und kurz darauf begann eine Verkaufsveranstaltung nach Tupperdosen-Art. Allerdings nicht mit Tupperdosen oder sonstigem gewöhnlichen Haushaltsbedarf, sondern mit Dildos. Ich wusste nicht, wie ihre Mail gemeint war, und vermutete einen überdurchschnittlich ausgeprägten Mitteilungsdrang, der sich völlig unreflektiert in dieser Nachricht niederschlug. Ihre aus meiner damaligen Sicht waghalsig platzierte Schilderung endete mit dem Satz, dass »einige wirklich interessante Modelle dabei gewesen« seien. Ich nahm das erst mal zur Kenntnis und hob mir die endgültige Deutung für später auf. Und ich beließ es bei dem vereinbarten Treffen, denn fliehen konnte ich ja immer noch, falls mir die Dame und ihre Sexspielzeuge nicht zusagten.

Zwei Tage später begab ich mich nach der Arbeit rechtzeitig auf die Autobahn, denn ich wollte pünktlich um neunzehn Uhr zu unserer Verabredung eintreffen. Auf der Fahrt wurde ich jedoch von einem kurzen Stau aufgehalten, und da wir für alle Fälle vorher die Mobilnummern ausgetauscht hatten, rief ich die Bikerin um kurz vor neunzehn Uhr an, um meine Verspätung anzukündigen. Nachdem es einige Male geklingelt hatte, nahm jemand das Gespräch an, und ich hörte eine Stimme. Es war tatsächlich die Stimme der Bikerin, und ich erschauderte. Ich wäre am liebsten auf der Stelle umgekehrt und gar nicht erst in das Restaurant gegangen. Mir wurde schlagartig klar, dass dieser Abend verschwendete Zeit war und ich ihn zügig und mit Anstand würde beenden müssen. Die Stimme, die ich hörte, klang sehr rauchig und sehr heiser. Sie weckte in mir die Assoziation einer Kettenraucherin mit einem Pensum von mindestens vierzig Zigaretten am Tag und fortgeschrittenem Reizhusten aus den Tiefen einer bis in den letzten Winkel geteerten Lunge. Sie rauchte tatsächlich, und der Reizhusten blitzte während unseres Telefonats auch zwei- bis dreimal kurz auf. Das geschah, wenn die Bikerin der Meinung war, etwas Witziges gesagt zu haben, und darüber ohne Anstandspause in unerbittliches, ordinäres Gelächter verfiel, das nahtlos für einige Sekunden in den besagten Reizhusten überging, um anschließend schlagartig in Stille zu enden. Diese Stimme hätte ich im kühnsten Albtraum nicht mit meinem ersten Blind Date in Verbindung gebracht. Ich spürte, wie meine Lernkurve steil anstieg, und kurioserweise war mein erster Gedanke, wie diese Lunge es schaffen konnte, regelmäßig Mountainbike zu fahren. Doch trotz dieses ernüchternden Telefonats beschloss ich, das Date jetzt durchzuziehen. Alles andere war feige und unfair. Ich traf also gegen zwanzig nach sieben im Restaurant ein und nahm mir vor dem Betreten der Räumlichkeiten fest vor, dass ich um acht, spätestens halb neun aus dem Laden wieder raus sein und der Bikerin das auch sehr schnell und sehr fair sagen würde. »Tut mir leid, du bist zwar sicher ein sehr interessanter Mensch, aber einfach nicht mein Typ. Ich wünsche dir viel Glück und danke dir für die Zeit, die du dir genommen hast.« Irgend so etwas würde ich sagen. Und maximal eine gute Stunde!

Zweieinhalb Stunden später war meine Lernkurve fast vertikal verlaufen, denn ich verließ das Restaurant erst um Viertel vor zehn und hatte die Rechnung komplett bezahlt, damit das Ganze irgendwann ein Ende hat. Ich hatte mich sozusagen freigekauft. Und ich hatte ihr *nicht* abgesagt.

Als ich das Restaurant betreten hatte und auf ihren Tisch zusteuerte, erkannt ich sie nicht wieder, denn sie sah keiner der Damen auf ihren drei Fotos ähnlich. In den darauffolgenden Stunden lernte ich einen Menschen kennen, der mich ohne Punkt und Komma zutextete und obendrein zwar fünf Jahre jünger war als ich, aber zehn Jahre älter wirkte (die vierzig Zigaretten am Tag?). Wie in einem Personalgespräch schilderte sie mir tausendundeine Einzelheit ihres Lebenslaufs und unerträglich viele Details aus ihrem Berufsalltag. Sie arbeitete wirklich in einer Personalabteilung, angeblich in leitender Funktion, meine Güte! Sie gab sich auf gestellte Fragen meist selbst die aus ihrer Sicht richtige Antwort (manchmal gefolgt von ihrem auch in natura ordinären Gelächter, das auch in natura nahtlos in unerbittlichen Reizhusten überging) und traf damit bei mir erneut ins Schwarze, denn ich höre zwar gerne zu, aber hasse es, als Schallreflexionswand zu dienen. Der Gipfel war, als sie den Spieß irgendwann umdrehte und allen Ernstes damit begann, mich wie in einem Bewerbungsgespräch nach meinen Hobbys und – ich übertreibe nicht! – nach meinen Stärken und Schwächen zu befragen. Ich hätte eigentlich aufstehen und gehen sollen, aber ich war nicht genügend auf Eklat programmiert und zu unerfahren in Sachen Blind Date. Also traute ich mich weder, ihr sofort abzusagen, noch hatte ich den Mut, das Treffen unvermittelt zu beenden. Stattdessen faselte ich irgendwas Belangloses. Es war auch gar nicht von Interesse für sie, was ich auf ihre Fragen antwortete, sondern es war ihr scheinbar nur wichtig, dass sie nach einem endlosen Monolog auch mal etwas gefragt hatte. Es wirkte fast, als täusche sie die Partnersuche nur vor, um endlich jemandem ihre aufs Unnötigste kondensierte Biografie zu präsentieren.

Hinzu kam an diesem Abend die tragische gastronomische Choreografie, die ich mit der Bestellung meines Essens selbst verschuldet hatte, denn wenn man im Restaurant sitzt und Essen bestellt hat, weil man tatsächlich Hunger hat, dieses Essen dann auch zu sich nehmen und anschließend bezahlen muss, dauert das Ganze unter Umständen viel länger, als man es mit seinem Gegenüber aushalten möchte. Ich habe später in jedem Blind-Date-Ratgeber gelesen, dass beim ersten Treffen ein gemeinsamer Kaffee oder ein Mini-Snack, zum Beispiel in der Mittagspause, vollkommen ausreicht. Das gibt einen zeitlichen Rahmen vor, lässt einen nicht so lange leiden, wenn es ganz schlimm wird, und sollte es wirklich zu kurz sein, kann man sich ja erneut verabreden.

Von einem Wiedersehen konnte an diesem Abend jedoch keine Rede sein. Ich wand mich am Schluss mit dem Statement heraus, dass wir uns ja anrufen oder schreiben könnten, und habe alles andere offen gelassen. Das war intuitiv die richtige Entscheidung, denn jede konkrete Äußerung meinerseits hätte vermutlich schier endlose Fragen und Erzählfäden von ihrer Seite nach sich gezogen.

Am nächsten Tag schrieb ich ihr eine kurze, freundliche Mail, in der ich mich bedankte und meine Absage ganz unverfänglich an dem unterschiedlichen Typ unserer Persönlichkeiten festmachte. Sie antwortete noch am gleichen Abend, dass es ihr ähnlich gegangen sei. Ob das stimmt oder nicht ist nebensächlich, Hauptsache jeder von uns konnte, ohne sich abgewertet zu fühlen, den glücklicherweise getrennten Weg fortsetzen. Und meine vertikale Lernkurve hatte mir ein paar neue Erkenntnisse beschert:

Erstens: Fotos regen die Fantasie, aber nicht die Wirklichkeit an.

Zweitens: Ein rechtzeitiges Telefonat kann Zeit, Nerven und Geld sparen.

Drittens: Ein auswegloses Abendessen kann Zeit, Nerven und Geld kosten.

4

SIE SPIELT CELLO

Cellistin! Ich mag den sanften und gleichzeitig kraftvollen Klang eines Cellos sehr. Und ich deute in die jeweilige Musikerin meist eine verlockende Portion Sinnlichkeit und kultivierte Erotik. Darum musste die Dame in ihrer Anzeige gar nicht mehr viel schreiben, um von mir kontaktiert zu werden. Meine erste Blind-Date-Erfahrung hatte die Ü30-Schlappe zwar noch getoppt, aber ich wollte die Suche auf keinen Fall einstellen. Denn auch wenn das Kennenlernen vor dem Supermarktregal der Traum vieler Singles ist – sollte mich beim Einkaufen tatsächlich jemand über den Haufen fahren, so wusste ich noch lange nicht, ob diese Person einen Partner oder nur den richtigen Optiker sucht. Bei einer Kontaktanzeige hingegen ist die Sache klar. Außerdem war die Reichweite eines öffentlichen Mediums viel größer, als dies bei Streifzügen durch die lokale Veranstaltungsszene der Fall ist. Ich kam mit Menschen in Kontakt, die in Orten wohnten, von denen ich noch nie gehört hatte, und diese Menschen kamen vielleicht auch endlich mal da raus. Ich machte also weiter, und es lief nicht schlecht, denn die Cellistin wollte sich tatsächlich mit mir treffen.

Der Name dieser verheißungsvollen Berufsmusikerin klang adelig. Das war für mich zwar nicht ausschlaggebend, aber es passte zu dem Bild, das sie in meinem Kopf erzeugte. Auch das zugesandte Foto entsprach der »Tochter aus gutem Hause«: Eine hübsche Frau mit gepflegter Erscheinung und blondem wallenden Haar, die ihre barocke Weiblichkeit in ein kleines Schwarzes verpackt hatte und vor einer sicher sehr historischen Mauer posierte. Ich traf die Cellistin am Heidelberger Schloss (was als alleinstehender Satz wie ein Zitat aus einem Groschenroman klingt). Es war etwas frisch an diesem frühen Sommerabend, und obwohl kein Regen vorhergesagt war, trugen wir beide einen Mantel. Ich vergrub die Hände in den

Taschen meines hellen Trenchcoats, als ich auf sie zuging, und sie leuchtete mir schon von Weitem in auffälligem Rot entgegen. Die kopfsteingepflasterte Straße war fast menschenleer, denn wochentags am frühen Abend hielten sich die Touristenmassen am Schloss glücklicherweise in Grenzen. Als die rote Cellistin an der ebenfalls sehr historischen Mauer vor dem Schlosspark mich entdeckt hatte, musterte sie mich auf den letzten dreißig Metern neugierig, wobei ihre Miene keine Anzeichen eines ersten Eindrucks verriet. Nach einer von beiden Seiten etwas unsicheren, aber herzlichen Begrüßung spazierten wir ein kurzes Stück im Schlossgarten umher, plauderten uns die Scheu von der Seele, schlenderten anschließend die circa dreihundert Stufen vom Schloss in die Altstadt und besuchten ein Café, um eine Kleinigkeit zu trinken. Bereits vor unserer Begrüßung war mir aus einigen Metern Entfernung klar gewesen, dass sie für mich als Partnerin nicht infrage kam. Daran konnte auch das Cello nichts ändern (das sie natürlich nicht bei sich trug). Nach meinem ersten Bauchgefühl zu urteilen hatte sie vielleicht immerhin das Zeug zu einer netten Bekannten, aber mehr auch nicht, und ich war überrascht, in welch kurzer Zeit – wenige Bruchteile einer Sekunde – ich ein erstes Urteil in Bezug auf Partnerschaftstauglichkeit für mich fällen konnte. Angenommen, es hätte tatsächlich zwischen uns gefunkt, wäre eine Beziehung vermutlich an meinen Töchtern gescheitert. Sie hatte keine Kinder, wollte inzwischen keine mehr und schien darüber hinaus kaum gewillt, ständig mit den Belangen von Kindern und Jugendlichen konfrontiert zu werden. Das war meinem Eindruck nach eher die Folge eines nicht erfüllten Wunsches und kein Ausdruck grundsätzlicher Kinderfeindlichkeit. Also unterhielten wir uns interessiert über andere Themen. Sie erzählte von ihren Konzerten, den verschiedenen Formationen, in denen sie musizierte, und davon, dass ihr Berufsalltag sie manchmal an die Grenze zur musikalischen Prostitution führte. Ich schilderte ein wenig von meinem Leben zwischen Beruf, Vaterfreuden und Sport, und so verbrachten wir ein paar unterhaltsame Stunden, die keinem von uns langweilig zu werden schienen. Nachdem wir zusammen getrunken, gesprochen und gelacht hatten, machten wir uns wieder auf den Weg, um die ungefähr dreihundert Stufen von der Heidelberger Altstadt hoch zum Schloss zu bewältigen. Oben angekommen und noch etwas außer Atem, verabschiedeten wir uns nicht mehr und nicht weniger herzlich als bei der Begrüßung und versprachen aufrichtig, voneinander zu hören.

Bereits einige Stunden später mailte ich der Cellistin meine freundliche Absage und erwähnte auch, dass mir der Nachmittag trotz ausgebliebener Schmetterlinge im Bauch sehr gut gefallen hatte. Sie sollte wissen, woran sie war, falls sie sich doch Hoffnungen machte.

Noch am gleichen Abend antwortete sie mir, dass ich ebenfalls nicht ihr Traummann sei, sie die Zeit mit mir aber genauso kurzweilig fand wie ich. Und sie lud mich netterweise zu einem ihrer wenigen Konzerte in einem Heidelberger Park ein. Sie schrieb, ich könne ja mit meiner neuen Partnerin dorthin kommen, wenn ich sie bis dahin gefunden hätte, wir seien ihre Gäste. Den Besuch dieses Konzerts zog ich später sogar ernsthaft in Erwägung, aber es hat sich dann leider doch nicht ergeben, und so blieb es bei dieser einen sehr freundlichen Begegnung, dem ersten und letzten Blind Date, das ich jemals mit einer Cellistin hatte.

5

DREI NÜSSE …

Durch meine ersten Mail-Konversationen und einige zwar erfolglose, aber aufrichtige und nette Treffen hatte ich Mut geschöpft und Sicherheit gewonnen. So freundete ich mich nach ein paar Wochen mit der Idee an, selbst eine Anzeige zu formulieren. Ich sah die Inhalte der Inserate inzwischen etwas differenzierter und wollte nicht ständig nach dem größten gemeinsamen Nenner suchen, sondern lieber meine eigenen Vorstellungen formulieren. Außerdem vermutete ich, dass mir eine gute Anzeige mehr als nur eine Handvoll Antworten bescherte. Ich studierte die Kleinanzeigenrubrik im *Meier-Magazin* noch einmal und überlegte, wie ich auf den zwei Seiten mit Kleingedrucktem auffallen konnte, denn Nullachtfünfzehn-Inserate gab es schon genug, zum Beispiel:

Ehrlicher, jung gebliebener Mittvierziger, sportlich, gut aussehend, lacht gerne, NR, sucht ebensolche SIE für ein gemeinsames Leben. Hast Du Lust? Wenn ja, dann melde dich bmB (das heißt »bitte mit Bild« – Anm. des Autors) *unter gemeinsamezukunft@blabla.de*

Oder andersrum:
Neugierige, jung gebliebene Akademikerin, kinderlos, kinderlieb, schlank, NR sucht einen zärtlichen und treuen Partner fürs Leben. Gutes Aussehen schadet nicht. Lebenselfe72@blabla.de

Isoliert betrachtet klingt das gar nicht so schlimm, wenn ich jedoch die fünfte Anzeige dieser Machart las, hatte ich keine Lust mehr, eine dieser auf den ersten Blick austauschbaren Inserentinnen zu kontaktieren, denn jemanden zu finden, der so ist wie alle anderen, erschien langweilig. In der Rubrik »*Frau sucht Mann*« begannen die Anzeigen außerdem häufig mit »*Wo bist Du?*«, was mich komplett abtörnte. Für mich klang das nach »*Bitte hilf mir doch!*«. Ich wollte einen Text entwerfen, der optisch sofort ins Auge fiel und inhaltlich anders war, weil er unmissverständlich zum Ausdruck brachte, was ich mag und wen ich suche. Also schrieb ich aus dem Bauch heraus einige Entwürfe, die sich in Umfang und Ansprache unterschieden.

Erstens:
Gerne mit Kind!! *Aber Hauptsache humorvoll und bevorzugt schlau, attraktiv und schlank. Bin oft genauso, gute 180 cm lang und in der*

gewünschten Skala von +/- 40 eindeutig im +. Spaß an Sport und allen schönen und leckeren Dingen des Lebens macht es sportlicher, schöner und leckerer. Bitte mit Bild an mailadresse@provider.de

Zweitens:

***Wenn nächstes Jahr** einiges anders sein soll, Du zu den Frauen gehörst, die innendrin genauso schön sind wie außen, wenn Dir Kinder auch schon mal den Weg gezeigt haben und Du albern und klug bist, wenn Dich Sport beim Partner nicht stört und auch nicht, wenn er mal was kocht, dann könnte es klappen mit dem nächsten Jahr. Ich liebe Licht und Leben, bin 46, schlank und sportlich, ganz knapp über 180 und – jawohl – vorzeigbar. Also mach was draus. BmB und nicht älter als ich. mailadresse@provider.de*

Drittens:

***Du, Ich, Er, Sie, Es – wieso, weshalb … warum?** Weil – wer die zweite Zeile liest, liest auch den Rest! … bin von Beruf am liebsten Hauptgewinn, privat ein Glücksfall und bewerbe mich hier als Prinz (so heißen doch die rasenden Reiter, die die tollen Frauen bekommen). Ohne Pferd oder Hund allerdings. Dafür mit tollen Töchtern, eine noch zeitweise im Haus. Gut aussehend (ist jetzt nicht gelogen!), 181 cm / 70 kg / Mitte vierzig, trainierte Figur, Haare auf dem Kopf, aber nicht im Gesicht … also ich – nicht die Tochter … obwohl die auch keine im Gesicht hat. Suche die schönste (von mir aus auch hübscheste) Frau im Delta zwischen 35 und ca. 45 für den schönsten Teil des Lebens. Optimalerweise mit Kind im Lebenslauf, denn das lehrt, das Leben zu kennen und zu schätzen. Bitte schlank – und flink und lustig in Kopf und Bauch. Intelligenter Humor ist mir wichtig – ohne Hardcore-Dialekt biddäh. Guter Stil, Erotik, Sinnlichkeit, Spaß an gutem Essen, Kochen und Wein, Sport, Kultur stören nicht. Im Winter Berge und im Sommer Strand und Meer – cooool. So bin ich auch. Mal mehr, mal weniger. Aber meistens immer vielleicht. Bild nicht vergessen. Ich hab sogar auch eins. Moment … wo hab ich's denn …*

ach da, unter der Leopardenfellfernbedienung von meinem elektronischen Fernsehsessel …

mailadresse@provider.de

Obwohl ich das heute etwas durcheinander formuliert finde und anders schreiben würde, war ich damals ganz zufrieden. Und auch wenn die Texte so klangen wie ein Wunschzettel zu Weihnachten, beließ ich es dabei, denn es war letztendlich ein Wunschzettel fürs Leben, und eine Frau, die davor zurückschreckte, war vermutlich nicht die Richtige für mich. Außerdem hatte ich bereits als Kind gelernt, dass zu Weihnachten niemals alle Wünsche erfüllt werden. Aber ich hoffte, dass sich auf eine selbstbewusste Anzeige auch selbstbewusste Frauen meldeten, die mich nicht nur auf den ersten Blick, sondern auch beim zweiten Zuhören neugierig machten. Welche Haarfarbe und -länge oder welche Oberweite eine Dame hatte, war mir sowieso egal. Ob ich jemanden anziehend finde, hängt nicht von einer strammen Parameterliste, der Haartönung oder dem Body-Mass-Index ab, sondern von dem Bauchgefühl, das ein Mensch in mir auslöst. Allerdings muss ich zugeben, dass mein eigener Body-Mass-Index die Zielgruppe sicher einschränkt, denn ich bin bereits als ziemlich schlanker Hering auf die Welt gekommen und werde daran auch beim besten Willen nichts mehr ändern können. Frauen, hinter denen ich mich zweimal verstecken kann, sind somit eher nicht meine Kragenweite, und das verhält sich umgekehrt meist genauso.

Die drei unterschiedlichen Entwürfe lagen vor mir, und ich konnte mich nicht entscheiden. Alle entsprachen meiner Persönlichkeit, und keiner war gelogen. Und da alle drei Texte authentisch waren, gab ich einfach alle drei Anzeigen in Auftrag – und zwar mit Zusatzfarben. Zwei Anzeigen sollten mit roter Schrift erscheinen und die dritte als grauer Kasten mit fetter, schwarzer Schrift! Das wurde bestimmt zuerst gelesen und steigerte meine Chancen auf viele Antworten. Die Inserate waren nach wenigen Tagen bereits online veröffentlicht und circa zwei Wochen später auch in der Druckversion zu lesen. Ich war gespannt auf die Resonanz und darauf, welche Variante die meisten Rückläufe bekam. Eigentlich musste bei der riesigen Auflage des Magazins und aufgrund der auffälligen Zusatzfarben demnächst eine Menge los sein in meinem Postfach. Irgendwo im Rhein-Neckar-Delta wartete sicher die richtige Frau auf mich, und ich musste unter den vielen Antworten wahrscheinlich nur noch meine Freundin auswählen.

6

… FÜR ASCHENPUTTEL

Ich bekam tatsächlich über vierzig Rückmeldungen. Es gab sogar einige Damen, die sich auf zwei oder ganz selten auch auf alle drei Anzeigen meldeten. Unangefochtener Spitzenreiter mit über der Hälfte der Antworten war jedoch die graue Anzeige mit dem längsten, fett-schwarzen Text. Sie war ein richtiger Volltreffer, weil ich darauf auch Zuschriften von Frauen erhielt, die sich angeblich nur selten oder gar nicht auf Kontaktanzeigen meldeten, was mich ein wenig stolz machte. Die *»Leopardenfellfernbedienung«* war wohl der Auslöser dafür, und viele Damen nutzten dies als willkommenen und unverfänglichen Anknüpfungspunkt. Über vierzig Antworten sind eine Menge, allerdings sagte ich den meisten Damen sofort ab. Häufig scheiterte es schon am Foto, und ich war selbst überrascht, wie wenig Frauen mir zusagten. Das lag sicher nicht an übertriebenen Erwartungen meinerseits, sondern an der Natur der Sache. Wenn ich durch eine Fußgängerzone laufe und willkürlich vierzig Frauen in meiner Altersklasse herauspicke, dann ist die Wahrscheinlichkeit ebenfalls sehr gering, dass ich mehr als zwei oder drei zum Kennenlernen in die engere Wahl nehme. Schließlich suchte ich eine Partnerin und keine Brieffreundin.

Mein Anzeigen-Triple führte letztendlich zu einer guten Handvoll kurzer Treffen. Beispielsweise war eine hübsche Frau darunter, die ein nettes Foto mit ein paar klugen Zeilen geschickt hatte. Sie war Mutter von vier Kindern (was mich nicht abschreckte) und wohnte nur zwanzig Minuten entfernt. Aber auch bei diesem Treffen war uns beiden schnell klar, dass wir als Partner nicht zusammenpassten. Sie war sympathisch, aber einfach nicht mein Typ und ich sicher nicht ihrer. Auch wenn diese Erkenntnis im ersten Augenblick eine winzige Enttäuschung ist, fand ich es nicht schlimm, und wir interessierten uns ein paar Stunden lang trotzdem füreinander. Sie war alleinerziehend, und neben ihrem sozialen Beruf organisierte sie ehrenamtlich Freizeiten für bedürftige Kinder, die sie selbst begleitete. Sie entsprach äußerlich meinem Klischee einer sozial sehr engagierten mehrfachen Mutter, trug einen bunten, bauschigen Hosenanzug, hatte gepflegte, lange, dunkelbraune Haare, und ihre nackten Füße steckten in sehr gesunden Sandalen. Auf diese Sandalen schwor sie, denn sie trug nach eigener Aussage das ganze Jahr über nichts anderes. Von ihrem Alltagspensum und dem sozialen Engagement war ich so beeindruckt, dass ich in den Folgemonaten versuchte, die Klappe zu halten, wenn ich mal wieder meinte, viel um die Ohren zu haben.

Die übrigen Treffen verliefen meist nach dem gleichen Muster. Es waren angenehme, interessante und kurzweilige Begegnungen, die manchmal meinen Horizont erweiterten, sich für mein Lebensglück jedoch als unbedeutend erwiesen. Es ging übrigens niemals um Affären oder One-Night-Stands. Ich hatte diesbezüglich keine Ambitionen und startete darum auch keinen Versuch. Und ich hatte bei keiner der bis hierhin getroffenen Frauen den Eindruck, dass sie mit mir nur schnell im Bett landen wollte.

7

AUS REINER NEUGIERDE

Nach der interessanten, aber erfolglosen Anzeigenaktion wurde mir langsam der Teufel bewusst, der in den Details der Partnersuche steckte. Sollte ich weitere Inserate in Auftrag geben und auf die richtige Frau bei den nächsten vierzig Antworten hoffen? Seit der gescheiterten Ü30-Party waren über drei Monate vergangen, und der Spätsommer war einem milden Frühherbst gewichen. Vielleicht befand sich meine neue Freundin ja noch im Urlaub, was für ein weiteres Inserat sprach. Ich wäre in den kommenden Wochen gerne einer tollen Frau begegnet, denn der nahende Herbst ließ ein wenig Schwermut in mir hochsteigen. Die Zeit des abnehmenden Lichts bekommt mir zu zweit besser, zum Beispiel auf dem Sofa mit einem Buch und einem Kaffee, Kakao oder Tee in der warmen Tasse. Oder bei Dauerregen mit einem Happy-End-Film vor der Nase (meine feminine Seite), um abends dann mit einem kräftigen Rotwein zum rustikalen Eintopf anzustoßen, während Holzscheite im Kamin knistern (meine maskuline Seite). Solche Bilder konnte nur die Liebe in meinen Herbst malen.

Ich entschied mich jedoch gegen weitere Anzeigen und schaute lediglich ab und zu beim *Meier Online-Magazin* in der Rubrik »Frau sucht Mann«, ob dort ein interessanter Neuzugang zu vermelden war. Darüber hinaus beteiligte ich mich am kulturellen Leben in der Region, widmete mich meinem Sport (ein kleiner Triathlon stand noch an) und kümmerte mich um meinen Alltag mit Tochter, Beruf und Haushalt. Dieser Spagat war manchmal eine Herausforderung, auch wenn ich als Halbzeitpapa im Vergleich zum täglichen Pensum vieler alleinerziehender Mütter nur eine elfjährige Tochter statt zwei oder drei außer Rand und Band geratene Kleinkinder zu versorgen hatte. Welche Schlagzahl ein Tag mit drei oder vier Jungs vorgab, wusste ich noch aus meiner Kindheit, als wir vier Brüder nicht nur täglich die Nerven unserer Mutter, sondern auch die der sehr verständnisvollen Untermieter strapazierten. Wir wollten zwar nur spielen, aber das endete ungefähr ein halbes Dutzend Mal im Streit. Pro Nachmittag wohlgemerkt.

Zankende Kinder blieben mir jetzt zwar erspart, trotzdem musste ich mich hin und wieder aufraffen, um noch etwas Frisches für meine Tochter und mich zu kochen, wenn ich abends von der Arbeit nach Hause kam. Aber ich tat es in der Regel. Auch an jenen Tagen, an denen ich mit letzter Kraft zwei Einkaufstüten, einen Wasserkasten, meine Aktentasche und den Sportrucksack fluchend die schmale Treppe in den zweiten Stock hochhievte, zwischendurch am Geländer hängen blieb, wodurch der Rucksack zum wiederholten Mal von der rechten Schulter rutschte, denn er war schon beim Schließen der Autotür im Hof auf den Wasserkasten in meiner rechten Hand geplumpst und hatte mir den Daumen eingeklemmt. Aber ich hatte durchhalten wollen, um bloß nicht zweimal gehen zu müssen. Nun, auf der Treppe, setzte ich letztendlich doch diesen blöden Wasserkasten ab, der mit seinem tyrannischen Glasflaschengewicht einen vorbildlichen ökologischen Fußabdruck mitten auf den Stufen hinterließ, während ich kurz darauf den Rucksack wieder auf die Schulter streifte, dann in die Hocke ging, damit der idiotische Rucksack da blieb, wo er war, während ich den Wasserkasten erneut anhob, um meinen Tagesbeitrag zur Ökobilanz die letzten Stufen hochzuschleppen. Oben angekommen, spürte ich, dass der andere Arm samt Fingern von dem Gewicht der beiden Einkaufstaschen langsam taub geworden war und wiederbelebt werden musste, nachdem ich die Wohnungstüre wütend mit dem Fuß hinter mir zugeschlagen hatte.

Würde mich jemand nach den Top Five der ungeliebtesten Lebenssituationen fragen – dieses Szenario wäre dabei, gleich hinter lebensgefährlichen Krankheiten, scheiternden Beziehungen, unglücklichen Kindern und Verkehrsstaus. Die Reihenfolge dieses Rankings variiert je nach Lebenssituation, wobei Verkehrsstaus und die Schlepperei mit etwas Abstand betrachtet tatsächlich eine Lappalie sind, das gebe ich zu. Außerdem wollte ich ja die Klappe halten, nachdem ich die engagierte vierfache Mutter mit den gesunden Sandalen getroffen hatte. Die würde über meine Ausführungen nur milde lächelnd den Kopf schütteln.

Statt des Entwurfs neuer Anzeigen stand vorerst also weiterhin meine Kernkompetenz im Vordergrund, die Fürsorge; Kundenfürsorge im Beruf und väterliche Fürsorge zu Hause. Und vielleicht ergab sich in den nächsten Wochen ja trotzdem irgendwie eine zufällige Bekanntschaft im Restaurant, im Kino, im Theater oder entgegen meinen Erwartungen bei einem Auffahrunfall vor dem Kühlregal im Supermarkt.

Eines Abends im September 2010 saß ich bei mir zu Hause auf dem Sofa und wollte auf *Meier-Online* nach neuen Dameninseraten Ausschau halten. Vorher beschloss ich jedoch, noch kurz meine E-Mails zu checken, und stieß dabei zufällig auf eines dieser Werbebanner, die in den unmöglichsten Momenten auftauchten, wenn ich gerade mein Passwort eingeben oder auf eine Newsmeldung klicken möchte. Ich schaue normalerweise nie auf diese Banner oder die an der Seite eingeblendeten Bilder und Botschaften. Normalerweise! Dieses Mal tat ich es, und dieses Mal war meine Neugierde und nicht der »Wink des Schicksals« dafür verantwortlich. In dem mäßigen Endlos-Werbeclip gab eine vermutlich gerade einmal volljährige hübsche Dame mit verführerischen Blicken vor, Anfang dreißig zu sein und forderte die Herren durch kesses Den-Kopf-nach-hinten-Werfen und Die-Haare-aus-dem-Gesicht-Streichen zum entscheidenden Klick heraus. In anderen Filmchen dieser Art gaukelten die Internetmodels seinerzeit schüchtern und treu ergeben Zweisamkeitswünsche vor, indem sie kurz und devot zu Boden schauen, bevor sie den Betrachter erneut mit hundetreuem Blick bezirzen. Diese durchschaubaren Filmdarbietungen schreckten mich eher ab, aber ich klickte an diesem Abend trotzdem auf das Banner, und das lag an zwei Worten:

KOSTENLOSE REGISTRIERUNG!

Hinzu kam, dass mir das Logo irgendeiner halbwegs seriösen Zertifizierung zusätzliches Vertrauen einflößte und sich erfolgreich gegen meine Befürchtung stemmte, in Kürze wieder eine steile Lernkurve zu erleben. Ob mein Klick auf das Banner für irgendjemanden eine fette Provision bedeutete, wusste ich nicht. Ich malte mir aus, dass irgendwo in Indien (oder sogar in Deutschland?) ein Werbebanneragent sitzt, der die kleinen Filmchen geschickt im Internet platzierte und daran mitverdiente, wenn ich als Fisch an der Angel hing. Es handelte sich immerhin um eine Internet-Partnervermittlung, die durch ihren Namen den Eindruck erwecken möchte, dass nur die oberen Zehntausend sich dort tummelten. Der Portalslogan wies zusätzlich zwar noch auf den Bildungsgrad und auf die Tatsache hin, dass auch Singles mit einem gewissen Niveau anzutreffen sind, allerdings wurde nicht näher darauf eingegangen, welches Niveau das ist. Ich dachte darüber auch nicht weiter nach, denn ich war begeistert, dass diese in der Werbung omnipräsente Partnervermittlung mir kein halbes Vermögen abknöpfte, sondern eine kostenlose Registrierung anbot. Ich suchte nach irgendeinem Haken, aber es gab keinen, kostenlose Registrierung hieß kostenlose Registrierung, da ist das Verbraucherrecht eindeutig, und im Paket muss schon drin sein, was draufsteht. Ich vermutete, der Betreiber finanzierte sich über Werbung oder aber durch die Hälfte der Aussteuer, die ich im Heiratsfall abführen musste. Das war mir egal, denn heiraten wollte ich vorerst nicht, und somit war ich fein raus. Ich war mir sicher, einen großen Coup gelandet zu haben und vielleicht schon in wenigen Minuten kostenlos »partnervermittelt« zu werden, wenn ich meine Registrierung abgeschlossen hatte.

Aus den wenigen Minuten wurden allerdings gute zwei Stunden, und die Menge der geforderten Informationen besaß ein Ausmaß, das ich vorher nicht für möglich gehalten hatte. Es begann mit einfachen Angaben wie Adresse, Familienstand, Bildungsgrad, Hobbys, Körpergröße, Haar- und Augenfarbe. Für mein »Online-Profil« musste ich später auch Felder ausfüllen, in denen ich mich näher beschreiben sollte, bevorzugte Zeitschriften, Lieblingsurlaube oder favorisierte Wohnsituationen angeben (lieber ein Landhaus oder die ruhige Stadtvilla?). Außerdem sollte ich Auskunft geben, welche Dinge mich begeistern oder wütend machen, wie ein optimales Wochenende für mich aussah und vieles mehr. Ich konnte ein Foto hochladen und musste viele Häkchen setzen, Letztere ordneten beispielsweise meinen Musikgeschmack von Hardrock bis Operette ein. Ich konnte bevorzugte Sportarten und meine Lieblingsjahreszeit ankreuzen und mein eigenes Antlitz auf einer Skala von *»äußerst attraktiv«* bis *»sympathisch«* bewerten. *»Sympathisch«* war die schlechteste Kategorie, denn *»unattraktiv«* oder *»hässlich«* gab es natürlich nicht. Für die Beschreibung meiner Figur konnte ich zwischen *»athletisch/trainiert«, »schlank«, »normal«, »mollig«* oder *»ein paar Pfunde zu viel«* auswählen. Aufgrund des meist positiven Feedbacks bei meiner Anzeigenaktion ging ich beinahe in die Vollen und stufte mich als *»sehr attraktiv«* und *»athletisch/trainiert«* ein. Für trainiert hielt ich mich, und *»sehr attraktiv«* ist ja eine subjektive Beschreibung, ich konnte meine Angabe notfalls korrigieren, wenn ich damit übertriebene Erwartungen wecken sollte.

All diese Informationen gehörten nun zu meinem »Profil«, und damit wurde ich den Damen im Portal präsentiert. Mein Foto, Name und Adresse waren davon ausgenommen. Lediglich die ersten beiden Stellen der Postleitzahl waren aufgeführt, damit jeder wusste, ob ich in den Alpen, an der Nordsee oder irgendwo dazwischen lebe. Beim Foto durfte ich später selbst entscheiden, wer es wann zu sehen bekam.

Im Rahmen dieser kostenlosen Registrierung musste ich auch einen überraschend umfangreichen psychologischen Test absolvieren. Dieser Test ging sehr weit über das Niveau von Psycho-Tests in Illustrierten hinaus, denn die Fragen waren weder durchschaubar formuliert, noch hätte ich sie manipulieren können. Es waren einfach zu viele, ungefähr siebzig, soweit ich mich erinnere. Ich hatte natürlich nicht vor, das Ergebnis zu manipulieren, konnte jedoch sicher sein, dass andere dies ebenfalls nicht taten. Außerdem wusste niemand, auf welches Resümee der Test hinauslief. Bei Psycho-Tests in Illustrierten ist ja durch die Überschrift schon klar, worauf es ankommt: »*Sind Sie ein treuer Liebhaber?*« oder »*Fahren Sie schnell aus der Haut?*« Wer da ankreuzt, dass er gerne mit anderen Frauen in der Kneipe flirtet, während die Freundin danebensitzt oder schon mal den Suppenteller an die Wand feuert, ist selbst schuld. Dieser Test nahm jedoch alleine schon über eine Stunde in Anspruch, und das Resultat beeindruckte mich sehr. Als ich zwei befreundeten Psychologen später davon erzählte, bestätigten sie mir, dass die Ergebnisse tatsächlich ziemlich fundiert und aussagefähig waren.

Es gab eine grafische Darstellung mit insgesamt acht verschiedenen Skalen, die meine Persönlichkeit zwischen den beiden Polen dieser Skala einordnete. Diese Pole waren mit gegensätzlichen persönlichen Eigenschaften bezeichnet, zum Beispiel »Unterordnung / Dominanz« oder »Nähe / Distanz«. Außerdem wurde die eigene Fähigkeit und Ausprägung in Bezug auf Kommunikation, Einfühlungsvermögen, Konfliktfähigkeit und Stressverarbeitung auf einer »Mehr/Weniger«-Übersicht dargestellt. Unter diesen Darstellungen fand man neben dem eigenen Wert immer auch den des Ideal-Partners. Diese Ideal-Positionen waren nicht bei jedem Menschen gleich, ich selbst war beispielsweise beim Parameter »Nähe« ein sehr ausgeprägter Mensch, meine Idealpartnerin sollte sich aber im besten Fall eher in der Mitte zwischen Nähe und Distanz bewegen. Die Skalierung meiner Idealpartnerin hätte anders ausgesehen, wenn ich ein sehr distanzliebender Mensch wäre. Oder nehmen wir den Bereich »Dominanz/Unterordnung«, da ist natürlich offensichtlich, dass nicht beide Partner am jeweils gleichen Vollausschlag positioniert sein sollten, sondern im Optimalfall eine leichte Differenz aufweisen müssen, denn zwei uneingeschränkt dominante Menschen würden sich mittelfristig eher zerfleischen, statt harmonisch zusammenzuleben. Unterordnung und Dominanz sind hier natürlich nicht mit Unterwürfigkeit und Unterdrückung zu verwechseln, es geht nicht um Machtausübung, sondern es handelt sich um psychologische Begriffe und um ein harmonisches, sich ergänzendes und trotzdem spannendes Miteinander, in dem diese Kategorien die üblichen gesunden Facetten einer Persönlichkeit beschreiben und zuordnen.

Einige Tage später stellte ich fest, dass ich die Skalen der Damen ebenfalls einsehen und sie mit meiner Darstellung abgleichen konnte. Außerdem war ich erfreut, dass ich bei den meisten Eigenschaften deutlich im positiven Bereich lag (einfühlsam, konfliktfähig, belastbar usw.). Das war zwar kein Indikator für Perfektion, aber zumindest konnte ich davon ausgehen, beziehungsfähig zu sein.

Nachdem alle Details ausgefüllt waren, musste ich mich zwei Tage gedulden, denn meine Textbeiträge und Fotos wurden vom Betreiber überprüft. Das gab dem Ganzen eine gewisse Seriosität. Ich fragte mich, ob die Profile nach der Freischaltung später immer noch kontrolliert wurden, da ich die Inhalte jederzeit ändern konnte. Diese Frage sollte mir jedoch einige Wochen später eindrucksvoll beantwortet werden. Jetzt war ich erst mal gespannt, was mich erwartete. Wie würde mein Profil ankommen? Und wie wurden mir die Damen präsentiert? War das Ganze wie ein Katalog aufgebaut, in dem ich ungehindert blättern und jede Frau einfach kontaktieren konnte? Eine etwas ungewohnte und für die Partnersuche eher befremdliche Vorstellung. Oder musste ich mich an irgendeine Instanz wenden, meine persönliche Anstandsdame vielleicht, die dann jeden Tag einen individuellen Vorschlag für mich ausarbeitete und ein virtuelles Rendezvous organisierte? Würde das vielleicht doch etwas kosten, ein horrendes Trinkgeld oder als Pflichtverzehr eine virtuelle Flasche Piccolo für mehrere Hundert Euro?

8

ZAHLTAG

Nach zwei Tagen bekam ich die Information, dass mein Profil jetzt geprüft und freigeschaltet sei und man mir *»viel Glück bei der Partnersuche«* wünsche. Wunderbar, immer noch kein Haken, ich konnte tatsächlich einfach loslegen. Ich loggte mich ein und stellte fest, dass eine Menge Damen in diesem Portal auf mich warteten und das Ganze wirklich wie eine Katalogübersicht aufgebaut war, von der ich in die einzelnen Profile klicken konnte. Eine persönliche Anstandsdame oder Vermittlungsgebühr schien nicht zu existieren. Ich begann zu stöbern und stellte fest, dass ich meine Suchkriterien und dadurch den Kreis der potenziellen Kandidatinnen bei einigen Parametern einschränken konnte. Es war mir beispielsweise möglich, das Alter in Jahresschritten einzugrenzen (ich gab fünfunddreißig bis achtundvierzig Jahre ein). Außerdem konnte ich meinen Katalog nicht nur nach Postleitzahlen, sondern auch nach Punktzahl sortieren, denn jede Kandidatin besaß eine Punktzahl, mit der ihre Eignung für mich anhand unserer Profildaten und des Tests indiziert wurde. Die Macher dieses Portals kannten natürlich nicht meinen Geschmack, aber zumindest zeigte diese Zahl an, wie wahrscheinlich es ist, dass man sich nicht dauernd in die Haare bekommt, falls man sich gefällt. Ich glaube, das theoretische Punktemaximum lag in diesem Portal bei einhundertzwanzig und das Minimum bei ungefähr sechzig. Interessant wurde es angeblich erst ab achtzig Punkten, und das kann ich im Nachhinein weitestgehend bestätigen. Andererseits waren einhundert Punkte und mehr bereits sehr selten und vielversprechend. Ich las mir meine persönliche Top-Zwanzig-Liste durch, denn anschauen konnte ich die Damen nicht. Die Fotos sahen alle verschwommen aus, weil jedes Mitglied selbst entschied, wer das eigene Foto wann sehen durfte. Alle Damen trugen Tarnnamen wie »E24Y559883LT«, die wohl bei der kostenlosen Registrierung nach dem Zufallsprinzip vergeben wurden. Diese Namen klangen eher nach Typenbezeichnungen bei Gentechnik-Feldversuchen und nicht gerade romantisch, aber sie waren anonym, und darauf kam es an. Sollte ich den richtigen Namen von »E24Y559883LT« später erfahren, so konnte ich ihn im Profil eintragen, und fortan tauchte die Dame mit richtigem Namen in meiner Liste auf (und natürlich *nur in meiner* Liste!). Genauso konnte ich mein eigenes Foto individuell für jede Kandidatin freischalten. Wenn ich also eine Nachricht an »E24Y559883LT« schickte, so entschied ein zusätzlicher Klick von mir, ob sie mich sah oder nicht. Allerdings musste ich feststellen, dass ich keine richtige Nachricht verfassen konnte, was vermutlich doch mit meiner kostenlosen Registrierung zusammenhing. Ich konnte drei vorgegebene Formulierungen wählen, die meine Vorstellung einer ersten Kontaktaufnahme bei Weitem nicht abdeckten. Es waren Sätze wie *»Ich finde Ihr Profil interessant und möchte Sie gerne kennenlernen«* oder *»Ihr Profil gefällt mir, ich würde gerne wissen, wer dahintersteckt, und Ihr Foto sehen«*.

Nachdem ich mich eingeloggt hatte, wählte ich ein paar Damen aus, die ich mit einer dieser Formulierungen kontaktieren wollte. Ich hatte Kinderanzahl und -wunsch, Körperumfang (bevorzugt *»schlank«*), das Äußere (mindestens *»attraktiv«*) und die Rauchgewohnheiten überprüft und versicherte mich außerdem, dass die Kandidatin konflikt- und kommunikationsfähig war. Als ich meine Kontaktanfragen gesendet hatte, teilte man mir mit, dass »E24Y559883LT« und die anderen verschwommenen Ladys meine Nachricht erhalten hatten, ich mich in etwas Geduld üben müsse und meinerseits benachrichtigt würde, wenn eine Antwort eintraf. Die ersten Morsezeichen waren also versendet, und ich war begeistert, was es alles gab für das Geld, das ich nicht bezahlt hatte! Der Profildaten-Abgleich und die psychologischen Auswertungen waren um ein Vielfaches aussagefähiger als der Text einer Kontaktanzeige. Hinzu kam das Punktesystem als Schnellindikator, das musste doch zum Erfolg führen. Umso gespannter wartete ich auf Antworten.

Und tatsächlich traf einen Tag später in meinem E-Mail-Account eine Benachrichtigung ein. Meine Neugierde und Vorfreude schlugen gemeinsame Purzelbäume, und ich wähnte mich erneut kurz vor dem Zieleinlauf ins glückliche Leben. Mit meinem Passwort loggte ich mich flink auf der Single-Plattform ein und klickte ungeduldig auf den Button, der die Mitteilung öffnete. Eine Sekunde später sah ich die Nachricht einer Dame, wobei das Wort »sah« in diesem Fall wörtlich gemeint ist und nicht durch das Verb »lesen« ersetzt werden kann.

Ich vermutete anfangs einen technischen Defekt, aber nach einigen Sekunden dämmerte es mir, und der Riesencoup der kostenlosen Registrierung brach wie ein Kartenhaus in sich zusammen. Ich kam mir ziemlich dämlich vor, und ich war sicherlich nicht der Erste, dem es so ging. Die Nachricht, die ich sah, hatte etwas Entscheidendes mit den Fotos der Kandidatinnen gemeinsam, denn sie war so verschwommen, dass ich sie nicht lesen konnte, und diesmal lag es wirklich an meiner kostenlosen Registrierung. Nicht schlecht! Ich malte mir wütend aus, wie irgendwo in Indien, Buxtehude oder Freilassing ein Typ in seiner Garage sitzt, sich auf die Schenkel klopft, einen großen weißen Strich auf eine Kreidetafel zeichnet und nach hinten ruft: »Schon wieder einer, heute ist ein guter Tag!« So funktionierte das also, eine kostenlose Fährte legen bis kurz vor dem Ziel, den zahlungsunwilligen Kunden mit Vorfreude vollpumpen und dann den Blick auf eine Milchglasscheibe freigeben, auf der sinngemäß zu lesen steht: *»Wenn Sie wissen wollen, was ›E24Y559883LT‹ Ihnen geschrieben hat, dann bezahlen Sie bitte JETZT!«* Es fehlte nur noch der Zusatz: *»Sie können natürlich auch weiterhin kostenlos registriert bleiben und Anfragen versenden, ohne die Antworten lesen zu können. Sie wären jedoch der Erste, der auf diesem Weg eine Partnerin findet, hehe!«* Die Betreiber waren clever und ich sehr naiv gewesen. Der einzige für mich nachvollziehbare

Grund, die Partnersuche an diesem Punkt abzubrechen, war fehlendes Kleingeld. Ich war zwar nicht reich, aber konnte mir eine Mitgliedschaft problemlos leisten, und so machte sich innerhalb weniger Sekunden ein gesunder Fatalismus in mir breit, und mein Irrtum wurde mir egal. Ich gestand mir meine Niederlage ein und ließ die Peinlichkeit meinen Buckel herunterrutschen, denn ich handelte ja für einen guten Zweck, für mein persönliches Glück und eine rosarote Zukunft. Ich schaute mir die Optionen an und konnte zwischen einer normalen Mitgliedschaft für drei, sechs oder zwölf Monate wählen. Das kostete damals, soweit ich mich erinnere, knappe einhundert Euro für den kürzesten Zeitraum. Außerdem wurde eine dreimonatige VIP-Mitgliedschaft mit Vorzügen bei der Ansicht, der Sortierung und der eigenen Profilgestaltung für knappe zweihundert Euro angeboten. Für alleinerziehende Frauen, das teilten mir später einige Damen mit, gab es sogar Sondertarife (warum nicht für alleinerziehende Männer?). Eine eventuelle Kündigung musste sechs Wochen vor Vertragsende beim Betreiber eingehen, sonst verlängerte sich – Überraschung! – der Vertrag um ein klitzekleines Jahr, mit sofortiger Abbuchung natürlich, denn ab hier war Schluss mit kostenlos. Zahltag!

Ich musste nicht lange überlegen und entschied mich für die dreimonatige VIP- Mitgliedschaft. Nicht, weil ich auf diesen Extra-Super-Goldstatus-Kram stehe, im Gegenteil, denn es widerstrebt meinem gesunden Menschenverstand, dass jemand aufgrund eines höheren Monatsbeitrages eine »sehr wichtige Person« sein soll (außer für die Betreiber natürlich). Meines Erachtens ist so jemand eher eine »sehr zahlungswillige Person«, was genaugenommen noch nicht einmal mit »sehr zahlungskräftig« gleichzusetzen ist. Der Grund für meine VIP-Entscheidung war, dass ich schlicht und einfach keine Lust hatte, am nächsten Tag erneut festzustellen, dass ich irgendetwas nicht durchlesen oder schreiben konnte. Bei der VIP-Mitgliedschaft war angeblich alles drin, ich konnte mehr schreiben und mehr Fotos einstellen und wurde

»maximal partnervermittelt«, mehr ging also nicht. Und, nun ja, ich konnte auch virtuelle Rosen verschicken, aber das fand ich so peinlich, dass ich es nie getan habe und dass es mir sogar schwerfällt, es hier zu erwähnen. Die Laufzeit von drei Monaten würde mir sicher reichen, da war ich sicher. Verlängern konnte ich notfalls immer noch.

Die knapp zweihundert Euro deckten wohl nicht nur den psychologischen Test und den Damenkatalog ab, sondern langten auch noch für viele Tipps und Tricks, die mir ab sofort täglich in mein Postfach flatterten. Die Absenderin war angeblich eine Mitarbeiterin des Portals mit adeligem »von« im Namen. Scheinbar machte sie sich viele Gedanken, um mir bei der Konversation und meiner Strategie auf die Sprünge zu helfen. Sie riet mir, mein Profil brav auszufüllen und möglichst viele Damen zu kontaktieren, um meinen Status zu verbessern und öfter von ihr proaktiv *»angeboten«* zu werden. Ich war der Dame sehr dankbar, dass sie sich für mich eine solche Mühe gab. Wahrscheinlich teilte sie sich mit dem Werbebanneragenten und dem Typen, der den Kreidestrich bei meiner Bezahlung machen durfte, eine Garage und schlief auf einem Pappkarton, auf dem sie nachts schnell Notizen machte, wenn ihr wieder etwas Neues einfiel, wie sie mich, ihr neues VIP-Mitglied, fortan besser vermarkten und innerhalb von drei Monaten an die Frau bringen konnte. Dafür waren meine knapp zweihundert Euro sicher nicht zu viel verlangt.

Mit dem albernen VIP-Status fühlte ich mir zwar, als hätte ich einen falschen Doktortitel gekauft, aber ich nutzte fleißig die Vorzüge bezüglich der Ansichten, Sortierkriterien und meiner eigenen Profilgestaltung. In den darauffolgenden Tagen erledigte ich abends etwas administrative Arbeit, weil ich meine Partnersuche ernst nahm und mein Schicksal und das Geld nicht in den Wind schießen wollte. Es dauerte nicht lange, da spürte ich bereits den Sog, den diese Parallelwelt mit all ihren unendlich wirkenden Möglichkeiten auslöste, denn ich bekam täglich Antworten, Tipps,

Vorschläge und neue Anfragen. Die erste Nachricht, deren Inhalt ich zuerst nur verschwommen gesehen hatte, stammte zum Beispiel von der Geschäftsführerin eines Schuhgeschäfts in einer nahe gelegenen Kreisstadt. Sie gefiel mir auf dem freigeschalteten Foto leider doch nicht, denn sie sah zwar attraktiv, aber für meinen Geschmack irgendwie zu mütterlich aus. Ich sagte ihr mit einer ausführlichen Antwort freundlich ab – natürlich ohne das Wort *»mütterlich«* zu erwähnen – und fügte fröhlich hinzu, dass wir uns ja vielleicht mal beim Schuhkauf träfen, wo denn ihr Schuhgeschäft genau sei. Ich wollte höflich und in keiner Weise aufdringlich sein, und mir war überhaupt nicht bewusst, dass solch eine Frage völlig unangemessen und missverständlich war. Kurz darauf bekam ich von ihr den vorgefertigten Absagetext samt Profilsperre übermittelt. Das bedeutete, ich konnte sie nicht mehr kontaktieren, und alles, was ich noch von ihr sah, war ein »Durchfahrt verboten«-Schild. Ich war anfangs etwas vor den Kopf gestoßen und wusste nicht, warum sie mich unwiderruflich von ihrer Kontaktliste gelöscht hatte. Aber nach ein paar Tagen verstand ich, dass sie wohl schon länger in diesem Portal war und einfach keine Lust auf Schwätzer und Phrasen hatte und erst recht nicht jemand Wildfremdem mitteilen wollte, wo sich ihr Schuhgeschäft befindet. Ich stimme ihr im Nachhinein auf ganzer Linie zu.

9

DIE EINHUNDERTVIER-PUNKTE-FRAU

Mein erstes Treffen als »sehr wichtige Person« dieses Internetportals hatte ich bereits zehn Tage nach meiner Registrierung. Es fand unter herausragenden Vorzeichen statt, denn die Punktzahl für eine gemeinsame rosarote Zukunft lag bei unglaublichen Einhundertvier! So viel hatte noch nicht einmal die SED bei den gefälschten Wahlen in der DDR gehabt, und auch wenn diese Dame Psychotherapeutin von Beruf war, musste ich sie kennenlernen. Unsere Fotos waren zu nett, um einen Rückzieher zu machen, und wir vereinbarten ein Treffen auf halber Strecke zwischen unseren Wohnorten. Diese lagen allerdings nicht ganz so nah beieinander, denn die Dame wohnte in Ulm. Aber man weiß ja nie, wo die Liebe hinfällt und was man dann für sie zu tun bereit ist. Hier ein Auszug unserer E-Mail-Konversation vor der ersten Begegnung – ich schrieb ihr zum Auftakt:

Hallo,
jetzt hat man mir endlich die Handschellen abgenommen und den Knebel aus dem Mund entfernt. Hat zwar Geld gekostet, aber fühlt sich besser an, so befreit virtuell herumzulaufen. Man muss sich nur ab und zu ein wenig dehnen … Außerdem habe ich jetzt auch ein Gesicht.
Also – bin zweimal über Dein Profil gestolpert, weil 104 Punkte ja schon ein ganz schöner Brocken sind. Außerdem – die Portalbetreiber können sich doch nicht irren. Oder?
Hey, und ich habe Dir geschrieben, obwohl Du Psychotherapeutin bist! Ich glaube, das nennt man Optimismus.
Gruß, Jörg.

Ihre schlagfertige Antwort traf am nächsten Tag ein, und um meinen Mut, einer Psychotherapeutin zu schreiben, zu belohnen, wie sie sagte, gab sie mir ihre private E-Mail-Adresse. Ihre Mitgliedschaft würde wenige Tage später auslaufen, und so könnten wir uns privat weiterschreiben. Ihrer Meinung nach waren die 104 Matching-Punkte schon ein Ding, und weil sie an mir und meinem Humor interessiert zu sein schien, schaltete sie sofort ihr Foto frei und stellte mir bei Gefallen ein psychologisches Gutachten in Aussicht. Im PS fragte sie mich außerdem, wie ich mich denn so als VIP fühlen würde.

Hallo Lisa,
also ich wäre eigentlich gerne Chefarzt geworden, um dann so mit wehendem Kittel und ignorant-wichtiger Miene an meinen Untergebenen vorbeizuhuschen, ihnen ein Gemurmel zuzuraunen und sie hinterher fertigzumachen, wenn der Kaffee nicht richtig temperiert ist. Die Patienten wären mir natürlich egal.
Außerdem hat es bisher nicht zum Porsche oder Rolls Royce gereicht. Und da Statussymbole und vor allem fette Schlitten zur Geschlechtsteilverlängerung mein eigentliches Lebensziel sind (das habe ich in meinem Profil erfolgreich anders manipuliert, damit ich erstmal den Frauenversteher-Preis absahnen kann), war die VIP-Mitgliedschaft die logische und günstigere Konsequenz.
Funktioniert ja auch – so oft wie ich dafür schon Sprüche bekommen habe (Ich gebe zu, Du bist nicht mein erster Kontakt … aber der einzige mit 104 Punkten … Mann, ich habe Tränen in den Augen).
Aber jetzt sach mal – sieht das wirklich so schlimm aus? Ich könnte doch nur virtuelle Rosen verschicken, mehr Fotos hochladen und darf dafür 10 Euro mehr bezahlen ….oder so – keine Ahnung.
Da ich äußerstes Interesse an einem psychologischen Gutachten habe, bin ich für ein Treffen gerne zu haben. Als VIP kostet das dann aber auch nix – bitte! Wohnst Du noch in Ulm? Ich komme eigentlich aus Düsseldorf und wohne jetzt hier in der Nähe von Heidelberg seit 12 Jahren. Dann treffen wir uns doch am besten in Hamburg oder Leipzig, schlage ich vor.
Also, sach mal was – Dein Bild hat mich nicht abgeschreckt ;-) und Wurstfinger oder übersteigerte katholische Tendenzen hast Du ja wohl auch nicht.
»Grüßle«, Jörg

PS: Hey – und ich kann gut mit Psychologen. Weil ICH weiß ja, dass ich o.k. bin, und die kriegen es irgendwann auch raus ;-)

Und: Schreibe ich zu viel? Liegt am 10-Finger-System. Das verdoppelt den Wortumfang bei mir meistens.

Das mit den Wurstfingern muss ich kurz erläutern. Ich hatte in meinem Profil geschrieben, dass mir schöne Hände bei Damen wichtig sind. Damen, die Wurstfinger haben, sind einfach nichts für mich. Das Gleiche gilt für Damen, die ihr Leben nach streng katholischen Maßstäben gestalten. Das mag diskriminierend klingen, ist es aber nicht. Denn ich sage nicht, dass Damen mit Wurstfingern oder streng katholischem Glauben schlechte Menschen sind, sondern nur, dass sie mir als Partnerin nicht gefallen würden. Geschmackssache also. Im Nachhinein hatten viele Damen dafür Verständnis und gestanden mir ähnliche Vorlieben und Abneigungen bei männlichen Äußerlichkeiten und Weltansichten.

Die Einhundertvier-Punkte-Frau legte mit ihrer ironischen Antwort die Karten offen auf den Tisch und die Hürde rhetorisch noch ein Stückchen höher. Sie schrieb, ein schickes Auto sei Bedingung, das 10-Finger-System beherrsche sie nicht, weshalb sie für drei Sätze immer eine Ewigkeit bräuchte, sie wolle außerdem in Ulm wohnen bleiben, und außerdem habe sie Wurstfinger und sei streng katholisch. Der letzte Satz lautete: »*Psychologen sehen nun mal immer zuerst die Probleme – sorry, Berufskrankheit!*« Daraufhin antwortete ich ihr:

Lisa – kurze Antwort, damit Du keine Komplexe wegen der Zeichenanzahl bekommst (bin ich nicht einfühlsam?)
Wurstfinger, Nobelkarosse und streng katholisch sind ein Problem. Der Rest ist im Fluss.
So, jetzt hast Du den Ball wieder in der Hand (die ist bestimmt schlank!)

Gruß an 104 ;-)

(ach nee – oben waren 4 Abzug – sind nur noch 100 jetzt …)

Ich schlug außerdem vor, ob wir nicht mal kurz telefonieren sollten. Sie meinte daraufhin, sie sei schließlich ein alter Hase auf dieser Plattform, und Telefonieren schade zwar nicht, aber nur ein persönliches Treffen würde uns wirklich weiterbringen. Oder ein gemeinsamer Urlaub, denn da würde man sich erst richtig kennenlernen. Huch? Auch wenn der Urlaubsvorschlag verlockend erschien, verabredeten wir uns erst mal am darauffolgenden Samstagnachmittag *»auf einen Cappuccino auf halber Strecke«*. Und das, obwohl ich eigentlich nur Espresso mochte.

10

SEKUNDENBRUCHTEILE

Wir wussten beide nicht, dass an diesem sonnigen Samstag im Frühherbst das jährliche Stadtfest ausgerichtet wurde. Die Parkplätze und der Marktplatz mit dem verabredeten Treffpunkt waren überfüllt, sodass ich weit entfernt parken musste und mich ein paar Mal verlief. Obwohl ich sie im festlichen Tumult kaum verstehen konnte, telefonierten wir zweimal, und nach einigen Umwegen und Richtungswechseln gelangte ich schließlich zum vereinbarten Treffpunkt, einem Denkmal mitten auf dem Marktplatz. Ich entdeckte sie zuerst gar nicht, da sie genau hinter der Skulptur stand und in die andere Richtung schaute. Als ich zwei Schritte zur Seite machte, sah ich sie schließlich. Sie stand mit dem Rücken zu mir, und ich tippte von hinten auf ihre Schulter.

Als sie sich umdrehte, erkannte ich sie sofort, das Foto war also realistisch. Sie wirkte sehr natürlich und entspannt, hatte ihre mittellangen, weizenblonden Haare nicht besonders gestylt und war fast ungeschminkt. Ich fand sie auf Anhieb sympathisch, und sie schaute mich ebenfalls sehr aufmerksam, fast erfreut an. Aber nach Sekundenbruchteilen war ich mir bereits sicher, dass sie nicht mein großes Los sein würde, und obwohl ich dieses Gefühl bereits kannte, wog es diesmal schwerer, denn meine Hoffnung hatte sozusagen einen Exponenten von einhundertvier Punkten besessen. Dadurch wurde die kleine Enttäuschung zum mittelgroßen Dämpfer, aus dem ich jetzt trotzdem das Beste machen musste. Und das Beste war wenigstens ein netter Nachmittag. Wir schlenderten durch die Fußgängerzone, die von großen Brezeln und bunten Luftballons bevölkert war, an denen meist kleine Kinder hingen. Während wir uns vorsichtig in eine Unterhaltung tasteten, bestätigte sich unser Gleichtakt in Bezug auf bissigen Humor, der bei unserem kleinen Spaziergang die stadtfestlichen Menschenmassen und überfüllten Schauplätze zum Gegenstand hatte. Hier waren die einhundertvier Punkte auf jeden Fall zutreffend. Nach unserem kurzen Fußmarsch waren wir hungrig und besuchten ein kleines Restaurant. Es kam uns entgegen, dass die Menschen mehrheitlich draußen auf den Plätzen, an den Ständen und auf den Fahrgeschäften unterwegs waren und wir in dem kleinen Lokal sofort einen Platz fanden und unsere Ruhe hatten. Wir bestellten uns einen Flammkuchen, und anschließend erzählte sie mir unter anderem von dem roten Faden der Eheprobleme, der sie und ihren Ex-Mann jahrelang begleitet hatte. Diese lassen sich vermutlich am treffendsten mit »distanzierter Fürsorglichkeit« umschreiben. Ihr Mann tat eine Menge für sie und engagierte sich durch praktische Arbeit und gute Taten sehr für das gemeinsame Glück. Zugewandte Zeit konnte er jedoch nur schwer mit ihr verbringen, denn ihm fiel die direkte Konfrontation mit ihren Gefühlen und manchmal sogar der direkte Blickkontakt schwer. Sie wiederum hatte im Gegenzug meist das Gefühl, ihn verstehen zu müssen, und auch wenn seine Beweggründe und Ausweichmanöver ein Rätsel für sie darstellten, war sie immer wieder bereit, ihm zu vergeben. Ihr erschien das mit der Zeit idiotisch, denn sie drehten sich in einer Spirale von Nähe und Distanz, Enttäuschung und Vergebung. Um diesen ambivalenten Gefühlen auf den Grund zu gehen, hatte sie sich nach vielen vergeblichen Gesprächsversuchen zu einer Rückführung entschlossen. Dort wurde sie unter Hypnose in ein früheres Leben versetzt, und anhand dieser vergangenen und vergessenen Erlebnisse konnte sie vielleicht die emotionalen Trigger der jetzigen Misere besser verstehen. Sie erhoffte sich, dadurch endlich die rätselhafte Gefühlsspirale zu durchbrechen, in der sie sich seit Jahren befanden.

Bei dieser Reise in ihre Vergangenheit erlebte sie unter Hypnose ein schreckliches Szenario. Sie befand sich viele Hundert Jahre früher in einem kleinen Unterschlupf, in dem sie mit ihrem Kind ausharren musste, bis ihr damaliger Mann zurückkehrte. Dieser wiederum war losgezogen, um Hilfe zu holen. Er hatte versprochen, bald zurückzukehren und die beiden zu befreien. Dazu kam es allerdings nicht, denn plötzlich begann durch eine Detonation oder ein Erdbeben die Behausung in sich zusammenzufallen, und sie wurde zusammen mit ihrem Kind bei lebendigem Leib verschüttet. Es gab keine Möglichkeit, diesem tragischen und qualvollen Tod zu entfliehen. Dieses Erlebnis war auch im Rahmen der Rückführung sehr real und erschütternd für sie. Obwohl ihre Schilderung glaubhaft auf mich wirkte, räumte sie ein, dass ihrer Geschichte und dem Verfahren der Rückführung oft mit Skepsis begegnet werde. Das konnte ich nachvollziehen, vor allem, als ich den Rest ihrer Geschichte hörte.

Als sie nach ihrem bestürzenden Termin nach Hause zurückkehrte, erzählte sie ihrem Mann, was sich vor vielen Jahren zugetragen hatte, und überzeugte ihn kurze Zeit später sogar, ebenfalls eine Rückführung zu versuchen. Er hielt zwar nicht viel davon, erklärte sich ihr zuliebe jedoch dazu bereit, denn er hoffte ebenfalls, die Ehe noch retten zu können.

Als ihr Mann daraufhin von der Sitzung zurückkehrte, erkannte sie ihn fast nicht wieder. Kaum zu Hause angekommen, brach er zusammen und weinte in ihren Armen Rotz und Wasser. Nachdem er sich etwas beruhigt hatte, erzählt er, dass er unter Hypnose wirklich in einem früheren Leben gelandet war. Er hatte seine Frau samt

Kind in einem Unterschlupf zurückgelassen, um Hilfe zu holen. Bei seiner Rückkehr musste er mit ansehen, wie die ganze Behausung aufgrund eines Erdrutsches in sich zusammenfiel und seine geliebte Frau mit dem geliebten Kind unter den Erdmassen und Trümmern lebendig begraben wurden. Er musste diese Tragödie ohnmächtig geschehen lassen und machte sich Vorwürfe, weil er früher zurückkehren oder gar nicht erst hätte fortgehen sollen.

Vorausgesetzt, diese Erzählung stimmt und diese Zeitenwanderung via Hypnose war kein billiger Hokuspokus, dann waren die beiden früher schon einmal Mann und Frau mit Kind und unter tragischen Umständen getrennt worden. Und nun schleppten sie ihre Gefühle im Hier und Jetzt mit sich herum und liefen immer wieder gegen die Wand ihrer Vergangenheit. Er hatte aus seiner Sicht damals versagt, seine Frau und sein Kind nicht gerettet und ging der emotionalen Konfrontation im jetzigen Leben aus dem Weg, weil sie schmerzhafte Erinnerungen und Schuldgefühle auslöste. Sie wiederum musste ihm immer wieder verzeihen, weil sie wusste, dass es letztendlich nicht seine Schuld war und er getan hatte, was in seiner Macht stand. Sie hoffte, ihn mit jedem Verzeihen von seinen Schuldgefühlen zu befreien. Aber obwohl die Rückführung den beiden einen Schlüssel zur Lösung ihrer Probleme in die Hand gab, konnten sie ihre Beziehung im Nachgang leider nicht retten, und die Trennung war unvermeidbar. Nach inzwischen zwei Jahren hatte die Einhundertvier-Punkte-Frau weitestgehend Frieden mit dieser Situation, der Vergangenheit und ihrem Ex-Mann geschlossen. Als Therapeutin wusste sie ja, wie das geht.

Ich glaubte ihr diese Geschichte, denn die Einhundertvier-Punkte-Frau wirkte als Person sehr gradlinig und klar, und weder ihre Ansichten noch ihre Erscheinung trugen aus meiner Sicht verklärende oder esoterische Züge. Ihre Schilderungen hatten mich natürlich sehr bewegt, sodass ich nach dem Treffen wie aus einem Kinofilm zurück in meine Wirklichkeit fuhr, nur dass mein Kino nicht auf der Leinwand stattgefunden, sondern ein Mensch aus

Fleisch und Blut mit einer wahren Lebensgeschichte vor mir gesessen hatte. Neben diesen Eindrücken musste ich auf der Heimfahrt zudem meine enttäuschte Partnerhoffnung verarbeiten, denn als ich mich einige Stunden zuvor auf den Weg gemacht hatte, waren meine Erwartungen riesig gewesen. Die unvermeidlichen Träumereien und Hoffnungen erhielten in diesem Portal deutlich mehr Nahrung als bei einer Kontaktanzeige, und ich hatte mich darüber hinaus in der statistischen Sicherheit von einhundertvier Punkten gewähnt. Ich dachte, mir wird warm ums Herz, wenn Lisa mir gegenübersteht, und ich fühle mich zu ihr hingezogen, so als würden wir uns schon lange kennen, denn einhundertvier Punkte … Mein Bild von ihr war gewesen, was es am liebsten sein sollte, und nun fühlte ich mich etwas zurückgeworfen und musste all das erst mal verarbeiten. Einige Tage später fand ich die richtigen Worte und sagte ihr freundlich ab.

Hallo Lisa,
jetzt habe ich mal einen Moment Zeit und schreibe Dir kurz. Fehlt ja nach dem »Sackenlassen« noch ein perspektivisches Resümee, oder?
Also, um es gleich zu sagen, hat es bei mir jetzt an unserem (sehr netten und angenehmen!!!) Abend nicht richtig gefunkt. Und das sollte ja schon der Fall sein, oder?
Also weitere Vertiefung zum Zwecke der intimen Partnerschaft – nein von meiner Seite. Ich hoffe, bei Dir ist es nicht komplett umgekehrt, das täte mir leid.
Und ich muss auch sagen, dass ich es trotzdem schön fand, mit Dir zu quatschen, und die Fahrt überhaupt nicht bereut habe. Von daher muss Tante Kathi (die Anstandsdame, die alle Mails des Portals unterzeichnete – Anm. des Autors) *nun doch schon ein bisschen recht haben mit ihrem Zahlenwerk ;-)*
Also – wir können uns ausdrücklich gerne weiter schreiben und wenn wir in der gegenseitigen Nähe sein sollten treffen. Melde Dich mal.

Und um die Frage vorweg zu beantworten – bisher habe ich meine Traumfrau hier noch nicht live getroffen. Allerdings gibt es noch eine Kandidatin, die ich Ende nächster Woche mal treffen werde. Schaumermal. Sind glaube ich auch 104 Punkte oder 102 oder so …
Liebe Grüße, Jörg

Ihre Antwort traf erst eine knappe Woche später ein und war, wie ich fand, eine Mischung aus Verständnis und leisem Bedauern. Sie schrieb zwar, dass es bei ihr auch nicht gefunkt habe, fügte jedoch hinzu, dass es bei Internet-Bekanntschaften leider nur diese eine Chance gäbe. Hätten wir ein gemeinsames Umfeld in der gleichen Stadt, so könne sie sich schon vorstellen, dass etwas daraus entstanden wäre. Ich fand es mutig, dass sie nach meiner Absage aus ihrem kleinen Bedauern kein Hehl machte. Trotz der aufrichtigen Sympathie füreinander hatten wir jedoch nie wieder Kontakt, und es fühlt sich seltsam an, dass ein netter, interessanter Mensch namens Lisa nach einem kurzen Treffen wieder verschwand, aber seine berührende Geschichte in meiner Erinnerung bis heute liegen geblieben ist wie ein vergessener Regenschirm.

11

WIMPELSAMMLUNG UND GOLDRAHMEN

In den folgenden zwei Wochen gönnte ich mir eine ordentliche Portion Balsam. Virtuellen Seelenbalsam. Ich sammelte Kontakte, die im Nachhinein betrachtet letzte kleine Lackschäden in meinem Selbstbewusstsein aufpolierten. Das funktionierte hervorragend und stärkte mich innerlich so sehr, dass ich bei manchen Konversationen sogar etwas übermütig und mein Humor infolgedessen nicht immer verstanden wurde. Heute würde ich den meisten Damen sofort absagen, weil sie zwar nett waren, aber bei genauerem Hinsehen für mich keine Perspektive boten, oft schon wegen der großen Entfernung. Die damalige Liste meiner Konversationen war jedoch so etwas wie die Wimpelsammlung in der Clubhausvitrine eines Fußballvereins, und genauso benutzte ich sie auch. Anschauen und auf die Schulter klopfen, um anschließend mit erhobenem Haupt das Clubhaus zu verlassen und mich motiviert ins nächste Spiel zu stürzen.

Natürlich ging es auf dieser Plattform nicht darum, eine möglichst lange Liste von Kontakten nach Facebook-Manier vorzuweisen. Im Gegenteil, sowohl die Pflege dieser Liste als auch die freundliche, meist unverbindliche Wimpeldamen-Konversation war nur ein Zeitfresser und brachte letztendlich niemanden entscheidend voran. Es war ein verbales Schaulaufen, für das beide Seiten gerne Komplimente einheimsten, ohne dies offen zuzugeben. Aber immerhin ging man freundlich miteinander um, und ich konnte mich einige Monate nach dem traurigen Scheitern meiner Ehe endlich mal wieder wie ein toller Hecht fühlen. Eine Therapie wäre deutlich teurer gewesen, und vielleicht ging es einigen Damen in meiner Clubvitrine ja ähnlich, und ich stand ebenfalls ein paar Wochen als buntes Fähnchen in ihrem Regal.

Natürlich wurde längst nicht jede schriftliche Mühe belohnt. Auf ungefähr die Hälfte meiner Anfragen erhielt ich innerhalb weniger Tage eine Antwort, ein Viertel hingegen wurde gar nicht erst gelesen. Dieses Damenviertel war also registriert, aber nicht mehr aktiv, oder die Mitgliedschaft war abgelaufen, und sie hätten sich zum Lesen meiner Nachricht erneut kostenpflichtig anmelden müssen. Mit den sehr wenigen wirklich interessanten Kontakten tauschte ich meist nach kurzer Zeit die persönlichen Mailadressen aus, um nicht den Umweg über das Portal gehen zu müssen. Mit den restlichen »ganz sympathischen« Damen plauderte ich hin und wieder, so wie mit einem netten Nachbarn. Aus ihnen bestand die besagte Wimpelsammlung, von der sich mein Ego noch nicht trennen wollte. Einige Male verließ ich das Clubhaus für weitere Verabredungen, unter anderem auch mit einer vielversprechenden Kandidatin, mit der mich ebenfalls beeindruckende einhunderteins Punkte verbanden. Doch obwohl wir einen bemerkenswert netten und unterhaltsamen Nachmittag verbrachten, kam eine Partnerschaft nicht infrage. Unsere Unterhaltung bot zwar die ganze Palette des großen Sympathie-Kinos – Humor, Verständnis, Ernsthaftigkeit, Ratschläge und ironisches Ping-Pong –, jedoch stand dieses Blind Date exemplarisch dafür, dass viele Punkte eine manchmal fast symbiotische Wellenlänge signalisieren, jedoch kein Garant für eine Liebesbeziehung sind. Einige Zeit später sollte sich das jedoch ändern. Es begann – wie immer – mit ein paar netten, harmlosen Zeilen, die ich im Profil einer Dame entdeckte:

»Ein optimales Wochenende ist für mich ... Ausschlafen, etwas Sport treiben, dann shoppen gehen, anschließend die Sauna besuchen und abends mit einem guten Essen den Tag beenden – und zwar genau in dieser Reihenfolge!«

Diese Reihenfolge gefiel mir ebenfalls, und in meiner ersten Nachricht an die Verfasserin dieser Zeilen gratulierte ich ihr zu dieser gelungenen Wochenend-Choreografie, schaltete mein Foto für sie frei und bekam schon einen Tag später ihre Antwort. Sie schrieb kurz und knapp, dass ich mich aber beeilen müsse, weil ihre Mitgliedschaft am nächsten Tag beendet sei. Außerdem erwähnte sie, dass sie von meinem Goldrahmen sehr beeindruckt sei und was ich denn um Himmels willen für diesen VIP-Status hatte tun müssen. Ihr Foto durfte ich ebenfalls sehen, und das gefiel mir sogar noch besser als ihre ironische Antwort! Sie war mit Abstand die hübscheste Frau, die ich bis dahin entdeckt hatte. Ihre dunkelbraunen Augen schauten gut gelaunt in die Kamera, die langen braunen Haare rankten sich mit angedeuteten Locken verspielt um ihr Gesicht, und dieses Gesicht erinnerte mich ein wenig an Julia Roberts, auch wenn es etwas voller wirkte und im Detail glücklicherweise nicht die gleiche Menge Hollywood-tauglicher Gesichtszüge aufwies. Außerdem besaß ihre Garderobe offensichtlichen Chic, der leger und nicht uniformiert daherkam. Ich erfuhr später, dass sie hauptberuflich in der Geschäftsleitung einer namhaften Wirtschaftsprüfungsgesellschaft in Teilzeit arbeitete und alleinerziehende Mutter von zwei Söhnen war. Sie sang Lobeshymnen auf ihren Chef, der sehr viel Verständnis für ihre Mutterpflichten aufbrachte und sie trotz seiner leitenden Position nicht als Leibeigene behandelte. Na also, geht doch! Nebenher coachte sie ein- bis zweimal im Jahr junge Model-Anwärterinnen, denn sie hatte als junge Frau ebenfalls öfter vor der Kamera gestanden. Außerdem besaß sie ein sehr flottes Mundwerk und beeindruckte mich mit beißender Ironie und trockenem Humor, auf den ich im Laufe der folgenden Wochen selbst einige Male hereinfiel. Das konnte aus meiner rheinländischen Sicht nur an ihrer rheinländischen Herkunft liegen. Allerdings lebte sie seit vielen Jahren nicht mehr im Rheinland, sondern, das schien irgendwie zur Regel zu werden, circa neunzig Minuten entfernt von mir, diesmal in Rheinland-Pfalz. Unsere E-Mail-Konversation wirkte auf mich geradezu euphorisierend, denn dass eine so hübsche Frau gleichzeitig dermaßen witzig sein konnte, hatte ich bis dato noch nicht erlebt. Ihre Nachrichten enthielten zwar meist nur kurze Statements, die jedoch regelmäßig aus klugen, schlagfertigen Repliken bestanden. Natürlich war mir mein VIP-Status grundsätzlich bekannt, aber durch sie hatte ich erfahren, dass ein wunderschöner Goldrahmen um mein Foto prangte und mich sozusagen als goldene männliche Perle von all den anderen gewöhnlichen Typen unterschied. Sofort überflog ich meinen Damenkatalog und fand dort nach einer knappen Minute tatsächlich eine Dame, die sich ebenfalls mit diesem Rahmen präsentierte, was in meiner Liste sehr selten war. Ich schämte mich etwas, denn diese exponierte Angeberoptik war nicht Ziel meiner VIP-Buchung gewesen. Vermutlich wirkte ich auf die meisten Betrachterinnen gar nicht so schlimm, wie ich mir in diesem Moment vorkam, aber ein Goldrahmen entsprach nicht meinem Sinn für authentische Selbstdarstellung. Ich fand das einfach nur bescheuert, und so beschloss ich, diesen Rahmen und den VIP-Status unverzüglich zu kommentieren. Dafür änderte ich den Text in der VIP-Rubrik »*Das möchte ich noch über mich verraten …*«. Es waren mindestens sieben Wörter verlangt. Ich schrieb jedoch knappe zweihundert, und wenige Stunden später wurde mein Profil vom Betreiber aufgrund des ketzerischen Inhalts gesperrt. So viel zum Thema »ständige Kontrolle der Seiteninhalte«.

»Das ist jetzt hier die VIP-Rubrik, glaube ich. Also muss man die Kohle ja nutzen, wenn man einmal VIP sein darf, und auch brav was reinschreiben. Dann kann die Portalstatistik auch brav ausspucken: ›Ja sehen Sie mal, diese VIP-Rubrik hat uns nicht nur Geld gebracht, sie wird auch fleißig genutzt!‹ Also tue ich den Betreibern jetzt was Gutes und nutze sie. Auf dass wir uns alle lieben und die, die wollen, auch mehren. Amen. Ich glaube das waren mindestens sieben Wörter … mal sehen, wer Erns…. äh Spaß versteht. Ach so – noch ein Filmtipp für alle, die hier durch einen Klick vielleicht ihr Leben verändern. Mr. Nobody – echt empfehlenswert. Story und Umsetzung Eins-Aah! Und passt zum Thema. Leider viel zu unbekannt. So – und jetzt habe ich kein Geld mehr übrig, um noch meine Lieblings-CDs reinzuschreiben. Aber vielleicht lade ich als VIP noch die ganzen Urlaubsfotos hoch. Und das von meiner Jacht. Und von meinem Wochenendhaus an der Côte d'Azur und den drei Sportwagen. Und von dem Golfplatz, den ich letztens akquiriert habe.

Schatz, reich mir mal die Zigarren und das Mundwasser bitte …. hachjah … wie schreibt man eigentlich ›akquiriert‹, Schatz? Schatz? Bist Du noch da? Mist, jetzt klebt mein Hintern wieder an dem Ledersessel …«

Ich gebe zu, dass man über den ästhetischen Wert dieser Äußerung streiten kann, aber diese spätpubertäre Revolte machte zumindest Spaß, und ich fühlte mich mit meinem kurz darauf gesperrten Profil wie das Enfant terrible des Singleportals. Selbstverständlich konnte dieser Text nicht so stehen bleiben, und ob er eine uneingeschränkt positive Außenwirkung hatte, lasse ich auch mal dahingestellt. Da der Betreiber mich umgehend in virtueller Einzelhaft isoliert hatte, musste ich das Ganze zügig wieder löschen und durch einen braveren Inhalt ersetzen. Mein VIP-Status war jedoch immer wieder ein willkommener ironischer Anknüpfungspunkt. Alleine dafür hat sich das Geld schon gelohnt.

12

DAS ERSTE HERZFLIMMERN

Die Julia-Roberts-Rheinländerin interessierte mich in der Folgezeit am meisten. Sie erwähnte anfangs, dass sie sich in diesem Internetportal überhaupt nicht wohlgefühlt hatte, meist von komischen, einsilbigen und langweiligen Typen kontaktiert worden war, von denen der eine oder andere vermutlich stinkreich, aber zwanzig Jahre älter war als sie. Sie schaltete ihr ansehnliches Foto nicht mehr sofort frei, nachdem ein durch ihre Absage gekränkter Kandidat sie massiv beschimpft und bezichtigt hatte, nur ein *»Lockvogel des Portals«* zu sein, der die älteren Herren antörnen solle, damit sie ihre Mitgliedschaft verlängerten. Diese Argumentation war natürlich unlogisch, denn warum sollte sie als »Lockvogel« ebenjenen Herren nach kurzer Zeit absagen? Irgendwie schien der Mann seine Verbalattacke nicht ganz bis zum Ende durchdacht zu haben. Aber sie hielt sich nach diesem Vorfall zurück und kündigte schleunigst ihre Mitgliedschaft – allerdings wenige Tage zu spät, sodass ein klitzekleines Jahr kostenpflichtig obendrauf kam. Daraufhin machte sie ziemlichen Rabatz und zog alle Register, führte ihr geringes Einkommen als Alleinerziehende an, drohte mit negativer Propaganda in Internetforen und irgendwann zwischen den Zeilen auch mal mit dem Anwalt. Tatsächlich wurde ihre Mitgliedschaft von zwölf auf sechs Monate verkürzt, was mich im Nachhinein etwas überraschte, denn ich durfte die Zähne und Klauen der Betreiber später auch noch erleben, wenn es um Geld ging. In dieser sechsmonatigen Restlaufzeit war die Rheinländerin so gut wie nicht mehr aktiv gewesen, und ich purzelte mit meiner Anfrage sozusagen einen Tag vor dem Auszug auf ihren leer geräumten Schreibtisch.

Während unserer mehrwöchigen, bisweilen Comedy-reifen Konversation bekam ich auch einige Male ordentlich Kontra, was mich nicht störte, weil ihr Kontra Hand und Fuß besaß. Allerdings störte mich, dass ich selbst meist zeitnah innerhalb eines Tages antwortete, sie jedoch häufig nach dem Motto »Hoppla, da bin ich – schön, nicht wahr?« erst viele Tage später von sich hören ließ. Besaß sie wirklich ein ernsthaftes Interesse, mich kennenzulernen? Ich sprach das nach einiger Zeit mal an, worauf sie mir erklärte, dass sie oft privat unterwegs sei, zeitweise mit ihrer Internetverbindung Probleme habe und zudem gerade eine *»Von-null-auf-hundert-Crash-Beziehung«* hinter sich lassen musste. Aus diesem Grund wolle sie alles erst mal langsamer angehen. An einem Treffen war sie jedoch interessiert, und wir einigten uns nach wenigen Wochen tatsächlich darauf, an einem Mittwochabend gemeinsam etwas essen zu gehen.

Da die Rheinländerin meine virtuelle Hitparade mit großem Abstand anführte, war ich vor unserem Treffen ziemlich aufgeregt. Sie war eine Schönheit mit Charakter, klugem Humor und scharfer Zunge, und ich wollte diese Chance auf keinen Fall vermasseln. Meine eigene Aufregung relativierte sich zwei Tage vor unserem Treffen durch eine kleine Unachtsamkeit ihrerseits allerdings, denn ich erfuhr zufällig, dass sie unserer Begegnung mindestens genauso sehr wie ich entgegenfieberte. Sie hatte eine kurze E-Mail versehentlich an mich statt an ihre Freundin gesendet. Diese Mail enthielt nur zwei Sätze, und einer lautete: *»Kann man sich virtuell überhaupt so total verknallen?«* Als sie wenige Minuten später merkte, dass *ich* diese Mail erhalten hatte, wünschte sie sich in verschiedenste Erdspalten und auf einsame Inseln und erwog sogar kurzzeitig, unser Treffen aufgrund dieser Peinlichkeit abzublasen. Wir beließen es jedoch bei unserer Verabredung, in die ich nun zwar etwas selbstsicherer, aber mit noch größerer Hoffnung ging. Ich war ebenfalls »virtuell total verknallt« und malte mir sogar aus, wie wir uns vor dem Betreten des Restaurants draußen treffen, mit der Vertrautheit unserer E-Mails anschauen und uns ohne große Worte küssen, um anschließend Hand in Hand zum reservierten Tisch und in unsere gemeinsame Zukunft zu schreiten. Das war natürlich unrealistischer Schwachsinn, denn wir waren uns noch nie begegnet.

Im Vorfeld äußerte sie den Wunsch, bereits am Platz zu sitzen, wenn ich ins Restaurant kam. Dadurch sei sichergestellt, dass ein umgeworfener Tisch, ein angerempelter Kellner oder ein versehentlich mitgezogenes Tischtuch samt perfekt eingedecktem Geschirr und Gläsern auf *mein* Konto gingen und zu *ihrer* Unterhaltung beitrugen statt umgekehrt. Als tadelloser Gentleman erklärte ich mich mit dieser Variante natürlich einverstanden. Ich hatte weder ein Problem damit noch eine andere Wahl.

Ich erschien also am Mittwochabend in dem vereinbarten Restaurant in Wiesbaden, welches an ein kleines Programmkino angegliedert war und sich zu einem stilvollen Szenetreff gemausert hatte. Als ich nach meiner Reservierung fragte und der Kellner in die Unterlagen schaute, entdeckte ich die Rheinländerin bereits. Sie saß an einem kleinen Tisch mit Blickrichtung zu mir, schaute herüber, musterte mich interessiert und lächelte still. Kein Winken, überstürztes Aufstehen oder sonstige Anzeichen offensichtlicher Aufgeregtheit. Ich teilte dem immer noch suchend blätternden Kellner mit, dass ich die Dame bereits gefunden habe, bedankte mich und bewältigte die circa fünfzehn Meter inklusive Stufen ohne Slapstick-Einlagen. Als ich vor unserem Tisch stand, erhob sie sich, und wir begrüßten uns mit einem artigen Küsschen links und rechts, bevor wir wieder Platz nahmen.

Sie wirkte vollkommen anders, als ich erwartet hatte, nicht mehr oder weniger attraktiv oder in irgendeiner Weise enttäuschend, sondern einfach anders. Ihr Haarschnitt hatte nichts mit dem Foto gemein, sie trug die Haare deutlich kürzer, dadurch fielen sie glatt und akkurat geschnitten nur bis fast auf die Schultern und waren weit entfernt von der verspielt-eleganten Mähne auf dem Foto. Außerdem war sie nicht so glamourös gekleidet wie in meiner Phantasie, sie trug ein schlichtes graues Woll-Etuikleid mit schwarzer Strumpfhose, das streng, aber trotzdem tadellos wirkte und zur herbstlichen Jahreszeit passte. Selbst ihre Stimme klang anders, als ich sie von einem kurzen Telefonat in Erinnerung hatte, und ich merkte, wie unser Kennenlernen fast bei null begann, obwohl wir wochenlang vertraut und offen kommuniziert hatten. Wir waren sicher beide von unserer Vorsicht und den sporadischen, kleinen Verlegenheiten überrascht, und ich haderte anfangs mit dieser Fremdheit, denn ich konnte nicht einordnen, ob sie der Zurückhaltung eines ersten Treffens oder vielleicht doch ihrer Enttäuschung entsprang. Ich verwechselte »Ungewohntheit« mit »Unbeliebtheit«.

Insgesamt verlief der Abend zwar sehr nett und vielversprechend, jedoch deutlich unspektakulärer, als ich ihn mir in meiner Fantasie ausgemalt hatte. Wir tafelten nicht ausgiebig, sondern aßen nur eine Kleinigkeit, sprachen über unsere Vergangenheiten, bestellten uns noch einen Espresso zum Abschluss und rauchten gemeinsam eine selbst gedrehte Zigarette auf der Restaurantterrasse*. Unter dem Strich machte sie auf mich zwar keinen »total verknallten« Eindruck, aber ich wollte sie auf jeden Fall näher kennenlernen.

Als wir uns nach dem Essen verabschiedeten, empfand ich diesen Abschied allerdings eine Spur zu förmlich, denn ich erinnere mich noch, dass ich sie statt des förmlichen Handschlags

* *Ich rauchte damals noch nach dem Abendessen. Ein knappes Jahr später ließ ich es einfach sein, nachdem ich irgendwann mal ein paar Tage vergessen hatte, zu rauchen. Ja, Sie haben richtig gelesen: VERGESSEN!*

mit Küsschen links und rechts gerne mal in den Arm genommen hätte (und neugierig war, wie sie küsst, klar, aber das wäre natürlich unpassend gewesen). Während der Heimfahrt schaute ich in der Hoffnung auf eine Nachricht von ihr öfter auf mein Handy und spürte, wie die eine oder andere Singleraupe in meinem Bauch tatsächlich zum Schmetterling wurde. Am nächsten Tag rief ich sie morgens kurz an, als ich mich auf dem Weg zur Arbeit befand. Ich sagte ihr geradeheraus, dass mir der Abend mit ihr gefallen habe und ich sie gerne wiedersehen wolle. Sie widersprach nicht, stimmte einem Wiedersehen generell zu, ließ aus Termingründen jedoch Konkreteres offen. Nach den vertrauten Nachrichten vor dem ersten Treffen und dem Geständnis ihrer virtuellen Verknalltheit wirkte diese Reaktion auf mich, als reduziere sie ihr Engagement und wolle Zeit gewinnen. Vielleicht zog sie sogar einen Rückzieher in Erwägung und traute sich nur nicht, das offen zu sagen? Es folgten zwei Tage Funkstille, in denen meine Ungewissheit und die Fragezeichen zunahmen. Mir kam plötzlich ein Teil unserer Unterhaltung beim Abendessen in den Sinn, als ich sie nach ihrer Kindheit gefragt hatte. Sie hatte kurz gestutzt und schien verwundert über meinen Themenwechsel. Mich interessierte, wie sie aufgewachsen war und was sie geprägt hatte; Strenge und Distanz oder Liebe und Wärme? Welche Geschwister, Freunde oder Haustiere hatten ihr viel bedeutet? Mit meiner Frage hatte ich ungewollt ins Schwarze getroffen, denn sie erzählte mir, dass ihr Vater sehr früh aus ihrem Leben verschwunden war, dass die Mutter kein gutes Haar an ihm gelassen und ihr gegenüber ebenfalls oft mit Härte und Strenge agiert hatte. Das war für sie als Einzelkind schwer zu ertragen gewesen, und inzwischen hatte die Rheinländerin sogar mit ihrer Mutter gebrochen und somit zu keinem Elternteil mehr Kontakt. Erklärte das ihre Zurückhaltung? War sie in natura eine eher distanzierte Person, weil sie bereits als Kind wenig elterliche Wärme und Zuneigung erfahren hatte? Hatte ich ihren frechen Humor vor unserem ersten Treffen mit Empathie und Nähe verwechselt?

Am dritten Abend nach unserem Treffen saß ich alleine (also kinderfrei) zu Hause, hatte bereits gegessen und etwas Rotwein getrunken und versuchte, die Gedanken und Eindrücke der letzten Tage zu sortieren und zu deuten. Warum machte sie sich so rar, obwohl bei unserem Treffen nach ihrer Aussage »alles gut« gewesen und ein Wiedersehen erwünscht war? Hatte ich sie in mancher Hinsicht doch enttäuscht? Und wenn ja, in welcher? Oder war ich einfach nur zu ungeduldig? Warum konnte ich es kaum erwarten, sie wiederzusehen, während sie alle Zeit der Welt zu haben schien? Ich entschloss mich, ihr meine – vom Rotwein zusätzlich inspirierte – Gedankenlage in einer SMS mitzuteilen. Auch wenn ich den Inhalt dieser SMS nicht mehr wiedergeben kann, so erinnere ich mich noch, dass leider keine normale SMS dabei herauskam, sondern eine verschwurbelte, lange Nachricht, gespickt mit Metaphern über meine melancholische Befindlichkeit. Ich war zwar nicht betrunken, aber sicher beschwipst und goss meine Gefühlslage und Fragezeichen ungefiltert aus dem Kopf ins Rotweinglas, anschließend in meinen Bauch und von dort ins Mobiltelefon. Auf diesem langen Weg hatte die Verständlichkeit des Inhalts offensichtlichen Schaden genommen, und so ging mein Schuss nach hinten los. Wenige Minuten nach dem Absenden meiner Nachricht rief sie mich sogar kurz aus einem Restaurant an, in dem sie mit einer Freundin zu Abend aß. Mit einer Mischung aus Sorge und Unverständnis fragte sie mich, ob mit mir alles in Ordnung sei und was ich mit dieser SMS hatte ausdrücken wollen. Ich wiederum verstand ihre Irritation nicht und versuchte erneut, mich umständlich zu erklären, denn ich fühlte mich durch die virtuelle Nähe der letzten Wochen legitimiert, ihr alles mitzuteilen und mein Innerstes nach außen zu kehren. Die Belastbarkeit unserer im Grunde noch vollkommen fremden Beziehung zueinander hatte ich jedoch maßlos überschätzt und den Nullpunkt des ersten Treffens vollkommen außer Acht gelassen. Und so landete ich in der trüben Pfütze unnötiger Missverständnisse und hatte versehentlich das Paradebeispiel für ein Kennenlernen geliefert, bei dem sich einer der Protagonisten selbst im Weg steht. Das wäre vermeidbar gewesen, hätte ich nicht selbst ein paar Gläser Rotwein in diese trübe Pfütze gegossen.

Der nächste Tag begann mit einer unwirschen Mail, die noch nachts eingetroffen war. Sie fand, ich hatte eine persönliche Grenze überschritten und eine unangemessene Gefühlsportion auf ihrem Seelengrundstück deponiert. Natürlich standen in meiner SMS keine Beleidigungen oder Vorwürfe, sie bot jedoch viel Interpretationsspielraum, den die Rheinländerin voll und ganz zu meinen Ungunsten ausschöpfte und ihre vorsichtig nach mir ausgestreckten Fühler einzog. Der Krebs verkroch sich wieder in die Strandmuschel, nachdem meine Nachricht eine Welle voller Unrat angeschwemmt hatte. Weiterer Schriftverkehr hätte zu nichts geführt, also rief ich sie am Nachmittag an und entschuldigte mich bei ihr, versuchte ihr meine Intention zu erklären und versicherte, dass ich ihr nur meine Gemütslage mitteilen, sie damit aber nicht hatte bedrängen wollen. Ich versicherte ihr, dass sie sich natürlich Zeit nehmen könne, um über alles nachzudenken. Sie schätzte mein Bemühen um Richtigstellung und sagte, dass sie von sich hören ließe. Wir verabschiedeten uns freundlich, und einen Tag später schickte ich eine vorsichtige, kurze Mail hinterher, um meine ernsthaften Absichten zu unterstreichen. Dabei blieb es vorerst. Ich bekam in den folgenden Tagen keine Antwort und rechnete mit allem, auch damit, dass sie sich nie wieder bei mir meldete.

13

VAGINALORGASMUS

Zu diesem Zeitpunkt verschwammen die Grenzen zwischen den Welten das erste Mal, denn trotz dieses Rückschlags ging das Leben im Portal munter weiter. Einerseits die vielen Kontakte, Anfragen, Fotos und Profilchecks, die mich zur virtuellen Rasterfahndung veranlassten, und auf der anderen Seite die wirkliche Welt, die mehr Zeit, Aufmerksamkeit und Ruhe benötigte, um die komplexe Chemie und Persönlichkeit zweier Menschen auch nur ansatzweise auszuloten. Ich weiß heute, dass ich das Online-Tempo einige Male unbewusst auch in der Realität erwartete. Natürlich war ich letztendlich selbst der Taktgeber und hätte mich etwas zurücknehmen können. Es lag jedoch ständig die Sorge in der Luft, den Idealpartner im Portal der unendlichen Möglichkeiten zu verpassen. Wenn ich nicht anfragte, klickte, schaute, antwortete, übersah ich vielleicht die wichtigste Spur meines Lebens, und wenn auf der anderen Seite im wirklichen Leben mal ein paar Tage nichts voranging (wie mit der Rheinländerin), wurde diese Person in meiner Wahrnehmung durch das virtuelle Bombardement in den Hintergrund gedrängt. Die aktuellen Konversationen überholten die der letzten Woche und drängten sich in den Vordergrund, so ähnlich wie die Zeitung von heute immer die Zeitung von gestern alt aussehen lässt. Dieser Fata Morgana der neuen Träume lief ich hinterher, immer vorwärts, nichts verpassen, schauen, schreiben, warten, hoffen, immer die gleiche Schleife, oft mehrmals täglich, damit die Wahrscheinlichkeitsrechnung über das Schicksal siegt und endlich meine Traumfrau ausspuckt. Bisher war nichts Verbindliches passiert, die inzwischen untergetauchte Rheinländerin konnte sich melden oder auch nicht. Selbst nach weiteren Treffen konnten wir feststellen, doch nicht füreinander geschaffen zu sein. Alles war möglich, und das vor mir liegende Online-Labyrinth offenbarte mir keinen richtigen oder falschen Weg. In diese irre Zeit fiel das erste Treffen mit Vera, meiner »besten virtuellen Freundin«.

Vera war einer meiner allerersten Kontakte in diesem Portal gewesen. Ich hatte ihr freundlich abgesagt und ihr gestanden, dass sie *»nicht mein Typ«* war. Und auch wenn sie immer wieder versuchte, mich mit diesem Geständnis aufzuziehen, war sie mir sehr sympathisch, denn es war anregend und witzig, mit ihr zu schreiben. Ich hatte sofort das Gefühl, einen guten Kumpel kennengelernt zu haben, und wir erzählten uns bereits nach kurzer Zeit offen von unseren virtuellen und realen Erlebnissen und beäugten uns nicht mehr als potenzielle Partner.

Sie erzählte mir beispielsweise von ihrem sonderbaren *»Freund, der noch keiner ist«*. Sie hatte ihn nicht über das Portal, sondern über einen VHS-Kurs kennengelernt und das, obwohl er selbst gar nicht an diesem Kurs teilnahm. Er war ein Bekannter der Kursleiterin, die befand, dass er zu Vera passte. Also betätigte sie sich als Kupplerin, gab beiden die Telefonnummer des anderen, und tatsächlich trafen sich Vera und der *»Freund, der noch keiner ist«* immer wieder. Das Kuriose war, dass sie ihn nett fand und eine Beziehung nicht grundsätzlich ausgeschlossen hätte, aber er verhielt sich manchmal sonderbar. Er gestand ihr einerseits immer wieder aus heiterem Himmel seine Liebe und schrieb ihr SMS-Nachrichten, in denen er sie unglaublich vermisste und begehrte, nachdem sie zusammen Mountain Bike gefahren oder etwas essen gegangen waren. Andererseits aber unternahm er wochenlang keinen einzigen Versuch, sie zu küssen oder ihre Hand zu halten. Für mich ist es auch heute noch unvorstellbar, einem weiblichen Wesen mehrfach zu sagen, dass ich sie liebe, wenn ich sie noch nicht mal geküsst oder ihre Hand gehalten habe. Da er südeuropäische Wurzeln besaß und in vielen Ländern zu Hause gewesen war, konnte Vera dieses Verhalten noch weniger einschätzen. Er agierte freundschaftlich und nett, und seine Zurückhaltung war weder religiös motiviert, noch trug sie Züge eines Machos oder arroganten Menschen. Vielleicht fühlte er sich durch falsch interpretierte Konventionen ja zu diesen Liebesbekundungen verpflichtet und wollte Vera nicht enttäuschen. Oder war er einfach nur zu schüchtern und hatte Angst, sie ohne Liebeserklärung zu verlieren? Es dauerte fast zwei Monate und geschätzte zehn Treffen, bis er endlich einen Kuss wagte.

Allerdings geriet diese Aktion zu einer unangemessenen Attacke und brach so überstürzt aus ihm heraus, dass sie auf Vera beinahe zwanghaft und gespielt wirkte. Sie war einerseits froh, diesen überfallartigen Kussversuch unverletzt überstanden zu haben, stellte dadurch jedoch fest, dass dieser Mann nichts für sie war. Sie betonte mir gegenüber ausdrücklich, dass dieser Kussversuch kein Versuch der Nötigung, sondern wirklich nur eine überhastetes, erfolgloses Knutschmanöver war. Zwei Mal trafen sie sich noch, und dann verlief das Ganze im Sande.

Vera war eine erfrischend offene Person, genoss meine munteren Schilderungen aus der *»Kuppelbude«* sehr, und irgendwann beschlossen wir, dass wir uns als gute Freundinnen endlich persönlich kennenlernen mussten. Gesagt, getan, wir trafen uns in ihrer Heimatstadt Stuttgart am Hauptbahnhof, und als sie mir gegenüberstand, wirkte sie, wie sollte es auch anders sein, überhaupt nicht wie auf den Fotos und in den Mails. Ich hätte sie noch nicht einmal wiedererkannt! Meine Imagination hatte in ihr eher eine erwachsene, blonde Version von »Ronja Räubertochter« vermutet, nicht zuletzt aufgrund des piratenähnlichen Tuches, das sie auf einem ihrer Portalfotos um die Stirn trug. Auf dem zweiten Foto waren die schulterlangen, blonden Haare etwas ungestüm gekämmt, und sie hatte das in ihrem Profil sogar selbstironisch erwähnt und den vorgegebenen Satzanfang *»Es macht mich glücklich, wenn …«* mit dem Statement *»… ich meine Haare endlich mal in den Griff bekomme!«* vervollständigt. Vor mir stand in der Stuttgarter Innenstadt dann allerdings nicht die erwachsene Ronja Räubertochter, sondern eine überraschend brav und konservativ gekleidete Mittvierzigerin. Sie trug einen flauschigen, hellen Rollkragenpulli unter dem ebenso hellen Wollmantel sowie ein Goldkettchen (auf dem Pulli!) und goldene Fingerringe, die für meinen Geschmack etwas zu verschnörkelt waren – ein ganz anderer Typ und äußerlich noch weniger mein Fall als Ronja. Ich war zwar nicht enttäuscht, aber doch verwundert, mit welcher Wucht das Pendel der Wirklichkeit meine Kopfgeburt vom Tisch fegte. Nachdem wir uns bei der Begrüßung neugierig gemustert hatten, schlenderten wir durch die Basar-ähnliche Vielfalt der Stuttgarter Markthalle, die ich vorher noch nie besucht hatte. Wir fühlten uns sofort vertraut miteinander, was sowohl an der gemeinsamen Wellenlänge (mit vielen Matching-Punkten!) lag als auch daran, dass wir kein »Date« miteinander hatten und nichts auf die Goldwaage legten. Während wir quatschend an den vielen Ständen mit Gemüse, Obst, Fleisch und Feinkost aus aller Welt vorüberspazierten, merkte ich, dass unter Veras konventioneller Fassade auch im richtigen Leben ein aufgewecktes und neugieriges Mädchen steckte, denn einige ihrer Bemerkungen verrieten große Entdeckungslust. Im Anschluss an unseren kurzweiligen Spaziergang kehrten wir auf einen Kaffee und ein Stück Kuchen in einem traditionellen Kaffeehaus ein, setzten uns an einen der wenigen freien Tische, gaben die Bestellung bei einer Kellnerin alter Schule mit Schürze und Notizblock auf, und ich werde die folgende Situation niemals vergessen: Inmitten der vorwiegend älteren Nachmittagsgesellschaft waren wir über unsere Ex- und Trennungsepisoden nach einiger Zeit auf das Thema Beziehungen und noch ein wenig später auf das Thema Körperlichkeit und Sexualität gekommen, wie das unter guten Freundinnen so üblich ist. Daraufhin schilderte sie mir, dass sie nach der Trennung von ihrem Mann in vielerlei Hinsicht wie befreit sei und zurzeit eine unregelmäßige und inzwischen fast ausschließlich sexuelle Beziehung mit einem guten Freund aus Norddeutschland pflege. Dieser habe zwar eine Freundin, aber alle wüssten voneinander, und da ihm bei seiner Freundin etwas fehle, beide (der Freund und die Freundin) die Beziehung jedoch erhalten wollten, vergnügte sie sich mit dem Herrn ein paar Mal im Jahr. Ich war verblüfft, dass Vera von »Ronja Räubertochter« über die »biedere Mittvierzigerin« zur »Gelegenheits-Loverin« mutierte. Aber ich erfuhr noch mehr über ihr Liebesleben, denn sie erzählte mir im nächsten Atemzug, dass sie erst nach ihrer Ehe einen richtigen Vaginalorgasmus erlebt habe. Die älteren Damen spitzten wenige Meter entfernt vermutlich schon die Ohren, um nicht nur mehr über das Was, sondern auch über das Wie zu erfahren, und Vera parlierte frank, frei und in normaler Gesprächslautstärke über ihre sexuellen Ausflüge und ihren Lustgewinn nach der Ehe, so, als gäbe es den Spargel beim Gemüsehändler jetzt schon für sechs Euro pro Kilo – und das bereits im April! Das Leben steckt voller Überraschungen, und diese Frau war eine davon. Sie hatte an diesem Nachmittag ein weiteres Mal zielsicher meine vorschnellen Urteile pulverisiert, während die beschürzten Kellnerinnen dieses Etablissements draußen sicher »nur Kännchen« anboten. Ich hatte übrigens nicht den Eindruck, dass ihre unbekümmerten Schilderungen ein Wink mit dem Zaunpfahl in meine Richtung waren. Außerdem sprachen wir natürlich über viele andere Dinge, und ihre Liebschaft inklusive Vaginalorgasmus war nur eines, wenn auch das markanteste von vielen Themen. Und weil dieses Thema den Abschluss unseres Treffens bildete, stieg ich am frühen Abend leicht erotisiert in den Zug nach Hause. Vera und ich hatten zwar keine Zukunftsperspektive als Paar, aber es war ihr gelungen, meine Fantasie in eine Richtung zu stimulieren, die mir auf der Heimfahrt nicht unangenehm war, und während ich mit dem Zug von Stuttgart über Mannheim zurück nach Heidelberg fuhr, musste ich an sie denken und versuchte mir vorzustellen, wie diese Frau küsste. Und plötzlich ertappte ich mich dabei, wie ich mich dieser kleinen Tagesverliebtheit gerne hingab, denn ich fand, dass wir beide ihrer würdig waren.

Einige Monate später traf ich Vera tatsächlich noch mal zum Abendessen, und auch bei diesem Treffen begegneten wir uns als »Freundinnen in Sachen Kuppelbude«. Nach unserem ersten Treffen hatte ich ihr allerdings von meiner Kussneugierde erzählt, und da es ihr ähnlich ging, beschlossen wir, beim nächsten Treffen vielleicht mal einen unverbindlichen Kuss auszuprobieren, wenn es dazu käme. Wir verbrachten den Abend in einem Restaurant in der Nähe des Ludwigsburger Marktplatzes und unterhielten uns dieses Mal vorrangig über kulinarische Themen. Als ich sie jedoch die wenigen Hundert Meter zurück zu ihrem Wagen fuhr, tauschten wir bei der Verabschiedung tatsächlich einen von zwei Gläsern Wein beseelten, vorsichtigen Kuss aus. Es war ein Kuss, der nicht verletzen durfte, ein Kuss, der nicht zu viel Lust auf mehr wecken sollte, in dem aber trotzdem der eigene Charakter spürbar und der des anderen erspürt werden wollte. In diesen Kuss küssten wir unauffällig hinein, was wir uns mit auf den Weg geben mochten, und verbannten alles, was Fragen hinterließ. Wir waren zwei Singles, die einander nicht suchten, aber wir besaßen für einen Moment zumindest diesen Kuss und ein wenig Lust aufeinander. Ich erinnere mich noch, dass ihr meine Art zu küssen gefiel, solche Komplimente vergisst man nicht. Ihr Kuss war ebenfalls schön, jedoch auffallend vorsichtig, zart und »leise«. In einer anderen Lebenssituation hätten wir uns vielleicht für eine Nacht oder auch öfter aneinander gewärmt und dem jeweils anderen manch kleine Wunde zugedeckt, die die Vergangenheiten und die Partnersuche hier und da offen zurückgelassen hatten, wer weiß. Aber selbst eine aufrichtige, tröstende Affäre kam für mich nicht in Betracht, und mehr wäre aus uns nicht geworden, das wusste ich.

Natürlich war Vera nicht das, was man gemeinhin ein »leichtes Mädchen« nennt, im Gegenteil, sie war ein sehr sensibler Mensch, der sich nach all den zurückliegenden Erfahrungen über vieles im Leben klar geworden war, und sie versuchte nun, den Menschen und Dingen mit Offenheit, Lebenslust und Aufrichtigkeit zu begegnen. Ich war vermutlich einer der wenigen Männer, denen sie sich anvertraute, vielleicht gerade *weil* wir uns nicht gut kannten. Auch in der Zeit nach dem zweiten Treffen schrieben wir uns weiter und fragten unregelmäßig nach dem Rechten. Ein Jahr nach unserem zweiten Treffen erhielt ich auf eine solche Mail plötzlich eine sehr späte, jedoch umso ausführlichere Antwort. Aufgrund von beruflicher Überlastung (so die offizielle Begründung) hatte sie einen Kreislauf- und Nervenzusammenbruch. Sie war glücklicherweise schnell wieder auf die Beine gekommen, aber dieser Vorfall bestätigte, was für eine fragile Person sie war. Vermutlich wünschte sie sich nichts sehnlicher als eine feste und vertrauensvolle Beziehung. Und weil ihr Kuss etwas von der Fragilität besaß, die ihr Herz-Kreislauf-System ein Jahr später offenbarte, begann ich zu überlegen, ob sie sich entgegen meiner Annahme doch leise Hoffnungen auf uns gemacht hatte. Sie hatte dies in keinem gesprochenen oder geschriebenen Wort jemals angedeutet, aber vielleicht war ihre rigorose Zurückhaltung durch Verletzlichkeit begründet, und ich hatte etwas nicht bemerkt oder unsere Begegnungen falsch gedeutet.

Einige Monate nach ihrem gesundheitlichen Tief hörten wir zum letzten Mal voneinander. Sie war immer noch Single, aber es ging ihr gesundheitlich wieder besser. Mich spülte das Leben anschließend weiter in wärmere Gefilde, und ich hoffe, für Vera galt das Gleiche, denn sie war ein gutes Mädchen und hatte es verdient.

14

DER ADMINISTRATOR

Jeder Tag, an dem sich die Rheinländerin nicht meldete, machte mich ratloser und unsicherer. Was dachte sie über mich? Hielt sie mich inzwischen für einen spätpubertären Spinner, der zwar den Worten, nicht aber der Präsenz einer in jeder Hinsicht attraktiven Frau etwas entgegenzusetzen hatte? Oder besaß ich zu wenig Coolness und hatte zu viele Emotionen offenbart? War ich für sie plötzlich ein ganz nettes, aber zu offenes Buch, das seinen Reiz verloren hatte, statt zumindest fünf der sieben Siegel noch nicht preiszugeben? War ich durch meine verschwurbelte SMS und das anschließende Telefonat auf einen jämmerlichen Verbal-Nerd zusammengeschrumpft, der sich nach dem ersten Treffen immer noch nicht vom Buchstabenmeer unserer rasanten E-Mail-Kommunikation hatte befreien und seine aufkeimenden Verliebtheitsgefühlchen kontrollieren können? Oder hatte ich mich mit meinen Wortbeiträgen von der großen Partnerhoffnung auf einen etwas zu aufgeregten kleinen Jungen reduziert? Sah sie nur noch diesen kleinen Jungen, der endlich in das Weihnachtszimmer des großen Glücks eintreten wollte? Ich befürchtete, verkannt und falsch verstanden zu werden, und das ärgerte mich sehr, denn es war ein – wenn auch mikroskopisch kleiner – Ableger des Gefühls, das mich im Laufe meiner erst vor Kurzem gescheiterten Ehe immer wieder heimgesucht hatte. Würde die Rheinländerin jemals erkennen, wer ich wirklich bin? Oder stellte ich mir die falschen Fragen? Hatte *ich* vielleicht nicht richtig hingeschaut, und sie war gar nicht mein großes Los? Offenbarte mir ihr plötzlicher Rückzug und das beharrliche Schweigen vielleicht eine sture Empfindlichkeit, die ich bisher nicht wahrhaben wollte? War sie vielleicht nur eine rasante Brieffreundin, im richtigen Leben jedoch eher ein sperriger und komplizierter Charakter? Oder machte ich mir einfach nur zu viele Gedanken?

Solche Überlegungen wälzte ich hin und her – beim Aufwachen, im Auto, während des Einkaufs, beim Wäscheaufhängen oder wenn ich durch den Herbstwald joggte und meinen Gedanken ebenfalls freien Lauf ließ, damit sie schon nach wenigen Kilometern unweigerlich wieder auf das gleiche Thema prallten.

Knappe zwei Wochen später beschloss ich, die Zeit der Ungewissheit zu nutzen und im Portal generalstabsmäßig für einen Plan B vorzugehen. Der kleine Junge in mir würde sonst nur den Mut verlieren, und meine Ratio wollte während der dreimonatigen Mitgliedschaft nichts unversucht lassen – auch und gerade für den Fall, dass die Rheinländerin sich nicht mehr meldete. So sortierte ich erneut alle Kandidatinnen nach Postleitzahlen, um nun die gesamte Liste der im Umkreis von bis zu einhundert Kilometern wohnenden Damen systematisch durchzuschauen, statt hier und da nur ein wenig herumzustochern. Ungefähr zehn Tage lang überprüfte ich abends alle Damenprofile über achtzig Punkte auf ihre Tauglichkeit.

Erstens: Kinder vorhanden – wenn ja, gut!

Zweitens: Kinderwunsch vorhanden – wenn nein, gut!

Drittens: Raucherin – wenn nein (oder nur gelegentlich), gut!

Viertens: Attraktiv und schlank – wenn ja, gut!

Waren diese Kriterien erfüllt, schaute ich mir die weiteren Inhalte des Profils an. Stellte sich die Dame beispielsweise als nicht kommunikations- und konfliktfähig oder distanzliebend heraus oder suchte sie nur eine Fernbeziehung, so schied sie ebenfalls aus. Frauen, die großen Wert auf Statussymbole und Sparen legten und laut Persönlichkeitsanalyse für Romantik und zwischenmenschliche Beziehungen nicht viel übrig hatten, gleichermaßen. Bei dem Rest entschied ich aus dem Bauch heraus, ob ich eine Anfrage schicken wollte oder nicht.

So kam ich innerhalb von zwei Wochen auf eine geschätzte Anzahl von fünfzig versendeten Anfragen. Das war eine Menge Arbeit und erforderte einige Konzentration, die mir nach einem ereignisreichen Arbeitstag und bis in die späte Nacht hinein nicht immer leichtfiel. Außerdem hatte diese Vorgehensweise mit romantischem Kennenlernen natürlich nichts zu tun. Es handelte sich um administrative Arbeit, bei der mein Kopfkino weitestgehend ausgeschaltet war. Ich säte fleißig Samenkörner, ohne zu wissen, ob später etwas wuchs und wie die Pflanze überhaupt aussehen würde. Soweit ich mich erinnere, bekam ich auf diese fünfzig Anfragen um die zwanzig Rückmeldungen. Daraus resultierten vielleicht zehn meist kurze Konversationen per Mail, und im Anschluss folgten einige Treffen.

Gleichzeitig wurde auch ich von der einen oder anderen Dame kontaktiert, da ich ja mit meinem Goldrahmen und dem zum Bersten gefüllten Profil aufsehenerregend daherkam, wobei das volle Profil sicher beeindruckender war als der idiotische Rahmen. Dadurch ergaben sich ebenfalls eine gute Handvoll ernst zu nehmender Kontakte und in kürzester Zeit auch einige Dates. Zum Beispiel mit einer fitnessverrückten Blondine, die während unseres kurzen Treffens in einem kleinen Hipster-Bistro alles »Waaahnsinn!« fand, was sie in ihrem endlosen, selbstbezogenen Monolog schilderte. Und mit einer sehr liebenswerten und hübschen Frau, einer Mutter von drei Kindern, die das Herz zwar am rechten Fleck, aber die falschen Typen in ihrer Vita trug. Sie kutschierte mich selbstbewusst durch den Novemberregen einer Kleinstadt, während sie mit angezogenen Schultern hinter dem Lenkrad saß und mir während unserer Unterhaltung flüchtige Blicke zuwarf, die vorgaben, letztendlich doch nur der Straße vor uns zu gelten. Als wir später ein Stück spazieren gingen, gestand sie mir indirekt ein paar von den falschen Typen in ihrer Vita – Machos, Maulhelden, gewaltbereite und wohl auch gewalt*tätige* Idioten. Ich erinnere mich noch genau, wie sehr es mich am Schluss unserer Verabredung berührte, als sie die unbedrohliche Zeit mit mir durch eine nicht enden wollende letzte Zigarette auf dem Heck ihres Kleinwagens in die Länge zog. Mit meiner späteren Absage hatte sie wohl von Anfang an gerechnet, mit meinen aufmunternden und wertschätzenden Worten in dieser Absagemail jedoch nicht, denn diese rührten sie nach eigener Aussage zu Tränen. Endlich sah jemand in ihr die Frau, die sie tatsächlich war, die Frau, die Respekt verdiente und ihre Liebe endlich dem Richtigen geben wollte. Nicht das willenlose Lolita-Girlie im knappen Top, das sie auf dem Profilfoto darzustellen versuchte und das vermutlich wieder genau die falschen Typen auf ihre Fährte lockte. Noch in den Jahren danach musste ich oft an diese Begegnung denken und ärgerte mich im Nachhinein, ihr nicht von diesem Foto abgeraten zu haben. Vielleicht hätte ich damit sogar ihr Schicksal zum Besseren gewendet, wer weiß.

Einer der vielen Kontakte, die aus meiner administrativen Offensive resultierten, erschien jedoch vom ersten Moment an sehr vielversprechend.

15

EM@IL FÜR DICH

Messe in Leipzig! Und dann noch im November! Ich mag Leipzig, denn die Stadt steht zu sich selbst und entwickelt sich trotzdem weiter. Aber die Messe dort hatte wenig mit der Stadt zu tun, so wie es sich vermutlich mit den meisten Messen in den meisten Städten verhält. Im Vorfeld einer Messewoche stelle ich mir oft eine kleine imaginäre Liste zusammen, welche Restaurants oder kulturellen Veranstaltungen ich vielleicht in dieser Stadt abends besuche oder welche bestenfalls im Hotel vorhandenen Fitness- und Wellnessmöglichkeiten ich nutzen könnte. Aber ist es dann so weit, fehlt am Abend oft der Elan, wenn die Füße und die Stimme von zehn Stunden Reden und Stehen ramponiert und mein Hirn vom Zuhören und Präsentieren leer und gleichzeitig überdreht ist. Die ersten zehn Minuten Ruhe im Hotelzimmer am Abend, ohne Schuhe und mit geschlossenen Augen auf dem Bett liegen, nichts mehr sollen müssen und nichts mehr wollen können – selbst eine Sauna müsste man in diesem Moment um mich herum bauen, damit ich sie nutze. Oft kehrt nach einer Viertelstunde ein wenig Kraft zurück, und manchmal unternehme ich sogar noch etwas. Aber meine Ideenliste ist vor den Messen deutlich länger als der tatsächlich gelebte Freizeitkalender. In Leipzig hatte ich mir für dieses Mal vor allem ein kleines Sportprogramm überlegt. Nicht weit entfernt gab es einen See, um den man mehrere Kilometer joggen konnte, und ein Schwimmbad war ebenfalls in der Nähe. Am späten Nachmittag noch vor dem ersten Messetag stürzte ich mich tatsächlich hoch motiviert in das von Feierabendgästen überquellende Hallenbad. Ich ließ mich von dem Gedränge im Wasser nicht abhalten und mühte mir Bahn um Bahn im lästigen Slalomkurs zwischen blumigen Badehauben und blindlings rückwärts schwimmenden älteren Semestern ab, bevor ich dann sogar noch die kleine angegliederte

Sauna nutzte. Ich hoffte inständig, die Wasserqualität des Beckens wurde fachgerecht überprüft, wenn sich jeden Tag so viele Menschen darin aufhielten, denn eine Erkältung war das Letzte, was ich in dieser Woche brauchen würde. Am nächsten Morgen besaß ich noch genügend Antrieb, um ein paar Kilometer in der kühlen, sonnigen Herbstluft zu laufen, und dachte dabei an die Berlinerin, die seit wenigen Tagen in meinen Fokus gerückt war. Sie arbeitete in einer Unternehmensberatung in Süddeutschland, und durch sie hielt ich es nach einigen Wochen das erste Mal für möglich, dass die Rheinländerin in meiner Erinnerung nachhaltig verblassen würde. Oder traf in den nächsten Tagen vielleicht doch noch eine Nachricht von Julia Roberts aus Rheinland-Pfalz ein?

Zurück im Hotel, duschte und rasierte ich mich schnell, etwas zu schnell, denn während meine Gedanken wieder zwischen Hoffen (die Norddeutsche) und Bangen (die Rheinländerin) schweiften, fügte ich mir mit der Klinge einen winzigen Schnitt knapp über der Oberlippe zu. Ich versuchte, Ärger und Hektik zu unterdrücken, presste einen kleinen Kosmetiktuchfetzen nach dem anderen auf die Stelle, bis endlich einer hängen blieb, um sich mit einer winzigen Blutlache vollzusaugen und später eine kleine Kruste zu bilden. Anschließend zog ich mich an und begab mich in das Hotelrestaurant. Das Frühstücksbuffet war bereits mit zahlreichen Messebesuchern und Ausstellern bevölkert, und nur wenige bemerkten den kleinen weißen Fetzen in meinem Gesicht, weil jeder in dem hektischen Durcheinander auf die Lücke am Buffet und an dem blubbernden Samowar oder dem beständig rasselnden Kaffee-Vollautomaten schaute. Als ich mir mit einem Kännchen Tee in der Hand einen Platz suchte, stand mir plötzlich einer meiner Kollegen gegenüber und schaute mich an, bevor wir beide in Gelächter ausbrachen. Sein kleiner weißer Fetzen war etwas größer und befand sich am Kinn, und so standen wir da, er mit einem Kännchen Kaffee und ich mit einem Tee bewaffnet, und waren trotzdem Brüder im Geiste an diesem Vormittag, denn wer sich an einem Messemorgen wagemutig nass rasiert, macht keine halben Sachen, außer bei den weißen Zellstofffetzen im Gesicht, da werden sogar noch viel kleinere Bruchteile akzeptiert.

Als ich am gleichen Tag abends nach einem langen Tag die Messehalle verließ, um den zehnminütigen Fußweg zurück zum Hotel anzutreten, hatte ich mich mit der kleinen Kruste im Gesicht bereits angefreundet. Allerdings spürte ich ein bedrohliches leichtes Kratzen im Hals, und am nächsten Tag musste ich mich tatsächlich mit Schluckweh und dem lästigen Beginn einer Erkältung durch die Gespräche des zweiten Messetages schleppen. Großartiger Plan, in diese ohnehin schon anstrengende Woche noch Teile meines Trainingsprogramms zu quetschen. Die Strapazen einer Messe, die Flut der Feierabendbakterien im überfüllten Schwimmbecken, das Auf und Ab meiner Partnersuche, das morgendliche Laufprogramm – wer die Kerze von zwei Enden abbrennt, muss sich nicht wundern, wenn's früher dunkel wird. Zumindest sah im Dunkeln niemand mehr den kleinen Schmiss auf meiner Oberlippe.

Seit einer guten Woche kreisten meine E-Mails und Textnachrichten um die vielversprechende Dame aus Berlin, und natürlich konnte ich sie aufgrund des Leipzig-Aufenthaltes nicht sofort treffen. Sie tat sich sowieso schwer, einem Treffen zuzustimmen, denn sie hatte meist enttäuschende Erfahrungen mit der Online-Partnersuche gesammelt und diesen Weg des Kennenlernens eigentlich abgeschrieben, bevor ich sie kurz vor dem Ende ihrer Mitgliedschaft kontaktierte. Irgendwie schien ich ein Händchen für gutes Timing zu besitzen, denn sie war nach der Einhundertvier-Punkte-Frau und der Rheinländerin bereits die dritte Frau, der ich sozusagen beim Verlassen des Portals gerade noch rechtzeitig auf die Schulter tippte. Dass sie mir überhaupt geantwortet hatte, war der Tatsache zu verdanken, dass ich einer der wenigen Kerle mit einer persönlichen, auf sie bezogenen Nachricht und einem abwechslungsreichen, ausgefüllten Profil war. So einfach kann das sein.

Nach einigen Tagen schrieb sie mir auch, wie und warum sie als Berlinerin im Süden Deutschlands lebte. Ihr Ex-Mann hatte sie vor einigen Jahren überredet, für ihren Arbeitgeber umzuziehen, und ihr dort eine rosarote Zukunft ausgemalt. Er war schon damals ein Hallodri, aber sie glaubte seinen rosaroten Bildern, denn zu diesem Zeitpunkt war sie von ihm schwanger, und da spielen die Entscheidungshormone halt manchmal verrückt. Kaum in Süddeutschland angekommen, wurde die rosarote Zukunft zur grauen Gegenwart. Er kümmerte sich zwar ausgiebig um das weibliche Geschlecht, nahm seine Frau dabei jedoch aus. Auch die Erziehung seines inzwischen geborenen Sohnes scherte ihn wenig, und er wunderte sich stattdessen darüber, dass seine Frau mit ihrem gut bezahlten Vollzeitjob plus Kind im Nacken auf Dauer nicht bereit war, seinen zunehmend großkotzigen, familienfeindlichen Lebensstil zu finanzieren. Er erzählte regelmäßig von windigen Projekten und dubiosen Deals, aus denen dann doch nichts wurde, beste Grundvoraussetzungen für eine Scheidung also, und die leitete sie auch prompt ein. Nach der Trennung konnte er sich zwar immer noch teure Markenklamotten und sogar einen roten Lamborghini leisten, mit dem er die wechselnden weiblichen Beifahrerinnen durch die Kleinstadt kutschierte, den Unterhalt für seinen Sohn vermochte er jedoch nicht aufzubringen. Allerdings kritisierte er in regelmäßigen Abständen den Erziehungsstil und die Lebensumstände seiner alleinerziehenden Ex-Frau, weil sie »dem Kind schadeten«. Er glaubte wohl, durch ihren Vollzeitjob käme es zu irreparablen Erziehungsdefiziten, die das deutsche Bildungssystem bei seinem Sohn später nicht mehr würde kompensieren können. Er trug diese Kritik sogar persönlich bei den verdutzten Erzieherinnen des Kindergartens vor, unternahm als fürsorglicher Vater allerdings gar nicht erst den Versuch, den Jungen auch mal selbst dort abzuholen. Dafür waren seine Projekte scheinbar zu bedeutend für den Weltfrieden. So weit *ihre* Schilderung, die Sicht des Vaters kenne ich natürlich nicht.

Unser knapp zweiwöchiger E-Mail-Verkehr wurde von Tag zu Tag vertrauter und vielversprechender. Da die Messe in Leipzig ein Treffen verhinderte, öffnete die Zwischenzeit unserer kleinen virtuellen Verliebtheit Tür und Tor, und meine Fantasie modellierte schon nach wenigen Tagen eine verlockende Wirklichkeitsvariante der unbekannten Berlinerin. Und dann endlich, nach unserem ersten Telefonat, das ich während einer kurzen Mittagspause auf der Messe mit ihr führte, fasste sie sich ein Herz und wollte mich doch kennenlernen. Wir terminierten unser Date auf die folgende Woche in einem Restaurant in ihrem Wohnort, und ich konnte es kaum erwarten.

Als ich mich zehn Tage später abends auf den Weg machte, war ich nicht nur wieder kerngesund, sondern trug auch eine ordentliche Portion Hoffnung in mir, deutlich mehr als vor den Treffen mit der fitnessverrückten Waaahnsinns-Lady und der liebenswerten Heckklappen-Raucherin. Ich traf etwas zu früh in der hippen Kleinstadt ein, und so musste ich noch einige Zeit vor dem Lokal warten, auch, weil die Dame einen der nicht vorhandenen Parkplätze zu finden versuchte. Es war Sonntagabend, und viele Leute gingen wohl vor dem *Tatort* noch schnell etwas essen. Oder sie schauten den *Tatort* erst gar nicht, so wie ich. Nachdem ich eine gute Viertelstunde vor dem Lokal auf und ab geschlendert war, sah ich, wie die Frau, die mir seit zwei Wochen im Kopf herumgeisterte, endlich auf mich zukam. Ich war positiv überrascht, denn in diesem Fall war die Abweichung zwischen dem Foto, meiner Fantasie und dem ersten Eindruck in der Wirklichkeit geringer als erwartet. Das lag vermutlich daran, dass sie auf ihrem Profilfoto mit einem beigen Mantel bekleidet war und etwas nach vorne gebeugt mit gesenktem Kopf auf den Fotografen zuging, denn genauso näherte sie sich mir in diesem Moment. Nur die Farbe des Mantels, in dessen Taschen ihre Hände steckten, war Rot statt Beige. Als ich sie so anschaute, fiel mir ein ungewöhnliches Detail auf. Ihr Gang hatte etwas Marionettenhaftes, so, als wenn die Füße den Boden immer nur leicht touchierten und der stets etwas nach vorne gebeugte Körper wie von unsichtbaren Fäden gezogen immer schon ein Stückchen voraus war. Außerdem fielen ihre halblangen, blonden Haare durch den leicht gesenkten Blick bei jedem Schritt wie ein Vorhang vor das Gesicht und beendeten sekündlich die Vorstellung, die ihr Antlitz für die Welt da draußen gab. Dieses Bild erinnerte mich an die Figuren der Augsburger Puppenkiste, die ihren Körper meist etwas fahrig hinterherschleifen und dabei wirken, als könne der Wind sie unterhalb der Hüfte jederzeit aus dem Gleichgewicht pusten …

Wir begrüßten uns freundlich, nahmen im Restaurant an dem von mir vorher reservierten Tisch Platz, bestellten und aßen eine Kleinigkeit und unterhielten uns artig. Ich hatte jedoch den Eindruck, als sei sie mit ihren Gedanken woanders oder langweile sich sogar, denn sie wirkte deutlich unterkühlter als die Frau, die mir zwei Wochen lang geschrieben hatte. Das verunsicherte mich mit der Zeit, und ich merkte, wie die anfängliche Vorfreude und die virtuelle Verbundenheit einer etwas angestrengten Unterhaltung und später sogar zeitweiliger Sprach- und Ratlosigkeit wich. Ich konnte nicht genau einschätzen, woran das lag, am Desinteresse ihrerseits oder am Nullpunkt des wirklichen Kennenlernens. Nach dem Essen, unserer zunehmend zähen Unterhaltung und einer kurzen, etwas förmlichen Verabschiedung wurde sie von unsichtbaren Fäden wieder schnurstracks Richtung Parkplatz gezogen, und als ihr offener roter Mantel im Wind wie ein Umhang hinter ihr herwehte, sah es aus, als könne sie es kaum erwarten, wieder in die sichere Puppenkiste zurückzukehren.

Zu Hause angekommen, war ich mir aufgrund ihrer Zurückhaltung sehr unschlüssig und tendierte eher dazu, ihr abzusagen. Andererseits dachte ich, dass ein zweites Treffen sicher anders verlaufen konnte. Vielleicht hatte ich sie ja durch irgendetwas verunsichert, und sie traute sich nur nicht, das offen anzusprechen. Oder wir brauchten aufgrund der langen, von Erwartungen etwas überfrachteten Mail-Konversation einfach nur mehr Zeit miteinander. Verlieren würde niemand etwas, wenn wir uns noch mal trafen, und falls sie das nicht wollte, würde sie es sicherlich sagen. Ich schrieb ihr nach diesen Überlegungen statt einer freundlichen Absage noch am späten Sonntagabend den vorsichtigen Vorschlag für ein weiteres Treffen, ohne in schriftliche Euphorie zu verfallen. Einen Tag später, am Montagabend, erhielt ich ihre Antwort. Sie hatte sich Zeit für diese Antwort nehmen wollen und deswegen erst abends geschrieben, erwähnte sie in der Einleitung. Das deutete normalerweise auf eine Absage hin, so viel hatte ich inzwischen gelernt. Und genauso war es auch, denn ich erhielt eine Absage, die mich in ihrer Eindeutigkeit überraschte. Sie schrieb, dass ich rational betrachtet schon ein Mann sei, wie sie ihn suche. Ich weiß nicht, ob das wirklich stimmte, aber es wirkte aufgrund der folgenden Erklärung nicht geflunkert, denn sie führte aus, dass sie während unseres Treffens leider nichts gefühlt hatte, keinen Funken, keine Aufregung, keine Freude, keinen Wunsch, mich wiederzusehen. Dann ergänzte sie, das sei *»bisher immer so gewesen«*, wenn sie dachte, jemand sei von Interesse. Dieser Satz klang nicht nach einer freundlich konstruierten Ausrede, sondern wie ein resigniertes und etwas verzweifeltes Geständnis. Während ich das las, fiel mir ein, dass sie mir bereits kurz vor unserem Treffen, unabhängig davon, wie es ausginge, für die schönen *»Em@il für Dich – Tage«* gedankt hatte (in Anlehnung an den Kinofilm mit Tom Hanks und Meg Ryan). Hatte sie vorher schon geahnt, wie ihr Gefühl sich verändert, wenn wir uns sehen? Auch das anfängliche Zögern, ein Treffen zu vereinbaren, passte dazu, und ich überlegte, ob sie in einem wiederkehrenden Zyklus von Hoffnung und Desillusionierung gefangen war, so als müsse sie im Moment der Wahrheit zum eigenen Schutz ihre Emotionen einfrieren, um nicht enttäuscht zu werden, womit sie sich selbst die Türe zum Glück zuschlug, wenn es dann endlich mal anklopfte. Eine Folge ihrer herben Ehe-Enttäuschung? Oder der Ballast früherer Lebenserfahrungen? Ich erfuhr es nicht, denn der Kontakt zu ihr war kurz darauf beendet. Für mich gehörte sie damals jedoch immerhin zu den wenigen Frauen, die ich ein zweites Mal getroffen hätte.

16

DIE NOBLE AUS DEM VORALPENLAND

Fünfhundert Kilometer Entfernung und knappe fünf Stunden Autofahrt – das ist sogar für eine Wochenendbeziehung zu viel! Ich hatte Post aus dem tiefen Süden erhalten, und der Süden war so tief, dass der Blick auf die Alpen zum Frühstücksprogramm gehörte. Die Dame hatte mich aus ihrem Herrenkatalog gefischt und mir eine Nachricht geschrieben. Ich hätte sie in meiner Liste gar nicht entdecken können, da sie weit außerhalb des von mir gewählten Kilometerradius wohnte, und meine Ratio sagte sofort Nein zu dieser Entfernung.

Sie arbeitete für einen renommierten Hamburger Musikverlag, schien sehr auf ihre schlanke Figur zu achten, und über ihr Äußeres begann ich ein wenig zu sinnieren. Ihre glatten, dunklen, mittellangen Haare bildeten einen dünnen, feingliedrigen Rahmen um ihr Gesicht, welches durch die hohen Wangenknochen mehr Breite als Tiefe besaß. Zusammen mit ihrem großen Mund, dessen volle Lippen die tadellosen weißen Zähne bei jedem Lächeln gerne preisgaben, versprach dieses Gesicht eine gradlinige, schnörkellose Sinnlichkeit, die mit beiden Beinen auf der Heimaterde zu stehen schien. Andererseits schimmerte ihr Gesicht beinahe porzellanartig und erweckte dadurch einen empfindlichen, ja fast zerbrechlichen Eindruck, wie eine dünnwandige fernöstliche Teetasse. Auf dem für mich freigeschalteten Porträtfoto erhielt der Porzellananteil in ihrem Gesicht Unterstützung von zwei großen, grün-blauen Augen, die erst auf den zweiten Blick ein wenig gerötet aussahen. Das erweckte für mich unterschwellig den Eindruck, als müsse man besonders vorsichtig mit dieser Frau umgehen, damit sie keinen Schaden nimmt. Sie teilte beachtliche einhundert Punkte mit mir, fuhr auf einem weiteren Foto in adretter Sportkleidung auf dem Mountainbike durch Wald und Flur und war Mutter einer dreizehnjährigen Tochter. Ihre Nachrichten schienen sehr überlegt und höflich geschrieben, als wolle sie jederzeit die gebotene Distanz wahren. Andererseits konnte ich ihre Zielstrebigkeit zwischen den Zeilen nicht überlesen. Ich hatte während unseres Schriftwechsels zeitweise den Eindruck, als müsse nur noch ich von ihr und nicht mehr sie von mir überzeugt werden. Sie schrieb mir nicht, um sich selbst darzustellen, und vollführte auch keinen literarischen Eröffnungstanz, um dadurch mit noch mehr Pauken und Trompeten beim ersten Treffen auf der Bildfläche zu erscheinen, sondern ihre Nachrichten dienten nur dem einen Zweck, mit Anstand und Würde ihr Ziel zu erreichen, nicht mehr und auf gar keinen Fall weniger. Nach einigen Schriftwechseln siegte beim Kampf zwischen meiner Neugierde auf den Menschen hinter diesem bemerkenswerten Gesicht und der auf die beziehungsfeindliche Entfernung unserer Wohnorte pochende Ratio doch die Neugierde, und so verabredeten wir uns für einen Samstagabend vor dem Eingang des Ulmer Münsters.

Ulm lag ungefähr auf der Hälfte der Strecke, und ich war vorher noch nie in dieser Stadt gewesen. Ich hatte Glück mit dem Verkehr gehabt, war zeitig eingetroffen und fand schnell einen Parkplatz am Stadtrand. Da ich keine Ahnung hatte, wo sich das Ulmer Münster befand, und ich auf dem Weg auch keine Hinweisschilder hatte entdecken können, fragte ich mich anschließend bis zum Münster durch. Zwei kurze Nachfragen reichten, um den Weg zu finden. Natürlich schien es, als sei ich der einzige Mensch in dieser Stadt, der nicht wusste, in welcher Richtung das historische Bauwerk lag. Meine Frage wirkte vermutlich so, als fragte man in Köln nach dem Dom oder in Pisa nach dem Schiefen Turm. Es war kurz vor sechs Uhr, als ich vor der größten evangelischen Kirche Deutschlands eintraf, und an diesem kalten Novemberabend pfiff mir in der frühen Dunkelheit ein eisiger Wind um die Ohren. Ich hatte den Mantelkragen hochgeklappt und die Hände in den Taschen, während ich zum Zeitvertreib mehrmals langsam um das Münster schlenderte und anschließend vor dem Haupteingang auf und ab spazierte. Nach einer halben Stunde kroch mir die Kälte auf die Haut, obwohl ich mich die ganze Zeit bewegt hatte. Als die Dame endlich eintraf und mich damit von den drohenden Frostbeulen ablenkte, fielen mir als Erstes ihre High Heels auf, die sie trotz der eisigen Kälte trug. Sie lief mit diesen High Heels laut klappernd im Halbkreis um mich herum, schaute mir kurz ins Gesicht und sprach anschließend fragend meinen Namen aus, wobei ihre Stimme zum Ende hin ungläubig anstieg. »Jööörg?«

Im ersten Moment erkannte sie mich gar nicht, da ich aus ihrer Sicht »total anders als auf dem Foto« aussah. Das überraschte mich etwas, denn normalerweise wurde ich sofort erkannt, aber vielleicht hatte die Kälte mich vorübergehend entstellt und nicht nur meine Nase gerötet, sondern auch meine Augen zu winzigen Sehschlitzen verkleinert. Mit High Heels an den Füßen hätte ich zu diesem Zeitpunkt bereits Erfrierungen bis hinauf zu den Knien davongetragen. Im Gegensatz zu mir gehörte sie zu den wenigen Menschen, deren wirkliche Erscheinung sich nicht viel von den Fotos unterschied. Sie trug elegante Kleidung, eine Stoffhose und einen langen Mantel, war tatsächlich sehr schlank, beinahe zu schlank, so wie manche Models, denen ich am liebsten ein ordentliches Abendessen spendieren möchte. Außerdem wirkte sie einige Jahre jünger als ich, obwohl das gar nicht der Fall war.

Im Vorfeld hatte ich für uns einen Tisch in einem urigen Restaurant reserviert, das für seine gute Küche in den einschlägigen Foren gelobt wurde. Dorthin begaben wir uns ohne Umwege, denn das Wetter lud nicht zu langen Spaziergängen ein. Während des kurzen Fußmarschs passierten wir einige sehr malerische Ecken dieser Stadt, und dadurch ist mir Ulm trotz der eisigen Kälte in positiver Erinnerung geblieben, was schon einiges heißen will. Das Restaurant setzte diesen Eindruck kurze Zeit später fort, denn mit seinen verwinkelten Räumen, den tiefen Decken und dem vielen Fachwerk im Innenbereich wirkte es wie ein nobles, aber romantisches Hexenhäuschen. Die süddeutsche Dame war ganz begeistert von meiner Wahl. Sie hatte zu meiner Überraschung sogar ordentlich Hunger mitgebracht, genoss das Abendessen sichtlich und war auch einem kleinen Schluck Wein nicht abgeneigt, obwohl wir beide später noch zwei Stunden Heimfahrt vor uns hatten. Ihre auffällige Schlankheit schien also erblich oder sportlich bedingt zu sein, und ich war erleichtert, dass sie sich nicht mit einem faden Salat und lauwarmem Mineralwasser begnügte, sondern mit großer Lust zulangte. Während des Essens schilderte sie mir unter anderem das bereits länger zurückliegende Martyrium ihrer Ehejahre, die sie in einem süddeutschen Städtchen verbracht hatte. Ihr Mann war Immobilienmakler, vermittelte gehobene Anwesen in Südeuropa und war dadurch im gesellschaftlichen Leben der Region gut vernetzt. Sie führten nach außen hin über viele Jahre die perfekte Ehe eines gut aussehenden, kultivierten Paares mit netter Tochter. In ihrer Beziehung herrschten jedoch Unterdrückung, Schikane und zeitweise auch die Angst vor körperlicher Gewalt. Nach vielen Jahren fasste sie sich ein Herz und plante insgeheim den Auszug mit ihrer Tochter wie eine generalstabsmäßig organisierte Flucht. Sie war sicher, dass durch Affekthandlungen ihres Mannes im schlimmsten Fall Leib und Leben gefährdet seien, sollte er Wind von der Sache bekommen, denn ihr Gatte war, gelinde gesagt, sehr impulsiv. Ihre Eltern und eine enge Freundin waren die einzigen Menschen, die vorher Bescheid wussten. Das Elternhaus war auch als erste Anlaufstelle und vorübergehender Unterschlupf nach der Flucht vorgesehen, und dort waren bereits zwei Zimmer für sie und ihre Tochter eingerichtet. Die beiden flohen, als ihr Mann sich auf einer Geschäftsreise befand. Unter dem Strich klappte glücklicherweise alles wie geplant, und heute, viele

Jahre später, ist die Zeit der Angst und Ungewissheit vorüber. Damals in den ersten Monaten nach dem Auszug war jedoch nicht nur das Leben in der konservativen kleinen Stadt zeitweilig ein Spießrutenlauf, sondern auch das Auflauern und die Gewalt- und Entführungsandrohungen des Ex-Mannes gerieten zur Tortur für Mutter und Tochter. Es blieb glücklicherweise nur bei Drohungen, und als unser Blind Date in Ulm stattfand, hatte die Tochter schon seit Längerem wieder Kontakt zum Vater und beklagte sich lediglich, dass er sich meist nicht um sie kümmerte, wenn sie bei ihm war. Trotzdem hatten Vater und Tochter am Jahresende sogar einen gemeinsamen Urlaub geplant.

Die Alpendame hatte ihre berufliche Laufbahn erst nach der Trennung von ihrem Mann mit dem Job im Musikverlagswesen begonnen und musste sich eine neue Existenz aufbauen. Das war ihr mit Enthusiasmus, einer tiefen Leidenschaft für klassische Musik und trotz aller Widerstände im gesellschaftlichen Leben der kleinen Stadt gelungen. Sie liebte ihre Arbeit und war dankbar für die neu gewonnene Freiheit. Ich konnte mir gut vorstellen, dass sie in ihrem Beruf Erfolg hatte, denn sie war eine kultivierte Erscheinung, und ihr gutes Aussehen schadete in diesem Job sicher nicht. Sie trug modische Kleidung, agierte sehr zugewandt und war sich ihrer Außenwirkung bewusst, ohne Arroganz auszustrahlen. Trotz ihres Porzellangesichts und der manchmal tatsächlich leicht geröteten Augen besaß sie eine sehr positive Ausstrahlung, lachte viel und schien das Leben genießen zu wollen. Rom war ihre Lieblingsstadt, und ich konnte sie mir dort sehr gut in einem der Straßencafés vor großer europäischer Kulisse vorstellen. Alles in allem schmeichelte es mir, dass sie sich für mich interessierte. Andererseits – und das nährte neben der Entfernung einen Teil meiner Zweifel bei unserem Treffen – empfand ich ihre Art zu kommunizieren auf den zweiten Blick manchmal etwas hölzern, wenn ich das so uncharmant ausdrücken darf. Ihre Gedanken, Kommentare, Ansichten und vor allem ihr Humor waren, ganz im Gegensatz zum Beispiel zu der

Rheinländerin, statischer und eine Spur ungelenker, als ich mir das von einer Frau an meiner Seite wünschte. Es schien, als sollten manche Worte aus ihrem Mund sie mit der dazugehörigen Eigenschaft bekleiden oder die Wirklichkeit erst herstellen, die sie beschrieb, und das stellte die Authentizität mancher Sätze auf den Kopf. Ich war mir mit dieser Einschätzung anfangs nicht sicher, da es nur kleine Unstimmigkeiten waren, und trotz dieses störenden Eindrucks sagte ich ihr nach unserem ersten Treffen nicht ab. Ich ließ diesen Kontakt samt meiner Unentschlossenheit im Raum stehen. Vielleicht hielten mich ihr Interesse und die wohltuende Art, mich zu umgarnen, von einer sofortigen Absage ab, denn ich sog Komplimente und Bestätigungen damals immer noch auf wie ein trockener Schwamm. Sie warb in den folgenden Wochen immer wieder um mich und besuchte mich kurze Zeit später sogar auf der Durchreise zu einer beruflichen Veranstaltung für ein kurzes Rendezvous während meiner Mittagspause. Dort waren wir nur eine gute Stunde zusammen und verhielten uns unter dem Strich sogar fremder miteinander als zuvor, was ich überhaupt nicht einordnen konnte. Meine Hoffnung, dass beim zweiten Treffen die Gesten eindeutiger, die Gefühle klarer, das Miteinander größer und die Fragezeichen weniger seien, blieb somit unerfüllt, und ich musste mir eingestehen, dass dieses sechzigminütige Speedlunch nicht für ein endgültiges Urteil taugte. In den Tagen nach diesem Treffen konnte ich mich immer noch nicht zu einem vorbehaltlichen Ja oder klaren Nein durchringen. Die Rheinländerin hatte die Latte vor wenigen Wochen sehr hoch gehängt, und insgeheim hoffte ich immer noch, sie würde sich wieder melden. Die Voralpendame signalisierte in höflichen Abständen weiterhin ihre grundsätzliche Zuneigung und verwies sogar mehrmals auf die dreiwöchige tochterfreie Zeit, die sie gegen Jahresende vor sich hatte und die wir doch nutzen könnten, um uns weiter kennenzulernen. Sie sagte, dass sie »das Abenteuer wagen würde«, wir Silvester miteinander verbringen und sie sogar zu mir nach Heidelberg kommen könne.

Dieses Angebot überraschte mich, denn sie hatte mir bei unserem ersten Treffen erzählt, dass Liebeskummer etwas Schreckliches für sie sei. »Man wird doch wirklich krank davon!« Sie rühmte sich andererseits damit, seit vielen Jahren noch nicht mal einen Schnupfen gehabt zu haben und ein gesundes Immunsystem zu besitzen, aber Liebeskummer jagte ihr schon aus großer Ferne Angst ein. Und trotz der Gefahr, von mir abgewiesen zu werden, stellte sie ihr mutiges Angebot in den Raum, für den Jahreswechsel zu mir zu fahren, mit hübschem Porzellangesicht, leicht geröteten Augen und einem offensichtlich sehr zerbrechlichen Herzen im Gepäck. Aber wir verbrachten Silvester nicht miteinander, und dafür gab es neben meiner Vorsicht noch andere Gründe.

17

DIE VIRTUELLE FALLE

In der Zeit zwischen dem ersten Treffen mit der Voralpendame und dem Silvesterabend ereignete sich eine Menge, und mir begann die Situation zunehmend über den Kopf zu wachsen. Ich war eingekeilt zwischen Gedankenprojektionen und erlebter Wirklichkeit. Ich hatte immer mehr das Gefühl, ich könne mich nicht vor- oder zurückbewegen, ohne irgendwo ernsthaft anzuecken oder den Erfolg meiner Partnersuche zu gefährden. Da sich die Situation im Laufe der Zeit immer mehr zuspitzte, musste ich kurz vor Weihnachten Entscheidungen treffen, und das kam so:

Während das unbeantwortete Silvesterangebot aus dem Süden im Raum stand und die Hoffnung auf ein Lebenszeichen der Rheinländerin langsam schwand, hatte sich eine Vertriebsleiterin aus dem Siebener-Postleitzahlengebiet bei mir gemeldet. Ich hatte sie im Rahmen meiner Kontaktoffensive zwei Wochen zuvor mit folgenden Worten angeschrieben:

Hallo Vertriebs- und Marketingleiterin,
Ein »Klick«-Gruß von Jörg aus 69 nach 74 (ist glaube ich nicht allzu weit von der Heidelberger Gegend, oder?)
Auf Deine drei Profil-Fragen kann ich (wie vermutlich die meisten hier) nur mit JA antworten. Foto siehst Du, Profil liest Du (hey, das reimt sich sogar!) und dann machst Du den Mülleimer auf oder eben nicht. Die Knöpfe kennst Du ja … Du arbeitest ja jeden Tag am Computer … sicherlich (und hast deswegen auch sicherlich keine künstlichen Fingernägel).
Also – Gruß von Jörg

Sie schrieb mir daraufhin eine ausführliche und sehr freundliche Antwort, in der sie weiteres Kennenlernen explizit nicht ausschloss. Allerdings sagte ich ihr trotzdem ab:

Hallo Petra,
danke für Deine supernette Antwort. Auch wenn alles »stimmt« und ich kein Haar in der Suppe finden würde, sage ich Dir jetzt freundlich ab. Leider. Denn ich habe heute tagsüber eine andere »Knaller-Mail« bekommen, und Männer können ja immer nur eine Sache gleichzeitig machen ;-)
Also – aber ich glaube (ehrlich, sonst würde ich einfach die Klappe halten), dass Du einen von den »Guten« finden wirst. So von meinem Eindruck her ….
Liebe Grüße,
Jörg

Die erwähnte »*Knaller-Mail*« gab es tatsächlich, sie stammte von einer Architektin, die – wie die Rheinländerin auch – in Rheinland Pfalz wohnte. Einer Sternschnuppe gleich platzte diese Architektin kurz nach der Antwort der Vertriebsleiterin in mein Postfach. Ihr Foto riss mich vom Hocker! Ich war so beeindruckt, dass ich zeitweilig sogar an eine retuschierte Variante glaubte. Sie hatte ihren

Beruf früher in München ausgeübt, war Mutter von drei Kindern aus zwei Ehen und lebte seit wenigen Jahren getrennt von ihrem zweiten Mann, für den sie vor der Geburt des dritten Kindes nach Rheinland-Pfalz gezogen war. Ihr warmherziger, sehr fantasievoller Schreibstil sprach mich sofort an und schien aus der Welt der Märchen und Fabeln zu erzählen, was meist an den Metaphern lag, die sie verwendete. Mit ihrer lyrischen Art zu schreiben traf sie zielsicher meine eigene poetische Ader. In ihrer Jugend hatte sie wie ich Gedichte und Geschichten geschrieben, allerdings haben das viele Menschen getan, und somit ist das noch nicht zwangsläufig ein Heiratsgrund. Aber wenn diese Frau wirklich so sanft, poetisch, warmherzig, klug und wunderschön war, wie ich mir ausmalte, dann musste ich sie einfach kennenlernen. Sie konnte tatsächlich mein großes Los sein, der Mensch, der sich wie ein zweites Puzzleteil in und an mein Leben fügte, bei dem ich mich aufgehoben fühlte und mit dem ich gleichzeitig aufbrechen konnte, der Mensch, mit dem mich eine tiefe und zugleich selbstverständliche Liebe verband. Doch gerade als das Foto und die ersten beiden fabelhaften Mails der pfälzischen Sternschnuppe ihren virtuellen Zauber entfachten, stellte das Schicksal überraschend seinen Fuß in die andere, langsam zufallende Türe, die ich aus dem Blick verloren und hinter meinem Rücken fast vergessen hatte. Eine alte Bekannte klopfte nämlich überraschend an, die Rheinländerin! Sie meldete sich kurz, aber freundlich zu Wort und fragte, wie es mir ginge. Ich konnte es einerseits kaum glauben, mich jedoch andererseits auch nicht richtig freuen, denn mein Gefühlsleben hielt mit dieser Dramaturgie nur schwer Schritt. Ich antwortete der Rheinländerin freundlich, aber vergleichsweise unverbindlich, denn ich wollte zu diesem Zeitpunkt eigentlich am liebsten erst das Rätsel der fabelhaften Architektin lösen und wissen, ob ihre Spur so vielversprechend endete, wie sie im Moment begann. Kurz nachdem ich die unverbindliche, aber eindeutige Nachricht der Rheinländerin beantwortet hatte, teilte mir die Architektin jedoch in ihrer dritten

E-Mail mit, dass sie zuerst *»einen anderen Kontakt weiterführen«* wollte, bevor sie sich mit mir befasste.

Oh – ach so? Das hatte bisher aber ganz anders geklungen …

Nun gut, mein Schreibstil und meine Fotos schienen ihr offensichtlich zu gefallen, und ich fühlte mich zumindest auf ihrer Warteliste ganz vorne eingereiht. Aber ich hatte natürlich keine Ahnung, wann und mit welcher guten oder schlechten Nachricht sie sich wieder bei mir meldete, da sie auch kein Zeitfenster für die Weiterführung des *»anderen Kontakts«* erwähnte. In meinem virtuellen Ranking befand sich die Dame aus Rheinland Pfalz jedoch ab sofort ganz oben, gleich neben der Rheinländerin, die ich im Gegensatz zur Architektin ja bereits einmal getroffen hatte und somit besser einschätzen konnte. Ein deutliches Stück dahinter rangierte die weit entfernte Dame aus Süddeutschland, allerdings mit scharrenden Hufen, die ich von den Alpen bis zum Königstuhl hören konnte. Ich wälzte die Optionen hin und her und überlegte, was nun passieren musste, um einen Schritt voranzukommen.

Falls die Architektin innerlich oder äußerlich doch nur retuschiert war und ihr Bild bei einer echten Begegnung zerplatzte wie eine Seifenblase und darüber hinaus die Rheinländerin trotz zaghafter Kontaktaufnahme doch nichts mehr mit mir zu tun haben wollte, lief die Dame aus dem tiefen Süden vielleicht zur Hochform auf, und meine Zweifel verschwanden. Vielleicht war ihre manchmal etwas hölzerne Art nur der Unsicherheit und großen Hoffnung geschuldet, die sie mir entgegenbrachte.

Oder sollte ich der süddeutschen Verlagsdame absagen und einfach alles auf eine Karte setzen? Aber auf welche? Die Rheinländerin? War sie wirklich der Mensch, den ich während des anfänglichen E-Mail-Feuerwerks samt »totaler virtueller Verknalltheit« kennengelernt hatte? Sie war inzwischen deutlich zurückgerudert und hatte zumindest gezeigt, dass sie sich ganz schnell rar machen konnte, wenn sie etwas als störend empfand. Und hatte sie wirklich ernsthaftes Interesse an mir, oder meldete sie sich nur aus einer Laune heraus, bevor sie wieder und vielleicht für immer untertauchte? Normalerweise wusste sie, was sie wollte, aber was bedeutet das »normalerweise« schon? Oder war ich nur zu ungeduldig und musste einfach mal abwarten, was sich da entwickelte?

Und die Architektin? Was hieß es, wenn man einen »*Kontakt erst mal weiterverfolgen*« möchte? Bei manchen heißt das: »*Der andere Typ ist mein virtueller Schwarm, setz Dich mal auf die Ersatzbank, aber rechne nicht mit Deinem Einsatz!*« Bei anderen kann es bedeuten: »*Der Typ war zwar zuerst da, aber Du interessierst mich mehr. Ich möchte nur den Anstand wahren und alles richtig machen, darum sei geduldig. Ich bin in wenigen Tagen bei Dir, wenn ich den anderen losgeworden bin!*« Ich wollte nicht nach weiteren Details fragen, denn das konnte penetrant wirken und nach Kalkül riechen. Wie schnell sich jemand bedrängt, missverstanden oder auf die Füße getreten fühlt, hatte ich bei der Rheinländerin erlebt, und von daher war Zurückhaltung geboten, wenn ich ernsthaftes Interesse an der Architektin besaß. Ich war hin- und hergerissen zwischen »Angst, was zu verpassen« und »Zeit nehmen für das richtige Leben«, zwischen »Warte ab!« und »Beeil dich!«, zwischen »Sag nicht zu früh ab!« und »Mach nicht zu viel gleichzeitig!«, zwischen virtueller Verheißung und realistischer Einschätzung.

Die Architektin ließ sich tatsächlich erst mal Zeit, ihren anderen Kontakt weiter zu verfolgen, und ich hörte eine Weile nichts von ihr. Die Rheinländerin legte ebenfalls Pausen zwischen weiteren Nachrichten ein, und dadurch hingen nicht nur einige ungelöste Rätsel in der Luft, sondern ich abends weiterhin vor dem Computer, ohne wirklich einen Schritt voranzukommen. Inzwischen war in meinem Postfach eine Menge los, es trafen täglich Anfragen und Nachrichten ein, und ich wollte diese zumindest zeitnah beantworten, auch wenn es sich meist um eine kurze, aufrichtige Absage handelte. Das blieb auch der Vertriebsleiterin aus »74...« nicht verborgen, der ich ja kurze Zeit vorher wegen der »Knallermail« der Grafikerin abgesagt hatte. Sie konnte an meinem letzten Login-Datum erkennen, dass ich jeden Tag aktiv war, und fragte mich geradeheraus und mit bemerkenswerter Ironie, ob mein *»Knaller vielleicht doch nicht der Knaller«* gewesen sei, weil ich *»hier immer noch herumstöbere«*. Außerdem habe sie Knaller bisher eher im Bereich Silvester oder Fastnacht verortet – oder ob das dann eher »Brüller« seien? Nicht schlecht. Ich antwortete ihr:

Liebe Petra,
ich werde jetzt nicht meine Geschichte vor Dir ausbreiten. Nur so viel: Es gibt einige Knaller. Nur sind Knaller ja erst mal virtuell. Und bis virtuelle Knaller im richtigen Leben knallen, dauert es. Manchmal kommt auch was dazwischen oder sie entpuppen sich als Rohrkrepierer. Oder sie brauchen einfach nur länger, weil sie einen weiten Weg haben.
Das Schöne an dieser Plattform ist, dass es hier das ganze Kaleidoskop gibt. Verführerisch, verheißungsvoll, täuschend echt usw. Aber weißt Du was? Ich merke mir Dich! Ich finde es gut, wenn jemand Dinge direkt anspricht. Und ich höre auch mit einem Schmunzeln zwischen den Synapsen Deine Prise Ironie in Bezug auf Silvesterfeuerwerke. Sagen wir mal so. Bald ist Silvester. Und mal sehen, ob die Knaller dann – oder bis dahin – Knaller sind oder zum Brüller werden.
Bis hierhin schon mal aufrichtigen Dank für Deine Zuwendung. Schreib mir, wenn Du möchtest. Ich schreibe Dir, wenn ich möchte.
:-)
Lieben Gruß,
Jörg

Petra und ich hörten nie wieder voneinander.

18

DOPPELTER FALLRÜCKZIEHER

Kurz darauf kam der Stein von selbst ins Rollen. Die Rheinländerin hatte nicht nur ihre Sprache wiedergefunden, sondern wollte mich auf einmal tatsächlich wiedersehen. Schlug das Pendel nun in die richtige Richtung? Nahm mir das Schicksal die Entscheidungen ab? Die Sternschnuppen-Architektin hatte sich nicht mehr gemeldet, würde sich vielleicht nie mehr melden, und die Süddeutsche war weiterhin nicht meine erste Wahl. Also wollte ich mit der Rheinländerin einen zweiten Versuch wagen.

Wir vereinbarten, uns an einem Wochenende zehn Tage später zu treffen. Sie plante, die Kinder freitags zu ihren Ex-Schwiegereltern in den Hunsrück zu fahren, und lud mich für ein weiteres Kennenlernen samstags zu sich nach Hause ein, um gemeinsam zu kochen. Sie wohnte nach eigener Aussage in einer stilvollen Altbauwohnung mit *»gut eingerichteter Küche«*, und ich spürte meine wachsende Vorfreude auf ein ungestörtes Wochenende mit Schlemmereien, Gesprächen und vielleicht sogar einer ersten Annäherung in ihrer stilvollen Altbaunobelküchenwohnung. Wie würden wir uns nach der kurzen Pause begegnen? Und wie sahen die kleine Stadt und die Straße aus, in der sie wohnte? Sie musste beim Joggen angeblich immer *»erst mal den Berg rauf und runter laufen«*, ihre Wohnlandschaft unterschied sich also nicht so sehr von meiner. Und ihre Wohnung? Die Einrichtung war sicher sehr geschmackvoll, aber ich vermutete auch, dass die Rheinländerin ihr sympathisches Chaos bei meinem Besuch nicht verleugnen würde, denn sie hatte einmal erwähnt, dass die Hausarbeit sich bei ihr unter der Woche auf Bad und Küche beschränkte, solange sie noch durch die Fenstern schauen konnte. Vor meinem inneren Auge schien sich alles zu fügen, mein Abwarten hatte sich als richtig erwiesen, und ich war froh, dass die Rheinländerin aus freien Stücken wieder Kontakt aufgenommen und das Treffen vorgeschlagen hatte. Dadurch stand diese Verabredung unter einem besonders vielversprechenden Stern. Der fabelhafte Eindruck der Architektin verblasste mit jedem Tag, und ich freute mich auf das Wochenende.

Das Schicksal hat jedoch viele Füße, und es stellte vier oder fünf Tage vor dem geplanten Treffen einen davon in die nächste zufallende Türe. Denn jetzt meldete sich die Architektin plötzlich wieder. Natürlich wusste sie nicht, dass ich bereits mit einer anderen Dame verabredet war. Sie hatte zwar erst mal den *»anderen Kontakt«* weiterführen wollen, aber dieser Herr war nach ihrer Aussage jetzt auf einmal *»etwas unflexibel«*, wie sie schrieb – was immer sie damit meinte. Es handelte sich um einen Arzt aus Ostdeutschland, der nicht nur Pferde, sondern auch ein sehr großes Haus zu bieten hatte. Das beeindruckte weder mich noch die Architektin, sondern dem Anschein nach am meisten den Herrn Doktor selbst. Und da sie irgendetwas an diesem Herrn zu stören schien, nahm sie wie aus dem Nichts eine intensive Konversation mit *mir* auf. Ich besitze die grundsätzliche Angewohnheit, zügig zu antworten, und war überrascht, dass sie mir diesbezüglich auf einmal in nichts nachstand, was zur Folge hatte, dass wir uns innerhalb weniger Tage in liebevolle, schriftliche Neckereien und erste vorsichtige Gemeinsamkeitsfantasien hineinsteigerten, die sich fast wie von selbst ergaben. Ich konnte und wollte ihre Mails nicht ignorieren, und mein Gedankenkarussell drehte sich plötzlich mit einer Geschwindigkeit, die ich bis dato nie erlebt hatte. Die Sternschnuppe aus Rheinland-Pfalz konnte sich mit einem Mal ebenfalls ein Treffen mit mir vorstellen, noch im Dezember vor Weihnachten. Und sie erwähnte sogar, Silvester vielleicht mit mir zusammen zu verbringen. Huch? So im Vorhinein? Ohne mich getroffen zu haben?

Am Mittwochabend vor dem geplanten Rheinländerinnen-Wochenende telefonierten wir sogar kurz miteinander, und am Donnerstag gingen Nachrichten im Stundentakt hin und her, und ich merkte, wie ich mich immer mehr zu ihr hingezogen fühlte und innerlich schwankte, ob ich wirklich mit der Rheinländerin am Wochenende kochen konnte. Mein Dilemma war perfekt, denn es kam zum Duell »Realität« gegen »Virtualität«, und ich wollte keine Schmierenkomödie spielen. Hätte ich beide Damen noch nie getroffen, wäre ich erst mit der Rheinländerin und kurz darauf mit der Architektin einen unverbindlichen Kaffee trinken gegangen, um Klarheit zu bekommen. Aber da ich die Rheinländerin zum zweiten Mal sehen würde, ich zu ihr nach Hause eingeladen war und nach unserer Vorgeschichte ehrlich und aufrichtig sein wollte, musste ich eigentlich konsequent sein und das Treffen mit ihr erst mal absagen oder verschieben. Ich konnte den Sog der pfälzischen Sternschnuppe nicht ignorieren und würde immer wieder an sie denken müssen. Ich musste die aus lyrischen Mails, einem reizenden Foto und einer zauberhaften warmen Telefonstimme zusammengesetzte Fantasieperson zuerst mit der Wirklichkeit abgleichen. Ich konnte nicht in der Küche der Rheinländerin stehen und ihr dort im Laufe eines harmonischen Abends beichten, dass es aber noch jemanden gab, den ich erst treffen musste, um Zweifel auszuräumen. Ich glaube, sie hätte mir eine (sicher sehr noble und schwere!) Pfanne über den Schädel gebraten. Ich konnte auch nicht in besagter Küche stehen und schauspielern, während mir die Architektin im Hinterkopf herumgeisterte. Ich wäre nicht ganz bei der Sache, und das hatte die Rheinländerin nicht verdient. Sie hatte nach allem, was passiert war, meine volle Aufmerksamkeit und absolute Ehrlichkeit verdient.

Am Freitag vor unserem Treffen entschied ich mich tatsächlich für die radikalste Lösung. Ich rief die Rheinländerin am späten Nachmittag an, um ihr mitzuteilen, dass unser Treffen am nächsten Tag leider nicht zustande käme. Sie war – peinlicher ging es nicht – bereits mit den Kindern auf dem Weg zu ihren Schwiegereltern in den Hunsrück, um sie dort für unser Wochenende abzuliefern. Ich entschuldigte mich und schenkte ihr reinen Wein ein, erwähnte also, dass es eine Dame gäbe, die mich seit wenigen Tagen sehr beschäftige und es mir unmöglich mache, mit ihr am Wochenende zu kochen, und dass ich ihr das lieber ehrlich sagen wolle, da alles andere unfair sei. Nach dieser kurzen und kräftigen Beichte rechnete ich damit, dass sie entweder einfach auflegte oder mir eine mehr oder weniger stilvolle Schimpftirade mit anschließendem »Auf Nimmerwiedersehen« an den Kopf warf. Aber weit gefehlt! Die Rheinländerin reagierte überraschend milde und sagte nur, das wäre jetzt natürlich ärgerlich, aber sie könne da wohl nichts machen. Ihre Stimme klang beherrscht und ruhig, und wir verblieben so, dass *ich* mich melden würde. Sie war sicher sehr enttäuscht, aber hielt diese Gefühle erst mal zurück – vielleicht nur wegen der Kinder, die mit im Auto saßen?

Etwas erstaunt von ihrer Besonnenheit und mit schlechtem Gewissen schrieb ich ihr am Abend noch eine Mail, in der ich mich erneut erklärte und entschuldigte. Darauf antwortete sie mit lediglich einem Satz:

»*Was erwartest Du von mir?*«

Ich antwortete, dass ich nicht in der Position sei, etwas von ihr zu erwarten, ich könne sie höchstens bitten, mir noch etwas Zeit zu geben, um dann weiterzuschauen, was sich mit der anderen Dame ergäbe. Daraufhin schrieb sie nur:

»*Ok*«.

Punkt. Fertig. Sie gab mir ohne weitere Vorwürfe eine dritte Chance. Ich an ihrer Stelle hätte mir eine bissige Bemerkung oder emotionale Äußerung nicht verkneifen können. Ich hatte sie aus ihrer Sicht zweimal hintereinander in eine unangenehme Situation gebracht, beim zweiten Mal sogar *wegen einer anderen Frau*, auch wenn mir diese noch unbekannt war. Das ist normalerweise der Super-GAU auf dem weiblichen Planeten. Wahrscheinlich war die Reduktion auf wenige Worte der Platzhalter für ihre Unzufriedenheit.

Ich musste jetzt schnellstmöglich zusehen, ob die Architektin hielt, was sie versprach. Und falls nicht, konnte ich mich mit reinem Gewissen und dem größten in diesem Kalenderjahr bestellten Blumenstrauß doch mit der Rheinländerin treffen. Sie wusste dann zumindest, dass ich ein ehrlicher Mensch bin. Oder aber die Architektin entpuppte sich tatsächlich als Hauptgewinn, und ich sagte der Rheinländerin freundlich ab und der Dame aus dem Voralpenland ebenfalls.

Aber was passierte? Nach meiner Wochenendabsage verschleppte die Architektin ein Treffen mit mir erneut. Ich hatte ihr von der Rheinländerin nichts erzählt, aber trotzdem gab es statt konkreter Termine nun plötzlich wieder mehrtägige Schreibpausen, die angeblich durch ernst zu nehmende Zwischenfälle wie eine Blutvergiftung, Verletzungen bei ihren Kindern, Arbeitsüberlastung im Betrieb des Ex-Schwagers (aha!) und andere Dinge begründet wurden. Ein Blinddarmdurchbruch der ältesten Tochter war auch noch dabei, soweit ich mich erinnere. Die Dichte dieser Ausnahmesituationen erschien ziemlich unrealistisch, denn sie fanden alle innerhalb einer guten Woche statt. Trotzdem signalisierte mir mein Bauchgefühl »Wahrheit«. Ich konnte einerseits zwar nicht leugnen, dass mich ihre Nachrichten zunehmend ratloser machten und ich immer schwerer einschätzen konnte, ob diese Ereignisse vielleicht nur als Ausflucht dienten und ihr Interesse an mir auf einmal doch wieder erloschen war. Aber ich vertraute ihr und wollte warten, bis bei ihr endlich Ruhe einkehrte, und so beschloss ich, vorerst niemand anderen zu treffen, auch nicht die Rheinländerin.

Nur wenige Tage später wurde es dann noch verquickter, denn nun entschied die Architektin plötzlich, doch einem Treffen mit dem ostdeutschen Doktor den Vorzug zu geben. Ich glaubte, nicht richtig zu lesen, und vermutete dahinter eine Offensive des bis dato von ihr als unflexibel beschriebenen Herrn in Tateinheit mit einem mehr oder weniger falschen Verständnis von Fairness auf ihrer Seite. Eigentlich hätte ich ihr einen Vogel zeigen müssen. Aber ich selbst hatte gerade die Rheinländerin mit einer kurzfristigen Absage ziemlich vor den Kopf gestoßen, und zwar für ein bereits fest terminiertes Treffen. Mit der Architektin war bisher nichts konkret vereinbart, ich hatte also keinen Grund, beleidigt zu sein. Ich entschloss mich deshalb, das Resultat der geplanten Osterweiterung geduldig und mit rheinländischem Großmut abzuwarten und auf ein Treffen danach zu hoffen.

Der noch vor Weihnachten absolvierte Besuch der Architektin beim Herrn Doktor in Ostdeutschland verlief etwas befremdlich, nicht zuletzt, weil sie mit großer Naivität das Angebot annahm, im Hause des Doktors zu übernachten. Sie hatte ihn wohlgemerkt noch nie zuvor getroffen und wurde prompt mit biederster Ostromantik und einem am Rande zum Alkoholismus stehenden, alleine lebenden Arzt konfrontiert. Der Besuch der hübschen Dame aus Rheinland-Pfalz besaß für ihn anscheinend den Stellenwert einer Verlobung. Sie wurde in jedes Detail der Haushaltsabläufe und des Küchenbereichs eingewiesen, darüber unterrichtet, wo sie ihre Schuhe abzustellen hatte, wenn sie nach Hause kam, und aus der vorgetragenen Aufgabenliste der Haushälterin ging hervor, welcher Rest der Arbeiten in ihrem Zuständigkeitsbereich lag. Außerdem durfte sie natürlich jederzeit die Pferde besuchen und auf diesen auch reiten. Der Mann hatte sie gedanklich bereits komplett in sein Leben integriert und setzte ihre Ankunft mit einem Jawort gleich. Nachdem die Architektin die Antrittsrede ihres Gastgebers mit mir unerklärlicher Geduld über sich hatte ergehen lassen, stand er wenige Minuten später unangekündigt nackt vor ihr. Er wollte mit ihr in der kleinen Sauna seines Hauses gemeinsam schwitzen gehen. Sie ergriff zwar nicht die Flucht, lehnte jedoch immerhin dankend ab, und so ging er alleine. Auf eigenen Wunsch übernachtete sie in einem separaten Zimmer des großen Hauses und war heilfroh, am nächsten Tag wieder abreisen zu können. Auch wenn sie nicht ernsthaft bedrängt wurde, hatte sie die Wucht der Imagination bei dem praktizierenden Arzt massiv unterschätzt. Natürlich kam der Herr für eine Partnerschaft nicht infrage, und sie rief mich sogar während der Rückfahrt aus dem Zug an, um mir ihre seltsamen Erlebnisse zu schildern. Ich war einerseits erschrocken über ihre Naivität, andererseits hoffte ich, dass der Weg nun endlich frei war für unser Kennenlernen. Allerdings gab es in den folgenden Tagen von ihrer Seite unerklärlicherweise weiterhin keine konkreten Antworten oder Terminvorschläge. Stattdessen erhielt ich Schilderungen von immer neuen Zwischenfällen – eine wieder aufflammende Knieverletzung, massive Zahnentzündungen, Blitzreisen des Schwager-Chefs, die den Halbtagsjob kurzzeitig zur Fünfzigstundenwoche aufblähten (warum ließ sie sich das gefallen?), Hunde, die mit dem gemeinsamen Hofbewohner (so jemanden gab es auch?) versuchsweise für wenige Tage gehalten wurden und Chaos anrichteten, und noch einiges mehr. Trotz aller Skepsis fühlte sich unsere Kommunikation jedoch immer wieder sehr verbunden an, und ich rückte von meinem Ziel nicht ab, diese Frau sehen zu wollen, auch wenn ich das Gemüt der geduldigen Rheinländerin inzwischen vermutlich überstrapazierte. Kurz vor Weihnachten passierte dann das Unfassbare! Sie entschloss sich plötzlich, dass trotz ihres derzeit turbulenten Lebens ein kurzes Treffen irgendwann zwischen Weihnachten und Silvester doch mal möglich sein musste. Da konnte ich ihr nur uneingeschränkt zustimmen, und folgerichtig verabredeten wir uns endlich, mit festem Treffpunkt, unmissverständlicher Uhrzeit, konkretem Datum und allem, was zu einer ordentlichen Verabredung dazugehört. Und wenn nichts Unerwartetes dazwischenkäme, lernte ich sie endlich kennen, die Dame, die mir seit Wochen im Kopf herumspukte und meine bis dahin zielstrebige und weitestgehend sortierte Partnersuche so durcheinandergewirbelt hatte.

19

LAND IN SICHT?

Im Dezember 2010 hatte das Wetter den Menschen in Deutschland eine weiße Weihnacht beschert. Auf dem Königstuhl bei Heidelberg liegt jeden Winter mal für ein paar Tage Schnee. Meist genug, dass die Kinder auf der großen Hangwiese am benachbarten Kohlhof mit dem Schlitten heruntersausen und anschließend mühsam wieder hochkraxeln können, während die Eltern sich mit fleißig dampfendem Tee oder Kaffee aus der mitgebrachten Thermoskanne in der Hand unterhalten, immer wieder einen prüfenden Blick ins malerische Tal werfen und den mumifizierten Kleinen mit ihren eigenen klobigen Winterhandschuhen zuwinken, um ihnen den beschwerlichen Aufstieg mit Schlitten im Schlepptau zumindest für ein paar Meter zu erleichtern. Dieser sagenhafte Winter brachte jedoch mehr als nur eine kurzzeitig verschneite Kohlhofwiese. Schon vor Weihnachten war das Joggen auf den Wegen in den Tälern nur auf geschlossener und zunehmend harsch gefrorener Schneedecke möglich. Stabilisationstraining unter freiem Himmel sozusagen. In den Straßen der Wohngebiete lagen überall große Schneehaufen auf den Bürgersteigen, und zeitweilig waren die Streusalzvorräte der Gartencenter und Supermärkte geplündert. Selbst in meiner Heimatstadt Düsseldorf überraschte uns bei der Ankunft zum traditionell-turbulenten Familientreffen am zweiten Weihnachtsfeiertag eine sage und schreibe dreißig Zentimeter hohe Schneedecke auf den Rheinwiesen. Für all die Söhne und Töchter und Nichten und Neffen war das eine ungewohnte, märchenhafte Weihnachtsbescherung. Sie konnten es kaum erwarten, unseren reservierten Feiertagsbrunch-Tisch auf einem der dauerhaft ankernden Gastronomieboote am Rheinufer nach ein paar Alibibissen wieder zu verlassen und draußen Schneemänner und -frauen zu bauen, sich das weiße Wunder gegenseitig an den Kopf zu werfen und ins Gesicht zu reiben, herzhaft in die sorgsam geformte Schneekugel zu beißen und den irgendwann dann doch zu kalten Rest wieder feixend auszuspucken. Selbst in meiner Kindheit hatte nur wenige Male so viel Schnee in Düsseldorf gelegen.

Meine persönliche und nachträgliche Bescherung jedoch war in diesem zauberhaften Weihnachtswinter die Verabredung mit der Architektin. Kurz vor unserem Treffen klagte sie zwar erneut über heftige Zahnbeschwerden, die ein ordentlicher Medikamentencocktail in Schach hielt, aber sie sagte den Termin glücklicherweise nicht ab. Als ich durch die verschneite Heidelberger Altstadt lief, um sie vor einem Parkhaus abzuholen, in das ich sie telefonisch dirigiert hatte, erfüllte mich seltsamerweise bereits eine Ruhe und Zufriedenheit, die ich lange vermisst hatte. Ich war geduldig geblieben, hatte nicht locker gelassen und stand nun zumindest kurz vor dem Zieleinlauf dieser einen, wichtigen Etappe. Vielleicht ging danach ja alles ganz einfach und schnell, vielleicht war dieses erste Treffen der höchste Berg, den ich hatte erklimmen müssen, um hinterher wie von selbst bergab in eine neue, glückliche Beziehung zu rollen. Ich hoffte, dieses Treffen würde der Auftakt zu ruhigeren Zeiten sein, Zeiten ohne Online-Rasterfahndung, ohne Profilchecks, ohne den ständigen Zyklus kleiner Hoffnungen und Enttäuschungen. Ich sehnte mich danach, endlich anzukommen, mich in der Gegenwart einer anderen Frau endlich zu Hause zu fühlen, Wellenlängen zu spüren, die schon vor dem Sprechen beginnen und denen die nachfolgenden Worte nichts anhaben können.

Ich hatte den Kragen meines dunkelbraunen Mantels hochgeschlagen und mein Kinn in den Schal vergraben, als ich von der Heiliggeistkirche Richtung Karlsplatz lief, den kleinen, verschneiten Kornmarkt passierte und einen flüchtigen Blick auf das Heidelberger Schloss warf, das in der Dunkelheit wie ein beleuchtetes mittelalterliches Ruinenraumschiff knapp über der Altstadt schwebte. Nur fünfzig Meter weiter sah ich schon die Schlittschuhfahrer, die auf der provisorischen kleinen Eisfläche bis in den Januar hinein noch ihre kleinen Runden über den Karlsplatz drehen durften. An den umliegenden Holzbuden herrschte reger Betrieb. Würstchen, Pommes und Glühwein wurden über kleine Tresen gereicht und dampfend an kniehohen Schneehaufen vorbei zu einem Stehtisch oder den wenigen Sitzgelegenheiten balanciert. Circa zwanzig Meter dahinter stand eine Frau an der Parkhauseinfahrt. Sie trug einen hellgrauen Stoffmantel mit breitem Kragen, und ihre langen, dunklen Haare verschwanden in einem dicken Schal, der das hübsche Gesicht nur bis zur Nasenspitze freigab. Als ich näher kam, hob sie den Kopf und lächelte, und ich stellte erfreut fest, dass ihr Foto nicht retuschiert gewesen war. Unsere Begrüßung verlief einvernehmlich erfreut, und wir begannen sofort, uns neugierig zu unterhalten, während wir durch die verschneiten Gassen schlenderten, um ein nettes Restaurant zu suchen, in dem wir ausgiebig dinieren konnten. Nach dem Essen liefen wir noch ein weiteres kurzes Stück durch die winterliche Abendaltstadt und kehrten in einem kleinen Café ein, in dem wir uns weiter angeregt unterhielten. Ich wollte diesen Abend, der sich wie das Einbiegen auf die Zielgerade anfühlte, nicht beenden. Und ich meinte zu spüren, dass wir beide das nicht wollten.

Sie wirkte überhaupt nicht so durchgeknallt, wie es der fantasiereiche Schreibstil und die vielen unglaublichen Zwischenfälle hatten befürchten lassen. Sie war nicht nur sehr attraktiv, sondern besaß eine im schönsten Sinne weibliche Mimik, Gestik und Stimme und schien darüber hinaus ein liebenswerter, guter Mensch zu sein. Ich war in einem Maße von ihr angetan wie von keiner Frau bisher, und meine Geduld hatte sich ausgezahlt. Die gemeinsamen Stunden genossen wir so sehr, dass wir uns gegen Mitternacht beide merklich aufraffen mussten, um das kleine Café zu verlassen. Sie hatte noch eine Stunde Autofahrt vor sich, und da ich mit dem Zug gekommen war, brachte sie mich freundlicherweise zum nahe gelegenen Bahnhof. Wir verabschiedeten uns mit einer kurzen Umarmung, obwohl ich den Eindruck hatte, wir hielten eine Kleinigkeit länger inne als notwendig. Nichts an diesem Abschied wirkte distanziert, und ich war mir sicher, sie fühlte sich ebenfalls zu mir hingezogen.

Da ich von taktischen Spielen oder künstlichen Pausen überhaupt nichts halte, schrieb ich ihr noch am gleichen Abend, dass ich sie gerne wiedersehen wollte. Der chaotische und unstete Eindruck aus den zurückliegenden Wochen hatte sich glücklicherweise nicht bestätigt, vermutlich waren die dramatischen Vorkommnisse nur eine zufällige Häufung gewesen, und in einigen Jahren würden wir gemeinsam vor irgendeinem Kamin sitzen und sagen: »Weißt du noch, Schatz? Dieser verrückte Winter 2010 damals, als es schneite wie im Märchen und du eine Katastrophe nach der anderen erlebt hast? Aber wir haben uns davon nicht beirren lassen!« Vielleicht feierten wir nun tatsächlich gemeinsam Silvester, und eine der vielen Feuerwerksraketen würde den Startschuss in unsere Zweisamkeit markieren. Ich war sehr gespannt auf ihre Antwort.

Am nächsten Tag traf tatsächlich eine Mail von ihr ein. Allerdings klang diese erneut zurückhaltend und enthielt kein klares Ja zu einem weiteren Treffen. Das irritierte mich sehr, denn wir hatten uns wunderbar verstanden, Silvester stand in wenigen Tagen an, und sie selbst hatte schließlich die Idee vom gemeinsamen Jahreswechsel ins Spiel gebracht. War das auf einmal Schnee von gestern, und das Hin und Her begann jetzt von vorne? Sie beschrieb unser Treffen in der E-Mail zwar als *»so unbeschwert wie schon lange nicht mehr«*, aber das musste nichts heißen, und ich hatte etwas mehr Konkretheit von ihr erwartet. Würde ich jetzt wieder nur in unregelmäßigen Abständen von ihr hören? Irgendwie wollte ich endlich mal am Ende des Tunnels ankommen, alle Steine aus dem Weg geräumt und alle Prüfungen der bösen und guten Geister bestanden haben.

Einen Tag später traf eine Mail von ihr ein, in der sie schrieb, sie *»könnte«* sich *»gerade im Moment«* vorstellen, *»doch noch mal eventuell ein Gläschen von dem leckeren Wein«* aus unserem Dinner-Restaurant mit mir zu genießen. Der Wunsch, gemeinsam Wein zu trinken, ist zwar keine Absage, aber die vielen Konjunktive machten mich nach unserer Vorgeschichte stutzig. Ich sprach sie zwei Tage vor Silvester noch einmal auf ihre seinerzeit euphorisch geäußerte Idee vom gemeinsamen Jahreswechsel an. Darauf antwortete sie, die Kinder seien bei ihr und sie könne Silvester leider nicht mit mir verbringen. Kurz darauf – und das passte dann wieder zu ihrem Chaosprofil – schilderte sie mir, dass sich ihr früherer Freund erneut bei ihr gemeldet habe. Dieser Mann war ein gutes Jahr lang bis vor drei Monaten mit ihr *»so etwas wie zusammen«* gewesen. Er war wohl ein Aussteiger, ein *»einsamer Wolf«*, der keine Komplimente machte und nicht besonders zugewandt agierte. Sie war mit ihm jedoch ein Jahr zusammen gewesen, meist in sporadischen Schüben von mehreren Tagen und dann wieder eine Zeit aus der Ferne. Sie hatte sich irgendwann von der *»starken Liebe«* zu ihm loseisen müssen, weil er ihr mit seiner Distanz nicht guttat. Aber jetzt meldete er sich Monate später wieder, und das beschäftigte sie sehr, wie sie sagte.

Ja, dann …? Ich hatte langsam die Nase voll von dieser Unsicherheit und den vielleicht falschen und vielleicht richtigen Entscheidungsmöglichkeiten. Ich beschloss, zumindest die dringend notwendigen Fakten zu schaffen, und schrieb kurz vor Silvester zwei E-Mails. Ich teilte der Rheinländerin mit, dass ich noch etwas Zeit brauchte. Ihre Antwort ließ diesmal nur einen Tag auf sich warten und lautete, dass sie zwar glaubte, selbst nicht kompliziert zu sein, sich da bei mir jedoch nicht mehr sicher sei. Touché!

Außerdem teilte ich der Lady aus Süddeutschland vorsichtshalber mit, dass ihre tochterfreie Silvesterzeit leider und endgültig auch eine Zeit ohne mich sein würde. Und da die Architektin ebenfalls abgesagt hatte und meine Freunde und Bekannten inzwischen bereits verplant waren, beschloss ich, Silvester alleine zu verbringen. Und ich beschloss, trotz aller Widrigkeiten weiter auf die unberechenbare Dame aus Rheinland-Pfalz zu warten. Diese Angelegenheit wollte ich zu Ende bringen, selbst wenn es dauern sollte.

20

ZWISCHENTREFFEN

Am frühen Silvesterabend bereitete ich mir buchstäblich ein »Dinner for One« – ohne pfälzische, rheinländische oder alpenländische Miss Sophie, aber dafür zumindest mit einem Glas Bordeaux zum rosa gebratenen Rinderfilet. Anschließend fuhr ich mit der S-Bahn in die Heidelberger City, denn ich wollte die Silvesternacht bei Elektro-Dance-Beats verbringen. Ich war ein Aussiedler, der aus den Tiefebenen der Partnersuche für einige Stunden in die Stadt zog, um unter Menschen dem Jahreswechsel entgegenzutanzen. Ich wollte niemanden kennenlernen, ich suchte noch nicht mal unverbindlichen Kontakt und legte auch keinen Wert auf Small Talk oder »Küsschen links, Küsschen rechts«Begrüßungen. Ich wollte nirgendwo dazugehören, ich wollte Musik, Bewegung und ein neues Jahr, das anders wird. Und als ich kurz vor Mitternacht nach einer Stunde Bewegung vor die »Halle 02« trat, um dieses neue Jahr zu begrüßen, war dort natürlich niemand, der mir zuprostete. Ich hielt auch nicht nach Menschen Ausschau, bei denen ich mich mit einem »Frohes Neues – und was macht ihr hier so?« einklinken konnte. Um zwölf Uhr stiegen in der Ferne die Silvesterraketen in den Himmel, und ich spürte einen Anflug von Melancholie, während alle um mich herum sich in den Armen lagen. Aber nach wenigen Sekunden gewann der Stolz auf meine gesellschaftliche Askese die Oberhand, denn ich stand einsam wie ein großer Westernheld zwischen all den Individuen, die zum Jahreswechsel aufeinander angewiesen waren, während mir der Blick in den Raketenhimmel und die Hoffnung auf ein gutes Jahr genügten. Und ich verschickte Neujahrsgrüße per SMS. An die Rheinländerin, in das Voralpenland und an die Architektin. Bei der Rheinländerin fügte ich hinzu, dass ich immer noch etwas Zeit bräuchte. Folgerichtig erteilte sie mir daraufhin jedoch am Neujahrstag eine komplette Absage. Obwohl ich diese Entscheidung nicht hatte provozieren wollen, war ich betrübt und erleichtert zugleich, denn auch wenn sie meine erste große Hoffnung gewesen war, gab es nun eine Kontaktbaustelle weniger in meinem Leben.

Die Architektin, auf deren Lebenszeichen ich am meisten hoffte, meldete sich nach Silvester auch weiterhin nur sporadisch. Sie hatte inzwischen keinen Kontakt mehr zu ihrem Einzelgänger-Ex-Freund, denn es hatte ein klärendes Gespräch gegeben, in dem sie einen endgültigen Schlussstrich zog, wie sie mir auf meine Nachfrage mitteilte. Der Doktor aus dem Osten war für sie auch kein Thema mehr, aber das Gleiche galt anscheinend für mich.

In der zweiten Januarwoche dann erzählte ich der Architektin schließlich von der inzwischen verprellten Rheinländerin und den bis kurz vor Silvester immer wieder aufkeimenden Kontaktversuchen der Dame aus Süddeutschland. Ich hoffte, mit diesen Informationen ihre Entschlussfreudigkeit ein wenig zu beschleunigen. Aber Pustekuchen! Sie ermutigte mich sogar, die Süddeutsche »doch mal auszuprobieren«, wie sie wörtlich sagte. Mir war nicht ganz klar, was sie damit meinte, und mir war auch nicht klar, ob sie sich nur nicht traute, mir abzusagen, oder ob sie aus mir unbekannten Gründen auf Zeit spielte. Nach brennendem Interesse an meiner Person klang das auf jeden Fall nicht, und da sich meine dreimonatige Mitgliedschaft im Portal langsam dem Ende neigte, war ich etwas ratlos. Jetzt doch die Voralpen-Lady? Fünfhundert Kilometer Entfernung für eine Strecke und für eine Frau, die mich von den dreien bisher am wenigsten begeistert hatte? Die Äußerung der Grafikerin wirkte auf mich wie eine Provokation, denn ich hatte ihr erzählt, dass ich die Süddeutsche bereits getroffen hatte. Was sollte ich dann »ausprobieren«? Nach dem ewigen Hin und Her der letzten Wochen war dieses Wort für mich eine zynische Aufforderung, auch wenn es sicher nicht so gemeint war. Aber es reichte, um mich von ihr abgewiesen zu fühlen, und in den Tagen darauf braute sich in mir eine Trotzreaktion zusammen. Nach den letzten drei Monaten, in die ich voller Optimismus und Engagement gestartet war, fühlte ich mich zurückgeworfen und desillusioniert und gewann den Eindruck, irgendwie wohl auch nicht alles richtig gemacht zu haben. Das Hoffen und Warten, die zerplatzten Traumblasen und das Wechselbad der Gefühle hatten an mir gezehrt, und so begann ich, auch an mir selbst und an meinen Einschätzungen zu zweifeln. Und mein Anlehnungsbedürfnis wuchs.

Ich schrieb die noble Verlagsreisende tatsächlich an und fragte, ob sie mich vielleicht doch noch einmal wiedersehen wollte. Zuerst verstand sie die Welt nicht mehr. Ich hatte ihr über viele Wochen Absagen erteilt, ihre kinderfreien Tage nutzlos verstreichen lassen, und nun, wo sie in den normalen Arbeitsrhythmus inklusive Reisetätigkeit zurückgekehrt war, kam ich auf einmal wieder auf sie zu? Sie forderte von mir jedoch keine Erklärung für diesen Sinneswandel, was mich etwas überraschte (wollte sie ihr zerbrechliches Herz schonen?). Stattdessen erbot sie sich einen Tag Bedenkzeit und sagte mir anschließend tatsächlich zu.

Um möglichst viel Zeit miteinander zu verbringen, vereinbarten wir als Treffpunkt ein Hotel, das ungefähr auf der Hälfte der Strecke lag. Ich hatte dieses Hotel durch Internetrecherche ausfindig gemacht und ihren Wunsch nach Schwimmbad und Sauna dabei berücksichtigt. Das kam mir sehr entgegen, denn auch wenn ich in meinen Gedanken weiterhin die Architektin mit ihrer Sprunghaftigkeit hin und her wälzte, wollte ich es mir einfach mal gut gehen lassen. Ich würde in netter Begleitung sein, wir konnten uns zwanglos unterhalten, spazieren gehen oder Sport treiben (sie wollte aus irgendwelchen Gründen unbedingt mit mir joggen gehen), es gab sicher gutes Essen, und der Wellnessbereich trug ebenfalls zur Entspannung bei. Ich hatte keine Ahnung, geschweige denn einen Plan, wie wir uns zueinander verhalten würden, und ließ alles auf mich zukommen.

Wir trafen uns am frühen Samstagmittag auf dem Hotelparkplatz, gingen mit unserem Wochenendgepäck durch die kleine, noch schneebedeckte Parkanlage in das Hauptgebäude und checkten an der Hotelrezeption ein. Natürlich hatten wir zwei Einzelzimmer gebucht. Noch bevor wir unsere Zimmer bezogen, äußerte sie am Empfangstresen den Wunsch, den Rest des Nachmittags gemeinsam in der Sauna zu verbringen und anschließend zu Abend zu essen. Ich hatte nichts dagegen, obwohl ich diesen Vorschlag als Mann nicht geäußert hätte, denn ich legte es nicht darauf an, ihr schnellstmöglich nackt zu begegnen oder als lüstern und anzüglich missverstanden zu werden. Nachdem wir uns kurz in den Zimmern eingerichtet hatten, besuchten wir also gemeinsam die stark frequentierte Sauna. Wir verbrachten die Zeit dort zwanglos und unbeschwert wie zwei gute Bekannte, hielten weder Händchen, noch tauschten wir andere Zärtlichkeiten aus, sondern saunierten, quatschten und lasen etwas. Die Zeit verging gemächlich und erholsam, die Voralpendame machte sogar ein Nickerchen, und nichts musste passieren zwischen uns.

Das Abendessen nahmen wir später im Hotelrestaurant ein, und anschließend setzten wir uns für einen Digestif in die Hotelbar, die sich in einem kleinen, ansprechend renovierten Kellergewölbe befand. Dort führten wir unsere Unterhaltung fort und tranken Sekt. Das ist für mich nach dem Essen eher ungewöhnlich, aber wir hatten beide Lust auf etwas Prickelndes, und der Sekt schmeckte hervorragend. Wir tranken jeder zwei Gläser, sprachen über alles Mögliche, und zu vorgerückter Stunde fühlte sich die Situation so an, dass entweder einer von uns die Initiative der Annäherung ergreifen musste oder wir langsam in die getrennten Zimmer aufbrechen sollten. Ich ergriff keine Initiative, denn ich war mir nach wie vor zu unsicher und hatte immer noch die Architektin im Hinterkopf. Meine Begleitung war zwar hübsch und in vielerlei Hinsicht auch reizvoll, aber ich hielt mich trotz des Weins zum Essen und des Sekts danach zurück. Aber auf einmal ergriff die noble Verlagsreisende die Initiative. Sie sagte, sie wolle »jetzt sofort« mit mir und zwei weiteren Gläsern Sekt auf eines der beiden

Zimmer gehen, und … ich wehrte mich nicht. Ich schwenkte bereitwillig auf diesen »Plan B« um (vermutlich war es ihr »Plan A«), denn der Alkohol hatte meine Sorglosigkeit und sicher auch den Wunsch nach Nähe verstärkt.

Die darauffolgenden Stunden bescherten mir den ersten Kuss und den ersten intimen Kontakt zu einer Frau seit mehreren Jahren. Und auch wenn unsere Zukunft in den Sternen stand, genoss ich das behutsame Vortasten in Zärtlichkeiten, das Zurückstreichen der Haare aus einem fremden Gesicht, den Blick in etwas unsichere und zugleich entschlossene Augen, das angenehme und fast vergessene Gefühl von warmer, weiblicher Haut, die sich an meine Hände und meinen Körper schmiegte, den fremden und verlockenden Geruch, in dem sich das Parfum mit dem Duft ihrer Haut und den Sektküssen mischte. Einige Male wankte ich jedoch zwischen unbeschwerter Hingabe und leichter Irritation. Die Dame konterkarierte meine aufkeimende Abenteuerlust nämlich mit einem etwas kuriosen Habitus, der mir bis heute in Erinnerung geblieben ist. Noch während wir uns im Stehen auf dem Zimmer küssten, bewegte sie kreisend ihre Hüften. Das wirkte nicht nur stereotyp, sondern auch ein wenig lächerlich und einstudiert und stellte gedankliche Verbindungen zum Bauchtanz oder zu den Damen her, die vor Männerpublikum an einer Stange tanzen. Ich bin zwar schlank, aber möchte trotzdem nicht mit einer Stange verwechselt werden. Vielleicht war dieser Habitus ja auch ein Überbleibsel aus der Zeit mit dem tyrannischen Immobilienmakler, und sie hatte immer diese Bewegungen machen müssen, weil ihn das antörnte. Ich thematisierte ihre Choreografie jedoch nicht, denn mir war klar, dass sie spätestens, wenn wir im Bett lagen, ihr Hüftkreisen zwangsläufig beenden musste.

Eine weitere filmreife Szene ergab sich am nächsten Morgen. In der Nacht hatten wir, da jedes unserer Zimmer nur ein schmales Einzelbett besaß, kurzerhand eine Matratze über den Hotelgang in das andere Zimmer getragen und neben das Bett gelegt. Das geschah natürlich erst, nachdem der Sekt zum Mitnehmen ausgetrunken und ihr »Stangentanz« für kurze Zeit unterbrochen war. Aus dem Einzelzimmer war dadurch ein sehr enges Doppelzimmer geworden, denn vom Eingangsbereich und aus dem Bad traten wir nun mit einem Schritt direkt ins Bett hinein. Am nächsten Morgen mussten wir dieses Ungleichgewicht in der Zimmerausstattung natürlich wieder korrigieren. Das war kein großer Aufwand, denn die Zimmer lagen unmittelbar nebeneinander. Als wir jedoch die überschüssige Matratze erneut gemeinsam die wenigen Meter über den Gang beförderten – ich trug nur ein Handtuch um die Hüften und sie immerhin einen Bademantel –, beobachtete uns prompt eines der Zimmermädchen am Ende des Flures mit großen Augen. Wir hielten eine Zehntelsekunde inne, grüßten freundlich und gingen weiter. Noch während uns das Zimmermädchen anstarrte und stumm mit dem Kopf zunickte, rissen gleich neben uns plötzlich zwei Kinder ihre Zimmertüre auf, rannten zwei Schritte auf den Flur, blieben erschrocken vor uns stehen und musterten uns ebenfalls interessiert. Wir grüßten ein zweites Mal – diesmal mit einem betont lässigen »Hallo« statt des förmlichen »Guten Morgen«, das dem Zimmermädchen Normalität hatte vorgaukeln sollen – und verschwanden unbeirrt mit der Matratze unter unseren Armen in dem matratzenlosen Zimmer. Ich hätte gerne mitbekommen, was die Kinder ihre Eltern anschließend fragten und was sie darauf zur Antwort bekamen. Eine bleibende Erinnerung war diese Szene sicher für alle Beteiligten. Vielleicht liest das Zimmermädchen oder eines der Kinder irgendwann dieses Buch und hat dann endlich die Auflösung für das bis dato ungelöste Sonntagsrätsel.

Am späten Sonntagnachmittag fuhr ich nach Hause, und auf der Autobahn Richtung Norden fühlte ich mich, als kehrte ich von einer Urlaubsinsel langsam wieder in den Alltag zurück. Ein weiteres Wiedersehen hatten wir offengelassen, die Frau mit dem Porzellangesicht hatte nicht gefragt, und ich hatte nichts gesagt.

Vierzehn Tage später trafen wir uns tatsächlich noch einmal im gleichen Hotel, und dieses Mal buchten wir ein Doppelzimmer.

Das Treffen hatte sich relativ kurzfristig ergeben, und aus heutiger Sicht war es mein zögerlicher Versuch, eine Summe zu bilden. Eine Summe meiner Ratlosigkeit, meiner Sehnsucht nach Zuneigung und eine Aufrechnung meiner Unverbindlichkeit gegenüber dieser Frau. Ich gab uns nach dem ersten Wochenende zwar weiterhin keine großen Chancen, aber redete mir ein, noch nicht genug Klarheit für ein entschiedenes Nein zu haben. Die süddeutsche Lady war bei diesem zweiten Treffen sehr anlehnungsbedürftig, und ich spürte deutlich, dass die für sie selbstverständliche Nähe in vielen Situationen nicht zu meiner Unentschlossenheit passte. Kaum hatten wir unser gemeinsames Zimmer betreten, zog sie mich aufs Bett und drückte, umarmte, liebkoste mich, so als müsse sie sich beeilen, jede in den letzten zwei Wochen nicht stattgefundene Berührung nachzuholen. Sie unternahm keine Anstalten, mich auszuziehen oder mit mir zu schlafen, es war also nicht die sexuelle Begierde, die sie antrieb. Ich denke, es war der ungeduldige und vielleicht sogar verzweifelte Wunsch nach Nähe und dahinter vielleicht die große Hoffnung auf eine Zukunft mit mir. So lagen wir etwas zu eng umschlungen und etwas zu pflichtschuldig beieinander auf dem frisch bezogenen Hoteldoppelbett, und ich wurde mir schon da immer sicherer, dass mein unstimmiges Gefühl nicht an der fehlenden Zeit zur Gewöhnung, sondern an der fehlenden Zuneigung zu dieser Frau lag. Sie ließ auch später keine Möglichkeit aus, öffentlich Zärtlichkeiten auszutauschen, im Solebecken der Sauna oder sogar *in* der Sauna, obwohl andere Besucher anwesend waren. Einerseits schmeichelte es mir, begehrt zu werden, gleichzeitig merkte ich, wie ich innerlich zurückwich und seltsamerweise mein Wunsch wuchs, die Architektin wiederzusehen. Zwischen der süddeutschen Dame und mir fehlte die Magie, die Menschen ineinander verliebt sein lässt. Mir wurde bei ihren Gesten, Blicken, Bewegungen oder Worten immer noch nicht warm ums Herz, und das hatte ich bei der Architektin bereits erlebt. Bereits nach den ersten Stunden dieses zweiten Wochenendes ahnte ich, dass die Noblesse, Eleganz und

Attraktivität der Verlagsreisenden leere Versprechen an mich gewesen waren. Keiner ihrer Körperwege würde jemals magisch auf mich wirken, und ich würde leider nie in sie verliebt sein. Wir brachten es trotzdem am Sonntagmorgen in der verschlafenen Dämmerung unseres Doppelzimmers erneut fertig, miteinander zu schlafen. Es war ein rumpeliger, unpersönlicher, von verschwommener Körperlust getriebener Beischlaf, und dieser Akt, für dessen plumpe Geilheit ich mich hinterher insgeheim schämte, entfernte mich noch mehr von ihr. Als wir uns später ohne Fragen und Antworten verabschiedeten, war ich mir sicher, sie das letzte Mal »ausprobiert« zu haben, wie die Architektin es ausdrückte. Meine Blicke, Worte und Gesten waren bereits flüchtiger bei diesem Abschied, und die Frau mit dem Porzellangesicht würde spätestens auf der Heimfahrt mit unserer fehlenden Perspektive hadern. Für sie war die Tristesse in den nächsten Tagen unausweichlich, und diese Tristesse brachte sie vermutlich in die Nähe des gehassten Krankheitsgefühls, dieses verdammten Liebeskummers, der das Einzige war, was ihr ernsthaft zusetzen konnte, weil »man doch wirklich krank davon wird«.

Wenige Tage nach unserem zweiten Wochenende schrieb ich ihr, dass mir eine andere Dame im Kopf herumspukte und ich das nicht länger verdrängen könne. Ihre Antwort kam prompt. Sie bedankte sich für meinen endlich gefundenen Klartext, schrieb, dass meine Worte sie *»beinahe erleichterten«*, sie schon so etwas geahnt habe und nun endlich wisse, woran sie sei. Mir war klar, dass ich sie sehr enttäuschte, aber sie gab zumindest vor, nicht böse auf mich zu sein. Einerseits vereinfachte sich meine Situation durch diesen Schritt zusehends, andererseits mochte ich derartige Abschiede nicht, denn sie gingen mir ebenfalls nahe, und ich wollte lieber Leichtigkeit im Leben anderer verbreiten, als enttäuschende Botschaften zu verkünden. Und das ausgerechnet gegenüber der Frau mit dem Porzellangesicht, die bereits auf dem Foto ausgesehen hatte, als müsse man vorsichtig mit ihr umgehen, damit sie keinen Schaden nimmt.

21

NÄGEL MIT KÖPFEN

Nachdem von dem ursprünglichen Damen-Trio nur noch die Architektin übrig geblieben war, schrieb ich ihr in den Tagen darauf, dass ich die Dame aus Süddeutschland zwar getroffen, aber trotzdem an *sie* hatte denken müssen. Im gleichen Atemzug erwähnte ich, dass ich in den kommenden Tagen beruflich in ihrer Gegend unterwegs sei, und schlug ein kurzes abendliches Treffen vor. Warum schrieb ich das eigentlich? Vermutlich konnte sie wegen ihrer Kinder sowieso nicht aus dem Haus oder ich wurde erneut aufgrund eines dramatischen Zwischenfalls vertröstet. Aber manchmal kommt es anders, als man denkt. Sie stimmte meinem Vorschlag überraschend klar und deutlich zu, und obwohl ich es kaum glauben konnte, trafen wir uns am zweiten Februarabend nach meinem Kundentermin tatsächlich zum zweiten Mal.

Draußen war es bereits dunkel, und nur die Hälfte der Kiefernholztische war besetzt, als wir in einem kleinen, eher schmucklosen Bistro in Speyer Pasta bestellten. Ich spürte erneut, dass diese Frau etwas in mir berührte und die Richtige sein könnte. Allerdings fragte sie auffallend neugierig nach der Begegnung mit der süddeutschen Dame, worauf ich ausweichend reagierte und sinngemäß erwiderte, dass dieses Treffen nichts von Belang für uns beide gewesen sei. Das war einerseits richtig, andererseits fand ich eine Schilderung intimer Details unpassend, zumal wir an diesem Abend nicht viel Zeit hatten, denn ihre Kinder warteten zu Hause. Außerdem interessierte ich mich ja auch nicht für die Einzelheiten der Begegnungen mit dem einsamen Ex-Wolf, der ihr vor Silvester wieder im Kopf herumgegeistert war. Wir saßen jetzt endlich zusammen in diesem Bistro, schienen uns immer noch sehr zu gefallen, und das zählte.

Unser Abschied gestaltete sich nach einer guten Stunde draußen vor der Türe etwas unbeholfen. Er bestand nur aus einer kurzen

Umarmung, aus der ich gerne eine lange hätte werden lassen, aber ich wollte nach dem Hin und Her der letzten Wochen und so kurz vor dem Ziel nichts mehr verkehrt machen. Und alle gewünschten und nicht gegebenen Küsse konnte ich ebenfalls später nachholen, falls wir beide wollten. Und ich wurde mir immer sicherer, dass auch sie mich wollte, denn inzwischen war ihre Zuneigung unübersehbar.

Nur zwei Tage später verschwanden die letzten Reste ihrer Unentschlossenheit, und ich erhielt sogar eine Einladung, sie am Wochenende zu einem Wintergrillabend bei ihren Freunden zu begleiten. Ich wusste nicht, wie mir geschah – *sie* lud mich zu *ihren* Freunden ein! Der Gang der Dinge beschleunigte sich, und auf einmal war alles unkompliziert. Ich fragte die Architektin später einmal, warum sie lange Zeit so zögerlich gewesen war. Ihre Antwort lautete, sie hatte Angst vor der Wucht ihrer Gefühle gehabt, weil diese Wucht für sie zur Gefahr werden konnte. Was genau sie damit meinte, verstand ich damals noch nicht. Aber diese Angst war der Grund für ihre Unentschlossenheit gewesen, sie hatte die Fußspitze nur mal kurz ins Wasser gesteckt, dann wieder herausgezogen, zweimal Anlauf genommen, aber war kurz vor dem Becken wieder abgedreht. Und nun begab sie sich sogar auf das Sprungbrett, um direkt in meine Arme zu springen, denn an jenem Wintergrillabend wurden wir vor dem Haus ihrer Freunde tatsächlich ein Paar. Der erste innige Kuss im Dunkeln auf der Straße besiegelte sozusagen unsere Zweisamkeit, das spürte und wusste ich, als sie sagte: »Und küssen kann er auch noch ....« Auf solche Worte und dieses erlösende Gefühl hatte ich viele Jahre gewartet. In diesem Moment schmolzen alle Schatten meiner gescheiterten Ehe, sämtliche Turbulenzen der vergangenen Monate, meine geballte Liebessehnsucht und die in den letzten Jahren aufgebrachte Geduld zu einem Klumpen, der ins Universum katapultiert wurde und durch das Abtasten unserer Zungen zusätzlich Geschwindigkeit aufnahm. Und als sich unsere angekommenen Lippen zum zweiten Mal berührten, war der

Klumpen schon fast verglüht, und ich war mir sicher: Jetzt, nach diesem erlösenden Moment, jetzt wurde sicher endlich alles gut!

22

AM ABGRUND DER LIEBE

Sie war schon als Kind zur Seiltänzerin geworden. Das Schicksal hatte ihr keine Wahl gelassen: »Du hast nur dieses eine dünne Seil, das ist dein Boden, dein Leben, lauf darauf oder stirb!«, musste das Schicksal zu ihr gesagt haben. Also nahm sie dieses eine dünne Drahtseil an sich, ihr Leben, und lief darauf, ohne Netz und ohne doppelten Boden, denn beides sollte sie nie kennenlernen oder besitzen, noch nicht mal als Kind, wenn grausame Winde oder eine kleine eigene Unachtsamkeit ihr Gleichgewicht plötzlich verlagerten und die Füße dieses einzige Drahtseil, ihr dünnes, schmales, haltloses Leben, mit hastigen Ausschlägen in unkontrollierbare Bewegungen versetzten. Die Wucht der Ausschläge bestimmte die Wucht ihrer Gefühle, die tägliche Angst am Abgrund war die vertraute Gefahr, und alle zusammen waren ihre einzigen Geschwister. Sie lebte das Leben wie ein Kind, das in einem Minenfeld mit allem spielt, was auf der Straße liegt. Ob sie Angst hatte oder nicht, änderte ja nichts daran, dass es Minen waren. Aber so viel Angst hält niemand aus, also weg mit der Angst und einfach weiterspielen, als sei dort nichts Bedrohliches, bis ein Geräusch oder eine ferne Explosion sie zusammenfahren lässt, die Angstfontäne unerwartet durchbricht und ihre Wucht der Gefühle für kurze Zeit alles mitreißt. Und manches sogar für immer.

Das Wort »Drahtseilakt« beschreibt unsere Beziehung sehr treffend. Für sie waren die ständigen Ausschläge auf dem Seil normal, mir jedoch stockte regelmäßig der Atem. Ich verlor mit der Zeit meine lebensnotwendige Balance zwischen den Dingen, eine Balance, die sie im Grunde nicht kannte und nie besessen hatte. Vieles wurde in unseren ersten Tagen wirklich gut, zeitweise sogar wunderschön. Unsere Beziehung war anfangs sehr innig und voller Hoffnungen, wir waren auf den ersten Blick ein tolles Paar, harmonierten in den wenigen Alltagssituationen gut miteinander, und ich erlebte in intimen Momenten eine Liebe mit ihr, die ich bis dahin nicht kannte, weil sie meine Gefühle mit Worten und Geschichten verknüpfte und mir diese entlockte. Und ich traute dieser Liebe zu, gekonnt zwischen Befriedigung und Unersättlichkeit, zwischen Sanftheit und Wildheit, zwischen Ruhe und Sturm hin- und herzupendeln. Unsere Familien versuchten wir ebenfalls, behutsam näherzubringen, auch wenn wir vorerst keine Pläne hatten, zusammenzuziehen. Die Kinder sollten sich jedoch nur wenige Male begegnen, denn ich beendete unsere Beziehung ziemlich genau ein Jahr nach unserem ersten, so vielversprechenden Kuss. Nach diesem Jahr war unsere anfangs innige Zweisamkeit von einem sich wiederholenden Streitmuster durchzogen, und unsere Partnerschaft wurde trotz der grundsätzlichen Liebe zu dieser Frau zu einer großen Belastung für mich. Meine Nerven hielten den Tanz auf dem Drahtseil nicht mehr aus, und als ich mich zu diesem Schritt entschloss, hatte ich bereits das Gefühl, mein Leben geriete zunehmend aus den Fugen.

Bei der Architektin und ihren Kindern hatten sich während dieses Jahres weiterhin Dramen und Rückschläge wie im Zeitraffer abgespielt, Rückschläge, die bis an die Existenzgrundlage dieser Familie vordrangen. Ihr Ex-Schwager präsentierte ihr plötzlich aus Eifersucht die fristlose Kündigung, und somit entpuppte sich seine helfende Hand als Profilierungssucht gegenüber dem eigenen Bruder. Danach begann für sie eine berufliche Odyssee mit Umschulungen, einigen Luftschlössern und ständigen finanziellen Existenznöten, alles gespickt mit kleinen und manchmal auch ernsten gesundheitlichen Problemen. Diese Frau sah nicht nur hübsch, sondern auch kerngesund aus, aber durch ihren Alltag zog eine Karawane von kleinen, mittleren und großen Katastrophen, die sie jedoch immer alle irgendwie überlebte. Abgründe, Ausschläge, Wucht! Bei ihren Kindern setzte sich dieses Muster ebenfalls fort. Sie waren kluge und sensible Persönlichkeiten, die ihre Lebensaufgaben oder neue Hobbys mit Euphorie und Tatendrang angingen, bis sie irgendetwas aus der Bahn warf, eine Verletzung zum Beispiel oder ein abwertender Kommentar aus dem familiären Umfeld, manchmal auch Hänseleien von Mitschülern oder eine Krankheit, die alles vorher Mögliche plötzlich unmöglich erscheinen ließ. Für mich wurden diese Höhen und Tiefen mir nahestehender Menschen mit der Zeit unerträglich, denn ich litt jedes Mal mit. Ich begriff, dass die unglaublichen Ereignisse vor unserem Kennenlernen tatsächlich stattgefunden hatten und den Alltag dieser Familie darstellten. Sie alle schienen niemals sicher zu sein vor bösen Überraschungen, vor unerwarteten Schicksalsschlägen, als hätten sie sich im Epizentrum der Alltagskatastrophen niedergelassen, wo das Drahtseil jeden Tag bedrohlich schwankte und den einen oder anderen unerwartet in die Tiefe reißen konnte. Und in gleichem Maße, wie das Katastrophenpendel den Alltag vehement in die eine Richtung schlagen ließ, wuchtete die Architektin es durch ihr schier unglaubliches Durchhaltevermögen und routiniertes Krisenmanagement wieder in die andere Richtung, nur damit es schon bald genauso heftig wieder zurückschlug. Es erweckte den Anschein, als sei die Größe dieser Amplituden die Quelle ihrer Lebenskraft, ihr unermüdlicher Dynamo, der das Licht umso heller brennen ließ, je heftiger das Pendel ausschlug.

Zudem kristallisierte sich nach wenigen Wochen ein Konflikt zwischen uns heraus, der unsere Liebe langsam untergraben sollte, denn ich sah mich mit völlig unbegründetem Misstrauen und abstrusen Eifersuchtsvorwürfen konfrontiert. Es begann damit, dass wir eines Morgens nach friedlichem Aufwachen und liebevoller Plauderei doch auf meine Treffen mit der Dame aus dem Voralpenland zu sprechen kamen. Die Architektin hatte zwischendurch immer wieder mal danach gefragt, und ich hatte bisher immer ausweichend reagiert. Für mich gehörten Detailschilderungen über diese Wochenenden nicht in die ersten Tage unserer Beziehung. Ich wollte nicht lügen und hätte auf konkrete Nachfragen nichts geleugnet, aber ich wollte zu diesem Zeitpunkt keine intimen Einzelheiten erzählen, vielleicht weil ich intuitiv ahnte, was anschließend folgte. An diesem Morgen ließ sie mitten hinein in unsere Plauderei ganz nebenbei die als Feststellung getarnte Frage fallen, dass ich an dem Wochenende mit der Voralpendame abends vermutlich im Hotel auf ihrem Zimmer und anschließend in ihrem Bett gelandet sei, oder? Ich bejahte dies und fügte noch hinzu, dass es eine Erfahrung gewesen war, die ich in keiner Weise vermisste, merkte jedoch sofort, wie sie zu stutzen begann, und hörte sie anschließend fragen, ob das zweite Wochenende mit der Dame ähnlich verlaufen war. Ich bejahte dies erneut, nicht stolz oder prahlerisch, sondern ehrlich und aufrichtig, und wollte mich und dieses Wochenende noch weiter erklären, aber dazu kam ich nicht, denn meine Worte hatten bereits einen Panikreflex bei ihr ausgelöst. Sie packte sofort ihre Sachen zusammen, beendete das gemeinsame Wochenende, ließ auch das von mir eilig für ein klärendes Gespräch bereitete Frühstück stehen und fuhr nach Hause. Sie witterte Verrat auf ganzer Linie, war aus ihrer Sicht erneut betrogen worden, erneut an einen Mann geraten, der wie alle Männer war, sich jeder Frau an den Hals warf, jedem Rockzipfel hinterherschaute, nur auf »solche Möglichkeiten« wartete und sie ohne Rücksicht ausnutzte. Ich hatte den Trigger zu ihrem Trauma ausgelöst. Dabei blendete sie scheinbar aus, dass ihr Verhältnis zu mir damals ungeklärt gewesen war. Ihre Vorstöße und Rückzieher, der ostdeutsche Arzt, der plötzlich in den Gedanken auftauchende Ex-Freund, die Empfehlung, doch erst mal die süddeutsche Lady »auszuprobieren« (und diese Lady hatte ich ja ebenso wenig verschwiegen wie die Rheinländerin) – all das war weit entfernt von einem beziehungsähnlichen Zustand. Es stellte sich allerdings heraus, dass sie im Gegensatz zu ihren schriftlichen Äußerungen den gefühlten Beginn unserer Beziehung einfach auf das erste Treffen vordatierte. Dass ich von ihr nie eine klare Aussage bekam und nicht wusste, wann und ob sie sich überhaupt melden würde, ließ sie nicht gelten. Sie verstand nicht, dass ich nach ihren ständigen Richtungsänderungen keinen Strohhalm greifen konnte, der Annäherung zu ihr versprach, obwohl ich sie mir wünschte, viel mehr wünschte als ein Wochenende mit der Voralpendame. Und dass ich der Voralpendame bereits *vor* unserem zweiten Treffen den Laufpass gegeben hatte, spielte ebenfalls keine Rolle, auch, dass wir beide zwei erwachsene Menschen auf Partnersuche waren, die zu diesem Zeitpunkt dem anderen erst mal keine Rechenschaft schuldeten, erkannte sie nicht. Sie deutete diese Wochenenden als Seitensprung, denn nach ihrer Lesart waren wir seit dem ersten Kennenlernen bereits *im Geiste* zusammen.

Da ich sie natürlich nicht hatte verletzen wollen, entschuldigte ich mich und räumte ein, dass ich manche Details vielleicht früher hätte erwähnen sollen. Aber diese Situation, wenige Wochen nach unserem ersten Kuss, war ein Wendepunkt und der Auftakt zu periodisch wiederkehrendem und immer groteskerem Misstrauen. Ab diesem Zeitpunkt vermutete die Architektin hinter fast jeder harmlosen Alltagssituation einen gedanklichen Seitensprung oder dessen tatsächliche Anbahnung. Egal ob ich von einer Bäckereiverkäuferin erzählte, die sich freundlich mit mir unterhalten hatte, oder ob ich nach dem Sport alleine in die Sauna ging, ob ich eine Sportkameradin meiner Tochter im Auto mitnahm oder mit einer Kellnerin einen Witz machte, ob ich die Arbeit meiner Physiotherapeutin lobte oder in einem Nebensatz etwas über meine Ex-Frau, die Mutter meiner Tochter, sagte – ihre Verdächtigungen nahmen Ausmaße an, die ich nie für möglich gehalten hatte. Wir drehten uns in einer Spirale aus Zwist und Zusammenraufen, und ihre durch die Gegend geschleuderte Eifersucht verschonte so gut wie niemanden, dem ich begegnete, solange die Person weiblich war. Nach einem knappen

Jahr war um uns herum nur noch Ausweglosigkeit, und ich sehnte mich danach, mein Leben wieder in erträgliche Bahnen zu lenken.

Für ihren chaotischen Alltag und die hemmungslose Eifersucht gab es natürlich Erklärungen. Der Grundstein für ihre Eifersucht wurde in den beiden gescheiterten Ehen gelegt, und das Epizentrum der Katastrophen hatte seinen Ursprung vermutlich in ihrer traumatischen, verkorksten Kindheit. Diese Lebensgeschichten waren Minenfelder, die ich vorher nicht gekannt hatte, und sie offenbarten sich erst im Laufe unserer Beziehung. Die Architektin erzählte manchmal aus ihrem Leben, nachts, nach unseren schönen Momenten, wenn das Kerzenlicht die Friedlichkeit unserer Stunden beleuchtete. Es handelte sich meist um bedrückende, manchmal sogar zutiefst erschütternde Schilderungen, die mich lange beschäftigten, und mit der Zeit wurde mir das Ausmaß der erlebten Tragödien bewusst. Nicht nur die Kindheit, sondern auch die Geschichten ihrer Ehen waren eine Aneinanderreihung von enttäuschten Hoffnungen, von Betrug, Manipulation, seelischer Grausamkeit und (glücklicherweise nur selten) körperlicher Gewalt. Immer erst hatte die Angst, die Wucht ihres Gefühls, unfassbare Ausmaße annehmen müssen, damit sie sich samt Kindern aus diesen Beziehungen befreite. Ich konnte nicht fassen, dass ein Mensch in der Lage war, so ein Leben zu leben, ohne komplett daran zugrunde zu gehen. Aber sie hatte schon von Kindesbeinen an gelernt, dass ihr Leben hauptsächlich aus dem Krisenmanagement auf dem Drahtseil besteht, und das beherrschte sie exzellent. Sie kannte viele Abgründe, jedoch keine einzige sichere Höhle. Sie konnte scheinbar jede Krise überleben, aber es würde ihr nie gelingen, auch nur eine dieser Krisen zu vermeiden.

Meine Trennung war eine Selbstschutzmaßnahme und nach einem Jahr überfällig, auch wenn es mir, trotz allem, für die Architektin leidtat, denn ich musste sie und ihre Kinder auf dem Drahtseil zurücklassen. Aber es ging nicht anders, denn meine anfängliche Hoffnung, es würden irgendwann Ruhe und bedingungsloses Vertrauen in unsere Beziehung einkehren, erfüllte sich nicht. Ich hielt mich, aufgrund ihrer Lebensgeschichte, mit Vorwürfen zurück, denn ich erkannte ja die tiefe Sehnsucht nach Wahrheit, Liebe und Vertrauen, aber ich vermochte nicht, die schlimmen Geister zu vertreiben, und musste letztendlich kapitulieren. Unsere Liebe hatte gelitten, ich war desillusioniert und musste mir eingestehen, dass ich mich selbst überschätzt und die zerstörerische Wucht unterschätzt hatte, die Wucht der Gefühle, vor der sie immer Angst gehabt hatte und von der ich anfangs nicht verstand, was gemeint war. Da wir nicht zusammenwohnten, bestand die Trennung glücklicherweise »nur« aus meiner mit schwerem Herzen getroffenen Entscheidung. Wir mussten keinen Auszug, keine Wohnungssuche oder gerade etablierte Kinderwelten neu organisieren, und das machte es etwas unkomplizierter. Ich hatte mit der Architektin auch nach der Trennung noch Kontakt, obwohl sie mich anfangs mit Vorwürfen traktierte und meine Entscheidung nicht verstand. Ich traf mich mit ihr sogar zweimal zu Gesprächen, nicht, um einen erneuten Versuch zu wagen oder die Beziehung zu reparieren, das war für mich absolut unmöglich, sondern damit sie verstand, dass ich mich selbst schützen musste, sie jedoch weiterhin respektierte, denn ich liebte immer noch den weichen, sanften Teil ihrer Persönlichkeit. Nach einigen Wochen konnte sie meine Situation und meine Beweggründe nachvollziehen und stimmte mir sogar in vielen Dingen zu. Ab diesem Zeitpunkt kommunizierten wir wieder normal und vernünftig, meist per Mail, und diesen lockeren Kontakt halten wir sogar bis zum heutigen Tage aufrecht. Ein paarmal im Jahr, meist an den Geburtstagen, hören wir voneinander und erzählen uns kurz das Neueste aus unserem Leben. Ihres ist, soweit ich das beurteilen kann, weiterhin vergleichsweise turbulent geblieben und das Leben ihrer Kinder in vielerlei Hinsicht ebenfalls. Die ausgeprägte Eifersucht hat sie jedoch nach unserer Trennungserfahrung und den anschließenden Gesprächen mit mir augenscheinlich abgelegt. Sie lernte schon wenige Wochen später über »unser Internetportal« einen neuen Mann kennen, anfangs sehr vorsichtig und distanziert, aber bis heute, und während ich diese Zeilen schreibe, insofern erfolgreich, als dass sie immer noch mit diesem Mann zusammen ist. In meiner Seele sieht sie nach eigener Aussage inzwischen all das Gute, und nach ihrem Dafürhalten muss jede Frau töricht sein, die mich heutzutage ablehnt. Das halte ich zwar für übertrieben, verstehe es jedoch als Wertschätzung und fühle mich rehabilitiert.

23

PARTNERSUCHE RELOADED

Déjà-vu! Ich bog in die gleiche Straße ein, die ich ein Jahr zuvor erleichtert verlassen hatte. Jetzt wieder das gleiche virtuelle Wohnviertel? Das Ganze noch einmal? Suchen und Finden, während die Stoppuhr läuft und das Geld sich hoffentlich lohnt? Ich hatte keine Lust, wieder Profile zu prüfen oder Kontaktanzeigen aufzugeben, keine Lust auf den Moment, in dem ich beim x-ten Treffen zum x-ten Mal nach wenigen Sekunden weiß: »Das ist nix!«, aber anstandshalber ein bis zwei ganz nette Stunden mit einer eigentlich ganz netten Dame verbringe, um dann später zügig und ganz nett abzusagen. Meine Kraft war in den ersten Wochen nach der Trennung erschöpft, und ich litt darüber hinaus an einer Übersättigung mit Leidensgeschichten. Diese Übersättigung stammte sicher auch aus dem Jahr mit der Architektin. Ich wollte mir eigentlich gar keine schlimmen Geschichten mehr anhören, hätte am liebsten einen »Filter gegen das Grauen« erfunden, den ich in Zukunft vor jedem Blind Date aktivierte und der mich vor entsetzlichen Schilderungen über seelische und körperliche Gewalt, einsame oder gequälte Kinderseelen und anderen bedrückenden Erzählungen schützen würde. Dieser Filter wäre in der Folgezeit tatsächlich mehrfach zum Einsatz gekommen, denn einiges sollte ich in dieser Richtung noch zu hören bekommen.

Nach meiner Trennung von der Architektin fühlte ich mich in erster Linie befreit. An der Richtigkeit meiner Entscheidung zweifelte ich keine Sekunde, auch wenn ich in den Alltagsnischen anfangs noch den Resten meiner Liebe zu ihr begegnete. Trotz der vielen Konflikte hatten wir während unserer gemeinsamen Zeit auch immer wieder die guten und wertvollen Seiten im anderen gesehen, und das gab mir etwas Zuversicht für die nächsten Monate. Es war Ende Februar 2011, die Tage wurden langsam wieder länger, in einem Monat würde die heiß ersehnte Sommerzeit beginnen und damit auch die Abende ein Teil des Tages werden. Ich hoffte auf einen durch Sonne und Liebesglück bereicherten Frühling und Sommer, auch wenn ich noch nicht wusste, wie ich das anstellen sollte.

Ein Jahr zuvor hatte mir das Singleportal nach der Kündigung einen Gutschein von achtzig Euro für eine neue Mitgliedschaft angeboten. Sollte ich diesen Gutschein vielleicht wahrnehmen und mich erneut anmelden? Doch da fiel mir plötzlich etwas ein. Manchmal liegt das Gute so nah. Die Rheinländerin!

Ich hatte ihre Geduld seinerzeit deutlich überstrapaziert, war von ihrer besonnenen Reaktion jedoch sehr beeindruckt gewesen. Diese Ruhe und die scheinbare Großmut waren das, was ich in der Zeit mit der Architektin vermisst hatte, und genau aus diesem Grund musste ich nach der Trennung wieder häufiger an sie denken. Außerdem konnte es doch sein, dass sie mir damals zwar abgesagt, aber vielleicht immer noch keinen Partner gefunden hatte. Wir kannten uns ja bereits ein wenig, vielleicht sogar genug, um uns noch mal vorsichtig wiederzusehen und auszuloten, ob wir immer noch oder inzwischen wieder Interesse aneinander hatten. Ich wäre doch ein Idiot, wenn ich diese Chance verstreichen ließ und sie nicht noch einmal kontaktierte. Ich hatte ihre Nummer sogar noch in meinem Handy und ihre Mailadresse noch im Computer gespeichert, nicht absichtlich, sondern weil ich kein perfekter Datenraumpfleger bin. Ich entschloss mich, ihr erst mal eine kurze

SMS zu schreiben, in der ich fragte, wie es ihr geht und dass ich mich freuen würde, von ihr zu hören. Ich muss gestehen, ich war nicht sehr überrascht, als ich darauf keine Antwort von ihr bekam. Eine gute Woche später schrieb ich ihr erneut, diesmal per E-Mail, und sicherte ihr detaillierte Erklärungen zu, falls sie sich meldete. Außerdem erwähnte ich, es könne natürlich sein, dass sie mich mit spitzen Fingern noch nicht mal virtuell anfassen wolle und ich mich durch meine Mail dem Risiko der kompletten Lächerlichkeit aussetze, das jedoch tapfer in Kauf nähme, mich in diesem Fall für ihre rot geklopften Oberschenkel entschuldigte und weiterhin über eine kurze Antwort freuen würde, wie auch immer diese ausfiel. Es dauerte zwei Tage, und ich bekam tatsächlich eine Antwort. Sie schrieb sogar eine für ihre Verhältnisse etwas längere Nachricht, auch wenn der Inhalt nicht der war, den ich mir gewünscht hatte, aber immerhin. Sie bedankte sich für meine Mail, die ihrer Meinung nach auf jeden Fall eine Antwort verdiene, teilte mir mit, dass sie inzwischen in einer glücklichen Beziehung lebe und aus diesem Grund auch keinen Kontakt mehr zu mir aufnehmen wolle, aber wünschte mir alles Gute und viel Glück. Immerhin wusste ich nun Bescheid. Ich bedankte mich, wünschte ihr ebenfalls alles Gute, und damit war das eigentlich schon vorher abgeschlossene Kapitel »Rheinländerin« nun endgültig ad acta gelegt. Auch wenn ich es bis heute kurios finde, dass ich eine Frau, die mich so lange und intensiv beschäftigte, nur ein einziges Mal getroffen habe.

24

EIN GELBER KASTEN

Es gab nun drei Möglichkeiten:

Erstens: Arbeiten, Haushalt, Kind, Sport und nebenbei auf ein kleines Partnerwunder hoffen, wenn ich alle zwei Wochen an meinem kinderfreien Wochenende alleine ins Theater, in ein Restaurant oder ins Kino ging.

Zweitens: eine weitere Kontaktanzeige für das *Meier-Magazin* entwerfen und darauf hoffen, dass die richtige Frau im richtigen Moment die richtige Anzeige las.

Drittens: meinen Achtzig-Euro-Gutschein für die nächste Runde auf dem virtuellen Online-Karussell einlösen und dort mein Glück versuchen.

Die erste Möglichkeit hatte etwas Kapitulierendes, und ich würde trotz der schönen Momente mit meinen Töchtern und meinem Sport (und manchmal sogar bei der Arbeit und im Haushalt) eine wichtige Perspektive im Leben vermissen. Das sprach dann eher für die Kontaktanzeigen in meiner Region. Oder doch noch mal Internet? Aber es wurde bald Frühling, und ich wollte nicht jeden tochterfreien Abend vor dem Computer hocken, dafür fehlten mir die Lust und die Ausdauer. Also entschied ich mich für eine weitere Anzeige im regionalen *Meier-Magazin*, eine auffällige, einzigartige Anzeige, die keine Frau überlesen konnte, egal ob sie zufällig oder bewusst einen Blick auf diese Seite warf.

Ich beschaffte mir beim nächsten Samstagseinkauf erneut eine Ausgabe des Magazins als Anschauungsmaterial und blätterte zum Kleingedruckten. Beim flüchtigen Querlesen der Inserate musste ich jedoch plötzlich stutzen. Dort stand ein Text, der nahezu vollständig einer meiner früheren Anzeigen entsprach. Da hatte eine Frau tatsächlich nur den Genus meines Textes geändert, das Inserat mit ihrer Mailadresse versehen und sie online gestellt. Es handelte sich um die alte *»Du, Ich, Er, Sie, Es ....«*-Anzeige. Dass ich von einer *Frau* kopiert worden war, empfand ich als Wertschätzung und schrieb der Inserentin sofort ein paar freundliche Zeilen. Ich gab mich als Urheber zu erkennen und wünschte ihr mit einem Augenzwinkern alles Gute für ihre Suche. Sie quittierte meine freundliche Nachricht allerdings nur mit einer kurzen, sehr formalen Antwort, vielleicht war es ihr etwas unangenehm, und sie fühlte sich ertappt.

Aber ich sah mich in Bezug auf meine Texter-Qualitäten bestärkt und entwarf mit diesem Lob im Rücken eine neue Variante, mit der ich in der Ausgabe des Folgemonats durchstarten wollte. Ich hatte vor, die Zielgruppe etwas zu erweitern, und so wandte ich mich diesmal ausdrücklich an alle Damen, die solche Anzeigen zwar neugierig durchlasen, aber eigentlich niemals darauf antworteten.

Gibt's nicht gibt's nicht! *Ich weiß, Dich gibt's. Du hast es nicht nötig, auf Anzeigen zu antworten? Du schaust nur mal so rein? Bist neugierig, was hier so geschrieben wird? Du hast Stil und Humor? Oder besser: Humor und Stil! Die Männer drehen sich auch so schon nach Dir um? Nur die falschen bisher? Dein Lachen kann sieben Berge versetzen und Du kannst Prinzen wachküssen? Du liebst gutes Essen und den passenden Wein? Du hast bereits gerne Kinder oder Kinder gerne? Du willst noch viel erleben? Reisen, tanzen, die Sonne sehen, lieben? Mit Haut und Haaren und der Leidenschaft eines ersten und letzten Tages? Am liebsten ein Leben lang? Du bist schlank, nicht über »Mitte 40« und rümpfst bei dem Wort »Sport« nicht die Nase? Und vor allem: Du hast* ***keine*** *künstlichen Fingernägel? Na dann hast Du es wirklich nicht nötig, auf Anzeigen zu antworten! Brauchst Du auch nicht! Ist nämlich gar keine Anzeige, was Du gerade liest. Weiß auch nicht, wie das hier reingekommen ist. Ich würde doch nie eine Anzeige aufgeben – habe ich nicht nötig. Aber egal – schick mir eine kurze Mail mit Foto, Du bekommst auch eine, und wenn wir wollen, treffen wir uns einfach. XXX@blabla.de*

Damit dieser Text auch wirklich jeden beim ersten Überblättern ansprang, wählte ich dieses Mal einen tiefgelben Kasten als Untergrund. Auf der Printseite dominierte diese Anzeige später, da sie nicht nur gelb, sondern auch mit Abstand am längsten war. Ich war stolz auf meine Marketingstrategie. Die Online-Veröffentlichung erfolgte bereits wenige Tage später, die neue Print-Version mit meiner Anzeige wurde allerdings erst zwei Wochen danach veröffentlicht.

Im Vergleich zu meiner ersten Anzeigenaktion eineinhalb Jahre zuvor erhielt ich in den darauffolgenden Wochen tatsächlich deutlich mehr Antworten. Ich hatte einen außergewöhnlichen Text entworfen, ihn auffällig platziert und zudem noch einen guten Zeitpunkt erwischt, denn ich war nicht in ein beginnendes Sommerloch gefallen, sondern hatte meine Aktion zufällig in den hoffnungsfrohen Frühlingsanfang getimt. Die meisten Zuschriften trafen mit Bild ein, ich sortierte naturgemäß viele Kontakte aus und verabredete mich mit den wenigen vielversprechenden Damen zeitnah zu einem kurzen Treffen. Den Reigen eröffnete diesmal eine quirlige Dame aus Worms mit einem fröhlichen, aufgeweckten Gesicht auf dem mitgesendeten Foto. Ihr Kurzhaarschnitt unterstrich den fröhlichen, aufgeweckten Eindruck, aber ich ahnte bereits, dass ich in ihr keine Partnerin finden, sondern mit ihr »nur« einen lustigen Nachmittag verbringen würde, und genauso war es auch. Kurioserweise fiel mir ihre Körpergröße erst auf, als sie vor mir stand. Mit einem Meter fünfzig war sie mir deutlich zu klein, da hätte zum Küssen jedes Mal ein Bierkasten helfen oder ich in die Hocke gehen müssen. Dieses wichtige Detail war mir bei der Vielzahl der Antworten offensichtlich durchgerutscht. Ärgerlich! Dennoch beeindruckte sie mich bei unserem Treffen mit ihrem trockenen Humor, den sie manchmal fast unmerklich in einem Nebensatz platzierte, ohne eine Miene zu verziehen. Ich musste einige Male buchstäblich Tränen lachen. Wir hatten in der Folgezeit sogar noch sporadischen Kontakt und überlegten, so etwas wie gute Bekannte zu werden. Sie hätte das Zeug zu einer zweiten Vera gehabt, aber es kam anders. Zurückblickend glaube ich, das Interesse an einer weiteren guten Freundin war in diesen Monaten von meiner Seite zu gering und ihres an einem guten Bekannten, der über einhundert Kilometer entfernt wohnt, vermutlich auch.

25

EROTIK DES VIRTUELLEN SCHWEIGENS

Kurz darauf erlebte ich eine Episode, die rekordträchtig war, denn der Hauptdarstellerin gelang es, ihre schriftliche Kommunikation vor unserem ersten Telefonat auf insgesamt dreieinhalb Sätze zu begrenzen, obwohl ich vier Nachrichten von ihr bekam. Das ist rein rechnerisch zwar nicht möglich, aber so war es.

Auf meine Anzeige erhielt ich von ihr als Erstes nur ein Foto mit dem Zusatz »*Gruß, Beatrice*«, ohne Anrede oder weiteren Begleittext. Das war die geringstmögliche Antwort auf meinen doch sehr umfangreichen gelben Kasten und großzügig betrachtet ein halber Satz. Das Foto war vermutlich in einer Diskothek aufgenommen, hatte einen schummrigen, farbig beleuchteten Hintergrund und zeigte den Kopf einer Dame mit blonden, halblangen Haaren und fein gezeichneten Gesichtszügen. Sie schaute allerdings nicht frontal in die Kamera, sondern auf den Boden, und ihr Kopf schien in Bewegung zu sein, so als tanze sie. Von daher ahnte ich ihre Gesichtszüge nur und erkannte sie nicht genau. Aber die Dame wirkte attraktiv und schien sich auf das Wesentliche beschränken zu wollen. Sie war nicht die erste Frau, die ihre Identität erst mal für sich behalten und ein Foto vom Gegenüber sehen möchte. Ich antwortete ihr mit einigen vollständigen Sätzen, fügte noch ein Bild von mir hinzu und erhielt schon wenige Stunden später die nächste Mail, diesmal mit *ihrem* ersten vollständigen Satz: »*Ich fahre ziemlich auf Dich ab.*«

Nicht schlecht, oder? Natürlich konnte sie nur auf den Inhalt meines gelben Kastens, das gesendete Foto und ihre eigene Fantasie abfahren, aber ihr Satz verfehlte seine Wirkung nicht. Er breitete sich im ersten Moment vornehmlich in meiner Körpermitte aus, bevor ich ihn wieder in die angemessene Hirnregion einsortierte. Dort formierte er sich zu dem Bild einer kultivierten, intelligenten, leidenschaftlichen Dame, die nicht nur hübsch war, sondern auch gut und gerne tanzte, denn das Foto war sicher in einem angesagten Dance-Club aufgenommen. Sie würde Cocktailgläser mit lässiger Eleganz (und ganz sicher ohne künstliche Fingernägel!) in ihren wunderschönen Händen halten und verführerisch über meinen galanten Humor lachen. Vielleicht konnten wir in diesem Dance-Club schon bald unsere Körperwellenlängen zwischen zwei exotischen Cocktailkreationen bei einem eng umschlungenen Tanz aufeinandertreffen lassen. Das wollte ich natürlich nicht verpassen, und ich fragte sie in meiner nächsten E-Mail, ob wir kurz telefonieren sollten. Schon bald darauf traf ihre Zustimmung in Form des zweiten vollständigen Satzes ein, auf den ich wiederum sofort mit meiner Telefonnummer antwortete. Nur wenige Minuten später folgte bereits der dritte Satz: *»Ich rufe nach der Arbeit an.«* – kein Wort mehr. Ich war gespannt und sinnierte weiter, was für ein Mensch Beatrice wohl war. Sie hatte mein Inserat sicher aufmerksam gelesen, sich darin wiedererkannt und bisher wahrscheinlich noch nie auf Anzeigen geantwortet. Also agierte sie zielstrebig und wollte nicht viel Worte machen, sondern schnell wissen, wer dahintersteckte. Ihr Gespür für Spannungsbögen deutete auf Zielstrebigkeit, Intelligenz und schnörkellosen Kommunikationsstil hin. Vielleicht war sie ja wirklich mein Hauptgewinn, inklusive der knisternd erotischen Facette, mit der sie die Dinge schon früh beim Namen nannte (*»Ich fahre ziemlich auf Dich ab!«*). Das war ein sehr ansprechendes Gesamtpaket.

Es wurde Abend, und gegen zweiundzwanzig Uhr klingelte endlich das Telefon. Vermutlich hatte sie – in einer Werbe- oder Modeagentur? – noch länger arbeiten und vielleicht erst noch ihre kleine Tochter nach einem anstrengenden Tag ins Bett bringen müssen, sich nun mit einem Glas Sauvignon Blanc und dem Telefon auf ihr Designersofa gesetzt und endlich meine Nummer gewählt, die Nummer von dem Typen, auf den sie so abfuhr, wie sie schon lange auf keinen Mann mehr abgefahren war, von dem Typen, der mit seiner unfassbaren Anzeige genau in ihr Herz getroffen hatte, der sie anschließend mit seinem Blick auf dem Foto verzaubert hatte, dem sie zutraute, dass er den einsamen Abenden auf ihrem Designersofa schon in wenigen Tagen ein Ende bereiten und vor dem Einschlafen ein Lächeln auf ihr Lippen zaubern konnte, von dem Typen, auf dessen Stimme sie schon seit Stunden gespannt war. Es klingelte, ich drückte die grüne Taste und begrüßte sie mit »Hallo Beatrice!« Und dann meldete sich Beatrice.

Unser Gespräch dauerte eine gute halbe Stunde. Meine Redezeit betrug circa zwei Minuten. Beatrice schien alles, was sie in diesem Kalenderjahr noch schriftlich oder fernmündlich loswerden wollte, für dieses Telefonat aufgehoben zu haben. Ich erfuhr durch ihren Monolog (in dem sie erfreulicherweise alle von ihr gestellten Fragen selbst beantwortete), dass sie bei der Stadt Mannheim angestellt und irgendwie für das Schienennetz im technischen Bereich zuständig sei, die Arbeitszeiten unmöglich, weil teilweise länger als siebzehn Uhr seien, Gewerkschaftsarbeit Pflicht ist, um sich selbst einen Vorteil zu verschaffen, die Kollegen und der Chef schwer zu ertragen seien, sie eh noch nicht lange dabei war und ich mir das alles mal vorstellen müsse. Vielleicht hatte ich auch nicht jedes Detail richtig verstanden, weil ihr Vortrag zu meiner großen Freude in breitestem kurpfälzischen Dialekt gehalten wurde. Die wenigen kurzen Zeitlücken in ihrem Redeschwall füllte ich mit nichtssagenden Ahas und Mmmhs, denn ich war wie gelähmt! Ich war gelähmt und erschüttert über meine Fehleinschätzung, und ich war heilfroh, dieses Telefonat vor ein erstes Treffen gesetzt zu haben. Ich hätte keinen Tropfen Benzin dafür verfahren wollen, obwohl mich das Benzin nichts gekostet hätte, da ich einen Firmenwagen besitze. Ich konnte ihren Monolog erst unterbrechen und das Gespräch beenden, als ich nach circa dreißig Minuten wieder kognitiv erwacht war und ihr mit einer plumpen Ausrede, deren Offensichtlichkeit mir nach der vergangenen halben Stunde in keiner Weise peinlich war, radikal ins Wort fiel: »Hallo, ich .... entschuldige, ich muss ...

HALLO, ICH MUSS DICH LEIDER UNTERBRECHEN, BEATRICE! ICH ERWARTE NOCH EINEN DRINGENDEN ANFRUF VON MEINEM BRUDER!« oder so ähnlich. Nach dem abrupten Ende unseres Telefonats überwand ich mich noch zu einer kurzen SMS, in der ich erwähnte, dass wir nicht zusammenpassten. Ich war überzeugt, dass das Foto gefälscht oder retuschiert war, denn eine so kultiviert aussehende Dame *konnte* nicht so sprechen. Auf meine SMS hörte ich nichts mehr von ihr.

Mit etwas Abstand musste ich mir jedoch eingestehen, dass ich erneut einem undeutlichen Foto und meiner Fantasie aufgesessen war. Letztere war von ihrem Satz: *»Ich fahre ziemlich auf Dich ab!«* natürlich katapultartig beschleunigt worden. Dieser Irrtum toppte für mich in gewisser Weise sogar noch das allererste Blind Date mit der kettenrauchenden Dildo-Bikerin, denn ich hielt mich ja inzwischen für einen erfahrenen Partnersucher. Allerdings erlebte ich meinen Fauxpas dieses Mal zu Hause auf dem Sofa und nicht in einem Restaurant, aus dem ich mich freikaufen musste. Insofern hatte ich tatsächlich dazugelernt.

26

SAUFWETTEN EINER PHARMAREFERENTIN

Kurz darauf tauchte eine weitere interessante Nachricht in meinem Postfach auf, denn ich erhielt ein *»schriftliches Kompliment für die gelbe Anzeige«*, welches mir eine Frau sendete, die sich nach eigener Aussage *»nur der Recherche«* widmete – was immer das heißen sollte. Das klang ziemlich rätselhaft und weckte natürlich meine Neugierde, sodass ich mich nach ein paar Tagen erkundigte, wofür sie denn recherchierte. Ich rechnete mit der Antwort einer Redakteurin eines TV-, Print- oder Online-Mediums oder der Zuschrift einer Werbeagentur oder eines Instituts für Meinungsumfragen.

Die wortkarge Antwort lautete jedoch, dass sie *»in privater Angelegenheit«* recherchierte. Einige Tage und ein paar wortkarge Mails später stellte sich heraus, dass sie versuchte, ihrem Lebenspartner auf die Schliche zu kommen. Sie vermutete, dass er in Magazinen in ganz Deutschland Anzeigen geschaltet hatte, und traute ihm zu, während seiner beruflichen Reisetätigkeit an verschiedenen Orten amouröse Stützpunkte zu etablieren. Da ich auch einen versteckten Hilferuf nicht ausschloss, ließ ich nicht locker und fand heraus, dass die Dame eine zwar wortkarge, aber sehr kluge und humorvolle Pharmareferentin aus Nürnberg war, die mit ihrem Sohn aus erster Ehe nun in einer neuen Beziehung mit einem Mann lebte, der seine Kinder bei ihr ablud, sich angeblich beruflich aus dem Staub machte, um dann jedoch einer in weiten Teilen sexuell geprägten Nebentätigkeit nachzugehen. Die hin und wieder offen ausgesprochenen Verdächtigungen seiner Lebenspartnerin konterte er seinerseits mit cholerischer Eifersucht und Unterdrückung, was den Beziehungs- und Familienalltag für sie und die Kinder zu einer unberechenbaren, manchmal angsterfüllten Achterbahnfahrt machte. Sie war froh, wenn er aus dem Haus war, kümmerte sich vormittags und nachts (!) um ihren Beruf und den Rest der Zeit, also vom frühen Nachmittag bis zum Schlafengehen, um die Kinder. Hätte ich zwischenzeitlich tatsächlich einen »Filter gegen das Grauen« besessen, wäre er nach diesen Informationen aktiviert worden. Aber so blieb mir nur tiefes Durchatmen und ein leises Kopfschütteln mit ebenso lautloser Anteilnahme. Ich bin inzwischen überzeugt, dass die Anhäufung von Geschichten über Untreue, Lügen und Schlimmeres mit dem generellen »Setting« zu tun hatte, in dem ich mich bewegte, also mit der Kontaktaufnahme von Singles im Allgemeinen. Diese Foren waren einerseits natürlich ein Marktplatz der Enttäuschungen, der kuriosen und unglaublichen Trennungsgeschichten inklusive der für mich erschreckend hohen Anzahl seelischer und körperlicher Übergriffe. Andererseits wurden diese Foren natürlich als Quell der Hoffnung gesehen und förderten den Wunsch nach Heilung und Wiederauferstehung. Dadurch wuchs natürlich auch das Bedürfnis, sich mitzuteilen, und auf diesem Marktplatz war die Dichte der traurigen oder unglaublichen Geschichten mit Sicherheit eine andere, als wenn ich im Supermarkt die Menschen in der Schlange an der Käsetheke befragte. Ich hoffe es zumindest. Allerdings habe ich mich auch noch nicht getraut, die Damen in der Käsethekenschlange nach ihrer Beziehungsgeschichte zu fragen, das wird frühestens passieren, wenn dieses Buch fertig ist.

Obwohl eine Beziehung mit dieser Pharmareferentin vom ersten Tag an ausgeschlossen war, hielt ich mit ihr ein Jahr lang regelmäßig Kontakt, bis sie endlich aus der Höllenwohnung ausgezogen war. Ich besuchte sie sogar einmal, als ich mich wegen eines Sportereignisses in der Nähe aufhielt, und wir verbrachten einen sehr kurzweiligen Sommerabend in der Nürnberger Altstadt. Sie war eine witzige und engagierte Mutter, die sich mit Fantasie und Konsequenz um die vorhandene Kinderschar kümmerte. Da sie sich nur vormittags und nachts beruflichen Belangen zuwendete, schlief sie nie mehr als drei bis vier Stunden. Es war mir ein Rätsel, wie sie das über viele Jahre hinweg aushielt. Bei unserem Treffen in Nürnberg erzählte sie mir unter anderem, dass ihre Kindheit von großer Gleichgültigkeit der Eltern geprägt war. Der Vater war eigentlich nie für sie da, weil er als selbstständiger Unternehmer das Geld für die gut situierte Familienfassade verdienen musste, und die Interessen ihrer Mutter drehten sich weitestgehend nur um sich selbst. Die Belange der Tochter interessierten die Mutter einfach nicht, und mir schauderte einige Male bei den für mich spektakulären und zugleich erschütternden Erzählungen, die sie mir an diesem Sommerabend präsentierte.

Die Pharmareferentin hatte es schon mit vierzehn Jahren an den Wochenenden richtig krachen lassen. Bei ihren Kneipentouren verdiente sie sich zusätzliches Taschengeld, indem sie – als frischgebackene Jugendliche wohlgemerkt – andere Gäste im wahrsten

Sinne des Wortes unter den Tisch trank. Sie schloss Saufwetten ab – nicht selten über ein- oder zweihundert D-Mark – und gewann nach eigener Aussage immer. Sie gewann gegen gestandene fränkische Mannsbilder, die buchstäblich irgendwann umfielen oder aufgaben, während sie als junges Mädchen das Geld einsackte und sogar noch in der Lage war, den Heimweg unbeschadet und ohne Umweg über das Krankenhaus zu meistern. Obwohl das kein gesundes Geschäftsmodell war, wurde sie nicht zur Alkoholikerin. Ich vermute, in ihrem Fall stand der Wunsch nach Aufmerksamkeit meist über dem Wunsch nach Betäubung. Bei den Wirten war sie trotzdem ein gern gesehener Gast, und nach einiger Zeit eilte ihr der Ruf voraus, unschlagbar zu sein. Das reizte den einen oder anderen Tresengast natürlich umso mehr, für einen stattlichen Wetteinsatz noch mal einen Versuch zu wagen, und so bezifferten sich ihre Einnahmen aus den Saufwetten zeitweise auf ordentliche dreistellige Summen im Monat.

An unserem gemeinsamen Abend haben wir diesen Wettstreit natürlich nicht veranstaltet. Wir teilten uns zwar eine Flasche Weißwein aber waren sozusagen beide noch zurechnungsfähig, als wir in unseren gemütlichen Sesseln auf der noch sommerwarmen Straßenterrasse einer kleinen Szenekneipe in Nürnberg saßen und sie damit begann, ihre beiden jüngsten Wetten zu schildern. Sie hatte eine ihrer Freundinnen von der lebenslangen Gleichgültigkeit ihrer inzwischen alleinstehenden Mutter überzeugen wollen. Also schloss sie mit dieser Freundin Wetten über die Reaktion der Mutter auf a) die Nachricht über ihren vorgeblich geplanten Umzug in ein anderes Land und b) die Nachricht einer angeblich ungewissen ernsten Krankheitsdiagnose ab. Sie gewann auch diese beiden Wetten. So wie in ihrer Kindheit war die empathische Seite der Mutter auch heute noch vollkommen lahmgelegt, was für mich vom Hörensagen schon pathologische Dimensionen nahelegte. Ihre Schilderungen wirkten auf mich fast surreal, denn mir saß an diesem Abend in Nürnberg eine fröhliche, lebhafte und hübsche Frau von Anfang vierzig gegenüber, eine gute Seele mit großem Herzen, da war ich mir sicher. Allerdings bemerkte ich nach einiger Zeit, dass ihr ansteckendes Lachen in den Momenten eine kleine Spur zu früh aufblitzte, wenn sie schwierige Erfahrungen schilderte, über die sie angeblich schon lange hinweggekommen war. Diese fehlende Zehntelsekunde war manchmal irritierend, denn zu Schilderungen von brutalem elterlichen Desinteresse oder perfiden Drohungen des eigenen Lebenspartners passte kein vorschnelles Lachen.

Als wir uns in Nürnberg zum Abendessen trafen, hatte sie glücklicherweise bereits begonnen, nach einer Wohnung Ausschau zu halten, in die sie mit ihrem zwölfjährigen Sohn ziehen konnte. Das war auch bitter nötig, denn als ich sie einen Tag nach unserem Treffen mit einer SMS fragte, ob sie gut mit dem Fahrrad nach Hause gekommen sei, bekam ich zur Antwort, dass es nach der Heimkehr auch in dieser Nacht bis um sechs Uhr früh noch Streitgespräche *»auf des Messers Schneide«* gegeben habe. Es war ein zwiespältiges Gefühl, der indirekte Anlass für weitere Komplikationen in ihrem Leben zu sein, und ich riet ihr erneut, lieber heute als morgen aus der Wohnung auszuziehen und verwies dabei auf *»den Koffer«*. Einige Wochen vorher hatte ich bereits angesprochen, dass es vielleicht ratsam sei, für den Notfall einen kleinen Koffer mit den notwendigsten Siebensachen bereitzustellen, falls sie irgendwann mit ihrem Sohn Hals über Kopf Reißaus nehmen musste. Darauf hatte sie erwidert, dass es diesen Koffer schon gäbe, der Arzt, der sie *»nach einem Streit behandelt hatte«*, hatte ihr seinerzeit dazu geraten. Der Eisberg war wohl noch deutlich größer, als die wenigen Spitzen vermuten ließen, die sie mir bisher offenbart hatte.

Nach unserem sommerlichen Abendessen und dem anschließenden häuslichen *»Streit bis auf des Messers Schneide«* dauerte es noch sage und schreibe sechs Monate, bis sie diesem Mann endgültig den Rücken kehrte und mit ihrem Sohn auszog. Für mich war es nur schwer nachvollziehbar, dass sie die aus meiner Sicht unerträgliche Lebenssituation noch so lange ausgehalten hatte. Aber ihre Nehmerqualitäten waren ja bereits von Kindesbeinen an geschult worden, und aus der Ferne lässt sich der eigene Kopf immer leicht schütteln, wenn er nicht selbst im Schraubstock steckt. Und obwohl die Pharmareferentin meiner Meinung nach viel zu spät das Weite suchte, empfinde ich größten Respekt für den Mut und die Kraft, mit der sie diesen Schritt letztendlich doch vollzogen hat. Denn viele Frauen sind in ähnlichen Situationen in einem Kreislauf aus Scham einerseits und Hoffnung auf Besserung andererseits gefangen und schaffen den Absprung aus gefährlichen Beziehungen ungleich schwerer oder gar nicht. Die Angst vor der Reaktion des anderen, wenn man *»wirklich geht«*, das stigmatisierende Gefühl, zu dem stehen zu müssen, was einem alles angetan wurde, der unendliche Kraftakt, der vor einem zu liegen scheint und jeden kleinsten Rückschlag zu einer unüberwindbaren Hürde werden lässt – viele geben fatalerweise irgendwann auf und ergeben sich dem ungerechten Schicksal. Ich selbst weiß noch, wie schwer es mir fiel und wie sehr ich mich schämte, das Scheitern meiner Ehe öffentlich – also im Freundeskreis, gegenüber den Verwandten und am Arbeitsplatz – einzugestehen. Meine gescheiterte Ehe war jedoch nur eine normal gescheiterte Ehe ohne Gewalt oder Missbrauch und besaß natürlich längst nicht die Leidensdimension und das Gefahren- und Schampotenzial, dem Frauen wie diese Pharmareferentin über viele Jahre hinweg ausgesetzt sind.

Der lang ersehnte Auszug war ihr großer Befreiungsschlag und wurde sofort freudig auf Facebook gepostet. Ich konnte die Steine, die ihr vom Herzen fielen, im World Wide Web poltern hören, und mir kullerten ebenfalls ein paar Steinchen ins Hemd. Als ich ihr zu diesem Schritt gratulierte, schrieb sie mir, dass sich das Leben für sie und ihren Sohn nun tatsächlich beruhigt habe. Den Notfallkoffer hatte sie in den letzten sechs Monaten glücklicherweise nicht mehr benötigt.

27

CINDYS WORTE

Der Aprilhimmel war immer noch bedeckt, als ich mich eines Samstagmorgens kurz nach dem Aufstehen schon wieder hinsetzte. Auf meine Couch, und zwar mit dem Laptop auf dem Schoß. Meinen ersten Blick aus dem Fenster hatte ich vom Bett aus riskiert, und es war nicht nur der erste Blick, sondern auch die erste Enttäuschung des Tages gewesen. Der Himmel war eine einzige riesige Wolke. Und hier, eine Viertelstunde später, vom Sofa aus, bot sich keine bessere Perspektive. Es war zwar immer noch trocken, aber die Sonnenstrahlen schafften es nicht, die hellgraue Wolkendecke zu durchbrechen. Noch nicht?

Ich wollte nur einen kurzen Blick auf die Wettervorhersage werfen und anschließend meine E-Mails checken, bevor ich joggen ging. Ich doppelklickte auf das Wetter-Icon meines Desktops, und wenige Sekunden später hellte sich meine Stimmung auf. Na also, für den Nachmittag waren deutlich mehr Sonnenstrahlen als Wolken vorhergesagt! Das sah nach einem perfekten Samstags-Drehbuch aus. Da meine Tochter es sich bei ihrer Mama gut gehen ließ, würde ich mir zuerst beim Laufen das anschließende Single-Frühstück verdienen, und wenn die Sonne bis dahin ihren Kampf gewonnen hatte, leistete ich ihr unter freiem Himmel Gesellschaft, damit sie mir ein wenig ins Gesicht scheinen konnte. Ich hatte die zurückliegende Arbeitswoche überwiegend im Büro und im Auto verbringen müssen und mein Vitamin-D-Pegel schlug Alarm. Bewegung und Sonne, diese beiden Faktoren hatte ich bei meiner Berufswahl seinerzeit vernachlässigt. Aber bis zum Abend war mein Defizit höchstwahrscheinlich ausgeglichen, und während ich die Wetterseite schloss und das Mail-Account öffnete, war der frustrierende erste Blick aus dem Fenster nach dem Aufstehen bereits vergessen.

»1 neue Nachricht« kündigte mir mein Provider im Posteingang an. Der Betreff lautete: *»Anzeige Meier«*. Augenblicklich gesellte sich zu meiner inzwischen guten Laune auch noch ein Schuss Neugierde, und ich schaute sofort nach, wer mir da geschrieben hatte. Die Nachricht der Dame war erst vor wenigen Minuten eingetroffen und erschien mir beim ersten Lesen ein wenig umständlich formuliert. Das mitgeschickte Foto sah jedoch ganz passabel aus. Der Fotograf hatte sie zwar ziemlich steif und vor allem relativ weit entfernt auf einen Stuhl gesetzt, aber sie wirkte nicht unattraktiv. Dennoch blieb ich vorsichtig, denn selbst Cindy Crawford soll gesagt haben: »Viele Menschen bewundern unser Aussehen, aber sie wissen nicht, dass wir gar nicht so aussehen.« Auch wenn ich möglichst bald joggen wollte, antwortete ich der Dame noch schnell, um ihr mit einer kurzen Nachricht mein grundsätzliches Interesse zu signalisieren. Ich hatte den Laptop noch nicht ausgeschaltet, und während ich meine Laufsachen anzog und die Schuhe zuschnürte, traf bereits ihre nächste Mail ein. Die zügige Art zu antworten gefiel mir. Außerdem stellte sich jetzt heraus, dass sie nur zwanzig Minuten entfernt wohnte und an diesem Nachmittag noch nichts vorhatte. Also gut, die Dame machte zwar nicht den Eindruck, als sei sie ein Volltreffer, aber man weiß ja nie, und die Viertelstunde Fahrtzeit mit einem guten Stück Kuchen und einem Espresso Doppio in der Altstadtsonne zu verbinden, fand ich keine schlechte Idee. Ich schlug kurzerhand ein Kaffeetrinken in der Heidelberger Fußgängerzone vor, bat sie, Uhrzeit und Treffpunkt zu wählen, drückte auf »Senden« und begann mit meinem morgendlichen Sportprogramm.

Wir hatten uns vor einer Apotheke in der Innenstadt verabredet und wollten dann die Hauptstraße entlangschlendern, um ein Café aufzusuchen. Eine Apotheke, ja! Das war ihr einziger Vorschlag, weil sie wohl nur diese Apotheke am Bismarckplatz kannte. Das machte mich im Vorhinein etwas stutzig, denn die meisten Damen kennen Bekleidungsläden, nette Cafés, manchmal auch eine Buchhandlung oder eine Parfümerie, aber sie kannte ausdrücklich nur diese Apotheke, nun gut. Ich traf ein paar Minuten zu früh ein und lief anfangs vor der Medikamentenwerbung zum Thema Heuschnupfen, Rheuma und Arthrose auf und ab, bevor ich unmittelbar neben der Apotheke glücklicherweise tatsächlich ein angesagtes Damenbekleidungsgeschäft entdeckte. Der Blick auf Mäntel, Röcke und Schuhe war eindeutig die bessere Medizin für mich. Nachdem ich auch an dieser Ladenfront einige Male hin und her gewandert war, bog dreißig Meter entfernt eine Dame um die Ecke und kam auf mich zu. Ich hatte meine Gesichtszüge zwar unter Kontrolle, musste jedoch unweigerlich an Cindys Worte denken. Die Frau, die mir entgegenkam, sah nicht nur deutlich älter, sondern vor allem deutlich ungepflegter aus als auf dem Foto. Außerdem schien sie total verunsichert zu sein, denn sie agierte von der ersten Sekunde an fahrig und unruhig. Im Vergleich dazu hatte die umständlich formulierte E-Mail am Vormittag einen überraschend sortierten Eindruck gemacht. Ich beschloss, das nächstbeste Café mit Plätzen an der frischen Luft anzusteuern, um nicht mehr Zeit als anstandshalber notwendig mit ihr verbringen zu müssen. Nachdem wir wenige Minuten später an einem der wenigen freien Café-Tische in der Fußgängerzone Platz genommen und unsere Bestellung aufgegeben hatten, musste ich einen gnadenlosen Monolog über ihre Sicht auf das Leben erdulden. Nach jeder holprigen Verbaletappe versicherte sie sich kurz, ob ich zustimmte, schnitt mir meinen Antwortsatz jedoch meist rigoros ab und gab dann weiter ihre Meinung mit unstet auf und ab und hin und her wanderndem Blick zum Besten. Dieser rastlose Blick, der ihre zwanghaften Wortbeiträge begleitete, die fehlende Geduld, meine Antwort abzuwarten, dazu ihre unzureichend gepflegten, notdürftig gekämmten, in verschiedene Himmelsrichtungen stehenden Haare, die mich eher an wilden Knöterich als an eine normale Frisur erinnerten, all das führte dazu, dass ich meinte, in ihrer Erscheinung etwas Irres zu entdecken. Vermutlich war das übertrieben, aber ich musste mich schon deutlich zusammenreißen, als sie mich in die Details ihrer Gedankengänge einweihte, darunter zum Beispiel die oft übertriebenen Trinkgelderwartungen des Bedienpersonals oder der hochgradig unvernünftige Wunsch vieler Menschen nach direkter Sonne auf der Haut, weil das ja schädlich sein könne. Vielleicht war Sonnencreme seit wenigen Tagen per Notverordnung verboten oder das Fraunhofer Institut hatte Spuren von freien Radikalen in Vitamin D entdeckt, und ich wusste es noch nicht?

Bedauerlicherweise saßen wir auch nicht in der späten Nachmittagssonne, auf die ich mich gefreut hatte, sondern unter einem Schirm im Schatten, und der Wind zog merklich, sodass es mich schon bald fröstelte. Als ich meinen Stuhl wie auf ihr Stichwort provokant vom Tisch weg in die Sonne rückte, wurde das mit »Man kann sich ja auch etwas anziehen!« kommentiert. Kurze Zeit später, als ich mein Stück Kuchen vertilgt und den Kellner zügig um die Rechnung gebeten hatte, überraschte sie mich allerdings sehr. Und zwar mit der unverblümten Frage, wie ich sie denn nun fände. So einen gezielten, gradlinigen Vorstoß hatte ich ihr wiederum nicht zugetraut! Ihr Blick ruhte plötzlich auf mir, und ich war so verdutzt, dass ich auswich und sagte, dass ich jetzt erst mal bezahlen und dann nach Hause fahren wolle. Glücklicherweise kam auch sofort die Rechnung, sodass dieses Gespräch unterbrochen wurde und ich danach schnell das Thema auf etwas anderes lenken konnte. Als ich die Rechnung freiwillig komplett bezahlt und der Bedienung sehr auffällig ein ordentliches Trinkgeld gegeben hatte, wähnte ich mich schon außerhalb ihrer Schusslinie. Aber sie hatte meinen diplomatischen Wink mit der gesamten Grundstücksumzäunung wohl nicht verstanden, und als wir wenige Minuten später die Hauptstraße zurück Richtung Parkhaus (aus ihrer Sicht natürlich Richtung Apotheke!) gingen, insistierte sie erneut, dass sie jetzt aber schon wissen wolle, welchen Eindruck ich von ihr habe. »Was ist denn jetzt, kannst du da schon etwas sagen?«, fragte sie mich wörtlich. Ich wurde daraufhin selbst etwas verlegen und traute mich nicht, ihr meine ehrliche Meinung ins Gesicht zu sagen. Das hatte ich bisher nie gemacht, denn ein sofortiges und schonungsloses Resümee kann Angesicht zu Angesicht als Bloßstellung empfunden werden oder im umgekehrten Fall zu vorschnellen Aussagen verleiten. Darum antwortete ich ihr, dass wir jetzt erst mal nach Hause gehen sollten, ich das Treffen bei mir setzen lassen wolle und wir dann mailen oder sprechen würden, so hielte ich das immer. Diese Antwort schien sie sehr zu irritieren, denn sie schaute vollkommen verständnislos, ja beinahe wütend und schickte hinterher, dass sie selbst aber schon sagen könne, dass sie es ganz nett fand, und ob das bei mir denn nicht so sei. Ich wiederholte daraufhin mein Mantra vom Heimkehren, Setzen-Lassen, Mich-melden-Wollen, und sie gab sich nur etwas widerwillig damit zufrieden. Immerhin war es mir schon mal gelungen, dass sich unsere Wege trennten.

Daheim angekommen, musste sich nichts und niemand, außer mir selbst, setzen, und zwar endlich in die Sonne. Dort formulierte ich eine freundliche Absage und schickte diese unverzüglich ab. Vermutlich hatte sie schon am Computer gesessen und gewartet, denn eine gute Minute später erhielt ich von ihr eine Nachricht mit großem Bedauern und der Frage, was genau mich denn an ihr gestört habe, ich solle ehrlich sein, denn das würde sie sehr interessieren. Also gut … Ich schrieb ihr, dass sie äußerlich nicht mein Typ sei, ohne näher darauf einzugehen, und dass sie zwanghaft und fahrig gewirkt habe und ich mir meine Partnerin genau *so nicht* vorstellte. Cindys Worte erwähnte ich natürlich mit keiner Silbe.

Daraufhin hörte ich nichts mehr von ihr und bin mir sicher, dass sich meine Nachricht irgendwann auch bei ihr gesetzt hat. Hoffentlich an eine richtige, ebenfalls sonnige Stelle.

28

EIN JUNKIE AUF YOUTUBE

»Die ist nix für dich, sieht ja aus wie ein Junkie!«, bemerkte meine ältere Tochter etwas abfällig. Das fand ich maßlos übertrieben und hatte das Gefühl, die Unbekannte auf dem Schwarz-Weiß-Foto verteidigen zu müssen. Sie hatte mir den Link zu ihrem Facebook-Account erst geschickt, nachdem ich ihr signalisierte, dass sie mit ihrer zaghaften Rückmeldung auf meine gelbe Anzeige richtig bei mir ist und sich *»nicht verwählt«* hatte. Der gelbe Kasten hatte anscheinend nicht nur ihr Interesse geweckt, sondern sie mit der Wucht meiner Wunschvorstellungen auch etwas verunsichert. Und obwohl meine ältere Tochter, die im Rahmen ihres Studiums wieder mal einige Wochen bei mir wohnte, anderer Meinung war, konnte es durchaus sein, dass ich in natura einer interessanten und hübschen Frau begegnete – falls wir uns trafen. Und da ich mich schnellstmöglich mit ihr treffen wollte, teilte ich ihr meinen Namen und meine Telefonnummer mit, denn ihre Identität kannte ich nun ja bereits durch den Facebook-Link. Am Tag darauf telefonierten wir tatsächlich miteinander – kurz, dialektfrei und sozusagen hinreichend nett, was von meiner Seite weiterhin für ein baldiges Treffen sprach. Während dieses Telefonats erwähnte sie, dass sie sich nicht nur mein Foto, sondern anhand meines Namens auch ein paar gegoogelte Filme mit mir als Hauptdarsteller auf YouTube angeschaut hatte. Diese Filmchen besitzen allesamt einen beruflichen Hintergrund. Meist stehe ich auf irgendeinem Messestand (in den alten Filmchen sogar noch mit Anzug und Krawatte!) und fasse in wenigen Minuten die Vorzüge der ausgestellten Exponate zusammen. Diese bewegten Bilder hielten sie nicht davon ab, mich kennenlernen zu wollen und so verabredeten wir uns für die kommende Woche abends in Heidelberg. Meine ältere Tochter wünschte mir viel Glück und war insgeheim genauso gespannt wie ich, als was sich die Dame nun entpuppen würde.

Es lag vermutlich an dem im Raume stehenden Junkie Verdacht, dass ich für dieses Date eine meiner modisch verunstalteten Jeans anzog. Diese hatte ein Jahr zuvor beim Kauf bereits Löcher und Flecken gehabt, was solche Hosen kurioserweise oft noch etwas teurer macht, als die intakte Version. Aber klar, ist ja auch ein zusätzlicher Arbeitsschritt, einer tadellos hergestellten Jeans noch ein paar Löcher und Flecken zuzufügen. Allerdings hatte ich im Sommerschlussverkauf nur den halben Preis bezahlt, und das waren mir die sorgfältigen Löcher und die wirklich sehr schmutzig wirkenden Flecken wert. Sollte sich die Dame also doch als Junkie entpuppen, so befand ich mich zumindest mit meinem Beinkleid auf Augenhöhe.

Wir trafen beide fast gleichzeitig am Neckarufer ein, wo wir uns für den frühen Abend verabredet hatten. Während auf der Wiese neben uns Frühlings-Frisbees flogen, nackte Oberkörper in der Abendsonne lagen und Grillkohle qualmte, gingen wir plaudernd am Ufer entlang, überquerten anschließend die alte Brücke und nahmen in einer Tapas-Bar in der Heidelberger Altstadt einen kleinen Snack zu uns. Sie sah in der Tat ganz nett aus, wirkte mit ihren schulterlangen, mittelblonden Haaren und dezenter Schminke recht gepflegt und überhaupt nicht »Junkie-mäßig« und war mit (intakter) Jeans und einem normalen Top leger und unspektakulär gekleidet. Andererseits besaß sie nicht die Eleganz und den modischen Chic manch anderer Dame, die ich bereits getroffen hatte. Ich erinnere mich noch, dass ihre Schuhe sehr abgetragen aussahen, obwohl mir das im ersten Moment nicht so wichtig war. Für meine Tochter war der Junkie-Eindruck auf dem Foto vermutlich durch die kleinen, fast unmerklichen Dysbalancen in ihrer Gesichtssymmetrie entstanden. Entweder waren ihre großen Augen nicht genau im waagerechten Lot, oder ihre eher große Nase war einen Millimeter schief gewachsen, ich weiß es nicht mehr genau. Aber diese kleinen Ungereimtheiten, gepaart mit dem etwas verträumten und gleichzeitig ernsten Blick, gaben dem Schwarz-

Weiß-Foto eine unterschwellige Melancholie und Entrücktheit, die meine Tochter wohl mit einem Junkie assoziierte. In den Farben der Realität verflog dieser Eindruck jedoch, und wir unterhielten uns ganz manierlich. Allerdings waren wir offensichtlich nicht elektrisiert voneinander, und während wir Oliven, Käsestückchen und Schinkenfetzen vom Teller gabelten, schien sie mit ihren Gedanken zunehmend woanders und immer weniger bereit zu sein, auf diesem Planeten in dieser Tapas-Bar eine Konversation mit mir zu führen. Gemeinsame Zukunft hin oder her – mich irritierte ihre etwas unzufriedene Abwesenheit. Als dieser Eindruck auch auf dem Rückweg zum Parkplatz noch immer Bestand hatte, sprach ich sie darauf an und traf damit voll ins Schwarze. Sie schaute mich zuerst ein wenig ertappt an, musterte mich kurz und rückte dann erfrischend offen mit der Sprache heraus. Aufgrund der Messefilmchen auf YouTube war ich in ihrer Vorstellung eine Art geschniegelter Bankangestellter mit Aktentasche und Krawatte, und diesen Typ Mann hatte sie zumindest von der Kleidung her auch beim Treffen erwartet. »Und ich finde es unmöglich, dass du dann mit einer Hose kommst, die Löcher und Flecken hat!«, platzte es aus ihr heraus. Ich musste laut lachen und bedankte mich für ihre herzerfrischende Offenheit. Mein Mitleid hielt sich allerdings in Grenzen, denn ich fand, dass sie mit ihrem eigenen Outfit nicht zu dem geschniegelten Typen passte, den sie erwartet hatte. Sie schien wie ein Aschenputtel vom Prinzen auf dem weißen Pferd zu träumen, der sie in die Welt des Krawattenadels entführte und mit dem sie ihre jetzige Identität hinter sich lassen konnte. Ich sagte ihr das natürlich nicht und war ihr auch nicht böse. Und dieser geplatzte Krawattenknoten brachte unser Gespräch für die letzten Minuten sogar wieder in Gang, denn sie agierte mit einem Mal deutlich lockerer und zugewandter. So schlenderten wir die letzten Meter unerwartet gut gelaunt und witzelnd bis zum Parkplatz, und unsere Verabschiedung war durch das gefühlte Augenzwinkern aufrichtiger und herzlicher als unsere Begrüßung zwei Stunden zuvor.

Zu Hause angekommen, erzählte ich die Anekdote meiner Tochter, die sich darüber zwar amüsierte, die vermeintliche »Junkie-Frau« jedoch fortan der gestörten Selbstwahrnehmung bezichtigte. Das war aus meiner Sicht erneut etwas übertrieben, aber ich musste ihr insofern recht geben, als die Dame ihr eigenes Erscheinungsbild vielleicht noch mal hätte überdenken müssen, wenn sie einen Mann für sich gewinnen wollte, der rund um die Uhr Anzug und Krawatte trägt. Das war jedoch nicht mehr mein Thema, denn wir sagten uns noch am gleichen Abend einvernehmlich und freundlich ab.

Kurze Zeit später eröffnete sie mir sogar per E-Mail, dass sie überhaupt keine Blind Dates mehr wahrnehmen, sondern lieber auf Ü30-Partys einen Partner finden wolle. War die Enttäuschung durch mich so groß gewesen? Sie erwähnte in ihrer Mail allerdings auch, dass sie sich meine Person als freundschaftliche männliche Begleitung vorstellen könne, mit der »frau« sich im Zweifelsfall vor aufdringlichen Typen schütze. Ich fand die Idee nicht schlecht, als Schutzschild und unverbindlicher Gesprächs- und Tanzpartner zu fungieren, denn ich hatte ja bereits erlebt, wie seltsam ein Ü30-Besuch ohne Begleitung verlaufen kann. Kurz darauf machte sie sogar einen konkreten Vorschlag und wollte mit mir zu einer SWR3-Party in unserer Region. Allerdings kam es aus Termingründen doch leider nicht dazu, und wir verloren uns endgültig aus den Augen.

29

NEUES SPIEL FÜR NEUES GLÜCK

Die zahlreichen Blind Dates, die aus der spektakulären gelben Anzeige resultierten, zogen sich über zwei bis drei Monate hin. Es waren tatsächlich viele Frauen darunter, die sich normalerweise nie auf Kontaktanzeigen meldeten, mein Konzept ging also auf. Beispielsweise lernte ich eine sympathische, etwas aufgedrehte Innenarchitektin kennen, die mir auf ihrem idyllischen Landwohnsitz erst einen selbst gebackenen, sehr gesunden Kuchen (»ohne Zucker!«) und wenige Tage später eine Lammkeule aus heimatlichen Gefilden servierte. Als wir die Lammkeule verzehrten, hatten sich die Partnerschaftsambitionen füreinander schon erledigt, denn obwohl sie sich anfangs wie eine Schneekönigin gefreut hatte, dass ich ihre Antwort tatsächlich beantwortete (*»Der Typ mit der gelben Anzeige, ich fass es nicht. Dass Du Dich wirklich meldest – unglaublich!«*), war die Lammkeule nur noch ein Dankeschön dafür, dass ich ihr Mut zugesprochen hatte, einem renommierten lokalen Kaffeehaus eigene Stoffentwürfe für eine Weihnachtskollektion zu unterbreiten, was sie tags drauf in Angriff nahm und ihr sogar schon wenige Tage später den Zuschlag bescherte. Die abgehakten Partnerschaftsambitionen manifestierte die quicklebendige Innenarchitektin dadurch, dass sie zum Lammkeulenessen noch eine Freundin eingeladen hatte. Diese traf jedoch erst ein, als die – wegen der etwas aus dem Ruder gelaufenen Vorbereitungen mit großer Verspätung begonnene – Schlemmerei schon beendet war und ich mich gedanklich bereits auf der Heimfahrt befand. An meinem Plan, bald die Heimfahrt anzutreten, konnte selbst die Tatsache nichts ändern, dass mir ihre Freundin als »auch Single« vorgestellt und mir kurz darauf für den Fall überwältigender Müdigkeit ein freies Sofa im Gästezimmer angeboten wurde. Letzteres geschah sicher ohne Hintergedanken, Ersteres vermutlich nicht.

Außerdem befasste ich mich einige Wochen und unter dem Strich viel zu lange mit einer Dame aus Argentinien (die natürlich nicht mehr in Argentinien, sondern seit einigen Jahren mit ihrem Sohn in Karlsruhe wohnte). Wir trafen uns insgesamt sechs oder sieben Mal, und eine Beziehung mit ihr hatte ich idiotischerweise nach einigen Küssen beim zweiten Treffen nicht explizit ausgeschlossen. So fand ich mich ihrer Meinung nach plötzlich in der Rolle ihres neuen Freundes wieder. Diesen Status verbreitete sie unverzüglich als frohe Botschaft in ihrem Bekanntenkreis, und es dauerte einige Tage, bis ich nach einer hanebüchenen Eifersuchtsdiskussion endlich meinen Mumm wiederfand und ihren Wunschtraum mit einem klar ausgesprochenen Schlussstrich zerplatzen ließ. Ich hatte die Rechnung allerdings ohne ihr südamerikanisches Temperament gemacht und bekam eine weitere *»letzte Einladung wegen dringenden Gesprächsbedarfs«* von ihr präsentiert. Diese Einladung nahm ich zwar an, wies jedoch ausdrücklich darauf hin, dass ich eine Beziehung mit ihr ausgeschlossen hatte. Bei diesem *»letzten Treffen«*, für das sie den Rahmen eines erstklassigen Rockkonzerts mit Tapas und Wein auf einem kleinen Schlossgut im Elsass ausgesucht hatte, machte sie Nägel mit Köpfen und bot mir eine rein sexuelle Beziehung an. Ich sei dadurch weder zu irgendetwas verpflichtet, noch müsse ich mich an sie binden und hätte somit meine Freiheit, auf die es mir ja scheinbar ankäme (dieses Resümee hatte sie also aus meiner Reaktion auf die – ich verspreche: vollkommen an den Haaren herbeigezogene! – Eifersuchtsdiskussion gezogen?). Im Gegenzug könne sie bei dieser Affäre zumindest ihre Manneslust befriedigen. Auch wenn solch ein Angebot sicherlich der Traum vieler Männer ist, schlug ich es aus. Zum einen erfüllte ich noch nicht einmal die Grundvoraussetzung für ein solches Arrangement, denn ich wollte schlicht und einfach nicht mit ihr ins Bett. Das sagte ich jedoch nicht so unverblümt, wie es hier steht. Als Erklärung für meine Absage wählte ich hingegen das zweite, ebenso zutreffende und für mich ausschlaggebendere Argument. Der Argentinierin hätte die nur im körperlichen Teil befriedigende Schieflage einer sexuellen Affäre nicht weitergeholfen. Ihr angeschlagenes Selbstbewusstsein und die ungewisse Lebensperspektive wären dadurch nur noch angeschlagener und ungewisser geworden. Als ich ihr Angebot freundlich begründet und klar formuliert ablehnte, beschimpfte und verunglimpfte sie mich jedoch erneut, dieses Mal sogar einige Tage lang. Mit meiner *»unterentwickelten Libido«*, der *»fehlenden Fairness«* und den Charakterzügen eines *»rücksichts-*

losen Egoisten« bot ich ihr scheinbar genügend Angriffsfläche. Nach vier oder fünf Tagen nordete sie sich jedoch wieder auf einen für unseren Breitengrad angemessenen Kommunikationsstil ein, entschuldigte sich und sicherte mir zu, ich hätte nun nichts mehr zu befürchten, sie habe die Enttäuschung überwunden und wolle positiv nach vorne schauen. Sehr schön! Wiederum einige Tage später schrieb sie mir, dass nun endgültig keine Gefahr mehr drohe, weil sie mit mir abgeschlossen habe und es sogar ertragen würde, mich mit einer anderen Frau zu sehen. Sie habe mir verziehen, schaue sich selbst bereits wieder nach anderen Männern um und wünsche mir alles Gute. Ich nahm diese zweite Entwarnung noch erleichterter zur Kenntnis, zog anschließend die Rollläden hoch, lüftete die Zimmer durch, leinte die Dobermänner wieder an und schaltete die Videoüberwachung meines Anwesens ab. Danach informierte ich die Sicherheitsdienste, dass ihre Aufgabe vorerst erledigt sei, sie sich jedoch für den Fall der Fälle noch mit halber Truppenstärke abrufbereit halten sollten. Nachdem ich auch meine Sonnenbrille und die Perücke abgelegt und mich zum ersten Mal seit Wochen wieder rasiert hatte, kam endlich wieder Normalität in mein Leben.

Unter dem Strich bereicherten die vielen Treffen, die aus der gelben Anzeige im *Meier-Magazin* resultieren, mein Leben zwar um einige interessante Anekdoten, brachten mich in Bezug auf die Partnersuche jedoch nicht weiter. Es gab über die hier geschilderten Begegnungen hinaus noch etliche, die meist nach dem gleichen netten, aber erfolglosen Muster verliefen und in diesem Buch aneinandergereiht langweilig zu lesen wären. Ich musste mir eingestehen, dass es wahrscheinlich zielführender war, vor einem Treffen mehr Informationen über die Kandidatin zu haben. Die Vergleiche der Persönlichkeitsprofile auf den Internet-Plattformen würden mir genau diese Informationen bieten. Ob mir eine Frau im richtigen Leben gut gefiel, spürte ich auf Anhieb, aber diese zusätzlichen Online-Informationen im Vorfeld konnten meine Trefferquote für Blind Dates erhöhen und mir somit wertvolle Zeit (und Kosten für die Sicherheitsdienste sowie weitere Perücken und Sonnenbrillen für immer neue Identitäten) sparen. Ich erinnerte mich an den Achtzig-Euro-Gutschein, den ich nach meiner ersten Kündigung erhalten hatte, und entschloss mich zu weiteren drei Monaten VIP-Mitgliedschaft – auch wenn mir vor dem erneuten Goldrahmen um den Hals graute, aber vielleicht war der bereits abgeschafft worden, weil er zu sehr an eine Ahnengalerie erinnerte.

Der Entschluss zu meinem Comeback im Internet hatte einige Monate in Anspruch genommen, aber es dauerte nur wenige Stunden, bis mein stillgelegtes Profil wieder freigeschaltet war. Ich bekam das übliche Willkommensschreiben und wurde erneut über die Vorzüge der Online-Partnersuche, zusätzliche Beratungs-Links für das optimale Profil, die erste Mail, das erste Date und andere Dinge aufgeklärt. Aber das interessierte mich nicht, denn meine dringlichste Amtshandlung war die schriftliche Kündigung nach Ablauf der drei Monate, damit ich die Frist später nicht verpasste. Ich ließ mir diese Kündigung per Mail bestätigen, denn die vorangegangene Mitgliedschaft war damals ebenfalls trotz bestätigter Kündigung – schwupp – um ein klitzekleines Jahr verlängert und berechnet worden. Erst nachdem ich die Kündigungsbestätigung noch einmal hatte vorweisen können, wurde alles mit einer kurzen Entschuldigung zurückgenommen. Außerdem entnahm ich meiner neuen Rechnung nun, dass der Gutschein über achtzig Euro trotz meines ausdrücklichen Hinweises leider nicht berücksichtigt worden war. Nach meiner Reklamation verlangte der Betreiber auch in dieser Angelegenheit erst das frühere E-Mail-Angebot als Beleg. Hätte ich mir diese Mails nicht aufgehoben, wäre ich schnell auf der anderen Seite des Tisches gelandet, denn die Kollegen von der virtuellen Kuppelbude vergaßen scheinbar schnell und hoben nichts auf. Nach der Erledigung dieser nervenden Formalitäten breitete sich das virtuelle Paradies mit Punkten, Profilen, verschwommenen Fotos, Suchkriterien und *»Es* *wird spannend ....«*-Nachrichten erneut vor mir aus, und ich fühlte mich wie beim Aufbruch zu einer weiteren Expedition mit ungewissem Ausgang. Vielleicht ging es diesmal ganz schnell, und die richtige Dame purzelte bereits nach wenigen Tagen in mein Postfach, streckte sich kurz, schlug die Augen auf und strich sich etwas verlegen durch die Haare, während ich ihr die Briefkastentüre öffnete. Eventuell brachte sie noch ein paar Kinder mit, die hinter ihr aus dem Briefkasten kullerten, und dann zeigten wir uns neugierig unsere Welten, fügten die schönsten Teile von beiden zusammen und wurden glücklich miteinander. Hach ja ...

Die Neugierde, mit der ich jetzt zum zweiten Mal in den vielen Damenprofilen stöberte, fühlte sich in den ersten Tagen noch etwas abgenutzt an. All die möglichen Hoffnungen und Enttäuschungen und wiederkehrenden Muster, die ich beim Durchlesen einer Nachricht oder eines Profil ahnte und entdeckte, schienen schon einmal von mir erlebt, gelesen und formuliert worden zu sein. Es war, als wäre ich in einem Topf mit alten, falschen Versprechungen gelandet, auch wenn sie sich im entscheidenden Einzelfall dieses Mal vielleicht als richtig herausstellen. Aber ich sortierte und klickte und schaute trotzdem wacker, welche Frau sich als *»attraktiv«* und *»schlank«* bezeichnete und vielleicht noch Elternerfahrung mitbrachte, lustig und locker schreiben konnte oder aus sonstigen Gründen mein Interesse weckte.

Die Grundregel Nummer eins für meine Mission lautete weiterhin: Telefonieren vor dem ersten Date! Da ich mir die Finger ja bereits verbrannt hatte, hielt ich mich in den meisten Fällen daran – zum Beispiel bei einer zweifachen Mutter aus Konstanz, die mich anschrieb und mit auffällig sinnlichen Kommentaren mein Interesse weckte. Sie lag zwar deutlich außerhalb meines gewünschten Entfernungsradius, was bei mir einige Bedenken weckte, aber da sie bereits ohne ihre Kinder alleine aus dem Osten Deutschlands in den Süden gezogen war, hatte sie geografische Flexibilität bewiesen. Ihre Fotos fand ich ganz ansprechend und erst bei genauerem Hinsehen etwas bieder. Das konnte aber auch daran liegen, dass sie ganz offensichtlich gestellt waren. Auf einem Stuhl sitzen und vor einem prickelnden grauen Hintergrund in die Kamera schauen – wow! Das konnte nur die »pfiffige Idee« eines durchschnittlich talentierten Fotografen sein. Ich erinnere mich kurioserweise noch heute an die etwas seltsame Uhr am Handgelenk der Dame, die aus dem sonst sehr gedeckten Kleidungsbild mit grauem Rock und schwarzem Rollkragenpulli vor dem erwähnten ebenfalls grauen Hintergrund hervorstach. Sie passte nicht und hing an ihrem Arm wie das Überbleibsel von einer Zeitreise in die Achtziger. Aber ich schenkte dieser Uhr keine größere Beachtung, und wir schrieben uns über einen Zeitraum von zwei Wochen knappe zwanzig Nachrichten. Auf der Zielgeraden dieser Konversation hatten wir bereits über den Wunsch, uns persönlich kennenzulernen, geschrieben, als ich ein kurzes Telefonat vorschlug, um die genauen Details unserer Verabredung zu besprechen. Ich rief sie morgens im Auto an und war sehr gespannt auf ihre Stimme. Nachdem ich ihre Nummer gewählt hatte, läutete es, und kurz darauf nahm sie ab. Allerdings hörte ich nicht viel, ein paar Sprachfetzen, die ich nicht verstand, viele Knackgeräusche und dann – Ende! Ich hatte sie wohl mitten in einem Funkloch auf der Autobahn erwischt, also drückte ich die Wahlwiederholung, und es klingelte zum zweiten Mal. Sie nahm meinen Anruf erneut entgegen, und ich hörte eine laute, fröhliche Stimme, die mir brutalst sächsisch entgegenschmetterte: *»Jooh, isch hoobs nüür gnaggen gehöordd!«*

Manche Dialekte haben es sehr schwer, mich bis in die Haarspitzen zu erotisieren – auch mein Heimatdialekt aus dem Rheinland, nebenbei bemerkt. Sächsisch ist jedoch eine der Mundarten, denen das niemals gelingen wird. Ob das daran liegt, dass er bis zu meinem sechsundzwanzigsten Lebensjahr sozusagen nur als Fremdsprache in einem anderen Land existierte? Ich weiß es nicht, und in dem Moment war mir das auch egal, denn ich wollte am liebsten sofort wieder auflegen. Das tat ich selbstverständlich nicht, sondern ich führte ein nettes, freundliches Telefonat, fragte jedes Mal artig nach, wenn ich etwas nicht verstanden hatte, versuchte erfolgreich, das Thema des persönlichen Kennenlernens in diesem Telefonat zu vermeiden, und verabschiedete mich nach einigen Minuten höflich, aber bestimmt. Kurz darauf sagte ich der Dame mit einer Mail freundlich ab und gab als Grund sowohl die Distanz zu Konstanz als auch ihren Dialekt an. Das war zwar aufrichtig, aber obwohl ich meine Absage sehr freundlich und mit einem Augenzwinkern formuliert hatte, reagierte sie verletzt. Sie konnte meine Beweggründe überhaupt nicht nachvollziehen und warf mir vor, ich beurteile Menschen nur aufgrund ihrer Mundart. Da hatte sie unrecht, denn ich beurteilte sie gar nicht als Mensch, auch wenn es sich für sie vielleicht so anfühlte. Ich konnte mir eine Frau mit diesem ausgeprägten Dialekt lediglich nicht als Partnerin an meiner Seite vorstellen. Hätten wir früher telefoniert, dann wäre sicher nicht nur ihre, sondern auch meine Enttäuschung kleiner gewesen, denn unser Gespräch hatte die aus fast zwanzig Nachrichten zusammengesetzte Vorfreude bei mir ebenfalls innerhalb von Sekundenbruchteilen pulverisiert, und als ich mich auf dem Boden der Tatsachen wiederfand, sah ich den erhobenen Zeigefinger von Grundregel Nummer eins ganz dicht vor meinen Augen.

30

RENNPFERD

Mein gefülltes Profil lockte nur wenige Tage später eine weitere Dame aus der Reserve. Ich bekam Post von einer »*sehr attraktiven*« Frau, die mir obendrein sofort ihr Foto freischaltete. Da sie sich in ihrem Profil ebenfalls als »*Hauptgewinn*« bezeichnete, bildete das für sie einen willkommenen Anknüpfungspunkt. Unter der Überschrift »*Hauptgewinn trifft Hauptgewinn*« erwähnte sie, dass sie beim Durchlesen meines Profils oft lachen musste. Wir hätten wohl so einige Gemeinsamkeiten, und sie sei wie ich ebenfalls ein Genussmensch.

Hallo Miriam,
Danke für Deine Mail – hat mich gefreut!
Und – Bingo! – Du hast ja auch so einen tollen goldenen Rahmen und darfst auf der VIP-Tribüne sitzen. Hach … ist das nicht schön??? ;-)
… vermutlich finde ich es genauso latent albern wie Du, und Du hast es auch nur gemacht, um da ein paar Sachen mehr schreiben zu können etc.
Aber egal – wo war ich?
Wohnort – genau! Du wohnst in der Nähe von Ulm, richtig?
Dein Foto und Dein Profil haben mir auf den ersten Blick sehr gut gefallen und dann – Ulm. 90 min Autofahrt. Mann!
Ich wohne in der Nähe von Heidelberg. Was meinst Du dazu?
Gruß, Jörg

Ihre Antwort enthielt neben den geteilten Zweifeln aufgrund der Entfernung auch die Information, dass sie als Ausbilderin für Modedesign-Studenten arbeitete und inzwischen auf der rauen Schwäbischen Alb wohnte, obwohl das eher was für Ackergäule sei als für sensible Rennpferde wie sie.

… nett gesagt :-))
Danke für Deine Mail!
Und »sensible Rennpferde« gefällt mir auch besser als »Ackergaul«. Im übertragenen Sinne natürlich – so wie Du das meintest. Ein Pferdenarr bin ich nämlich nicht.
Hat Dich damals die Liebe auf die raue Alb getrieben? Oder der Job? Oder eine Illusion über das Leben sensibler Rennpferde auf der rauen Alb? ;-)

Den halben Weg könnten wir ja auch dafür nutzen, den Hauptgewinn mal mit geteiltem Aufwand auf sich wirken zu lassen ... ohne jetzt drängeln zu wollen. Aber meine Meinung ist, dass virtuell nicht real ist und das echte Leben natürlich der entscheidende Eindruck. Auch wenn laut diesem Portal ja Liebe kein Zufall ist und heutzutage im Internet entschieden wird ... ähem ... hüstel ... nun gut – zumindest lernt man Menschen kennen, die man sonst nicht getroffen hätte. Das stimmt. Wann mach ich mich schon mal auf den halben Weg Richtung Alb!
Apropos Modedesign – ich liebe u.a. Schuhe! Ich glaube, ich könnte Schuhläden leerkaufen, wenn ich 15 Paar Füße hätte ... und das nötige Kleingeld. Aber das nur am Rande.
Sag mal, was Du meinst, zu einem eventuellen Treffen und von mir aus auch zu den Schuhvorlieben ;-)
Lieben Gruß und schönen Sonntag, Jörg

Sie teilte meine Schuhvorliebe, wollte lieber auch ein schnelles Treffen, statt viele Mails zu schreiben, und fragte mich im letzten Satz, ob mein Profilfoto am Gardasee aufgenommen worden sei, was tatsächlich stimmte! Sie hatte den diesigen Hintergrund mit den undeutlichen Bergkonturen auf meinem Porträtfoto wiedererkannt – ich war begeistert! Wir führten unsere Konversation noch einen Tag außerhalb des Portals weiter und beschlossen kurz darauf, miteinander zu telefonieren. Ich konnte mir einen ausgeprägten Dialekt bei der Dame zwar beim besten Willen nicht vorstellen, denn sie schrieb tadellos, und als Ausbilderin für Modedesign war sie vermutlich nicht nur in Sachen Bekleidung, sondern auch sprachlich Kosmopolitin. Außerdem lag ihr Geburtsort nicht auf der schwäbischen Alb, sondern in der Nähe von Heilbronn. Ihr natürliches, hübsches Foto passte ebenfalls nicht zu einem heftigen Dialekt, auch wenn diese Schlussfolgerung gewagt war, denn was sagt das Antlitz schon über den Zungenschlag. Außerdem sprachen ordentliche siebenundneunzig Matching-Punkte dafür, dass wir uns gut verstanden. Kurzum – morgens um kurz nach acht, als *ich* noch zu Hause und *sie* bereits im Auto unterwegs war, wählte ich ihre Nummer. Bereits nach dem ersten Klingeln nahm sie das Gespräch entgegen.

Das anschließende Déjà-vu traf mich wie ein Vorschlaghammer. Ihre freundliche, gut gelaunte Stimme parlierte in breitestem und – ich übertreibe nicht – teilweise unverständlichem Dialekt! Von der Schwäbischen Alb! *Obwohl* sie dort nur zugezogen war! Ich kann die Klangbilder schriftlich nicht abbilden, weil ich sie nie beherrscht und inzwischen bereits verdrängt habe. Für alle Nicht-Schwaben sei jedoch erwähnt, dass der auf der Schwäbischen Alb gesprochene Dialekt selbst unter Schwaben eine Außenseiterposition einnimmt. Ich verstand höchstens die Hälfte und erinnere mich nur noch an viele »Hanois« und »Dohennas«. So nett, intelligent und hübsch die Dame auch sein mochte, ich konnte niemals mit ihr zusammen sein, wenn ich jedes zweite Wort nicht verstand. Für mich als Rheinländer ist der schwäbische Dialekt außerdem phonetisch noch schwieriger nachzuvollziehen als für bayerische oder badische Mitbürger. Ich bin kein Feind von Dialekten oder regionalen Unterschieden, denn auch sie machen Deutschland in seiner Vielfalt aus und sollen gerne gepflegt werden. Trotzdem würde ich allen Eltern und Lehrern empfehlen, den Kindern nach Möglichkeit auch die hochdeutsche Sprache beizubringen, denn das erhöht die Chancen bei Telefonaten während der deutschlandweiten Partnersuche um ein Vielfaches. Ich war nach diesem Gespräch noch enttäuschter als kurz zuvor bei der Sächsin aus Konstanz, denn die Rennpferd-Dame hatte auf mich einen äußerst vielversprechenden Eindruck gemacht. Aber es half ja nichts. Ich schrieb ihr – diesmal über das Portal – eine Mail, in der ich versuchte, ihr meine Gründe für die Absage schonend beizubringen.

Liebe Miriam,
ich habe jetzt hin und her überlegt. Es gibt zwei Dinge, die mich daran zweifeln lassen, dass wir uns treffen sollten. Und aus diesen beiden Gründen sage ich Dir jetzt freundlich ab.

1. Die Distanz. Es sind ja nicht 90 min, sondern bei genauem Hinsehen knapp 2 h Autofahrt zueinander. Und da sicher keiner von uns seine Sachen packen und zum anderen ziehen würde, heißt das z.B. an einem Wochenende dann 4 h Autofahrt. Das ist eigentlich genau das, was ich nicht wollte …
2. Und jetzt hältst Du mich vermutlich für total bescheuert, aber ich werde es aushalten ;-)): Ich habe heute beim Telefonat Deine zwar angenehme Stimme gehört, aber bei Deinem für mich als Rheinländer doch starken Dialekt vermutlich ein knappes Drittel der Worte nicht verstanden. (Hier untertrieb ich freundlich, es war wirklich die Hälfte!) *Ich mag Schwäbisch eh nicht sooo gerne, aber wenn ich dann noch vieles nicht mitbekomme (hatte ich hier im Badener Land ja schon Probleme auf dem Dorf), dann macht mir das etwas zu viel Gedanken, und ich mache hier lieber einen Rückzieher. Das ist in keinster Weise respektlos oder abwertend gemeint – es passt halt nicht zu mir.*
Es tut mir leid, aber ich hoffe, Du kannst mich in Ansätzen vielleicht doch verstehen. Zumindest ist es ehrlich. Auch wenn ich es schade finde. Denn das Bauchgefühl war nicht schlecht bei Dir!!
Lieben Gruß und alles Gute, Jörg

Auf diese Nachricht bekam ich keine Antwort, und ich hörte nie wieder etwas von Miriam.

31

NICHT IM HIER UND JETZT

Nachdem ich mit den ersten beiden interessanten Damen noch nicht mal über ein Telefonat hinauskam, begann ich erneut, die Profile systematisch durchzuarbeiten, und verschickte innerhalb weniger Tage eine ordentliche Ladung Nachrichten.

Eine der Antworten, die ich erhielt, stammte von einer Frau, deren Profil etwas frech und aus dem Bauch heraus geschrieben war und die (endlich mal) nur fünfzig Kilometer entfernt wohnte. Sie war Zahntechnikerin von Beruf, und ihr Foto sprach mich sofort an, weil ich einen spitzbübischen und zugleich warmherzigen Schalk in ihrem Blick entdeckte, während sie eine grüne Strickmütze auf ihrem Kurzhaar-Blondschopf mit beiden Händen zurechtrückte. Sie trug eine mittelbraune Lederjacke mit nachlässig, nur zur Hälfte hochgeschlagenem Kragen und lächelte entspannt. Dadurch besaß das Foto eine Natürlichkeit, die sich auch in der Person widerzuspiegeln schien. Es hatte den Anschein, als sei dieses gelungene Foto entstanden, während sie sich für ein gelungenes Foto herrichtete. Entweder war es das Werk eines guten Fotografen oder ein seltener perfekter Schnappschuss. Der neutrale Hintergrund sprach jedoch für ein professionelles Bild. Während unserer E-Mail-Konversation wurde dieses ansprechende Foto jedoch von dem Eindruck getrübt, die Dame sei manchmal nicht ganz bei der Sache. Ihre Antworten trafen sehr unregelmäßig ein, und was sie schrieb, klang zwar oft schlagfertig und witzig, manchmal allerdings auch etwas schnippisch oder lapidar formuliert. Vielleicht hatte sie ja noch andere Männer im Kopf? Sie wirkte jedenfalls nicht, als könne sie es kaum abwarten, mich kennenzulernen, und das fuchste mich ein wenig, denn ich wollte nicht nur mehr über sie erfahren, sondern auch mehr als nur eine virtuelle Nebenrolle für sie spielen. Sonst konnten wir uns die Zeit aus meiner Sicht sparen und zielführender für andere Dinge, Damen oder Herren verwenden. Andererseits fand ich ihren Blick auf dem Foto zu vielversprechend, um den Kontakt zu beenden, und aus diesem Grund blieb ich hartnäckig. So dauerte es zwar ein wenig, aber nach knapp drei Wochen kam es tatsächlich zu einem Treffen.

Als Ort für unsere erste Verabredung wählten wir den Kurpark in einer Kleinstadt, die nur fünfzehn Minuten von ihrem Wohnort entfernt lag. Ich erwartete von diesem Treffen erst mal nichts und ließ meiner Neugierde komplett den Vortritt. Heute im Nachhinein weiß ich nicht mal mehr, ob wir vorher telefonierten oder nicht. Vermutlich schon, denn ihr Wohnort lag im Dunstkreis des Schwabenlands, und ich wollte eine weitere unliebsame Überraschung sicherlich vermeiden. Der Sonntag, an dem ich mich nachmittags auf den Weg zum Kurpark begab, machte seinem Namen alle Ehre, und so waren die Voraussetzungen optimal, um in der gepflegten Anlage und dem angrenzenden Waldstück durch die wärmende Sonne zu schlendern und anschließend vielleicht noch das kleine, nette Café am Eingang des Parks zu besuchen. Ich fand noch einen der letzten freien Parkplätze in der Nähe des Eingangs, zog mir trotz Sonnenschein meinen Trenchcoat über, nahm meine Brieftasche und den Autoschlüssel in die Hand und spazierte in die überwiegend von Sonntagsrentnern bevölkerte Parkanlage. Die Zahntechnikerin saß bereits auf einer Bank zwanzig Meter vom Eingang entfernt, und ich erkannte sie sofort, denn mit ihren relativ kurzen, blonden Haaren und dem markanten Gesichtsprofil besaß sie einen hohen Wiedererkennungswert. Eine Mischung aus Barbra Streisand und Annie Lennox, dachte ich, als wir uns freundlich begrüßt hatten und plaudernd durch den Kurpark schlenderten. Nach einer halben Stunde Schlendern und Plaudern gelangten wir auf eine kleine Anhöhe mit einem angelegten Rosengarten, und dort nahmen wir auf einer freien Bank Platz, ohne unsere erfreulich unangestrengte und erfreulich hochdeutsche Unterhaltung zu unterbrechen. Wir sprachen über unsere Erfahrungen während der Trennungsphase und den manchmal etwas holprigen Neuanfang, glichen die Eigenheiten unserer Ex-Partner und den jeweiligen Umgang damit ab, und es wurde uns keine Sekunde langweilig miteinander. Mir gefiel ihre offene, unaufdringliche Art. Es war angenehm, ihr zuzuhören, und sie fragte mich zwischendurch immer wieder auch nach meiner Meinung und meinen eigenen Erfahrungen. Außerdem konterte sie ironische Bemerkungen schlagfertig, und wir schienen uns in vielen Dingen auf einer Wellenlänge zu befinden. Allerdings lag für ein erfolgreiches Blind Date zu viel gleichgültige Höflichkeit in den an mich gerichteten Fragen und Blicken. Ich hatte den Eindruck, sie sei zwar an dem interessiert, was ich sagte, aber nicht daran, wer ich bin, und diese etwas widersprüchliche Mischung konnte ich in letzter Konsequenz schwer einschätzen. Von einer Partnerin in spe wünschte ich mir schon etwas mehr Begeisterung für meine Person. Sie machte jedoch den Eindruck, als befände sie sich noch in einer Zwischenwelt und schaue sich das alles hier erst mal an, bevor sie sich entschied, richtig mitzuspielen oder nicht. Während unserer Begegnung hatte ich einige Male das Bedürfnis, diesen letzten Schritt ins Hier und Jetzt aus ihr herauszukitzeln, auch wenn ich nicht wusste wie. Ich wollte sie gerne mit voller Präsenz erleben.

Unser Nachmittag klang tatsächlich mit einem Stück Kuchen in dem kleinen Café des Kurparks aus, und auch die anschließende Verabschiedung trug für mich die Überschrift: »Nett, aufrichtig und ein bisschen egal!« Auf dem Weg zum Auto hatte ich das Gefühl, ich sei genauso klug wie vor unserem Treffen. Für ein klares »Nein« hatten wir uns zu gut verstanden, aber aufgrund ihrer etwas halbherzigen Anwesenheit war ich mir nicht sicher, ob ein Wiedersehen sinnvoll wäre. Während der Heimfahrt überlegte ich, was der Grund für ihre angezogene Handbremse bei unserer Begegnung gewesen war. Gefiel ich ihr einfach nicht und war zwar ein netter Gesprächspartner, jedoch nicht reizvoll genug, damit mehr daraus werden konnte? Oder lag es an ihrer derzeitigen Lebenssituation, von der sie mir in Ansätzen erzählt hatte? Waren die noch ungeklärten Baustellen mit dem Ehemann und die daraus resultierende Unsicherheit für sie und ihre Töchter der Grund für ihr Verhalten? Durch solche »schwebenden Verfahren« konnte einem der Fokus auf das Hier und Jetzt ebenfalls abhandenkommen, das war mir klar. Ich kam zu keinem klaren Urteil. Daher entschied ich mich noch am selben Abend, aus meiner Unentschlossenheit kein Geheimnis zu machen, und schrieb ihr, dass sie für mich zwar schwierig einzuschätzen gewesen sei, ich aber ein zweites Treffen nicht generell ausschließen wolle. Sie antwortete mir erst einen Tag später abends nach der Arbeit, und ihre Antwort klang tatsächlich wie eine Absage, war jedoch unnötig kompliziert formuliert und nicht ganz eindeutig. Ich fragte sofort nach, was genau sie mir denn mitteilen wolle, ob sie mich eher doch oder eher nicht ein zweites Mal treffen möchte. Kurze Zeit später erhielt ich die Nachricht, sie wolle eher nicht, ich sei für sie zwar ein toller Gesprächspartner gewesen, wie ein guter Freund eben, aber wir beide würden bekanntlich keinen guten Freund suchen. Damit hatte die Zahntechnikerin nicht nur recht, sondern gleichzeitig auch eine Entscheidung getroffen, und trotz meiner Unentschlossenheit fiel es mir nicht schwer, diese Entscheidung zu akzeptieren. Wenige Minuten später erhielt ich eine weitere Nachricht über das Internetportal. Sie hatte mich endgültig von ihrer Kontaktliste gelöscht, und ich sah statt ihres Profilfotos nur noch das »Durchfahrt verboten«-Schild. Interessanterweise empfand ich diese Aktion wiederum als harsch und unfreundlich, obwohl es dazugehört, wenn man überhaupt kein Interesse hat. Aber ich fühlte mich trotzdem vor die Türe geschickt, auch wenn sie mich nie in ihr Haus gebeten hatte. Ich fand, für eine solche Geste hatten wir uns zu gut verstanden und teilten zu viele Gemeinsamkeiten und Sympathien, da war ein unwiderruflicher Schlussstrich etwas rüde. Ihre latente Gleichgültigkeit und die plötzliche Kontaktsperre beschäftigten mich noch eine Weile, denn irgendetwas hatte da nicht zusammengepasst. Vielleicht lag es an dem präzisen Beruf der Zahntechnikerin, bei dem man vermutlich lernt, keine Kompromisse einzugehen, damit dem Patienten das Mahlwerk nicht nach wenigen Jahren im Munde zerbröselt. Oder hatte sie maßgebliche Details aus ihrem Privatleben verschwiegen? Ich würde es nie mehr erfahren, denn gelöscht war gelöscht, egal ob sie die Taste im Hier und Jetzt oder woanders drückte.

32

LIFESTYLE BLOG

Inzwischen hatte der kalendarische Sommer begonnen, und das Leben an den Wochenenden fand größtenteils draußen statt. Einen dieser sonnigen Samstage nutzte ich für mein bereits länger aufgeschobenes Vorhaben, erste Blumen in einige der Terracottatöpfe auf meiner kleinen Terrasse zu pflanzen. Ab sofort würde also nicht nur mein ferner, sondern auch mein naher Blick aus dem Fenster aufatmen – endlich Sommer! Nach diesem gelungenen Frischluftunterfangen widmete ich mich notgedrungen dem Haushalt, trieb danach etwas Sport, frühstückte ausgiebig und setzte mich anschließend mit dem Laptop auf die frisch begrünte Terrasse, um Online-Kontakte zu knüpfen, fortzuführen oder zu beenden. Seit einigen Tagen parlierte ich munter mit einer ganz vielversprechenden, witzigen Dame namens Anita, mit der ich mich glatt verabreden wollte, obwohl uns nur magere achtundsiebzig Punkte verbanden. Diese geringe Punktzahl machte mich zwar stutzig, aber sie schrieb so locker und lustig, dass ich alle Vorsätze über Bord schmiss. Ausnahmslos jede ihrer Nachrichten sprach mich an, egal ob sie über seltsame Arbeitskollegen, ihren verschütteten alemannischen Fastnachtsdialekt, die Familienfinca auf Mallorca, die Barolo-Party an ihrem Geburtstag oder über ihre kleine Tochter schrieb. Und überhaupt – die Liebe zum Sport und zum Genuss der schönen Dinge verband uns ebenfalls, sodass ich in ihrem Fall sogar einen wie auch immer gearteten Fehler beim Abgleich unserer Persönlichkeitsprofile für möglich hielt. Vielleicht hatte sie ja irgendwelchen Mumpitz im Rahmen des psychologischen Tests angekreuzt, und wir waren in Wirklichkeit wie füreinander geschaffen?

Doch plötzlich, mitten in meine Konversation mit Anita platzte eine andere Nachricht, die ich auf meinem persönlichen Mail-Account und nicht über das Portal erhielt. Die Absenderin war eine

Dame, die nach eigener Aussage meine gelbe Kontaktanzeige *»seit Monaten auf dem Schreibtisch neben mir liegen«* hatte. Sie gehörte scheinbar zu der Zielgruppe, die es eigentlich nicht nötig hat, sich auf eine Anzeige zu melden, und das normalerweise auch nicht tut. Nach langer Zeit hatte sie sich jedoch ein Herz gefasst, meldete sich als Spätzünderin auf meinen gelben Frühjahrs-Kasten und ließ die Konversation mit Anita von einem Moment auf den anderen verblassen. Ich schenkte Anita unverzüglich reinen Wein ein, worauf sie vollstes Verständnis signalisierte, mir jedoch befahl, mich wieder zu melden, wenn sich mit dieser *»neuen Dame«* dann doch nichts ergeben würde. Vielleicht sei sie *»dann ja auch noch solo«*. Typisch Anita und beinahe zu sympathisch, um von ihr abzulassen, aber irgendetwas zog mich zu der Spätzünderin. Diese hatte ihre E-Mail übrigens versehentlich von dem Account ihrer Lifestyle-Plattform gesendet, sodass mich diese Recherchemöglichkeit förmlich ansprang und ich sofort nachschaute, mit wem ich es zu tun hatte. Als ich sie darauf aufmerksam machte, war ihr diese Gedankenlosigkeit zwar peinlich, aber sie nahm es mit Humor. Ihr Internetauftritt war sehr geschmackvoll gestaltet – klare Linien und einfache Symbole, die den Betrachter mit der Kraft ihrer Ursprünglichkeit und ohne Effekthascherei zu beeindrucken wussten. Die Dame hatte obendrein auch ein Foto von sich in der Rubrik *»über mich«* eingestellt, und ich hätte sie im Jargon des Single-Portals ohne zu zögern als »äußerst attraktiv« bezeichnet. Sie besaß ein hübsches, fein gezeichnetes Gesicht, große blaue Augen, die gut gelaunt in die Kamera schauten, blonde, mittellange Haare, war sehr schlank und mit eins einundachtzig genauso groß wie ich. Ihre Körpergröße stand natürlich nicht auf der Website, aber ich erfuhr sie kurz darauf von ihr persönlich. Meine ältere Tochter, die in diesem Fall mal wieder einen Blick auf das Foto warf, fand zwar, die Dame sähe »etwas zickig« aus, ich jedoch war anderer Meinung und schickte ihr unverzüglich eine Antwort sowie einige Fotos von mir. Diese hielten die große Blonde scheinbar nicht von einem weiteren Kontakt ab, und so mailten wir zwei Tage lang mit offensichtlichem Interesse hin und her. Am zweiten Tag beschlossen wir, während der Mittagspause kurz miteinander zu telefonieren. Nachdem mir ihre Website und ihr Foto schon sehr gefallen hatten, war das Telefonat fast zu schön, um wahr zu sein! Sie besaß eine sehr angenehme Stimme und sprach wunderbares Hochdeutsch, obwohl sie ursprünglich aus Bremen stammte. Ich war entzückt! Meinen Vorschlag für ein Abendessen unter der Woche akzeptierte sie ebenfalls ohne Umschweife, und da sie nur gute dreißig Autominuten von mir entfernt wohnte, war auch hier keine Weltreise notwendig. Beste Voraussetzungen also für ein zügiges Kennenlernen und für alles, was danach noch kommen konnte. Ich reservierte in einem schönen Restaurant mit Parkanlage einen Tisch auf der Terrasse und freute mich auf einen lauen Sommerabend mit ihr. Auch wenn dieses Restaurant normalerweise etwas für den Anzug und das kleine Schwarze war, einigten wir uns ausdrücklich auf Jeans und lockere Kleidung. Das war im Nachhinein auch angemessen, denn es war an diesem Wochenabend nicht viel los, und wir hätten in feiner Kleidung doch deplatziert und overdressed gewirkt.

Ich traf ein paar Minuten früher ein und spazierte zum Zeitvertreib betont langsam, aber innerlich aufgeregt in dem kleinen Park umher. Nachdem ich zehn Minuten gewartet und einige Gäste kommen und gehen gesehen hatte, fuhr ein feuerroter SUV auf den Parkplatz und die Lifestyle-Bloggerin stieg aus dem Auto. Meine Güte, ist die groß und hübsch!, schoss es mir in den Kopf: Sie trug zwar keine High Heels, sondern flache Schuhe mit einem kleinen Absatz, aber war trotzdem ein paar Zentimeter größer als ich. Auch wenn ich mit großen Frauen kein Problem habe, so war es im ersten Moment ein ungewohntes Gefühl, ihr gegenüberzustehen. Manchen Damen ist es ja selbst unangenehm, wenn sie größer sind als der ganze Rest der Gesellschaft. Diese Frau kam mit ordentlichen High Heels problemlos über eins neunzig, und Männer, die sich etwas kleinere Frauen wünschen, müssten folglich mindestens zwei

Meter groß sein, um die Lifestyle-Bloggerin ohne Spätfolgen für ihr eigenes Ego anzusprechen. Das verringerte den potenziellen Kandidatenkreis für sie natürlich beträchtlich. Aber wie dem auch sei – erst mal freute ich mich, dass sie jetzt so in voller Länge vor mir stand. Sie wirkte überhaupt nicht zickig und sah tatsächlich genauso hübsch aus wie auf dem Foto ihrer Website. Wir schlenderten zur Restaurantterrasse, nahmen an unserem Tisch Platz und verbrachten einen sehr angenehmen Abend mit langer, angeregter Unterhaltung. Erst gegen kurz nach elf merkten wir, dass die Bedienungen nur wegen uns noch nicht Feierabend machen konnten, zahlten anschließend und gingen noch ein kurzes Stück spazieren. Bereits während des Essens hatte ich einen Teil ihrer außergewöhnlichen Lebensgeschichte erfahren sowie den Grund, warum sie vor achtzehn Monaten alleine von Bremen in den kleinen, verschlafenen Ort in meiner Nähe gezogen war.

Ihr letzter Freund war jahrelang ihre große Liebe gewesen. Er reiste jedoch sehr viel und musste aufgrund geschäftlicher Verpflichtungen häufig spontan in andere Länder aufbrechen. Die Liebe zu diesem Mann und ihre Vision von einer gemeinsamen Zukunft war nach meiner Deutung um einen zentralen Punkt gebaut: Er hatte versprochen, mit ihr zusammenzuziehen und eine Familie zu gründen, wenn diese unruhigen Zeiten vorbei seien. Aber die Zeiten gingen nicht vorbei, im Gegenteil, sie wurden noch unruhiger. Sie musste immer öfter quer durch Europa in irgendeine Stadt reisen, damit sie sich überhaupt treffen konnten, und lebte zunehmend mehr von der Hoffnung als von der tatsächlichen Annäherung an die versprochene Zweisamkeit. Mit der Zeit begann auch sein Verhalten immer seltsamere Formen anzunehmen. Irgendwann bat er sie beispielsweise, ihm spontan einen vierstelligen Betrag zu leihen, was sie bedenkenlos tat, da er nicht am Hungertuch zu nagen schien. Dann lieh er sich auf einmal ihr Auto für geschäftliche Reisen, und plötzlich begannen auch die kurzfristig abgesagten Treffen zuzunehmen. Anlass für

Zweifel oder Misstrauen gab es im Nachhinein genug, aber da er aus ihrer Sicht immer alles glaubhaft erklären konnte, vertraute sie ihm weiterhin. Seltsam wurde es, als er »aus Rücksicht« darauf bestand, sie nicht mehr in seine geschäftlichen Geheimnisse einzuweihen, und sie sich oft wochenlang gar nicht mehr sehen konnten. Irgendwann brach dann aus unerfindlichen Gründen der Kontakt gänzlich ab, und kurze Zeit später erreichte sie prompt die Nachricht, dass er festgenommen worden war. Ein ziemlicher Schock für sie – und wahrscheinlich ein Missverständnis, das sich irgendwann aufklären würde. Nach seiner Festnahme versicherte er ihr immer wieder, dass er ein Opfer der Umstände sei und ihre Unterstützung brauche, auch finanziell natürlich. Anfangs glaubte sie seiner Darstellung und stand uneingeschränkt und voller Liebe zu ihm. Das Ende vom Lied war allerdings, dass sich ganz andere Missverständnisse aufklärten und er tatsächlich zu einer mehrjährigen Haftstrafe wegen zahlreicher krimineller Delikte verurteilt wurde. Und ihre bedingungslose Liebe bekam anschließend noch größere Risse, als während des Prozessverlaufes durch Anwaltskontakte zu ihr durchdrang, dass dieser Mann auch mit vielen anderen Frauen eine langjährige Verbindung eingegangen war – inklusive finanzieller Unterstützung, versteht sich. Das war natürlich ein formidabler Schlag in den Nacken, und der zweite Schlag folgte kurze Zeit später. Denn es stellte sich ebenfalls heraus, dass ihr Freund im Rahmen seiner Machenschaften Kontakte zur Mafia gehabt hatte, in welcher Form durfte sie mir angeblich nicht sagen. Kurz nachdem sie das erfahren hatte, wurde die blonde Bloggerin sogar persönlich und unmissverständlich von einem Mafioso (oder einem Handlanger) gewarnt. Dieser riet ihr eindringlich, sich komplett zurückzuziehen und den Kontakt zu ihrem Freund endgültig abzubrechen, wenn sie nicht ebenfalls ins Fadenkreuz gelangen wolle. Es dauerte viele Monate und viele Gespräche, bis sie diesen Riesenbrocken ernüchternder Tatsachen anerkennen konnte, denn sie war ihrem betrügerischen Freund derart verfallen, dass sie sich nach eigener Aussage »zwingen musste, die Wirklichkeit zu akzeptieren«. Sie kontaktierte im Rahmen ihrer selbst verordneten Entzugsmaßnahmen auch andere betroffene Frauen und hörte Geschichten, die ihrer eigenen sehr ähnlich waren.

Natürlich brach sie den Kontakt zu ihrem einstigen Traummann ab, nicht zuletzt, weil die Präsenz der Mafia ihrem emotionalen Drama eine neue Dimension der Bedrohung hinzufügte. Nachdem sie die Realitäten halbwegs für sich sortiert hatte, bekam sie als krönenden Schlusspunkt ihrer Krise einen Bandscheibenvorfall, denn sie konnte das alles wohl im wahrsten Sinne des Wortes nicht mehr ertragen. Diesen neuerlichen Rückschlag deutete sie als Zeichen zum Aufbruch, und nachdem sich ihr Rückgrat wieder sortiert hatte, begann sie, ihr Leben umzukrempeln, zog weit weg, in den kleinen Ort in meiner Nähe, um sich eine neue Existenz aufzubauen, stürzte sich in ihre Arbeit und baute ihr neues Baby, die Lifestyle-Plattform, behutsam auf. Den Wunsch, eine Familie mit eigenem Nachwuchs zu gründen, hatte sie ebenfalls noch nicht aufgegeben, auch das vertraute sie mir beim ersten Treffen an. Dieser Wunsch deckte sich natürlich nicht mit meiner eigenen Lebensplanung, denn ich wollte nicht noch einmal Vater werden (obwohl beide meiner Töchter immer wieder sporadisch erwähnten, dass sie nichts dagegen hätten).

Seit dem Aufbruch und ihrem Neuanfang war inzwischen über ein Jahr vergangen, und meine gelbe Anzeige war für die Lifestylistin wie ein Zeichen, sich aus dem Schneckenhaus zu trauen und die Fühler auszustrecken. Aber selbst das war ihr offensichtlich nicht leichtgefallen, denn sie hatte ja etliche Wochen gebraucht, um sich zu diesem Schritt durchzuringen. Einerseits konnte ich zwischen den Zeilen ihres selbstsicheren und reflektierenden Abendvortrags auch die Gratwanderung spüren, der ihre Seele seit dem Entschluss, mir zu schreiben, ausgesetzt war. Andererseits war ihr großer Wunsch nach einem normalen, erfüllten Familienleben bei unserem Treffen fast mit Händen greifbar, und ich konnte mich des

Eindrucks nicht erwehren, sie schütte mir für ein erstes Blind Date ein bisschen zu sehr ihr Herz aus, auch wenn mich ihre Geschichte interessierte und mir ihre Offenheit sogar ein wenig schmeichelte. Sie erwähnte beispielsweise auch, dass sie darunter litt, selten von Männern angesprochen zu werden. Zum einen lag das wohl an ihrer Größe und zum anderen daran, dass sich viele Männer keinen Korb holen wollten oder glaubten, da kommt ja eh gleich der »Einmeterfünfundneunzig-Dressman-Freund« um die Ecke. Ich gebe zu, dass ich vermutlich das Gleiche gedacht hätte, wenn ich sie in einem x-beliebigen Straßencafé alleine am Tisch hätte sitzen sehen. Und auch, wenn mir für die Rolle eines Dressman-Freundes sicher mehr als nur vierzehn Zentimeter Länge fehlten, machte mich ihre Aussage und die Tatsache, mit ihr auf dieser Terrasse zu sitzen, schon ein wenig stolz. Alles in allem besaß allein schon der jüngere Teil ihrer Vergangenheit das Zeug zu einem spannenden Buch oder einer melodramatischen Verfilmung, und diese Geschichte fesselte mich fast in gleichem Maße wie die bezaubernde Erzählerin. Die ehrliche und lebensfrohe Ausstrahlung dieser hübschen Frau sowie ihre in Teilen auch selbstironische Schilderung waren der Grund dafür, dass ich mich an diesem ersten Abend in sie verguckte. Und obwohl ihr Kinderwunsch als verschwommenes Warndreieck am Horizont leuchtete und mich etwas ins Grübeln brachte, wuchs in mir die leise Hoffnung, mit der großen Blonden vielleicht endlich die richtige Frau gefunden zu haben.

In den darauffolgenden Tagen verhielt sich die Dame allerdings deutlich zurückhaltender. Anfangs hatte sie euphorisch und meist sehr schnell innerhalb weniger Stunden geantwortet, nun dauerte es oft ein oder zwei Tage, bis ich eine Nachricht erhielt. Ich konnte das nicht richtig einschätzen, da sie diese Pausen jedes Mal von sich aus mit hohem Arbeitsaufwand oder Kundenterminen erklärte. Ich befürchtete jedoch, dass dahinter eine mehr oder weniger diffuse Unentschlossenheit oder Zögerlichkeit steckte. Dieser gefühlte Rückschritt wurde für mich zur leisen Qual, denn aufgrund ihrer anfänglichen Euphorie hatte ich mir bereits ein paar Wunschbilder in meiner Fantasie zusammengezimmert. Einige Tage später formulierte sie dann auch, dass sie wohl noch tiefer in ihrer Vergangenheitsbewältigung stecke, als ihr lieb sei. Darüber hinaus hielt ich für wahrscheinlich, dass sie in den letzten Monaten und während unserer ersten beiden Tage ein wenig in die virtuelle Falle getappt war und sie ihre Sehnsucht nach einer ehrlichen Beziehung, ihr Heilungsbedürfnis und all den angestauten Lebenshunger auf *mich*, auf den Typen mit der gelben Anzeige, projiziert hatte.

Zwei Wochen nach unserem ersten Treffen lud ich die große Blonde zu einer kleinen Party meiner »besten Freundin« Sandra und ihres Mannes Silvio in Karlsruhe ein. Mit Sandra und Silvio hatte ich mich ein Jahr zuvor bereits über die psychologischen Tests der Portale ausgetauscht, und die beiden hatten mir damals deren Seriosität bestätigt. Zu meiner Überraschung sagte mir die Lifestylistin ihre Partybegleitung sofort zu, und ich hoffte, dies würde das Ende ihrer Zurückhaltung und vielleicht sogar einen neuen Anfang bedeuten, auch wenn das nach den letzten Tagen eine sehr gewagte Schlussfolgerung war. Als ich samstagabends bei ihr zu Hause klingelte, war ich noch aufgeregter als vor unserem ersten Treffen. Würde sich die leise Distanz der letzten Tage auflösen, wenn wir uns gegenüberstanden? Oder begleitete sie mich lediglich, um aus der Perspektive eines teilnehmenden Zuschauers ein anderes Szenenbild mit mir in der Hauptrolle auf sich wirken zu lassen? Unsere Begrüßung verlief erwartungsgemäß entlang der Küsschen-links/rechts-Linie. Und auch die anschließende Autofahrt zu Sandra und Silvio füllten wir lediglich mit einem alles und nichts sagenden Small Talk. Diese unverbindlichen Sätze machten die Fahrt zu einem für mich etwas surrealen Ereignis, denn das zwei Wochen zuvor im Restaurant aufgeschlagene Buch ihrer Lebensgeschichte schien jetzt auf dem Beifahrersitz neben mir zugeschlagen und vernagelt. Es fühlte sich an, als sei bereits alles gesagt worden, die Vorstellung beendet und die Vorhänge längst geschlossen. War dieses

Treffen nur noch die unverbindliche Plauderei, mit der wir unsere eigene Theatervorstellung verließen, um uns demnächst auf getrennte Heimwege zu begeben? Oder brauchten wir beide heute einfach ein wenig Zeit, damit sich die Vertrautheit unserer ersten Begegnung erneut einstellte? Musste ich der großen Blonden nur weiterhin geduldig die Hand reichen, um ihr den nötigen Halt bei der Gratwanderung zu geben, mit der sie aus ihrer Vergangenheit in eine neue Gegenwart aufbrechen wollte?

Nachdem ich den Wagen in der schmalen Kopfsteinpflasterstraße in Karlsruhe geparkt hatte, begaben wir uns in den zweiten Stock des schönen Jugendstil-Mietshauses, in dem Sandra und Silvio wohnten. Sandra begrüßte die große Blonde sehr herzlich und mit den Worten: »Boah, bist du groß!« Anschließend fügte sie lachend hinzu: »Ich darf das sagen, denn ich bin ja selber groß!« Sandra maß ebenfalls stolze eins achtzig, und ihr Mann Silvio, der uns milde lächelnd zugesehen hatte und nun ebenfalls herzlich aber etwas zurückhaltender die Begrüßungsinitiative ergriff, war sogar ein Stückchen kleiner als Sandra. Ich überlegte kurz, ob der großen Blonden das auffiel und sie sich über die Körperlängen der Protagonisten an der Party-Wohnungstüre auch Gedanken machte, jetzt, wo Sandra sie mit liebenswerter Forschheit darauf gestoßen hatte. Während mir dieser Gedanke in den Kopf schoss und ebenso schnell wieder verschwand, zogen wir unsere Schuhe aus und stellten sie zu der beeindruckenden Sammlung, die sich bereits neben der Wohnungstüre angehäuft hatte. Ich deponierte mein Fingerfood-Mitbringsel* auf dem überwiegend von Gästen ausgestatteten Buffet und betrat mit meiner Begleitung die Partyzone. Allerdings war die Stimmung sowohl in dem großzügigen Wohnraum als auch in der geräumigen Küche und auf dem breiten Balkon nicht sommerlich ausgelassen, sondern eher ernsthaft-be-

* *Cranberry/Chili/Ingwer-Hackfleischbällchen, die man allerdings erst verzehren musste, damit sie einen bleibenden Eindruck hinterließen …*

sonnen. Wir waren in ein wahres Psychologennest geraten. Ich hätte wetten können, dass außer uns beiden jeder auf dieser Party in einem psychologischen Beruf tätig war, denn ganz gleich wo wir uns niederließen, ganz gleich bei welcher Konversation ich im Vorübergehen kurz hinhörte, es ging um psychologische Themen, um wissenschaftliche Ergebnisse, um therapeutische Maßnahmen, um kuriose Erkenntnisse oder Erlebnisse aus der eigenen Berufspraxis und so weiter. So saßen wir, mit unseren Gesprächsinhalten weitestgehend auf uns selbst gestellt, in einer Ecke auf dem großen Balkon, stibitzten hin und wieder etwas von dem bunt zusammengewürfelten Buffet und unterhielten uns miteinander, indem wir erleichtert und ausgiebig jedes sich bietende Thema bearbeiteten. Die Situation geriet aufgrund der erwähnten Rahmenbedingungen mit der Zeit etwas steif, und auch wenn wir versuchten, das Beste daraus zu machen, ließ sich ein Gefühl der Isolation nicht vermeiden. Da wir uns trotz der vielen Gäste auf dem großen Balkon letztendlich nur mit uns selbst beschäftigen konnten, machte sich bei mir eine gewisse Ratlosigkeit und Verlegenheit breit. Für persönliche Themen, hätten wir sie denn ansprechen wollen, saßen wir zu sehr in der Öffentlichkeit dieser Gesellschaft, denn nur wenige Zentimeter neben uns wurden psychologische Detailgespräche geführt. Und für netten Small Talk gingen uns nach einer knappen Stunde irgendwann die Themen aus. Mir war das etwas unangenehm, und als Mann fühlte ich mich verantwortlich für das Gelingen dieses Abends, zumal es *meine* Freunde waren, die wir besuchten, auch wenn dies nur die beiden Gastgeber einschloss.

Letztendlich blieben wir nur zweieinhalb Stunden bei Sandra und Silvio, verspürten dann eine schleichende Müdigkeit, waren uns einig, dass wir eher auf einem informellen Psychologentreffen statt auf einer ausgelassenen Sommerfeier gelandet waren, und sagten das der lieben Sandra auch mit einem Augenzwinkern bei der Verabschiedung. Mich interessieren psychologische Themen zwar grundsätzlich sehr, aber wir konnten in dieser Runde einfach nicht mitreden. Also fuhren wir heim, gähnten während der Rückfahrt auf der Autobahn etwas vor uns hin, unterhielten uns kaum, und ich setzte die große Blonde noch vor Mitternacht an ihrer Haustüre ab. Die Verabschiedung verlief erneut entlang der unverbindlichen Küsschenfront, und wir sprachen nicht über ein weiteres Wiedersehen. Ich wollte sie zwar grundsätzlich wiedersehen, aber spürte von ihrer Seite weiterhin eine merkliche Zurückhaltung und drängelte nicht. Außerdem musste sich der nicht zu hundert Prozent gelungene Abend bei jedem von uns erst mal setzen.

Einige Tage gingen ins Land, und sie meldete sich nicht. Mitte der darauffolgenden Woche fragte ich per Mail, wie es ihr ginge, und schlug ein paar Aktivitäten für das nächste Wochenende oder die Zeit danach vor. Es dauerte zwei Tage, bis ich in einer kurzen Nachricht erfuhr, dass sie mit ihrer Mutter am Wochenende nach Kopenhagen fuhr und keine Zeit habe. Die Mail war distanziert höflich gehalten und ließ nach meinem Eindruck jede Perspektive vermissen – kein Satz wie *»Ich melde mich danach«* oder *»Wir können gerne am Wochenende darauf etwas unternehmen«*. Für mich war das ein klares Indiz dafür, dass sie doch nicht mehr an mir interessiert ist. Sie hätte das ja sagen können, wenn es so war, aber vielleicht war sie sich selbst nicht klar über ihr eigenes Leben, nicht sicher, was sie wollte oder was sie schon hinter sich gelassen hatte, und noch nicht mal sicher, was sie mir schreiben sollte. Und so antwortete ich ihr noch am gleichen Tag, dass ich inzwischen überzeugt sei, sie interessiere sich doch nicht ernsthaft für mich und dass die langen Pausen und spärlichen Mails im krassen Gegensatz zu den ersten Tagen stünden, und auch wenn das ihr gutes Recht sei, wolle ich lieber hier einen Schlussstrich ziehen, als weiter auf ihre Zuneigung zu hoffen. Und sollte ich irgendetwas missverstanden haben, dann täte es mir leid, und sie könne es mir gerne mitteilen oder richtigstellen. Ich formulierte die Mail freundlich und klar, obwohl meine Enttäuschung sicher zwischen den Zeilen mitschwang, da ich mir anfangs ernste Hoffnungen gemacht hatte. Auf diese

Mail bekam ich keine Antwort und hörte nie wieder von ihr. Entweder war die Zeit noch nicht reif, um ihr Schneckenhaus zu verlassen, und sie hatte die Fühler zu voreilig ausgestreckt, oder sie wollte mich tatsächlich loswerden, wusste nur nicht wie und beließ es dann bei meinem freiwilligen Rückzug. Vielleicht war das ihre Art, jemanden nicht zu verletzen, besser nichts zu sagen als ein offenes »*Nein*«. Vielleicht war die Erinnerung an Abschiede noch zu frisch, um jetzt selbst die richtigen Worte zu finden. Oder sie war nach der anfänglichen Euphorie nun über ihren wiederkehrenden Wundschmerz sogar noch bedrückter als ich über ihre Zurückhaltung, wer weiß. Mein Ziel lag offensichtlich nicht auf ihrem Weg, und auch wenn ich doch nicht ihr Typ war, hätte mir eine freundliche und offene Nachricht zum Abschluss gutgetan, aber so verschieden wie die Menschen sind auch ihre Arten, Wege zu trennen.

Bei der Recherche zu diesem Buch schaute ich drei Jahre später noch mal nach, ob es die Lifestyle-Plattform der großen Blonden in meiner Nähe noch gab. Sie existierte noch, und da sich sowohl die Referenzen als auch der Content sichtlich erweitert haben, gehe ich davon aus, dass sie immer noch erfolgreich tätig ist, in diesem kleinen Ort dauerhaft Wurzeln geschlagen und sich vielleicht sogar ihr Traum von einer kleinen Familie erfüllt hat.

33

KAMPFSPORT

Inzwischen war es Mitte August, und der Hochsommer neigte sich langsam dem Ende zu. Diese warmen Tage fühlen sich hierzulande immer wertvoll an, weil das Wetter wenige Wochen später schon wieder herbstlich sein kann. Ich mag den Wechsel der Jahreszeiten sehr, aber das Frühjahr und der Sommer dürfen für mich jeweils vier Monate dauern, dann zwei Monate Herbst und zwei Monate

Winter und anschließend wieder die vier Monate Frühling und Sommer, so stelle ich mir das vor. Das würde auch die Heizkosten und somit den CO_2-Ausstoß reduzieren – obwohl ich die gesparten Heizkosten gerne einer gemeinnützigen Institution spende, wenn mir jemand den Wetterwunsch erfüllt. Ich lege für den Gewinn an Lebensqualität sogar noch etwas drauf.

Auf einen dieser warmen Augusttage fiel die Begegnung mit einer Dame, die mich auf dem Portal angeschrieben hatte, während ich mir noch Hoffnungen auf die große, blonde Lifestylistin machte. Sie hatte ihr Foto bereits mit der ersten Nachricht für mich freigeschaltet, und ich sah eine Frau mit wachem Blick, freundlichem Lächeln und dunkelbraunen, mittellangen Haaren, die nach hinten zu einem Zopf zusammengebunden waren. Mit *zwei* Zöpfen wäre sie für mich eine brünette Variante von Pippi Langstrumpf gewesen. Ihr fehlten zwar die Sommersprossen, dafür strahlte sie auf dem Bild jedoch eine bubenhafte Anarchie aus, wie ich sie bereits als kleiner Junge immer bei Pippi Langstrumpf bewundert hatte. Als ich ihr schrieb, dass ich gerade jemand anderen träfe, antwortete sie nur kurz und knapp, dass sie mir erst mal viel Glück wünsche, ich mich aber auf jeden Fall melden solle, wenn das mit der anderen Dame nichts würde. Sie und Anita waren scheinbar Schwestern im Geiste, was klare Ansagen in Bezug auf Partnerschaftsanbahnungen betraf.

Einige Tage nach der Abschiedsmail an die große Blonde raffte ich mich dann tatsächlich auf und schrieb sowohl Anita als auch die brünette Pippi Langstrumpf erneut an. Anita antwortete mir umgehend, dass sie – *»leider, aber glücklicherweise«* – inzwischen jemanden kennengelernt habe, der ihr munteres Herz noch höher schlagen ließ. Die brünette Pippi jedoch schien sich über meine Nachricht zu freuen, auch wenn sie diese Freude nur in wenigen Worten zum Ausdruck brachte. Einige kurze und knappe Mails später ließ sie ihren wenigen Worten Taten folgen, und wir verabredeten uns für den darauffolgenden Sonntagnachmittag in einem beliebten

Ausflugslokal. Ihr schriftlicher Kommunikationsstil erinnerte mich eher an einen Feldwebel als an Pippi Langstrumpf – minimale Wortmenge bei maximalem Inhalt. Aber sie traf die Sache meist auf den Punkt, und die Inhalte ihrer Mails waren selbstverständlich nicht militärischer Art. Da sie als Supervisorin für eine Unternehmensberatung arbeitete, musste sie häufig vor Männergesellschaften bestehen, und vermutlich war ihre unmissverständliche Kommunikation ein erfolgreiches Werkzeug dafür. Zudem galt es, als hübsche Frau die Herren auf Distanz zu halten, wenn sie beruflich unterwegs war, und nach eigener Aussage gelang ihr das problemlos. Sie übte ihren Beruf sehr gerne und scheinbar sehr erfolgreich aus, und ich war gespannt, wer zu unserer Verabredung erscheinen würde, die anarchistische Pippi Langstrumpf, ein weiblicher Feldwebel oder eine professionelle Supervisorin.

Wir trafen uns am Eingang des Biergartens, der an diesem hochsommerlichen Sonntagnachmittag natürlich zum Bersten gefüllt war. Und hoppla, ich war sehr überrascht, wer jetzt tatsächlich vor mir stand! Die Dame erschien aufreizend knapp bekleidet zu unserem Treffen. Sie trug ein sehr, sehr kurzes, leuchtend rotes Kleid, mit dem ich mich an ihrer Stelle nicht auf einem Stuhl niedergelassen hätte, wenn mir jemand gegenübersitzt. Außerdem erschien mir ihr Körper auf den ersten Blick etwas zu durchtrainiert für dieses Kleidungsstück, einzig das (moderat) gefüllte und zentral in Szene gesetzte Dekolleté passte dazu. Aber ganz gleich, welcher Körper in dem Kleid steckte – dieses Erscheinungsbild wirkte aus meiner Sicht für ein erstes Date eher missverständlich, denn es legte den Eindruck nahe, die Dame wolle mich verführen, statt sich unverbindlich mit mir zu treffen. Das unterstellte ich ihr jedoch erst mal nicht, denn vielleicht war ja auch die Sommerhitze der Grund für diese Garderobe, und sie besaß nur dieses eine kurze Kleid. Nach unserer Begrüßung suchten wir in dem überfüllten Sitzbereich nach Plätzen für einen vergleichsweise unauffällig mit Jeans und T-Shirt gekleideten Herrn und seine aufreizende, rote Begleitung. Ich konnte die Blicke spüren, die uns verfolgten, während wir auf und ab wanderten, denn unsere Platzsuche wurde sicherlich vom Großteil der Gäste beäugt, egal ob Männlein oder Weiblein. Nach einigen ziellosen Rundgängen und kurzer Wartezeit fanden wir sogar einen kleinen Einzeltisch, an dem wir verhältnismäßig ungestört waren und uns nicht mit einer Großfamilie oder einer Horde Mountainbiker eine Bierbank teilen mussten. Bescheuerte Idee, sich ausgerechnet sonntagnachmittags ein Ausflugslokal als Treffpunkt auszusuchen. Es war meine Idee gewesen, reden wir nicht mehr davon.

Als wir Platz nahmen, setzte sich die Dame tatsächlich seitlich an den Tisch und mir genau *so* gegenüber, dass sie ihre Beine aufgrund des sehr kurzen Rocks ständig verschränkt halten musste. Sie wechselte diese Position allerdings eine Spur zu häufig und zu auffällig, sodass ich mich mit einer versuchten Kopie der berühmten Filmszene mit Sharon Stone in *Basic Instinct* konfrontiert sah. Ich bin mir jedoch sicher, dass meine Sharon Stone ein Höschen trug, auch wenn ich es nicht beschwören kann, denn ich schaute nicht hin (und dass *kann* ich beschwören). Mit ihrer Körperhaltung, Mimik und Gestik machte sie inzwischen nicht mehr den Eindruck, als hätte sie das Kleid nur wegen der Hitze gewählt, und nach einigen Minuten änderte ich meine Meinung, denn sie verhielt sich demonstrativ aufreizend. Ihre Sprache und Wortwahl standen allerdings im krassen Gegensatz zu dem verführerischen Gebaren, denn ihre Rhetorik blieb bei dem kurzen, knappen Stakkato und war ständig bemüht, sich *keine* Blöße zu geben. Es schien, als wolle sie die Konversation jederzeit unter Kontrolle behalten und trüge ihre Wortwahl und ihren Duktus wie einen Schutzschild vor sich her. Das geschah nicht vollkommen deplatziert, aber es war ein auffälliger Gegensatz zu ihrem übrigen Erscheinungsbild. Nachdem sie zum x-ten Mal das eine Bein wieder über das andere geschlagen und mir dabei eindringlich in die Augen geschaut hatte, überlegte ich, wie dieses Verhalten oder zumindest der verbale Schutzschild zu dem Job passte, in dem sie bereits jahrelang Mitarbeiter beriet und schulte. Anfangs war meine einzige Erklärung, dass sie die Männer rhetorisch auf Distanz halten musste. Im Nachhinein weiß ich allerdings, dass es auch andere Gründe für ihr Stakkato gab, denn sie überraschte mich wie aus dem Nichts mit der Geschichte ihrer desaströsen Kindheit. Ich hatte sie nicht danach gefragt, sondern sie kam über ihr Hobby freiwillig auf dieses Thema zu sprechen – eine Kampfsportart, deren Namen ich mir nicht gemerkt habe und die sie ausdrücklich zur angewandten Selbstverteidigung praktizierte. Nach diesem knappen Statement fuhr sie mit der Präzision eines plaudernden Maschinengewehrs fort, dass sie mit diesem Sport begonnen hatte, als sie noch in Niedersachsen wohnte und gerade von zu Hause ausgezogen war. Ihr Vater war bereits in frühester Kindheit verschwunden (die Umstände erläuterte sie nicht näher), und sie wuchs zusammen mit ihren drei Brüdern bei der Mutter auf. Ihre Mutter führte ein brutales Regiment, trank regelmäßig Alkohol und mir stockte der Atem, als ich mit Kaffee und Kuchen vor der Nase und Vogelgezwitscher im Hintergrund ungefragt weitere Details erfuhr. Wenn sie getrunken hatte, verlor die Mutter häufig die Kontrolle über das, was sie tat. Dann sperrte sie die vier Geschwister ins Kinderzimmer und holte sie anschließend einzeln wieder heraus, um sie brutal zu verprügeln. Das Schlimmste, was dann passieren konnte, war, dass sie anfingen zu weinen, denn das brachte die Mutter noch mehr in Rage, und sie prügelte noch heftiger auf ihr wehrloses Kind ein, egal, wen sie gerade vor sich hatte. Die Geschwister zogen sehr früh von zu Hause aus, um diesem Martyrium zu entfliehen. Damit sie sich zukünftig besser vor Übergriffen schützen konnte, begann die Supervisorin unmittelbar nach dem Auszug mit dem Kampfsporttraining. Während der vielen Jahre ihrer Kindheit waren sie jedoch alle vier zu klein und zu verängstigt, um sich zu wehren. Und das Schlimmste, was ihnen in dieser Zeit passieren konnte, war, dass sie anfingen zu weinen.

Diese Erzählung schockierte mich natürlich sehr, und ich wusste nicht recht, was ich sagen sollte. Aber ich musste gar nichts sagen, sondern nur weiter zuhören, denn sie feuerte bereits ihre nächste bestürzende Salve auf mich ab. Damit die Tracht Prügel nicht aufgrund eigener Tränen noch länger und noch brutaler ausfiel, überlegten sich die drei Brüder mit ihrer Schwester eine Strategie. Sie beschlossen, das »Nicht-weinen-Müssen« zu trainieren. Wenn die Mutter nicht zu Hause war, schlugen sich die vier Geschwister absichtlich gegenseitig, um zu üben, dass man nicht weint, wenn es wehtut. Überlebenstraining auf den Kopf gestellt! Sie entwickelten darin mit der Zeit eine große Fähigkeit, wenn das Wort in diesem Zusammenhang überhaupt angebracht ist. Sie schafften es nach Aussage der Supervisorin tatsächlich, trotz großer Schmerzen und offensichtlicher Verletzungen nicht zu weinen, und das sorgte dafür, dass die Prügelexzesse der Mutter ab diesem Zeitpunkt nicht mehr in einer blindwütigen, blutigen Gewaltorgie endeten. Ob das gegenseitige Verprügeln wirklich nur zur Tränenvermeidung diente oder sozusagen nebenher auch eigene Aggressionen abgebaut wurden, kann ich nicht sagen, aber der Gedanke liegt für mich nahe. Ich war fassungslos. Und gleichzeitig war ich irritiert, denn die Dame schilderte mir diese schockierenden Details relativ unbeteiligt und so, als habe ihre Stakkato-Erzählung den letzten, etwas langweiligen Urlaub zum Inhalt. Sie hatte diese Erlebnisse sicher schon als Kind von ihrer eigenen Persönlichkeit abspalten müssen, um nicht zugrunde zu gehen. Deshalb klangen die Schilderungen selbst als Erwachsene noch so, als sei sie unbeteiligt gewesen oder erzähle von jemand anderem. Psychologen sprechen bei diesem Schutzreflex von »Dissoziation«, einer Abspaltung des Fühlens, die unbewusst vonstattengeht. Dieser Schutzreflex ist so etwas wie ein automatischer Trick in der eigenen Wahrnehmung, denn der betroffene Mensch tut unbewusst so, als würde gar nicht *er*, sondern jemand anderes diese schlimme, traumatisierende Situation erleben. Er oder sie flüchtet gedanklich in eine andere Welt oder sucht Schutz in einer anderen Person oder Identität, weil er oder sie die grausame Realität im eigenen Selbst nicht ertragen könnte.

Ich bemühte mich, mir meine eigene Bestürzung nicht allzu sehr anmerken zu lassen, weil ich nicht wusste, wo das hinführte. Und ich war sicherlich auch etwas überfordert, weil ich mit einer solch drastischen Schilderung sonntagnachmittags an unserer kleinen Kaffeetafel nicht gerechnet hatte. Die Frau tat mir aufrichtig leid, denn ihre Erzählung war eine der erschütterndsten, die ich in diesen vier Jahren hörte. Plötzlich erschien alles, was diesen Menschen vor mir ausmachte, in einem anderen Licht; die Aufmachung, der militärische Duktus in ihrer Sprache, der Kampfsport als Hobby, und auch ihr permanentes Bemühen um die rhetorische Kontrolle unseres Gesprächs bekam eine ganz andere Bedeutung, denn mich schaudert heute noch bei der bildlichen Vorstellung von vier Kindern, die sich blutig schlagen müssen, um ihre Tränen zu kontrollieren und die Prügel der eigenen Mutter zu überleben. Mir rasten imaginäre Schlaglichter durch den Kopf, von offensichtlich verletzten, blutüberströmten Kindern, die ihre Scham und ihren inneren und äußeren Schmerz täglich verdrängen müssen, um im Alltag zu bestehen, die nicht wissen wohin mit ihrer Verzweiflung, ihrer Sehnsucht nach Liebe, die vielleicht irgendwann in diffuse Aggression oder Hass umschlägt – ach, was wusste ich schon. Ich wusste nichts, und jede meiner Vorstellungen war vermutlich eine Anmaßung und traf nichts von dem, was diese Frau vor mir wirklich erlebt und gefühlt hatte.

Bevor wir uns verabschiedeten, wollte die Supervisorin überraschenderweise noch ein kurzes Feedback in Bezug auf ihre Person. Sie zwang mich fast dazu, und ich sagte ihr, dass ich sie sehr nett fände, aber mir nicht sicher sei, ob wir zusammenpassten. Das deutete sie richtigerweise als Absage und fasste meine diplomatische Formulierung prompt mit dem undiplomatischen Satz »Das war jetzt also deine Absage, richtig?« zusammen. Sie schien Konfrontationen zu mögen oder suchte sie bei unserem Treffen zumindest, vielleicht sogar, um sie bereits unter Kontrolle zu haben, bevor sie überhaupt entstanden. Und ich glaube, sie mochte mich ebenfalls. Aber obwohl sie mir nicht unsympathisch war, reichte schon ihr Lebenslauf als Grund für mein »Nein«. Das war reiner Selbstschutz, denn ein kleines Helfersyndrom habe ich manchmal auch, und eine Partnerschaft mit ihr hätte mich vermutlich ziemlich aufgerieben, ganz abgesehen davon, wie groß oder klein die Liebe ist.

Unser Treffen beschäftigte mich so sehr, dass ich sie kurz nach unserer Verabschiedung auf der Heimfahrt noch einmal anrief. Sie nahm das Gespräch mit den Worten entgegen: »Na? Hast du es dir anders überlegt?« Aber ich wollte ihr nur mitteilen, dass ich ihre Geschichte sehr bewegend fand, bedankte mich für ihr Vertrauen und wiederholte, dass sie wirklich sehr nett sei, aber einfach der Funken gefehlt habe. Ich glaube, dass mein Anruf und meine Worte sie insgeheim freuten, aber sie brachte nur ein knappes »alles klar« und »kein Problem« über die Lippen. Alles im Griff, alles unter Kontrolle, ein Leben als Kampfsport, weil die eigene Mutter ihr die Kindheit mitsamt der Tränen aus dem Leib geprügelt hatte.

34

AUSZEIT IM CLUB

Ich musste mal raus! Nach den vielen letztendlich erfolglosen Begegnungen, mancher berührenden Geschichte und der einen oder anderen enttäuschten Hoffnung wollte ich mir eine Auszeit gönnen und buchte spontan eine einwöchige Urlaubsreise. Meine – nach eigener Aussage inzwischen »fußballsüchtige« – jüngere Tochter verbrachte die zweite Hälfte der Sommerferien bei ihrer Mutter, ich musste also drei Wochen lang keine Trainingszeiten, Spieltage oder andere Termine ihres Sportvereins berücksichtigen und konnte einen Teil des restlichen Jahresurlaubes ganz für mich alleine nutzen. Ich würde meine Blind-Date-gebeutelte Seele in einem anderen

Land baumeln lassen, denn der späte August war hierzulande plötzlich leider von wechselhaftem Sommerwetter durchzogen. Meine Sehnsucht nach Sonne war noch nicht gestillt, und bei der Vorstellung, dass die Tage bald merklich kürzer und kühler würden, zog es meine Haut unweigerlich in südlichere Gefilde. Um noch einmal genügend Luft und Licht für den drohenden Singlewinter zu tanken, suchte ich ein Urlaubsziel aus, das größtmögliche Sonnensicherheit bot, ohne dabei in tropische Temperaturen abzugleiten. Die Kanaren! Ich war tatsächlich noch nie zuvor auf den Kanaren in Urlaub gewesen, eine Premiere also. Zudem war ich noch nie als erwachsener Single alleine in Urlaub gewesen, doppelte Premiere also. Ich suchte mir im Internet einen Urlaubsclub auf Fuerteventura aus, der nach eigenem Bekunden eher singletauglich und kein Treffpunkt für Familien mit kleinen Kindern war. Der Strand vor der Nase, das umfangreiche Sportangebot, gutes Essen und gute Weine sowie eine Sauna rundeten das Angebot ab. An einem frühen Sommerabend saunieren, danach barfuß durch den Sand laufen und mit Blick auf die Sonne ins kühle Meer springen, traumhaft!

Ich musste mir auf der Insel auch kein Auto mieten, sondern würde vom Flughafen zum Club und nach einer Woche wieder zurück chauffiert. Das bedeutete sieben Tage Freizeit ohne Stau und Arbeit, ohne Kontaktanfragen und Profil-Checks. Wenn ich wollte, konnte ich ja zwischendurch mal im Portal schauen, ob mir jemand Liebesgrüße deponiert hatte, aber erst mal wollte ich ausschlafen, Strand, Sonne und Meer genießen, etwas Sport treiben und nach Herzenslust essen, trinken und tanzen. Und vielleicht, ja vielleicht lief mir in diesem Club doch eine Frau über den Weg, die … – nein, stopp! Erst mal abwarten, denn wenn Sonne und Strand wieder in weiter Ferne sind, besitzen Urlaubsbekanntschaften meist geringe Halbwertzeiten.

Es gab neben der Singlereise auf die Kanaren noch eine weitere Premiere in dieser Woche, denn ich lernte den Flughafen bei Zweibrücken im Saarland kennen! Ich dachte, ich kenne kleinere

Flughäfen bereits, aber dass man mit zwei oder drei Baucontainern eine Warte- und Abfertigungshalle, einen Check-in-Schalter (oder waren es doch zwei?), einen Gastronomiebereich und sanitäre Einrichtungen simulieren kann und das Ganze auch noch funktioniert, war mir neu. Das Schöne bei diesen kleinen Flughäfen ist ja, dass die Wege kurz sind und man für den Familien-, Auto- oder Koffertransfer weniger Zeit verschwenden muss. Ich beschwere mich also nicht, im Gegenteil, ich mag die kleinen Flughäfen genau aus diesem Grund. Der Flughafen Zweibrücken wurde inzwischen leider geschlossen und wird, während ich diese Zeilen schreibe, vermutlich in ein Gewerbegebiet umgebaut. Ich kenne jedoch einen anderen Flughafen, der den bei Zweibrücken mit seiner Übersichtlichkeit noch toppt und europaweit problemlos in seine Fußstapfen treten kann. Er befindet sich auf Elba. Dort durfte ich einmal eine Freundin meiner Tochter abholen, die uns während des Urlaubs besuchte, und auch wenn der Flughafen auf Elba nicht mit Baucontainern konstruiert, sondern tatsächlich fest im Boden verankert ist, so war es ein einzigartiges Erlebnis, wie circa fünfundzwanzig Menschen eine Stunde lang in einem kleinen Stacheldrahtkäfig an der Landebahn auf die vielleicht einzige am Vormittag landende Propellermaschine aus München warteten, diese dann in der Ferne zwischen den Bergen auftauchte, bedrohlich schwankend sogar die kleine Landebahn traf, dreißig Meter vor uns zum Stehen kam, woraufhin ein kleiner Gepäcktransporter mit einem (!) Anhänger ebenfalls geschätzte dreißig Meter zur Maschine fuhr, der Fahrer ausstieg, ein gutes Dutzend Koffer auflud und dreißig Meter zurücktransportierte, erneut ausstieg, die Koffer auf ein Transportband hievte, welches sie durch Plastiklamellen hindurch weitere fünf Meter in die badezimmergroße Gepäckankunftshalle beförderte, wo sie von den inzwischen eingetroffenen Fluggästen, die sozusagen im Gleichschritt mit dem Gepäcktransporter die dreißig Meter zurückgelegt hatten, in Empfang genommen werden konnten. Vielleicht wollten die Verantwortlichen den ankommenden Fluggästen auch nicht den kleinen Moment der Überraschung und Erleichterung nehmen, wenn sich die Plastiklamellen adventstürchengleich auseinandertaten und – tadaaah! – ihren außerhalb dieser Landesgrenzen vertrauensvoll in die Hände einer kleinen Fluggesellschaft (die noch kleinere Flughäfen anfliegt) gegebenen Koffer ausspuckt, beziehungsweise leise quietschend auf dem Endlostablett in der Badezimmerhalle serviert. Als Zuschauer, der dieser Wiedervereinigung von Material und Mensch beiwohnen durfte, war ich hin- und hergerissen zwischen Rührung und Fassungslosigkeit. Letzteres vor allem deswegen, weil die nur mit Handgepäck gereisten Fluggäste, die das Badezimmer bereits vor dem Eintreffen der Kofferladung verlassen wollten, vom uniformierten Flughafenpersonal umso gewissenhafter kontrolliert wurden. Sie mussten mehrfach glaubhaft versichern, dass sie *keinen* Koffer zurücklassen würden, bevor ihnen der Sicherheitsbeamte gnädig, aber widerwillig die Gummiband-Absperrung für eine Zehntelsekunde öffnete, um sie daraufhin sofort wieder zu verschließen. Vielleicht tue ich dem Personal und den Verantwortlichen des Flughafens Elba auch unrecht, und es lag wirklich ein geheimdienstlicher Hinweis auf geplante Anschläge vor, die das internationale Drehkreuz dieser kleinen, aber feinen Urlaubsmetropole für Monate hätte lahmlegen und somit einen europäischen oder sogar transatlantischen Flugverkehrsinfarkt hätte auslösen können. In diesem Fall war natürlich Vorsicht geboten, dass kein Koffer herrenlos auf dem wohnzimmerteppichlangen Beförderungsband zurückblieb.

Aber zurück ins Saarland. Ich flog von dem Containerflughafen in Zweibrücken mit einem echten Flugzeug nach Fuerteventura und wurde, dort angekommen, eine gute Stunde mit dem Bus über die furztrockene Insel gefahren, bis ich schließlich im Club landete. Ich finde, »furztrocken« beschreibt den Vegetationszustand dieser Insel im Spätsommer am treffendsten, denn ich habe außerhalb der Anlage in der natürlichen Landschaft kein grünes Blatt gesehen, und die Ziegen, die wie vergessen auf den Hügeln entlang der Landstraße standen und das verbrannte, ehemals oder niemals grüne Zeug fraßen, taten mir in meiner anfänglichen Touristensentimentalität etwas leid. Einige Tage später erfuhr ich von einem Skipper, dass der hiesige Ziegenkäse sehr mild sei und überhaupt nicht nach Ziege schmecke, da die Tiere nur verbranntes Braunes und nichts Saftig-Grünes zu sich nähmen. Vielleicht gaben diese Ziegen ja auch nur Wasser statt Milch, was mich zu Gedankenspielen über ein quasi natürliches Bewässerungskonzept auf dieser Insel veranlasste. Die Ziegen könnten in Dürrezeiten die umliegende Vegetation durch täglichen Milcheinschuss, der de facto als spärlicher Wasserfall daherkam, selbst bewässern, und wenn diese Vegetation wieder grün war, gab es infolge der plötzlich chlorophyllhaltigen Nahrung einen milchhaltigen Milcheinschuss und infolgedessen auch anständigen Ziegenkäse. Die Bewässerung würde zugunsten dieser anständigen Ziegenkäsegewinnung logischerweise unterbrochen, bis die vom Tier vorher selbst herbeigeführte grüne Vegetation durch die natürliche Nahrungsaufnahme gerodet und durch die fehlende Eigenbewässerung zudem sowieso wieder furztrocken war. Anschließend – nach dem ersten wiederkehrenden wasserhaltigen Milcheinschuss – begänne der Kreislauf mit der Eigenbewässerung erneut. Die Zeiten des »anständigen Ziegenkäses« besäßen schon nach wenigen Jahren den gleichen Stellenwert wie die »Spargelzeit« bei uns in Deutschland und würde zusätzliche Touristen, mitunter sogar Käseliebhaber aus Frankreich, anlocken, die diese Insel in furztrockenen Zeiten niemals besucht hätten. Ich habe diese grandiose und gleichzeitig nachhaltige Idee jedoch während meines Aufenthaltes nicht der spanischen Tourismusbehörde unterbreitet und das Thema nach meinem Urlaub ebenfalls nicht mehr verfolgt.

Das Hupen des Busfahrers gepaart mit dem zischenden Öffnen der Türen riss mich aus meinen Gedanken, und schon wenige Minuten später ließ ich beim Einchecken an der Rezeption des Clubs gebetsmühlenartig die mit vertraulichem Duzen vorgetragenen Gästeinformationen über mich ergehen. Anschließend wurde mir von der äußerst jugendlichen Rezeptionsmitarbeiterin sogar ein Zimmer im neueren Teil der Anlage zugewiesen. Dieses Zimmer war nicht nur sehr modern eingerichtet, sondern beeindruckte mich mit schicker, ebenerdiger Terrasse und einem komplett verglasten Duschbereich. Dieser war fast zu schade, um ihn eine Woche lang nur alleine zu nutzen.

Ich packte meine Sachen aus, studierte die Sportangebote des Clubs, inspizierte den nur wenige Meter entfernten großen Sandstrand, warf einen Blick auf den Poolbereich, das Restaurant, den daneben liegenden Dancefloor und war anschließend sicher, dass ich die richtige Wahl für diese sieben Übernachtungen getroffen hatte. Die Sonne schien, der sonst meist frische Inselwind* war derzeit nur ein laues Lüftchen, und da ich nicht surfen wollte, bestand meine Laune aus einem einzigen riesengroßen Sommergefühl, während sich in Deutschland das wechselhafte Wetter ohne mich austobte.

Beim Frühstück und Abendessen im Restaurant lockerte eine ausdrücklich nicht vorhandene Sitzordnung die Atmosphäre merklich auf, denn dadurch wechselte die Tischgesellschaft zwangsläufig bei jeder Mahlzeit. Die ungezwungene Stimmung kam mir als Alleinreisender entgegen, und ich bestellte mir jeden Abend eine vorher mit dem »Weinanimateur« unter vier Augen heiß diskutierte Flasche Wein zum Essen, lud den einen oder anderen Tischnachbarn – egal ob Männlein oder Weiblein – zu einer Kostprobe ein, und spätestens dann kam man ins Gespräch, und es entwickelten sich oft witzige Unterhaltungen oder auch erfrischend alberne Schlagabtausche. Bereits am ersten Abend schlenderte ich nach dem Essen mit einem bescheidenen Rest in meiner Weinflasche, an dessen geringem Umfang ich aus erwähnten Gründen nicht die alleinige Schuld trug, zu der wenige Meter entfernten Tanz-

* *Fuerteventura heißt übersetzt »starker Wind« und ist genau deswegen als Surferparadies bekannt.*

fläche. Dort legte ein DJ Musik auf, die selbst mich immer wieder mal zum Tanzen verführte. Ich bin beim Tanzen manchmal etwas wählerisch, besonders dann, wenn ich mich alleine unter Fremden befinde. Und während ich an der Bar neben der Tanzfläche viel Wasser und wenig Wein trank und mich der eine oder andere Titel zum Tanzen animierte, stellte ich fest, dass dieser Bereich des Clubs zu später Stunde unübersehbar ein Marktplatz für Singles war. Einmal wurde ich auf dem Dancefloor beispielsweise von einer Dame angetanzt, die auf meiner Wunschliste leider nicht an oberster Stelle rangierte, denn ich würde sie mit einem Wort als »Goldkettchenraucherin« bezeichnen. Mit »angetanzt« meine ich, dass sie in gemäßigt aufreizender Pose und den Blickkontakt suchend frontal auf mich zu und wieder von mir weg tanzte, und zwar so häufig hintereinander, bis vermutlich jeder andere Gast und selbst der vielbeschäftigte Barkeeper gesehen hatte, dass ich ihrer Aufforderung nicht nachkommen würde. Nach etlichen vergeblichen Anläufen wand sich die Goldkettchenraucherin mit einer schnippischen Körperdrehung ab und widmete sich an ihrem Stehtisch zuerst einer schnellen Protestzigarette, dann mit wenigen hastigen Schlucken ihrem Getränk und kurz darauf auch schon dem nächsten Opfer. Die Nacht war noch lang, und es gab sicher etliche Töpfchen, die auf genau solch ein Deckelchen warteten.

Wenn ich nicht tanzte, kam ich hin und wieder mit dem einen oder anderen Gast ganz zwanglos ins Gespräch. So war ich zum Beispiel sehr überrascht, als mich am ersten Abend zwei junge Frauen ansprachen, die sicher nicht älter als zwanzig Jahre waren und somit deutlich jünger als meine erste Tochter. Sie fragten mich, wie es mir denn so ginge heute Abend, ob mir das Essen gefallen habe und woher ich denn käme. Ich verstand nicht ganz, warum sie sich einen älteren Herrn wie mich für einen Small Talk aussuchten. Als ich nach ein paar Minuten zurückfragte, was die zwei denn beruflich machten, erfuhr ich, dass beide noch studierten. Auf meine erstaunte Frage, wie lange sie denn schon hier im Club weilten, antworteten sie, dass sie nun schon knappe drei Monate hier seien, aber Ende September ihre Zeit beendet wäre. Ich stutzte kurz, begriff langsam (durch den Wein sicherlich etwas langsamer als sonst) und beantwortete mir meine noch nicht gestellte Frage anschließend laut selbst: »Aaach soo, ihr arbeitet hier! Hatte ich jetzt gar nicht gesehen, dass ihr diesen Button da am Shirt tragt, wunderte mich schon, dass zwei Studentinnen einen Urlaub … also so lange hier im Club … ihr wisst schon … Haha …«

Ähm, ja.

Die beiden merkten tatsächlich jetzt erst, dass ich gar nicht begriffen hatte, dass sie zur strafversetzten Small-Talk-Delegation gehörten, die heute Abend nicht das Geschirr abräumen durfte, sondern alleinstehenden älteren Herren an der Tanzfläche mit ein paar aufmunternden Worten den Aufenthalt zu versüßen hatten. Sie mussten kurz darauf »auch mal weiter« und wünschten mir noch einen schönen Abend und eine gute Zeit im Club.

Nach einer kurzen Übersprungshandlung auf der Tanzfläche beendete ich diesen ersten schönen Abend dann auch zügig und noch vor Mitternacht. Bis zum nächsten Morgen durchtanzen und -trinken wollte ich nicht, auch wenn das in dem nur wenige Schritte entfernten schalldichten Discobunker ebenfalls möglich gewesen wäre. Ich hatte vor, die Tage halbwegs ausgeschlafen und ohne Kater zu verbringen, für alles andere war mir das Geld zu schade.

35

DAS GRUNDELEMENT WASSER

Während dieser Woche genoss ich die zwischenzeitliche Leichtigkeit meines Seins, die unaufdringliche Rundumversorgung und die dadurch mögliche Spontanität in der Tagesplanung. Ich absolvierte zum Beispiel einen Tauch-Schnupperkurs, zu dem mich einer der

Clubmitarbeiter beim ersten Abendessen überredet hatte, und ich bin ihm im Nachhinein dankbar dafür. Meine Teilnahme besserte nicht nur seine Einnahmen als Tauchlehrer auf, sondern war eine lebensbereichernde Erfahrung, die ich nicht missen möchte. Schwerelos im Wasser schweben, umgeben von Ruhe, dem sonderbaren Licht und den neugierigen Bewohnern der Unterwasserwelt, abtauchen im wahrsten Sinne des Wortes. Ich kann das Suchtpotenzial dieser Sportart seitdem nachvollziehen, ein Kurzurlaub für die Seele und die Sinne. In dieser Urlaubswoche wollte ich allerdings nicht mehr als einen Tag im dicken Neoprenanzug mit schwerer Sauerstoffflasche auf dem Rücken verbringen, während die Menschen um mich herum bei knappen dreißig Grad eher leichte Bekleidung trugen. Dazu war meine Haut zu sonnen- und lufthungrig, und da die Haut das größte Organ des Menschen ist, nahm ich sie in dieser Hinsicht sehr ernst.

Den Tag nach dem Tauchkurs verbrachte ich mit einer Segelboot-Tour, die aufgrund der für Fuerteventura kuriosen Windstille eher eine Motorboot-Tour mit blankem Mast wurde. Wir waren inklusive Skipper nur sechs statt ursprünglich zehn Teilnehmer, weil eine Familie kurzfristig von der Liste gestrichen werden musste, denn sie hatte einen ihrer Söhne unerlaubterweise ein paar Jahre älter angegeben, damit er teilnehmen durfte. Das flog auf, als die Familie im Hotel vom Fahrdienst abgeholt wurde und aufgrund seiner Körpergröße das wahre Alter des Kleinkindes nicht mehr verleugnet werden konnte. Dadurch hatten wir an Deck und in der Sitzecke der Kajüte viel Platz. Die sanft im Rhythmus der Wellen dahinplätschernden »Café del Mar«-Electrobeats waren die passende Ergänzung für diesen Tag auf dem Meer, und als wir in der Ferne statt der in Aussicht gestellten Delfine zumindest ein paar Schweinswale entdecken konnten, breitete sich das Gefühl eines perfekten Tages in mir aus.

Beim Abendessen saß ich nach unserer Rückkehr mit ungefähr zehn anderen Gästen an einem Tisch, darunter auch eine sehr interessante Frau aus Stuttgart, bei der ich mir nicht ganz sicher war, ob sie alleine reiste oder ob die beiden etwas jüngeren Männer, von denen sie verbal die meiste Zeit des Essens begleitet wurde, zu ihr gehörten. Sie war bis dahin die einzige Dame, die mir auf den ersten Blick wirklich gefiel, aber es war beinahe unmöglich, mit ihr ins Gespräch zu kommen. Die beiden Typen ergänzten sich nahezu perfekt darin, die Aura der Dame abwechselnd mit Worten zu füllen, sobald sich eine Gesprächspause auch nur entfernt andeutete. Sie wiederum schien die Worte der beiden bereitwilliger als alles andere aufzusaugen und konterte kurze Einwände oder Unterhaltungsversuche anderer Tischpartner wie mir nur äußerst knapp. So verflog spätestens während des Hauptgangs meine leise Hoffnung, dass die beiden vielleicht der Bruder und der Cousin waren, auf die die große Schwester aufpassen sollte. Das Interesse des Dreiergespanns aneinander ging eindeutig über Verwandtschaftsverhältnisse hinaus, und sie besprachen nach meinem inneren Rückzug auch prompt gemeinsame Aktivitäten für den nächsten Tag, in die mich die Dame zu ihrem eigenen Unglück nicht mit einbezog. Ich begab mich nach dem Essen wieder an die Tanzfläche und stellte den spärlichen Rest meiner Weinflasche sowie eine große Flasche Wasser auf einen der Tische am Rande des Geschehens. Dass ich immer mit Wein *und* Wasser ausgestattet war, schien zwei Damen am Nebentisch zu belustigen und wurde von ihnen als willkommener Anknüpfungspunkt genutzt. Die beiden waren ein etwas ungleiches Paar und hatten sich erst vor wenigen Tagen hier im Club kennengelernt. Die Ältere war eine sehr freundliche, kluge, drahtige Mittfünfzigerin aus Hannover, die zehn Tage Urlaub am Meer verbrachte, um ein bisschen Abstand von ihrer Beziehung daheim zu gewinnen. Sie war nicht auf Männersuche, beobachtete das ganze Treiben zurückhaltend und wohlwollend und besaß genügend Humor, um den Abend an einer solchen Single-Tanzfläche trotzdem zu überleben. Die Jüngere war eine hochgewachsene, hübsche, blonde Frau um die vierzig. Sie lebte derzeit in Leipzig, war in Lübeck geboren, ledig und kinderlos, erst vor kurzer Zeit sehr von einem Mann enttäuscht worden und nahm kein Blatt vor den Mund, egal bei welchem Thema. Sie reiste ebenfalls alleine und wollte sich eine Auszeit gönnen, bevor sie ihr Leben zu Hause etwas umkrempeln musste, da sie zu allem Überfluss auch noch überraschend ihren lukrativen Job verloren hatte. Das erfuhr ich natürlich nicht alles am ersten Abend, sondern im Laufe der nächsten Tage. Die zwei waren durch ihre Mischung aus Besonnenheit und sympathischer Frechheit ein unterhaltsames Gespann, und wir begegneten uns immer wieder mal tagsüber oder abends, um uns zu unterhalten, Quatsch zu machen oder zu tanzen. Erschreckenderweise wurde am vierten Tag meines Aufenthaltes ein Schlagerabend auf der Tanzfläche angekündigt, und da ich dem Rudelsingen von seichten, deutschen Textinhalten nichts abgewinnen kann und mir damals schon kein Schlager einfiel, der mich wirklich zum Tanzen animierte, mussten die Clubgäste an diesem Abend ohne mich auskommen. Ich teilte den beiden Damen mit, dass ich meine akustische Unversehrtheit durch einen Spaziergang am Meer sicherstellen wolle. Die Norddeutsche aus Leipzig bat mich daraufhin in ihrer unnachahmlich direkten Art, ich solle nach dem Spaziergang kurz vorbeikommen, sie »da rausholen«, und dann könnten wir beide ja den Abend am Strand ausklingen lassen, falls ich Lust dazu hätte. Dass wir während der letzten beiden Tage ein leises Gefallen aneinander gefunden hatten, war auch ihrer Freundin aus Hannover nicht verborgen geblieben, und diese fügte sofort hinzu, dass sie heute sowieso früh ins Bett müsse und diesen Schlagerkram auch nicht lange aushalten könne – was für ein rücksichtsvoller Zufall! Zuerst aber freute ich mich tatsächlich auf meinen Spaziergang am Meer und genoss diese eineinhalb Stunden Ruhe sehr. In der Ferne beleuchtete eine winzige Ortschaft romantisch einen Teil des Horizonts, und ich schlenderte in der Abenddämmerung mit den Füßen im Wasser und meinen Schuhen und einem Glas Wein in der Hand in diese Richtung. Nach guten vierzig Minuten erreichte ich die

Strandpromenade des kleinen Ortes mit ihren voll besetzten Lokalen, schaute mich ein wenig um und brach wenige Minuten später wieder auf, denn der Weg war das Ziel dieses Spaziergangs. Das Glas Weißwein hatte ich inzwischen geleert und ließ es einfach auf einem der nicht besetzten Tische auf der Promenade stehen.

Der kleine Ausflug hatte mir gutgetan, und ich kehrte innerlich aufgeräumt und zufrieden zurück, obwohl ich von Weitem schon die Schlagerparty in vollem Gange hörte. Die Spannung auf die Dame aus Leipzig stieg, und ich freute mich, mit ihr den Rest des Abends zu verbringen, obwohl ich keine Ahnung hatte, wie wir unseren Strandspaziergang gestalten würden. Ich verspürte auch nicht den dringenden Wunsch, mit ihr schnellstmöglich in irgendeinem Bett zu landen. Es war also alles im Fluss, und das Schicksal würde entscheiden.

Dachte ich. In Wirklichkeit entschied die Blonde aus Leipzig ziemlich rasch, wie sich unser Strandaufenthalt gestalten sollte, denn sie hatte die Zeit meines Spaziergangs für das eine oder andere alkoholische Getränk genutzt und war, wie sie am nächsten Morgen sagte, »leicht angetrunken«. Ich merkte ihr das nicht an, registrierte allerdings ihr zielstrebiges Vorgehen, als wir, erneut mit Weingläsern bewaffnet, am Meeresufer angekommen waren. Dort unterrichtete sie mich, dass sie schon immer mal nachts im Meer schwimmen wollte und diesen Wunsch hier und jetzt und selbstverständlich nackt mit mir in die Tat umsetzen müsse. Ich habe gelinde gesagt großen Respekt vor einem dunklen Meer mitten in der Nacht und teilte ihr das auch mit. Aber sie ließ diesen Einwand nicht gelten und überredete mich dazu, nur mal kurz bis ins hüfthohe Wasser zu gehen und dann sofort wieder an Land. Also gut, ich wollte zum einen kein Spielverderber sein und konnte inzwischen auch meiner wachsenden Lust auf diese erotische Begegnung nicht mehr widerstehen.

Es gibt eine ordentliche Palette an Situationen, die gemeinhin mit prickelnder Erotik in Verbindung gebracht werden und daher auch immer wieder für Filmszenen herhalten müssen. Ein nicht unbeträchtlicher Teil davon spielt sich im Grundelement Wasser ab. Ich bin jedoch der festen Überzeugung, dass das Grundelement Wasser in Bezug auf seine Tauglichkeit für erotische Abenteuer zwar für animierende Bilder in Filmen sorgen kann, diese der Realität jedoch selten standhalten und ihre Umsetzbarkeit deutlich überschätzt wird. Denn das Ganze hängt sehr von den Rahmenbedingungen ab, die für den Zuschauer im Film unsichtbar bleiben – von der Außentemperatur, der Wassertemperatur, dem Salzgehalt des Wassers und den Windverhältnissen zum Beispiel. Ich bin mir sicher, dass sich jeder zweite Filmschauspieler bei den Dreharbeiten zu Erotikszenen im kühlen Nass eine Erkältung, eine Blasenentzündung oder sogar beides eingefangen hat, vom Würgereiz durch versehentlich geschlucktes Salzwasser ganz zu schweigen. Ich werde nie vergessen, wie ich im zarten Alter von vierzehn Jahren mit meiner damaligen Freundin ebenfalls eine – glücklicherweise *süßwasser*erotische – Erfahrung sammeln durfte. Sie war die Tochter des Hausmeisters einer nobleren Wohnanlage in Düsseldorf, und in dieser Wohnanlage gab es einen circa fünfzehn Meter langen Swimmingpool für die Mieter. Als ihre Eltern einmal nicht zu Hause waren, sind wir abends – der Pool war bereits für die Bewohner geschlossen – unerlaubterweise schwimmen gegangen. Das Wasser war sicher auf die üblichen sechsundzwanzig Grad geheizt, und nach etwas Schwimmen und ein paar altersgerechten neckischen Spielchen standen wir für eine knappe Stunde im Grundelement Wasser und küssten und berührten uns, was das Zeug hielt. Mit der Zeit merkten wir beide jedoch, dass die sechsundzwanzig Grad Wassertemperatur ziemlich genau zehn Grad weniger als unsere eigene Körpertemperatur sind. Der gefühlte Temperaturunterschied erhöhte sich sogar, da wir nahezu bewegungslos im Wasser standen. Nahezu wohlgemerkt, denn ein paar Bewegungen wollten wir uns nicht nehmen lassen, und diese waren zunehmend angestrengter auf die Bildung von Körperflüssigkeiten gerichtet.

Leider erfolglos, da diese Körperflüssigkeiten mit eintretendem Frösteln immer unwahrscheinlicher wurden. Außerdem glaube ich inzwischen, dass sich in unserem Alter die gewünschten Körperflüssigkeiten vor lauter Aufregung gar nicht so schnell bilden konnten, wie sie vom Chlorwasser wieder verflüchtigt wurden. Von daher blieb es schon damals bei der anfänglichen Verheißung und der späteren, etwas beschämenden Tristesse, die mich als Junge meinem Empfinden nach in die Nähe eines Versagers rückte. Nicht nur die noble Wohnanlage samt Pool, sondern auch der Plan eines erotischen Abenteuers im selbigen war dann doch eine Nummer zu groß für einen ganz normalen frischgebackenen Jugendlichen wie mich. Aber solche Erfahrungen sind wichtig, denn dann wählt man später die passenden Rahmenbedingungen für derlei Vorhaben.

Die norddeutsche Meerjungfrau aus Leipzig hatte entweder solche Erfahrungen im Swimmingpool noch nicht gemacht, oder sie zog einen ausgeklügelten Plan einfach nur generalstabsmäßig durch. Denn nachdem wir unsere Weingläser in den Sand gestellt und die überflüssigen Kleidungsstücke (also alles!) daneben auf einen Haufen gelegt hatten, rannten wir los, tauchten mit einem Sprung wagemutig und filmreif kopfüber in die nächtliche Brandung und standen kurz darauf im bauchhohen Wasser. Wir küssten uns anfangs innig, spürten jedoch nach einigen Sekunden, dass unsere Zungen so ziemlich der einzige Körperteil waren, den der mäßige Wind nicht zügig auskühlte. Nach sehr, sehr kurzer Zeit waren unsere eiskalten Oberkörper ein Indiz dafür, dass der Sonnenuntergang bereits viele Stunden zurücklag. Das Wasser fühlte sich unter der Gürtellinie ebenfalls deutlich kühler an als tagsüber. Lediglich der Salzgehalt des Atlantiks stellte kein akutes Problem für uns dar. Die anfangs erotisch aufgeladene Stimmung war jedoch in kürzester Zeit einer formidablen Gänsehaut mit ersten Anzeichen von Schüttelfrost gewichen. Nach wenigen Minuten und wenigen – allerdings vielversprechenden – Küssen gingen wir wieder an Land, und ihre Aussage, dass wir doch schnell trocknen würden, erwies sich ebenfalls als Trugschluss, denn wir standen schlotternd in der mäßigen Nachtbrise, benutzten einen Teil unserer abgelegten Kleidung, um uns notdürftig abzutrocknen, zogen die restlichen noch trockenen, aber sandigen Kleidungsstücke hastig und zitternd an und beschlossen, dass nur eine heiße Dusche unser Leben retten könne. Da ich zufällig im schickeren Teil der Anlage wohnte und sich bei mir eine nagelneue verglaste Duschkabine im Zimmer befand, schlug ich diese als Quell der heißen Freude vor, solange ich noch zum Sprechen fähig war. Ich glaube, sie stimmte meinem Vorschlag zu, bevor ich den Satz überhaupt beendet hatte, was wiederum für einen generalstabsmäßigen Plan ihrerseits sprach. Oder aber ihr Kopf zitterte ebenfalls vor Kälte, sodass ich diese Auf-und-ab-Bewegungen missverstand und als Zustimmung wertete, aber das tut jetzt auch nichts mehr zur Sache. Fünf Minuten später genossen wir die gemeinsame heiße Dusche, in erster Linie, weil das Grundelement Wasser diesmal eine angenehme Temperatur hatte. Nachdem uns die Wärme auch wieder leidenschaftliche Küsse ermöglichte und diese uns Appetit auf mehr gemacht hatten, trockneten wir uns notdürftig ab und tauchten unverzüglich im warmen Bett unter, nicht ohne vorher noch ein »*Please do not disturb*«-Schild außen an der Zimmertüre zu aktivieren. Wir wollten ungestört sein, miteinander ein- und ausschlafen und nicht vom übereifrigen »Housekeepiiiiing!!«-Personal geweckt werden.

36

RÜCKKEHR

Ich machte mir in den darauffolgenden Tagen keine Gedanken darüber, ob und wie es nach diesem Urlaub mit der Leipzigerin weitergehen würde. Ich genoss die Sonne des Spätsommers, ich genoss unsere Affäre, die sich wie von selbst aus dem nächtlichen Salzwasser heraus auf die restlichen Tage und Nächte ausdehnte, und ich wollte nichts abwägen oder bedenken und nichts für möglich oder unmöglich befinden. Da es ihr ähnlich zu gehen schien, begleiteten uns die Lust und die Muße abwechselnd durch die letzten Sommerstunden dieses Jahres, und beide lenkten meinen Blick nur auf diese Stunden, trieben mich an den Strand, ins Restaurant, zum Sport, in die Sauna und immer wieder in den Sex mit ihr, so wie es sich gerade ergab. Oder so, wie die Leipzigerin sich gerade ergab. Spätnachmittags beispielsweise, am weitläufigen, fast leeren Strand, als der Sonnenhunger bereits gestillt war. Unsere Liegestühle standen etwas abseits, und nach dem Sonnenhunger durfte jetzt auch der Hauthunger nicht zu kurz kommen. Ein leichter Wind strich die Wärme wie Balsam auf unsere Haut, Wellenrauschen, vereinzelte Schreie der Möwen am Himmel und die fernen Rufe der Volleyballspieler waren zu hören, ein Badetuch lag auf ihrem Schoß, darunter meine Hand, darin meine Lust, kurz darauf ihre Erregung und schon bald kein Weg mehr zurück, denn sie wollte nicht mehr zurück, sie wollte kommen, auf diesem Liegestuhl mit meiner Hand unter dem Badetuch. Ihr Stöhnen wurde intensiver, während sie mich mit »Schneller«, »Ja, da!« und »Jetzt … fester!« bis hin zu dem ersehnten Feuerwerk in ihrem Unterleib dirigierte. Ich hörte ihren Höhepunkt schon von Weitem, und kurz darauf kündigte sie ihn mit inzwischen zurückgelegtem Kopf und geschlossenen Augen an. Meine Bewegungen trieben sie weiter, mal sanfter, mal fester, bis mit unterdrückten Lauten kleine Beben durch ihren Körper jagten, die sich wenig später beruhigten und sie mit einem wohligen Rekeln langsam wieder die Augen öffnete. Mir gefiel ihre Zielstrebigkeit und die Fähigkeit, aufkommende Lust einfach zu genießen. Und ich selbst verspürte ebenfalls Befriedigung, weil die Verschmelzung von Strand, Sonne und Lust nur selten so perfekt gelingt. Der Abend und die Nacht lagen noch unbenutzt vor uns. Ich erhob mich kurze Zeit später aus meinem Liegestuhl, gab ihr einen Kuss, legte meine Hand zum Abschied noch einmal auf ihr warmes Epizentrum, schnappte mir mein Handtuch von ihrem Schoß, nahm meine Strandtasche und begab mich ohne Umwege in die fünfzig Meter entfernte Sauna. Alleine, denn die Blonde aus Leipzig vertrug Saunagänge leider nicht. Dort angekommen, duschte ich mir die Sand-, Salz- und Sonnencremereste vom Körper, trocknete mich rasch ab und kam gerade noch rechtzeitig, um an der Aufgusszeremonie meines Lieblingsanimateurs teilzunehmen, die eher einem hitzigen Unterhaltungsprogramm glich. Er war ein kluger, wirklich witziger Typ, dessen Auftritte und Sprüche eigentlich ein größeres Publikum verdient hätten als fünf oder zehn Saunagäste in einem Ferienclub am frühen Abend. Auch sein Aufzug war jedes Mal wieder eine Überraschung. Er machte sich die Tatsache zunutze, dass Bademeister oder Animateure in der Sauna bekleidet sein müssen, wenn sie einen Aufguss durchführen. Da er aus einem Theaterfundus zwei Jahre zuvor ausrangierte Kostüme abgestaubt hatte, tauchte er bei seinen Aufgüssen in den aberwitzigsten Klamotten auf. Heute erschien er beispielsweise als Zebra. Er trug einen hautengen, dünnen Ganzkörperanzug mit schwarz-weißem Zebramuster. Leopardenmuster – und sogar eckige Giraffenflecken, wenn ich mich recht erinnere – hatte er auch im Angebot. Sein Aufzug besaß jedes Mal eine grandiose Lächerlichkeit, die mich schon alleine beim Hinschauen zum Lachen brachte. Vielleicht waren diese Auftritte sogar sein stiller Protest gegen die durchorganisierte Urlaubsmaschinerie in diesem Club, dessen aktiver Bestandteil er natürlich war. Ein Undercover-Narr am Hofe der Touristikbranche, der seinem Publikum beim Aufguss ein Theaterstück mit dem Titel »Urlaub« vorspielt, dem es zehn Minuten lang – nackt! – ausgeliefert ist. Eine zugegebenermaßen gewagte Deutung, zu der ich ihn leider nicht mehr befragen konnte, als sie mir in den Sinn kam.

Nach zehn schweißtreibenden und kurzweiligen Minuten verließ ich mit den anderen Gästen die Holzkabine, hängte mir ein Handtuch um, ging die kleine Treppe hinunter und folgte einige Meter dem Weg, der direkt an den Strand führte. Unser halbes

Dutzend Saunagäste stapfte an mäßig interessierten spanischen Strandtouristen, die mit den Füßen im Sand auf der kleinen Fußwegpromenade saßen, vorbei, bevor jeder von uns sein Handtuch wenige Meter vor dem Meer in den Sand fallen ließ, sich in den Atlantik stürzte und mit zufriedenen Lauten ein wenig herumplanschte. Begleitet wurden wir von einem Zebra, das auch beim Bad im Atlantik leider nicht aus seiner Haut durfte.

Mit meinem Sprung in die Fluten war ein perfekter Nachmittag in einen ebenso perfekten Abend übergegangen. Der Saunagang und das Baden im Meer hatten meinen Appetit in jeder Hinsicht gesteigert, und so stellte das Abendessen mit der Leipzigerin nebst erneut heiß diskutierter Weinbegleitung den nächsten Höhepunkt des Tages dar. Und noch während wir im Restaurant beim Essen saßen, freuten wir uns darauf, später auf dem Zimmer weitere Variationen der nachmittäglichen Strandepisode in Angriff zu nehmen.

Trotz aller Zwanglosigkeit kam das Thema »Zukunft« am letzten Urlaubstag doch noch mit überraschender Wucht zur Sprache. Sie erwähnte in einem plötzlichen, kurzen Resümee des Clubaufenthalts, dass ich durchaus jemand sei, für den sie ihr Leben neu sortieren würde, das müsse sie ja sowieso tun, Leipzig sei zwar irgendwie cool, aber sie wolle nun auch nicht ihr ganzes Leben dort bleiben, und sie kenne einige Firmen in ihrer Branche, die in Süddeutschland ansässig seien und die sie bei ihrer Suche nach einem neuen Job ebenfalls kontaktieren könne, außerdem würden die Flugverbindungen auch eine kurze Reisezeit zwischen Nord, Ost und Süd ermöglichen, wo denn der nächste Flughafen in meiner Nähe sei.

Huch?!

Sie sagte das alles mit dem ihr eigenen Pragmatismus und fast eine Spur zu beiläufig. Ich reagierte auf diesen Vorstoß etwas zögerlich und brachte zum Ausdruck, dass ich so weit noch nicht gedacht hatte und auch momentan nicht so weit denken wolle, und dass ich zwar grundsätzlich auf der Suche nach einer neuen Partnerin sei, aber sie für mich aufgrund der Entfernung eher nicht infrage käme, und ich wolle keine Wochenendbeziehung und könne aufgrund meiner Tochter auch nicht den Wohnort verlassen. Auch wenn ich sie mit dieser Aussage nicht enttäuschen wollte, war sie natürlich enttäuscht. Sie verstummte und zog sich urplötzlich auf ihr Zimmer zurück, weil sie angeblich noch ein paar Sachen erledigen musste. Ich war etwas verwundert, ließ sie jedoch erst mal gehen und begab mich eine gute Stunde später noch mal zu ihr. Sie war ziemlich überrascht, dass ich aus freien Stücken auftauchte, bat mich in ihr Zimmer, und anschließend sprachen wir längere Zeit sehr offen miteinander. Ich erklärte ihr mein zugegebenermaßen sorgloses Urlaubsverständnis unserer Liaison, und sie räumte ein, dass ihr Wunsch nach langfristiger Perspektive etwas voreilig war. Das Gespräch tat uns beiden gut, denn ich konnte zumindest bekräftigen, dass ich sie nicht rücksichtslos ausnutzen wollte, und für sie war ein offenes Gespräch etwas, was sie in ihren letzten Beziehungen nur selten erlebt hatte. Sie machte aus ihrem Wiedersehenswunsch jedoch weiterhin keinen Hehl, während ich leichte Zweifel hatte, ob sich unsere Urlaubsaffäre in eine gemeinsame Lebensperspektive umwandeln ließ.

Am nächsten Tag musste ich abreisen. Die blonde Nordostdeutsche blieb noch drei Nächte, denn sie hatte nicht für sieben, sondern für zehn Tage gebucht. Unser Abschied fühlte sich durch das klärende Gespräch aufrichtig an, denn wir wussten beide, woran wir waren, und versprachen, dass wir uns melden würden. Als ich auf der Busfahrt zum Flughafen den tapferen Ziegen erneut beim Grasen in der graslosen Landschaft zusah, spürte ich eine leise Wehmut über unsere kleine Urlaubstrennung und gleichzeitig die Erleichterung, die klärende Worte jedes Mal mit sich bringen. Der Rückflug verlief reibungslos, der Containerflughafen stand auch bei meiner Rückkehr noch unverändert an seinem Platz neben der Landebahn in Zweibrücken, und ich ließ auf der Heimfahrt über die leere Nachtautobahn den Sommer dieses ereignisreichen Jahres hinter mir. Es fühlte sich an wie eine von der Welt unbeachtete Fahrt in den Singleherbst, mit der noch frischen Bräune des vor wenigen Stunden vergangenen Sommers auf der Haut und mit ein paar Internetkontakten und dem Abschied von der nordostdeutschen Urlaubsbekanntschaft im Gepäck. Nachdem ich meine Ankunft zu Hause noch in der Nacht mit einer SMS an die Leipzigerin kundgetan hatte, bekam ich an den folgenden Abenden Bilder von kanarischen Sonnenuntergängen, die sie mit netten Nachrichten begleitete und die ich jedes Mal mit kurzen Mitteilungen erwiderte. Sie gab sich offensichtliche Mühe, nicht aufdringlich zu wirken, und platzierte ihre kleinen Urlaubssouvenirs in wohldosierten Abständen zielsicher vor die bedrohlich wirkende Trostlosigkeit regnerischer Herbsttage. Nicht zuletzt dieses mit gutem Timing gepaarte Taktgefühl war dafür verantwortlich, dass ich wenige Tage nach meiner Rückkehr beschloss, die Dame doch noch einmal wiederzusehen.

37

HALBWERTZEIT

Im Portal gab es nach der Urlaubswoche ebenfalls einiges abzuarbeiten. Außerdem war ich ein wenig neugierig, wer inzwischen alles an meinem Internetfenster vorbeimarschiert war und mir etwas ins Postfach gelegt hatte. Ich überflog meine Nachrichten jedoch nur kurz und klickte und löschte nur das Notwendigste. Die Vertiefung dieser Angelegenheiten musste warten, denn ich wollte nach meiner Rückkehr erst mal wissen, ob sich die Unbeschwertheit der kanarischen Urlaubsluft mit der nordostdeutschen Dame in den Alltag transferieren ließ. Sie nahm meinen Vorschlag ohne Umschweife an, dass wir uns wenige Tage später auf meiner Geschäftsreise in Frankfurt treffen, dort den Abend und die Nacht im

Hotel verbringen und anschließend für das Wochenende zu mir nach Hause fahren könnten. Wenn sie sich danach vom nächstgelegenen Flughafen oder Bahnhof wieder Richtung Leipzig begab, wussten wir sicher mehr übereinander und konnten entscheiden, wie es weitergeht. Ich war zwar skeptisch, aber wollte uns zumindest eine Chance geben.

Nachdem ich sie vom Flughafen abgeholt hatte, fuhren wir in das Hotel einer kleinen, etwas schmucklosen Stadt in der Nähe von Frankfurt. Von dort aus würden wir am nächsten Morgen gemeinsam in die Frankfurter Innenstadt aufbrechen, und während ich meinen Kundentermin wahrnahm, wollte sie einen Stadtbummel auf der Zeil unternehmen, bevor wir am späten Nachmittag gemeinsam weiterfuhren. Unseren ersten Abend jedoch verbrachten wir in einem großen Restaurant der schmucklosen Kleinstadt, welches mit einem mittelmäßigen kulinarischen Spagat griechische, spanische und deutsche Küche anbot. Wahrscheinlich war die Zielgruppe für internationale Küche in dieser Umgebung so überschaubar, dass sie nicht für drei verschiedene Restaurants reichte, und so fertigte man die internationalen Gelüste der Kleinstädter eiskalt unter einem Dach ab. Diese Mittelmäßigkeit schien sich allerdings auch anderweitig auszubreiten, denn bereits am ersten Abend hatten unsere Unterhaltungen den Glanz des Urlaubs verloren. Es fühlte sich an, als sortiere sich unsere Chemie zueinander neu und vollkommen anders, als dies in der Sorglosigkeit des kanarischen Sonnenscheins der Fall gewesen war. Die ohnehin geringe Hoffnung auf eine Perspektive mit der blonden Leipzigerin verschwand an diesem ersten Abend ebenso rasch wie die Chance, die ich uns beiden hatte geben wollen. Daran konnte auch die gemeinsame Nacht nichts ändern. Meine Zärtlichkeiten waren auf einmal voreingenommener und meine Lust unpersönlicher. Und so wurden diese Tage des Wiedersehens zu einer Talfahrt, die jeder von uns letztendlich in verschiedene Richtungen unternahm. Egal ob während der mehrstündigen Autofahrt am nächsten Tag oder in den gemeinsamen Stunden unseres Wochenendes – ihre Erzählungen, Ansichten und Kommentare prallten zunehmend an mir ab, weil ich nur geringe Schnittmengen darin entdeckte, weil mein Wunsch, auch mal in ihrem Strom zu schwimmen, nicht vorhanden war, weil mein Körper auch im Bett mit ihr die zunehmende Last der fehlenden Perspektive spürte, weil sie drohte, für mich zum Sexobjekt zu werden statt zu einer Frau, mit der ich meinen Alltag teilen möchte. Sie bereicherte, interessierte, reizte mich kaum noch, und all meine Zweifel formierten sich zu der Gewissheit, dass sie nicht die Frau sein wird, die ich gerne ansehe, der ich gerne zuhöre, der ich mein Innerstes offenbaren möchte und bei der ich mir sicher sein kann, dass wir einander wert sind. Was ich vor unserem Wochenende nur leise geahnt hatte, spürte ich jetzt mit voller Wucht: Wir passten nicht zusammen. Mein Bauch hatte Ja zur Urlaubsaffäre gesagt, aber jetzt schrie er »Nein«.

Sie witterte mein Bauchgefühl während ihres Aufenthaltes bereits, und als ich ihr mitteilte, dass unser Annäherungsversuch an dieser Stelle von meiner Seite beendet sei, war ihre Enttäuschung größer als ihre Überraschung. Ich schätzte und mochte sie nicht nur, sondern ich hatte auch Respekt vor dem Mut, mit dem sie ihre Hoffnungen auf einen Neuanfang vor mir auftürmte. Und mir fiel meine Entscheidung trotz aller Klarheit und Notwendigkeit schwer, denn ich tue einem lieb gewonnenen Menschen nicht gerne weh, und so kostete es mich einiges an Überwindung und Kraft, ihren Turm zum Einsturz zu bringen. Aber nicht dieser Turm war der Grund für meine Absage, sondern *sie* war der Grund. Das wusste sie, und es machte meine Entscheidung für sie umso schmerzhafter, weil es keinen Plan B, keinen Zeitgewinn, keine Optionen mehr gab. Wir blieben nach diesem Schlussstrich noch einige Monate in lockerem Kontakt. Sie fand am Anfang des darauffolgenden Jahres sogar tatsächlich eine neue Stelle, diesmal in Köln, und eröffnete dort sozusagen ihren nächsten Lebensmittelpunkt. Das schrieb sie mir wenige Monate später auf einer Postkarte zusammen mit dem

Satz, dass ich mich doch einfach mal melden solle, wenn ich in der Nähe sei. Ich tat es nicht, obwohl ich mehrmals im Jahr in der Nähe bin. Denn unsere Vorzeichen wären bei einem Wiedersehen zu ungleich gewesen, und jede Form von gemeinsamen Erinnerungen wollte ich ruhen lassen. Und zwar in erster Linie bei ihr.

38

OBERLIPPE

Kurz nach der Abreise der blonden Leipzigerin begann der kalendarische Herbst. Und in gleichem Maße, wie das Grün der Blätter an den Bäumen langsam verblasste und einem hellen Gelb wich, breiteten sich erste Zweifel am Erfolg meiner Bemühungen aus, die meinen Optimismus und die unerschütterliche Hoffnung auf das nahende Beziehungsglück etwas schwinden ließen. Wenn ich das Jahr in Gedanken Revue passieren ließ – die Trennung von der Architektin im Februar, all die Treffen aufgrund meines gelben Kasten-Inserats, anschließend die erneute Registrierung im Portal mit vielen netten und einigen sehr berührenden Begegnungen, meine Auszeit auf den Kanaren mit der selbst gewählten Leipziger Ernüchterung als Schlusspunkt – dann konnte ich zwar feststellen, dass ich um viele Erfahrungen reicher geworden war, unter dem Strich jedoch nur *eine* ernst zu nehmende Hoffnung hatte verbuchen können: die blonde Lifestylistin mit dem roten SUV. In Ermangelung eines »Filters gegen das Grauen« hatte ich stattdessen erneut bestürzende Schicksale kennengelernt: die Pharmareferentin mit dem gepackten Notfallkoffer, die brünette Kampfsport-Pippi-Langstrumpf mit der prügelnden Mutter und darüber hinaus noch weitere, in diesem Buch bisher unerwähnte Schilderungen, von denen mich ein Pilot übrigens am meisten beeindruckte. Er besaß nach Aussage seiner Ex-Frau an jedem zweiten Flughafen dieser Welt eine Liebschaft.

Das erfuhr sie in vollem Ausmaß jedoch erst von seinen ehemaligen Arbeitskolleginnen und erst einige Zeit nach der Trennung. Diese Arbeitskolleginnen hatten sich mittlerweile zu einer unfreiwillig schicksalsträchtigen Informationsquelle entwickelt. Noch während der Ehe hatte der Herr Pilot sich ausgerechnet in dem Moment, als zwei seiner drei kleinen Kinder ernsthaft erkrankt waren, wegen einer dringend einberufenen Pilotenkonferenz von seiner Frau verabschiedet. Die Pilotenkonferenz fand selbstredend gar nicht statt, sondern der tollkühne Flieger lag zwei Wochen lang in der Kiste einer anderen Dame, und zwar auf einer hübschen Karibikinsel. »Welche Konferenz? Ist Ihr Mann nicht mit Ihnen im Urlaub??«, hatte die Kollegin der Fluggesellschaft auf die verzweifelte telefonische Nachfrage der Ehefrau geantwortet, die dringend Informationen für die medizinische Behandlung eines der beiden kranken Kinder benötigte. Diese Bloßstellung wurde einige Monate später sogar noch getoppt, als ihr beim nächsten Anruf die gleiche Kollegin mitteilte, dass ihr Ehemann inzwischen nicht mehr bei dieser Fluggesellschaft arbeitete. Er war wegen diverser Eskapaden fristlos gekündigt worden, hatte diesen Umstand jedoch zu Hause verschwiegen. Zumindest erklärte das den zwischenzeitlich dramatisch geschrumpften Kontostand. Sie reichte daraufhin endlich – und glücklicherweise immer noch erhobenen Hauptes – die Scheidung ein.

Derlei Geschichten waren nicht meine Welt, auch wenn sie meine Sicht auf den Lauf der Dinge bis heute nachhaltig geprägt haben, denn ich weiß inzwischen, dass es tatsächlich häufig schlimmer ist, als der erste Anschein verrät. »My name is Luka …«

Und nun war es also Herbst. Nach dem verheißungsvollen Frühjahr hatte sich auch der Sommer mit seinen leeren Versprechungen vom Acker gemacht, mir die oben erwähnten Geschichten in meinen Rucksack gepackt, mich aber am gleichen Fleck sitzen lassen, an dem er mich vorgefunden hatte. Ich musste mich also ein bisschen zusammenreißen, damit die Melancholie nicht überhandnahm. Dabei half mir die Tatsache, dass ich in Sachen Partnersuche nach dem Urlaub einiges aufzuarbeiten hatte. Wer monatelang wie ein Wilder klickt und schreibt, hinterlässt nicht nur Spuren, sondern findet nach zweiwöchiger Abwesenheit auch ein bis zum Anschlag gefülltes Postfach vor. Dadurch fasste ich schnell wieder Fuß, denn die Kurzweil im Portal war genau das Richtige, um mich vor aufkommendem Selbstmitleid zu schützen. Außerdem hatte ich während meines Kurzurlaubes auf den Kanaren eine vielversprechende Antwort erhalten. Die Dame erwähnte in ihrem Internetprofil, dass sie gerne »*High High Heels*« trug und glücklich sei, wenn ihr zukünftiger Partner auch dann noch größer ist als sie. Da sie stolze eins achtundsiebzig maß, fiel ich eigentlich durch das Raster, denn mit »*High High Heels*« war sie an die eins neunzig und somit fast zehn Zentimeter größer als ich – was verschwommene Reminiszenzen an die Lifestylistin auslöste, die mich wenige Monate zuvor stumm abgewiesen hatte. Trotzdem hatte ich die High-Heel-Dame noch kurz vor meinem Urlaub angeschrieben und als Lösung für die Längendifferenz eine Weinkiste (ausdrücklich *keinen* Bierkasten!) vorgeschlagen, auf die ich mich bei gesellschaftlichen Anlässen neben sie stellen könne, falls sie nicht auf mich herabschauen wolle. Diese Idee war meiner Meinung nach weder besonders originell noch praktikabel, aber sie schien amüsiert und kein Problem damit zu haben, dass ich je nach Schuhauswahl etwas kleiner war als sie. Ihr Foto hatte sie im Zuge der Antwort ebenfalls freigeschaltet, und ich konnte es überhaupt nicht einschätzen. Sie schien zwar hübsch, jedoch nicht so ganz mein Typ zu sein, aber was hieß das schon auf einem Foto im Internet. Jetzt, nachdem sie mir geantwortet hatte und die Leipzigerin wieder nach Ostdeutschland zurückgekehrt war, schrieb ich der High-Heel-Dame eine ausgiebigere Nachricht und war nach dem Versenden sozusagen durchschnittlich gespannt, wie sich das mit dieser ebenfalls relativ großen Blonden entwickeln würde.

Es stand jedoch noch eine weitere Dame zur Debatte, die ich allerdings vor meinem Urlaub bereits getroffen hatte. Dieses Treffen hatte uns beide unentschlossen zurückgelassen, weil es zu nett für eine Absage, aber aus meiner Sicht doch zu wenig für den drängenden Wunsch nach mehr war. Da ich nach meinem Urlaub auch alles *Unerledigte* erledigen wollte, entschied ich, diese Frau ein zweites Mal zu treffen, und klopfte bei ihr ebenfalls an. Ihre Antwort auf meine Klopfzeichen setzte den roten Faden fort, den ich meinte, bei ihr entdeckt zu haben. Dem Anschein nach nahm sie nicht nur unsere erste Begegnung, sondern die gesamte Partnersuche sehr gelassen. Für sie war es weder ein Problem, dass ich mich nach dem ersten Treffen gar nicht mehr geäußert hatte, noch war es jetzt ein Problem, dass ich wieder Kontakt zu ihr aufnahm. Sie wohnte seit einigen Jahren in der Nähe von Pforzheim, stammte jedoch ursprünglich aus Krefeld am Niederrhein. Bei unserem ersten Treffen hatte sie einen sehr verträglichen, unkomplizierten Eindruck gemacht. Sie hatte munter draufloserzählt, und ihr Humor war zwar nicht messerscharf, aber immerhin sympathisch und vorhanden. Und doch machte mich ein kurioses äußerliches Detail bei dieser großen, hübschen Brünetten stutzig: ihre ungewöhnlich schmale Oberlippe. Sie gab dem Gesichtsausdruck etwas Irritierendes, wenn sie erzählte oder zuhörte. Es hatte den Anschein, als sei beim Zeichnen ihrer Gesichtskonturen ein Pinselstrich vergessen worden, der entscheidend für den Gesamteindruck der Mimik ist. Ich hatte nach dem Treffen überlegt, ob ich mich jemals daran gewöhnen oder dieses Detail sogar lieb gewinnen könnte?

Unsere zweite Begegnung terminierten wir jetzt auf den letzten Septembersamstag und verabredeten uns im Ludwigsburger Schlosspark. Bis dahin war allerdings noch über eine Woche Zeit, und da zwischen der Brünetten aus Pforzheim und mir im Vorfeld bereits alles gesagt worden war, füllte sich diese Zeit zusehends mit immer vielversprechenderen Nachrichten von der High-Heel-Dame. Ihre lebendigen und detailreichen Mails beanspruchten nach wenigen Tagen den Großteil meiner Aufmerksamkeit, und ich wurde immer neugieriger auf sie. Wir philosophierten über

Sinnlichkeit, über Hände und Körpergruben und erreichten in wenigen Tagen durch unsere virtuelle Nähe eine Vertrautheit miteinander, die zu schön war, um nicht wahr zu sein. Sie hatte diese am Rande der Intimität angesiedelten Themen durch ein Foto initiiert, das sie mir nachträglich geschickt hatte. Es war ein Aktfoto, welches sie sich knapp elf Jahre zuvor zu ihrem dreißigsten Geburtstag selbst geschenkt hatte. Dieses Schwarz-Weiß-Foto zeigte ihren hell beleuchteten Oberkörper in vornüber gebeugter Pose vor einem dunklen Hintergrund, sodass der Betrachter auf den schlanken, schönen Rücken und ihren Nacken schaute. Die Haare waren zusammengesteckt, und sie stützte sich auf ihre langen Arme und ihre außerordentlich schönen Hände. Da sie zu Boden schaute, war sie nicht zu erkennen. Es war ein sehr ästhetisches Foto und das künstlerisch Wertvollste, was ich in diesen vier Jahren bekam, denn es zeigte weder ein Menschengesicht noch intime Details ihrer Nacktheit, sondern abstrahierte den Körper zur anonymen Skulptur. Natürlich sagte dieses Foto höchstens etwas über ihren Sinn für Ästhetik und ihren offensichtlich schönen Körper, jedoch nichts über ihr wirkliches Erscheinungsbild aus, und wir mussten uns treffen, bevor sich erneut eine Hoffnungsblase füllte, die später größer und ein weiteres Mal enttäuschender platzte als notwendig. Als einziger zeitnaher Termin für ein Treffen blieb der Sonntagnachmittag Ende September, also genau einen Tag, nachdem ich die Pforzheimerin mit der schmalen Oberlippe im Schlosspark in Ludwigsburg treffen wollte. Ich hatte inzwischen nur noch wenig Lust auf dieses Treffen, weil die virtuelle High-Heel-Dame meine Favoritin war. Aber die Vergangenheit hatte mich gelehrt, dass die Dinge oft anders sind, als man vermutet. Die Begeisterung für die blonde Dame mit den hohen Absätzen konnte sich gleichermaßen nach zwei Sekunden in Luft auflösen, wie sich die Brünette auf den zweiten Blick als Geheimtipp erweisen konnte. Das nächste Wochenende würde es zeigen.

39

NIEMALS DEN GLEICHEN WEG ZURÜCK

Das erste Treffen mit der Brünetten im Hochsommer hatte als Abendessen in einem italienischen Restaurant in Ludwigsburg stattgefunden. Trotz ihrer schmalen Oberlippe war die Verabredung unterhaltsam und in manchen Momenten sogar überraschend vertraut verlaufen. Während ich ihrer Oberlippe und dem restlichen Gesicht damals beim Erzählen zuschaute, hatte sie mich mit angenehm ungenierten, offenherzigen Erzählungen in einige Lebensabschnitte eingeweiht und als Schlusspunkt oft ein neugieriges und provokantes Schmunzeln dahintergesetzt, um anschließend gespannt zuzuhören und -zuschauen, was ich darauf erwiderte. Ihre Haltung und ihr Blick hatten mir nach jedem Schlusspunkt signalisiert: »Jetzt bin ich mal gespannt, was von DIR zu dem Thema kommt!« Seit dieser Begegnung war jedoch einige Zeit vergangen, und meine Erinnerung an sie war seitdem etwas verblasst. So fuhr ich trotz der High-Heel-Dame mit einer für mein Empfinden angemessenen Portion Neugierde zu unserem zweiten Treffen. Würden wir uns wider Erwarten vielleicht doch vertrauter als beim ersten Mal begegnen? Ihr unterhaltsamer Mitteilungsdrang und ihre Neugierde beim ersten Abendessen standen im Gegensatz zu der leidenschaftslos anmutenden Vor- und Nachbereitung unserer Verabredungen. Egal was gefragt, angekündigt oder vollzogen wurde – alles schien kein Problem und immer in Ordnung zu sein, was beinahe beliebig und willenlos anmutete. War das ihr persönlicher Schutzmechanismus? Oder hatte die Partnersuche sie mittlerweile in einem Maße desillusioniert, dass sie schon längst nicht mehr an das große Glück, an Prinzen mit oder ohne weiße Pferde und leidenschaftliche Begegnungen glaubte? Mit jedem Kilometer, den ich mich der Ludwigsburger Innenstadt näherte, war ich gespannter, welchen Eindruck sie bei diesem zweiten Treffen auf mich machen würde.

Ich war vorher noch nie im Schlosspark in Ludwigsburg gewesen und begriff kurz nach meinem Eintreffen, dass er sehr groß ist und alleine schon an der Hauptstraße *mehrere* Eingänge besitzt, was unser Vorhaben, sich »am Eingang« zu treffen deutlich erschwerte. Und in den Nebenstraßen an den Flanken des Parks befanden sich noch weitere Zugänge. Das führte dazu, dass wir uns, während ich auf dem Bürgersteig der Hauptstraße zwanzig Minuten lang hin- und her tigerte, telefonisch immer wieder gegenseitig über unsere derzeitige Position samt Umgebungsbeschreibung unterrichteten. Ich selbst bin sicher kein Navigationswunder und besitze nicht durchgehend einen inneren Kompass. Die Brünette jedoch fiel den Himmelsrichtungen komplett zum Opfer, sobald es mehr als eine gab. Vermutlich würden wir uns bei dem geplanten Spaziergang im Schlosspark später zwischen den Rosensträuchern, Buchsbäumen, den wilden Wiesen und bewaldeten Streifen unauffindbar verlaufen und erst Tage später aufgrund der letzten Ortung unserer Mobiltelefone durch ein Sondereinsatzkommando der Polizei wieder aufgegriffen. Aus dem eintreffenden Rettungshubschrauber würden mit militärischen Kommandos Strickleitern abgeseilt, um uns aus einer Eichenbaumkrone zu bergen, und ich gäbe anschließend mit Dreitagebart, Erdresten und Spinnweben im Gesicht vor den Augen der Nation ein mutiges und erschöpftes Live-Interview, während sie, in eine glitzernde Isolationsdecke gehüllt, ihr Gesicht vor den Blitzlichtern schützend, der dringend notwendigen medizinischen Versorgung zugeführt würde. Als »Robinson und Eva« gingen wir in die Schlossparkgeschichte ein und würden noch Monate später von Talkshow zu Talkshow gereicht sowie im Vorprogramm von Reinhold Messners Alpenvorträgen über unser Himmelrichtungsdrama im Ludwigsburger Schlosspark dozieren. Dazu mussten wir uns jedoch erst mal in der Zivilisation auf dieser Hauptstraße begegnen, und das schien schon schwierig genug zu sein. Irgendwann liefen wir uns dann aber tatsächlich – mehr oder weniger zufällig – auf dem breiten Bürgersteig entgegen, und je näher wir uns kamen, desto klarer spürte ich bereits, wie ein »*Nein!*« in mir aufstieg. Die Rasanz meiner Meinungsbildung überraschte mich selbst. Sie wirkte im ersten Moment tatsächlich überraschend fremd und außerdem eigenartig gekleidet. Ihre Garderobe war beim ersten Treffen eher zurückhaltend, fast brav gewesen, und das stand ihr meiner Meinung nach gut. Nicht, weil ich brave Frauen besonders mag, im Gegenteil, aber ein unauffälliges Outfit passte wesentlich besser zu ihrem Typ als ausgeflippte Kleidung oder schrille Farben und Muster. Dieses Mal trug sie für meinen Geschmack etwas zu bunte Sachen, war anders frisiert, mit wie beiläufig hochgesteckten und etwas kürzeren Haaren, und für meinen Geschmack war sie auch zu farbig geschminkt. Sie hatte nicht hemmungslos übertrieben, sodass sich die Leute nach ihr umdrehten, aber meine etwas unentschlossene Haltung nahm durch diese kleine, für mein Empfinden eine Spur zu schrille Überdosis ordentlichen Anlauf und schubste das ohnehin skeptische Pendel noch weiter in Richtung Absage. Wir gingen trotzdem gute zwei Stunden im und um den Schlosspark spazieren, und als wir nach der Hälfte der Zeit umkehren wollten, deutete sie in den lichten Wald, wo kein Weg zu erkennen war und sagte: »Komm, lass uns da langgehen!« Ich war irritiert und überlegte, ob sie das Rettungshubschrauberszenario vielleicht bewusst provozierte, um uns für den Rest des Lebens endgültig zusammenzuschweißen. Auf meine Frage, wo es denn dort langginge, sagte sie: »Das weiß ich nicht, aber ich gehe auf Spaziergängen niemals den gleichen Weg zurück!« Wer nur eine Himmelrichtung kennt, hat nie Angst, die falsche zu erwischen, dachte ich, überprüfte in Gedanken kurz unsere Nahrungsvorräte (nichts!) und die Getränkebestände (nichts!) und schloss mich trotzdem ihrer Route an, denn ich wollte mich nicht als Langweiler outen, der erst eine Unfallversicherung abschließen muss, bevor er querfeldein wandert. Wir spazierten also durch den Wald, stapften dabei todesmutig durch Laub und kniehohes Dickicht, kletterten über vermoderte Baumstämme, und von einem Weg war weit und breit nichts zu sehen. Ich bin normalerweise nicht kleinlich bei Spaziergängen und fand die Idee auch ganz witzig, aber ich hatte mein Schuhwerk für befestigte Wege gewählt, und unsere Route wurde immer unbefestigter. Ich korrigierte unsere Richtung einige Male aus dem Bauch heraus, und glücklicherweise landeten wir nach einer guten Stunde wieder auf befestigten Wegen, ohne vorher den Notruf auszulösen. Da wir hungrig geworden waren und noch etwas Zeit hatten, schlenderten wir zum nahe gelegenen Ludwigsburger Marktplatz, denn dort fand an diesem Samstag ein großer Antiquitätenmarkt statt. An einem der unzähligen Essensstände stärkten wir uns und bummelten, bevor wir zurück zu unseren Autos gingen, noch ein bisschen durch die Zelte und an den Buden vorbei, die eine bunte Mischung aus unerträglichem Nippes, liebevoll restaurierten Möbelstücken und allem, was man in der Grauzone dazwischen vermutet, zur Schau stellten. In einem der Zelte stand ein fachmännisch aufgepäppelter, über hundert Jahre alter Kleiderschrank, der uns beide gleichermaßen faszinierte. Der Verkäufer witterte schon einen großen Deal, referierte über die verwendeten Holzarten, pries die solide Bauweise, begann irgendwann, nach Details unserer Wohnung zu fragen, und bot an, den Schrank auch mal probeweise zu uns nach Hause zu bringen. Wir waren amüsiert und erwähnten nach einigen Minuten kurz, dass wir keine gemeinsame Wohnung hätten. Damit gab er sich jedoch nicht zufrieden und schlug vor, für eine *spätere* gemeinsame Wohnung diesen Schrank erst mal bei einem von uns in der Wohnung zu platzieren, da würde sich doch sicher ein Ort finden, und dann könnten wir in ein, zwei Jahren vielleicht … Ich ließ mir nach diesem Vorstoß seine Karte und einen Preis als Verhandlungsbasis geben, um die Situation zu beenden. Auch wenn wir belustigt waren und das Gebaren des Herrn sympathisch und nicht aufdringlich bei uns ankam, wollte wohl keiner von uns die Wahrheit sagen. Vielleicht hätten wir es ja doch tun sollen. »Wissen Sie, das ist erst unser zweites Date, und auch wenn wir vielleicht ganz vertraut miteinander wirken, so müssen Sie wissen, dass wir uns bisher weder geküsst haben, noch ernsthafte Beziehungsabsichten pflegen. Oder was meinst du, Beate? Wie auch immer, von daher wäre dieser Schrank für uns beide der vierte Schritt vor dem ersten. Aber er gefällt uns sehr, können Sie ihn vielleicht bis … sagen wir … nächstes Frühjahr zurückhalten? Wir rufen Sie dann an, ob aus uns etwas geworden ist und ob wir beabsichtigen, eine gemeinsame Wohnung zu nehmen und diese dann wirklich den Platz bietet, an dem der wunderschöne Schrank angemessen zur Geltung kommt. Einverstanden?«

Als ich wenige Tage später meine Absage an die Brünette mit der schmalen Oberlippe schrieb, klang ihre Antwort erneut sehr gelassen: Das sei kein Problem, es sei nett, dass wir uns getroffen hätten, und sie wünsche mir viel Glück. Was sie selbst sich wirklich wünschte oder nicht wünschte, hat sie mir gegenüber – außer beim Spaziergang – nie geäußert.

40

SCHLOSSPARK, DIE ZWEITE!

Ich habe meine Blind Dates nie gezählt, aber das Treffen mit der Brünetten in Ludwigsburg war geschätzt das neunzigste gewesen. Ich erwähne das an dieser Stelle, weil ich damit neunzig Treffen mehr absolviert hatte als die High-Heel-Dame, die mich am nächsten Tag erwartete. Ich war ihr erstes Blind Date überhaupt, und darüber machte ich mir in vielerlei Hinsicht Gedanken. Schätzte sie mich realistisch ein? Würde sie durch unsere Konversation über Sinnlichkeiten bereits einen Kopfkinotrip fernab jeder Realität unternommen haben? Wäre die Enttäuschung bei ihr dann nicht vorprogrammiert? Musste ich ihr nicht sagen, dass es eine große Diskrepanz zwischen Imagination und Wirklichkeit gibt und man die daraus resultierende Enttäuschung nicht sofort auf sich selbst oder den anderen beziehen darf? Ich hatte ja schon erlebt, wie falsch so etwas laufen kann.

Das Verantwortungsbewusstsein des ältesten von vier Brüdern ist fest in meiner Vita verankert, und ich glaubte schon öfter, mich um Dinge im Leben anderer kümmern zu müssen, die auch ohne mich reibungslos funktioniert hätten. Das ist meine Erklärung dafür, dass die High-Heel-Dame wenige Tage vor unserem Treffen zum Ziel einer Blind-Date-Aufklärungskampagne meinerseits wurde. Ich schrieb ihr in einer circa halbseitigen Mail alles, wovor ich sie meinte, warnen zu müssen. Als Zugabe schmückte ich diese Ausführungen noch mit der Bemerkung, dass meine letzte Beziehung (die Architektin) anfangs ebenfalls die Liebe meines Lebens zu sein schien. Das war gut gemeint, aber gelinde gesagt unpassend. Die High-Heel-Dame war Mutter einer Tochter, bereits geschieden, hatte lange Zeit in dem Betrieb ihres Vaters in der Materialdisposition gearbeitet, danach ein psychologisches Kurzstudium absolviert, als Coach für Beziehungsprobleme und berufliche Weiterentwicklung ihr Geld verdient und leitete inzwischen eine kleine Firma in der Kosmetikbranche. Ich will damit zum Ausdruck bringen, dass sie erwachsen war, mit beiden Beinen im Leben stand und sich selbst und sogar anderen zu helfen wusste. Das Letzte, was sie brauchte, waren väterliche Ratschläge von mir. Das gab sie mir in ihrer Antwortmail auch umgehend zu verstehen. Außerdem reagierte sie äußerst empfindlich auf meine Ausführungen über die »*Liebe des Lebens*« und konterte mit der Frage, wie viele Lieben des Lebens es denn geben kann. Ich hatte damit zwar nur meinen früheren Irrtum zum Ausdruck bringen wollen, aber ihre Antwortmail klang bereits so, als hätte sie nur noch wenig Lust auf das Treffen in wenigen Tagen. Das schrieb sie zwar nicht ausdrücklich, aber sie war offensichtlich angefressen, und ich hätte mich ohrfeigen können. Ich entschuldigte mich schriftlich bei ihr und gab zu, wohl etwas über das Ziel hinausgeschossen zu sein. Ich versuchte in diesem Zusammenhang auch, den Satz mit der

»Liebe des Lebens« in das aus meiner Sicht richtige Licht zu rücken, was mir jedoch nicht gelingen sollte. Dennoch klang ihre Antwort auf meine Entschuldigung in weiten Teilen versöhnlich, und sie erwähnte, dass sie durchaus das liebevolle Element meiner Aufklärungsversuche wahrgenommen habe. Außerdem hatte ich in meinem Entschuldigungsschreiben erwähnt, dass ich soeben beim Friseur gewesen sei, um mir für unser Treffen einen schicken Irokesenschnitt zuzulegen. Und zu meiner Erleichterung begann ihre Antwortmail mit einem von Augenzwinkern unterlegten *»Lieber Irokese«*. Unser Treffen fand also glücklicherweise doch statt. Vielleicht war auch der alberne Irokesenspruch das Zünglein an der Waage, denn sie erwähnte kurz darauf, dass sie in schwierigen Situationen andere Menschen oft darum bat, einen Witz zu erzählen, weil ihr das kurioserweise half.

Für unser Treffen hatten wir ebenfalls – allerdings zufällig – einen Schlosspark ausgewählt, dieses Mal den des Bruchsaler Schlosses. Das Bruchsaler Schloss wirkt, wie ich finde, ein bisschen zu groß und pompös für das kleine Städtchen, und es hat den Anschein, als wäre es samt Park einfach mitten hineingequetscht worden zwischen Durchgangsstraßen, Wohnhäuser, Pizzerien und allem städtebaulichen Kram aus der Neuzeit. Ich vermute, als der Bürgermeister und die Baufirma das fertige Schloss samt Park voller Vorfreude mit einem Riesenkran auf den dafür vorgesehenen Platz herabließen, mussten sie plötzlich feststellen, dass das alles gar nicht richtig passt, und dann haben sie das Schloss samt Vorplatz einfach so gelassen, wie es ist, aber den Park hinter dem Schloss auf ein Zehntel der ursprünglich geplanten Fläche reduziert. Dabei wurde blöderweise nur das langweilige Zehntel behalten, welches dem sehenswerten Schloss nicht gerecht wird. Vor dem Schloss befindet sich seitdem der große Vorplatz mit schmiedeeisernem Zaun, einem Brunnen und allem Pipapo und macht schon richtig Appetit auf das Gebäudeinnere und den sich dahinter endlos erstreckenden Park. Das Schloss beeindruckt unter anderem durch sein Treppenhaus, das als eines der bemerkenswertesten Treppenhäuser der Barockzeit gilt (ernsthaft!). Hat man den Vorplatz dann endlich überquert, einen Blick auf das Treppenhaus riskiert und die Türe mit beeindrucktem »Oh« und »Ah« wieder geschlossen, beginnt man, um das Gebäude herum zu spazieren, um die endlos weite Parklandschaft zu genießen, an deren Horizont sich der Wasserspiegel eines großen, schwanenbevölkerten Sees mit der weiß getupften Wolkenlandschaft des blauen Sommerhimmels vermählt. Man biegt erwartungsfroh und horizonthungrig um die Ecke des Barockjuwels, und zack! rennt der Blick vor die Wand.

Zumindest kam es mir beim ersten Mal so vor, denn der Park hinter dem Schloss ist erstens nicht viel größer als der Vorplatz und zweitens weit entfernt von einer barocken Parkanlage. Es ist eine gewöhnliche, kleinstädtische Grünanlage, mehr nicht, und das finde ich schade. Aber vielleicht sollte ich das Ganze auch positiv sehen, denn zumindest befindet sich hinter dem Schloss kein Steinkohlekraftwerk oder Güterbahnhof.

Wir trafen uns trotzdem dort in Bruchsal, denn das Schloss bietet von vorne eine ansprechende Kulisse, und auf dem großen Vorplatz befindet sich zudem ein Café, in dem sich die Zeit mit hemmungsloser Kalorienzufuhr vertreiben lässt. Ich wartete also am Sonntag des letzten Septemberwochenendes, wenige Tage nach meiner Irokesenmail und einen Tag, nachdem ich einen Querfeldeinspaziergang in Ludwigsburg überlebt hatte, auf die High-Heel-Dame. Da ich wieder mal ein paar Minuten früher eintraf, lief ich auf dem Vorplatz in der Nähe des Schlosseingangs auf und ab und schaute immer wieder gespannt in die Richtung des großen, schmiedeeisernen Eingangstors. Als die Dame mit wenigen Minuten Verspätung dort auftauchte und die fünfzig Meter quer über den Vorplatz – natürlich mit High Heels – auf mich zuspazierte, dachte ich: Wow, diese Frau könnte ein Volltreffer sein!

41

HERBSTFLATTERN

Prompt fiel ihre Sonnenbrille auf den Kiesweg, als wir uns mit verlegenen Links-Rechts-Küsschen begrüßten. Sie hob sie auf und setzte sie wieder auf den Kopf, so wie einen Haarreif, der ihre blonden Haare fixierte. Noch während sie die Brille und ihre Haarsträhnen sortierte, begann ich von dem »winzigen Schlosspark hintendran« zu plappern, was zur Folge hatte, dass wir tatsächlich mit aufgeregtem, neugierigem Small Talk um das imposante Gebäude herum und durch die eigentlich enttäuschende Grünanlage dahinter gingen, bis wir die wenigen Wege alle abgeschritten hatten. Anschließend ließen wir uns auf einer der Bänke nieder, und ich meinte schon da, bei ihr eine vorsichtige Zuneigung auszumachen. Sie war viel hübscher als auf den Fotos, und es umgab sie eine beiläufige Eleganz, die mir sehr gefiel. Und ihre Hände waren tatsächlich so schön wie auf dem Aktfoto. Als sie nun dicht neben mir auf der Bank saß und ihre Knie angezogen und fest umschlungen hatte, begann sie, aus ihrer Coaching-Zeit zu erzählen. Sie hatte die High Heels ausgezogen und beiseite gestellt und berührte mich nun immer wieder zufällig mit ihrem nackten, linken Fuß und dem Knie. Das hätte sie nicht geschehen lassen, wenn ihr diese Nähe unangenehm und ich ihr unsympathisch gewesen wäre. Ihre Berührungen waren für mich wie kleine Erlösungen, und mich ergriff auf der Bank neben ihr ein Gefühl des Gleichklangs und der Zuversicht, wie ich es lange nicht empfunden hatte. Ich sehnte mich in diesem Moment nach ihrer Nähe, auch wenn mir die wenigen Berührungen und mein Gefühl schon reichten, denn es war mehr, als ich vor dem Treffen zu träumen gewagt hatte, und mein Eindruck, sie könnte tatsächlich die Richtige sein, hatte weiter Bestand. War sie endlich mein riesengroßes, fehlendes Puzzleteil, auf das ich nun schon so lange wartete?

Nachdem wir uns eine knappe Stunde im Park und auf der Bank unterhalten hatten, besuchten wir noch das Café auf dem Vorplatz. Sie musste ihre Tochter am frühen Abend wieder bei einem Freund abholen, von daher war unsere Zeit begrenzt. Aber die verbleibende Stunde nutzten wir bei Kaffee und Kuchen und erzählten und fragten und lachten miteinander, als wollten wir am liebsten kein Ende finden. Gegen achtzehn Uhr bezahlte ich die Rechnung, was mir so viel Freude machte wie schon lange nicht mehr. Anschließend verließen wir das Café, um uns auf dem Vorplatz bei dem schmiedeeisernen Tor zu verabschieden. Als ich ihr meine Hand reichte und gleichzeitig resümierte, dass mir unser Treffen sehr gefallen habe, hatte ich eigentlich vorgehabt, ihr keine distanzierten Luftküsschen neben das Ohr zu hauchen, sondern sie mit einer kurzen Umarmung zu entlassen. Dazu kam es jedoch nicht, denn als ich zur Umarmung ansetzen wollte, reagierte sie plötzlich ganz förmlich, so als hätte sie in diesem Moment einen Schalter umgelegt. Sie streckte ihre Hand aus, als wolle sie den Rest von sich auf keinen Fall mit mir teilen, ließ mein positives Resümee unkommentiert stehen und erwiderte lediglich, dass wir uns »ja dann schreiben« würden. Das wirkte nicht verlegen, sondern wie eine von ihr so gewollte Verabschiedung. Ihre Geste war die plötzliche Bruchkante in unserer Begegnung und sah für sich genommen eher nach Rückzug und Absage aus. Ich stimmte ihr etwas überrascht zu, dass wir uns natürlich »dann schreiben« würden, und gab ihr kurz meine Hand. Anschließend ging ich mit ihr durch das schmiedeeiserne Tor, winkte noch einmal, bevor ich in die entgegengesetzte Richtung zu meinem Wagen lief, und stieg etwas irritiert ein. Sie hatte sich doch augenscheinlich sehr wohl mit mir gefühlt? Was war denn auf einmal passiert? Sehr seltsam, aber jetzt musste ich notgedrungen erst mal abwarten. Allerdings machte ich aus meinem Interesse keinen Hehl und schrieb ihr noch im Auto eine SMS, sie solle gut nach Hause kommen, und wünschte ihr einen schönen Sonntagabend. Ihre Antwort war ein kurzes und förmliches *»Danke, Dir auch!«*.

Daraufhin verfasste ich später am Abend noch eine Mail an sie. Ich hatte nichts zu verlieren und schrieb ihr klar und deutlich, dass sie mir gefiel und ich sie wiedersehen wolle. Und dann wartete ich und überlegte weiter …

Warum hatte sie sich während des Treffens offensichtlich zu mir hingezogen gefühlt und dann auf einmal bei der Verabschiedung umgeschaltet? Ich verstand das nicht. Hatte ich irgendetwas Falsches gesagt, oder war ihr plötzlich wieder meine Bemerkung von der »Liebe des Lebens« eingefallen, und dieses rote Tuch ließ sie zurückrudern? Oder gab es irgendetwas, was sie mir verschwiegen hatte und ein zusätzliches Hindernis für sie darstellte? Oder hatte sie ihr erstes Blind Date doch falsch eingeschätzt und plötzlich kalte Füße bekommen? Ging es ihr vielleicht im Zeitraffer so wie der großen blonden Lifestylistin, die nach wenigen Tagen ihre Euphorie zurückschraubte, weil die Vergangenheit sie rechts überholte? Groß und blond war die High-Heel-Dame auch, nicht dass ich mit der Zeit ein Trauma in Bezug auf große blonde Frauen bekäme, das hätten beide Seiten nicht verdient. Apropos groß und blond, vielleicht war ich der großen Dame auch einfach nur zu klein, und sie stellte das erst kurz vor unserem Abschied überrascht fest? Aber wäre es andererseits nicht seltsam, unerwünschte Körpergrößen erst am Ende der Begegnung zu registrieren? Ich konnte mir keinen Reim darauf machen. Warum antwortete sie nicht noch am gleichen Abend? Warum schrieb sie mir auch am nächsten Morgen keine kurze Nachricht? Warum hörte ich bis zum späten Nachmittag immer noch nichts von ihr? Da braute sich eine Absage zusammen, aber warum? Das passte alles nicht zusammen!

Am frühen Abend des nächsten Tages traf endlich eine Mail von ihr ein, und es war tatsächlich eine Absage. Das durfte doch nicht wahr sein! Sie schrieb sinngemäß, dass sie sich Zeit nehmen wollte für diese Antwort, darum käme sie so spät. Sie habe in mir einen tollen Mann kennengelernt, einen Mann, der nach ihrer Ansicht allerdings zu gut für sie sei, da sie eine Menge negative Dinge in ihrem Leben erlebt habe. Und deshalb glaube sie, dass wir nicht zusammenpassen, sie wolle mir das sozusagen nicht zumuten. Außerdem erwähnte sie am Schluss der Nachricht, dass eine nette Kollegin in ihrer Firma arbeite, die ebenfalls Single sei, sogar etwas jünger als sie selbst, auch sehr hübsch, und vielleicht sei diese Frau ja etwas für mich …

Wie bitte? Ich war mir sicher, dass die Begründung, ich sei *»zu gut für sie«*, vorgeschoben war. Für mich klang ihre Absage so, als wollte sie mich nicht verletzen, obwohl es etwas gab, was sie an mir störte. Spontan tippte ich, dass ich ihr tatsächlich zu klein war. Könnte ja sein, sie findet mich zwar nett und reizvoll, aber ich bin ihr als Lebenspartner zu klein. Wenn sie das offen sagte, würde ich das verstehen und akzeptieren. Aber *»zu gut«* – das klang wie eine als Kompliment getarnte Ausrede. Und dann das Angebot mit ihrer jüngeren Kollegin, was sollte ich denn dazu sagen? Man weiß zwar nie, welche Geschichten das Leben schreibt, aber ich war über dieses Angebot enttäuscht und irritiert.

Ich antwortete ihr noch am gleichen Abend und schrieb mir meine Gedanken von der Seele. Ich erwähnte, dass ich ihren Grund für vorgeschoben hielt, ich vermutlich einfach zu klein sei, das aber nur akzeptieren könne und würde, sie mich jedoch wirklich (und auf der Bank sogar im wahrsten Sinne) berührt und ich mir Hoffnungen gemacht hatte. Und ich schrieb ihr, dass sie sich jemanden suchen solle, der sie verdiene und der all ihre Gesichter erkennt und respektiert, die ich während unseres Treffens gesehen hatte; das liebevolle Gesicht, das professionelle Gesicht, das bedürftige Gesicht und all die anderen. Sie solle sich im Endeffekt so jemanden wie mich suchen, nur halt jemand anderen, weil sie mich ja augenscheinlich nicht wolle, und da sie mich nicht wolle, könne sie mir halt in Gottes Namen die Kontaktdetails der Kollegin schicken, wer weiß, was daraus irgendwann mal wurde, auch wenn mir im Moment nicht der Sinn danach stand. Nachdem ich diese Sätze versendet hatte, hakte ich die High-Heel-Dame ab und begrub meine

Hoffnungen. Ich war sehr enttäuscht und merkte, dass die letzten Monate trotz des Urlaubs nicht spurlos an mir vorübergegangen waren. Ich hatte in diesem Moment keine Lust mehr, wieder einen neuen Versuch zu starten, den nächsten Anlauf zu unternehmen und den übernächsten und noch einen, bis endlich wieder jemand in mein Leben trat, mit dem ich mir vielleicht eine Beziehung vorstellen konnte, und diese Dame dann vielleicht zu mir passte oder nicht und mich wollte oder nicht. Ich hatte das alles satt und war ausgelaugt. Solche Momente gehen bei mir zwar innerhalb weniger Tage vorbei, weil ich ein Stehaufmännchen bin, aber Tag eins hatte gerade erst begonnen.

Als ich am nächsten Morgen aufwachte, wirkte die Welt trister als an den Tagen zuvor. Der Herbst war mit seinen kühleren Temperaturen und goldenen Farben in vollem Gange, die Umstellung der Uhren zur Winterzeit nahte unaufhaltsam, und die Absage der High-Heel-Dame war immer noch bittere Realität, auch wenn ich sie nicht in jeder Hinsicht verstand. So fiel mir die Fahrt zur Arbeit schwerer als sonst, und die Belange der Kunden und Kollegen interessierten mich anschließend weniger als angebracht. Am späten Vormittag hörte ich im Büro, wie mein Smartphone vibrierte. Ein kurzer Blick zeigte, dass es sich noch mal um eine Nachricht von der High-Heel-Dame handelte. Das war jetzt also die nächste kleine Demütigung. Inzwischen war ich ihr bereits so unwichtig, dass sie auf meine lange Mail nur mit einer kurzen SMS Lebewohl sagte und womöglich noch schnell die Telefonnummer der Kollegin deponierte, bevor wir nichts mehr voneinander hörten. Ich öffnete die SMS, um den nächsten Nadelstich schnell hinter mich zu bringen. Aber was ich las, überraschte mich sehr, und ich traute meinen Augen anfangs nicht. Sie schrieb sinngemäß, dass sie meine Nachricht gelesen habe, diese ihr sehr nahe gegangen und sie zu Tränen gerührt war, dass sie viel überlegt habe, ich mit vielem recht habe, was ich schrieb, und sie mir später ausführlicher schreiben würde, wenn sie am Nachmittag von der Arbeit heimkehrte. Damit hatte ich nicht gerechnet! Ich schöpfte natürlich wieder ein wenig Hoffnung, aber bremste mich sofort. Ich wollte erst mal abwarten, was sie mir nachmittags tatsächlich mitteilen würde.

Die angekündigte Mail traf in der Tat am Nachmittag ein. Sie schrieb mir, dass ihr Grund nicht vorgeschoben und ich ihr nicht zu klein war. Sie habe mich wirklich als *»zu gut für sie«* befunden. Außerdem habe ich bei unserem Treffen sehr routiniert und schwer durchschaubar auf sie gewirkt, und das alles habe sie dazu bewogen, mir erst mal abzusagen. Meine dann folgende Nachricht mit den vielen Gesichtern, die ich in ihr gesehen hatte, und der Ratschlag, sich so jemanden wie mich zu suchen, habe sie jedoch umgestimmt, und die Kollegin, deren Nummer sie mir eigentlich geben wollte, habe ihr auch geraten, mir doch eine Chance zu geben, und nun würde sie mich darum bitten, dass wir uns vielleicht doch noch einmal ohne große Versprechen und unverbindlich treffen könnten, um uns weiter kennenzulernen. Puh, ich konnte dieses Glück der zweiten Chance kaum fassen und war obendrein etwas stolz, sie mit meinen Worten umgestimmt zu haben. Sollten wir doch noch zueinanderfinden? Die Chancen standen scheinbar nicht schlecht, denn ich *hatte* ihr gefallen, und mein Gefühl hatte mich *nicht* getäuscht.

Sie wünschte sich, dass sie mich bei unserem zweiten Treffen zu Hause besuchen durfte, da mein Lebensumfeld sicher eine Menge über mich aussagen würde. Das leuchtete mir ein, und ich hatte natürlich nichts zu verbergen. Ich bot an, uns ein Abendessen zu kochen, damit sie sich so lange bei mir umschauen konnte, wie sie mochte, und war sehr zuversichtlich, sie eine Woche nach unserem Treffen am Bruchsaler Schloss mit meiner Wohnung, einem Abendessen und meinem wiedergewonnenen Optimismus zu überzeugen.

Bei unserem Wiedersehen erzählte sie mir, dass sie sich eigentlich vorgenommen hatte, mich an diesem Abend noch nicht zu küssen. Damit rückte sie wenige Sekunden *nach* unserem ersten Kuss heraus, der wiederum bereits wenige Minuten *vor* unserem ersten

Abendessen stattgefunden hatte. Ihrem zweiten Vorsatz blieb sie jedoch treu und übernachtete nicht bei mir. Das hätte mich nach dem Auf und Ab der letzten Tage vermutlich auch überfordert. Außerdem musste ich das Hochgefühl erst mal verarbeiten, das sich während ihres Besuchs eingestellt hatte. Denn wir waren zusammen, die High-Heel-Dame und ich. Wir hatten uns vor und nach den Küssen und vor und nach dem Essen eine Menge voneinander erzählt und waren uns einig, dass wir es miteinander probieren würden. Es war der zweite Beziehungsanlauf nach meiner gescheiterten Ehe, und dieses Mal würde sicher alles gut gehen. Sie hatte mich im Vorfeld nicht, wie die Architektin seinerzeit, an irgendwelchen Katastrophen teilhaben lassen, schien nicht bodenlos eifersüchtig zu sein (abgesehen von der latenten Empfindlichkeit in Bezug auf das »Liebe des Lebens«-Thema) und wir stellten in vielen Dingen den gleichen Geschmack und ähnliche Ansichten fest. Sie wohnte zwar nicht um die Ecke, sondern fünfundvierzig Autominuten entfernt, aber wir wollten beide perspektivisch mit unserem Partner und den Kindern zusammenleben. Sie sehnte sich nach einem endlich harmonischen Familienleben für sich und ihre kleine Tochter, denn das war ihr selbst als Kind vorenthalten worden. Und ich wünschte mir ebenfalls ein Leben mit Partnerin und Kind und Kegel unter einem Dach. Aber all das würde sich irgendwann ergeben, denn nun hatten wir genug Zeit, gemeinsame Pläne für die Zukunft zu schmieden.

42

TRAUMFRAU MIT TÜCKEN

Wir waren sehr verliebt und glaubten tatsächlich beide, den richtigen Partner gefunden zu haben. Sie war eine Frau, die auf den ersten Eindruck Schönheit und Eleganz mit Ruhe, Zuwendung, Klugheit und Wärme verband. Sie besaß keine offensichtlichen Allüren, und wir fühlten uns anfangs im absoluten Gleichklang. Ich bekam von ihr nach wenigen Tagen das Prädikat »Traummann« verliehen, mein Blick und »diese Augen« verzauberten sie jedes Mal, und sie schickte mir sogar eine Mail mit einer Auflistung von circa zwanzig Gründen, warum sie mich liebte. Ich war im siebten, kurzzeitig sogar im achten Himmel. Ich hatte außerdem bei unseren ersten Begegnungen zufällig Dinge gesagt oder getan, die für sie wie eine Erlösung wirkten. Sie durfte bei mir vor dem Haus parken, ich versteckte sie nicht vor meiner Familie, ich freute mich ausdrücklich auf ihre Tochter, ich drehte nicht jeden Cent zweimal um und zeigte mich gerne mit ihr in der Öffentlichkeit. Außerdem hatte ich mit meiner Ex-Frau emotional seit Langem abgeschlossen. Das sind zwar vollkommen normale Dinge und Voraussetzungen für eine funktionierende Partnerschaft, aber all das war in ihrer vorherigen Beziehung nicht selbstverständlich gewesen. Der letzte Freund war zwar wohlhabend, aber ein ausgesprochener Geizkragen, ließ sich von seiner noch im gleichen Haus in separater Wohnung residierenden Ehefrau die Tage diktieren, an denen Damenbesuch nicht erwünscht war, ihr Auto hatte gefälligst nicht vor diesem Haus zu stehen, und die Tochter war auch nicht immer willkommen. Ich fragte sie, warum man mit einem solchen Menschen überhaupt eine Beziehung eingeht, und sie erwiderte, dass er der mäßig erfolgreiche Anwalt war, der das Ende ihrer Ehe begleitet hatte, und da waren die Übergänge von Hilfe, Trost und Zuneigung wohl fließend gewesen. Nun gut, immerhin hatte sie sich von diesem Mann getrennt, auch wenn er während unserer ersten gemeinsamen Wochen mehrmals Blumensträuße vor ihrer Tür deponierte und zweimal unangemeldet persönlich bei ihr zu Hause auftauchte, weil er »um sie kämpfen« wollte. Einmal sogar spätabends kurz vor Mitternacht, als ich nicht da war, und er wurde sogar von ihr hereingebeten, um dann bis drei Uhr morgens eine von ihm gewünschte Diskussion zu führen. Ich fand diese Diskussionen nach einer angeblich klaren Trennung etwas befremdlich, denn entweder hatte sie einen Schlussstrich gezogen, den der Ex verstand, oder sie hatte sich eben nicht klar genug ausgedrückt. Wie unklar sie sich manchmal ausdrückte, sollte ich schon bald erleben. Denn leider hatten wir nicht genügend Zeit, Pläne für die Zukunft zu schmieden, weil der Alltag uns ein anderes Tempo aufzwang.

Nach drei Monaten musste sie eine Entscheidung treffen. Ihre kleine Tochter wurde im folgenden Sommer eingeschult, und so überlegten wir, wie sich das mit einer gemeinsamen Zukunft vereinbaren ließe. Sie hatte ernsthaft vor, sich in meinem Ort eine Wohnung zu nehmen und ihre Tochter dort einschulen zu lassen, damit sich der Lebensmittelpunkt für das Kind dort entwickeln könne. Ich war damit natürlich einverstanden und schätzte es sehr, dass sie nach ihrer bewegten jüngeren Vergangenheit noch mal einen Umzug auf sich nehmen wollte. Es kam jedoch nicht dazu. Als die Pläne konkreter wurden, machte ich einige Male unbedachte Äußerungen in Bezug auf die wechselseitige Betreuung meiner Tochter. Ich wollte zum Ausdruck bringen, dass sich dieses Wechselmodell nicht grundsätzlich ändern wird und dass ich somit weiterhin an manchen Abenden erst spät mit der Tochter zu Hause sein würde, wenn ich sie vom Training abholen musste. Somit konnten wir uns sicher nicht jeden Abend sehen, zumal die Kinder noch etwas essen und früh schlafen mussten. Ich wollte die High-Heel-Dame und ihre Tochter damit nicht aus meinem Leben ausgrenzen, sondern meine Alltagssituation offen ansprechen. Sie fühlte sich jedoch ausgegrenzt. Vielleicht waren meine Formulierungen auch zu strikt oder abweisend gewesen, das ist gut möglich, aber sie sprach das leider nicht offen an, sondern traf im Stillen die Entscheidung, dass sie mit ihrer Tochter *nicht* in meinen Ort ziehen würde. Von dieser Entscheidung erfuhr ich erst, als ich ihr drei Wohnungsangebote schickte, die ich im Internet gefunden hatte. Zu meiner großen Überraschung lehnte sie diese mit der Begründung ab, dass sie sich inzwischen entschlossen habe, eine andere Wohnung zu beziehen, die *nicht* in meiner, sondern in *ihrer* Nähe lag, und diese auch schon zugesagt habe. Ich war etwas vor den Kopf gestoßen, konnte das anfangs nicht einordnen und versuchte dieses Missverständnis – denn das war es aus meiner Sicht – aufzuklären und sie umzustimmen. Aber für sie war alles gesagt, und die Entscheidung war getroffen, es hatte kein wirkliches Gespräch im Vorfeld gegeben, und es gelang uns schon damals nicht, eine Kommunikationskultur zu etablieren, die Kontroversen und einen Kompromiss ermöglichte. Durch dieses große und noch etliche weitere kleine »Missverständnisse« begannen sich unsere Lebensentwürfe im Gänsemarsch voneinander zu entfernen. Ich glaubte weiterhin, dass wir später irgendwann zusammenziehen würden, sie verabschiedete sich jedoch insgeheim immer mehr von dieser Idee, begegnete der Perspektive einer gemeinsamen Wohnung mit der Zeit ausweichend und sah auch die wöchentlichen Autofahrten als zunehmende Belastung. Als nach einem guten Jahr aufgrund von beruflichen Terminen und Kinderbelangen immer weniger Zeit für uns zwei blieb, litt auch die Liebe darunter. Ich spürte, dass sich unsere Begegnungen veränderten, anfangs mit kleinen verräterischen Gesten; wie schnell wird eine Hand unauffällig weggezogen, wie flüchtig ist eine Umarmung, weil der Körper schon auf dem Weg in die andere Richtung sein möchte, ist ein Begrüßungskuss liebevoll verweilend oder pflichtbewusst knapp, bevor die Lippen den anderen etwas zu energisch wieder wegstoßen. Die Zeit und Ruhe, körperliche Leidenschaft zu entwickeln und auszuleben, reduzierte sich ebenfalls immer mehr. Es hatte zeitweilig den Anschein, als versuche sie, Lust durch Pflicht zu ersetzen, was weder bei ihr noch bei mir funktionieren konnte. Unsere Kommunikation verlief bei Kontroversen meist derart, dass sie sich erst zu Wort meldete, wenn sie unausweichlich darauf angesprochen wurde oder ihr Kragen innerlich bereits mehrfach geplatzt war. Vermutlich hatte sie schon in der Kindheit gelernt, folgsam zu sein und Probleme erst mal mit sich selbst auszumachen, weil Diskussionen mit ihrer Mutter schon damals zwecklos waren.

Dieses Muster entdeckte ich leider auch in unserer Beziehung. Ich verwechselte diese Folgsamkeit in den ersten Monaten mit emotionalem Gleichklang, verstand dabei jedoch nicht, dass es ihr anfangs nur genügte, nach meinem vermeintlichen Gusto zu funktionieren, weil sie ihn irrtümlich für den ihren hielt. Ihre als Gleichklang getarnte Folgsamkeit bröckelte mit der Zeit jedoch richtigerweise, da sich die High-Heel-Dame im Laufe unserer Beziehung und nach den stürmischen Jahren zuvor zunehmend auf sich selbst besann. Das stellte für mich immer häufiger einen irritierenden Bruch dar, der jedes Mal widersprüchliche Situationen und Befindlichkeiten zutage beförderte, weil mit der Zeit das, was bisher in ihrem Sinne war, plötzlich auf ihre Ablehnung stieß und eigentlich ja »immer schon« nicht in Ordnung gewesen war. Zu lange hielt ich meinen Lebensentwurf und meine Alltagschoreografie für unser beider Wahrheit und versäumte es, von mir aus auf sie zuzugehen und die Zukunftspläne neu – und vor allem mit ihr gemeinsam – anzupassen.

Bereits drei Monate vor dem Ende unserer Beziehung sprach ich unsere verfahrene Situation an, denn wir begegneten uns zunehmend wie ein unzufriedenes Geschwisterpaar und nicht wie zwei Verliebte. Sie ließ daraufhin all ihre gesammelten Enttäuschungen aus dem Sack, unsere Fernbeziehung, die sie »eigentlich niemals so lang so fern gewollt« hatte, unsere »verschiedenen Lebensphilosophien«, die ein Zusammenleben für sie eigentlich unmöglich machten, den letzten gemeinsamen Urlaub mit den Kindern, der plötzlich in vielerlei Hinsicht nur von ihr geduldet und doch nicht harmonisch war, und noch andere Dinge. Ich war über die Vehemenz ihrer Äußerungen erschüttert, manches verletzte mich auch persönlich, und ich verstand nicht, ob sie in der Vergangenheit geschauspielert oder jetzt mit ihren Äußerungen übertrieben hatte. Aber ich machte mir nichts vor, denn für mich stellte eine solch umfangreiche emotionale Abrechnung den Schlussstrich unter unsere Beziehung dar. Zu meiner Verwunderung relativierte sie ihre Ausführungen jedoch einen Tag später, sagte, sie würde mich immer noch lieben, aber manches würde sie einfach stören. Gut, wir redeten also darüber und versuchten in den folgenden Wochen wieder mehr zueinanderzufinden. Sie predigte sich selbst und auch mir, dass ihre Zurückhaltung und ihre Zweifel »schon vorbeigehen würden« – eine Haltung, die ihr scheinbar von Kindesbeinen an vieles Unerträgliche erträglich gemacht hatte, in der ich für uns jedoch keine Zukunft sah. Und ich sollte recht behalten. Weder gelang es uns, mehr Zeit miteinander zu verbringen, noch wurden unsere Begegnungen inniger. Und darüber nahm meine Ratlosigkeit und Verzweiflung zu, denn die Schere zwischen Lebensentwurf und Partnerschaftswirklichkeit, zwischen Gesagtem und Gelebtem öffnete sich immer weiter und inzwischen unumkehrbar.

Im Frühjahr 2014, gute achtzehn Monate nach unserem Treffen am Schloss in Bruchsal, beendete sie schließlich die Beziehung, bevor ich es einige Wochen später selbst getan hätte. Ich wollte noch den gemeinsamen Urlaub abwarten, in der Hoffnung, dass sich das Blatt dort vielleicht noch einmal wendete, aber die Liebe zu mir war ihr offensichtlich abhandengekommen, auch, weil uns die Erfüllung ihres großen Wunsches nach einem Familienleben nicht gelungen war, weil wir die Weichen am Anfang der Beziehung falsch gestellt hatten und sich unsere anfangs märchenhafte Schnittmenge letztendlich nur als abgenutzter Refrain der Erleichterung nach schweren Zeiten entpuppte. Ich musste mir eingestehen, zu lange Zeit dem Phantom einer gemeinsamen Zukunft hinterhergejagt zu haben. Der geplante Urlaub wäre vermutlich eine deprimierende Veranstaltung und für unsere Töchter sicher eine belastende Freizeiterfahrung geworden, von daher war es gut und richtig, dass sie vorher den Schlussstrich zog.

Vermutlich klingt ihre Version unserer achtzehn Monate etwas anders, aber das ist letztendlich nebensächlich. Aus meiner Sicht war es im Nachhinein wichtig, dass wir beide uns die Missverständnisse und Fehler eingestanden haben und dass wir im Guten auseinandergegangen sind. Wir haben uns in diesen achtzehn Monaten trotz allem lange Zeit gutgetan und viel vom anderen gelernt, wir haben die Kinder des anderen sehr gemocht und auch deren Leben ein wenig bereichert. Es sollte nicht sein, und trotz der bitteren Erkenntnis des Scheiterns haben wir unnötige Vorwürfe und falsches Selbstmitleid vermieden. Und dieser letztendlich doch nur mediokre Teil sowie die jährlich wiederkehrenden Glückwünsche zum Geburtstag des jeweils anderen bleiben von der einstigen Traumfrau und dem einstigen Traummann übrig. Es war eine nachvollziehbare, aber für meine Lebensplanung ernüchternde Trennung, die mich einige Tränen kostete, weil ich anfangs diese Frau und später mit ihr meine Hoffnung geliebt hatte, weil ich wieder etwas hinter mir lassen musste, weil ich meiner Tochter wieder eine Trennung verkündete, weil ich selbst eine Zeit lang wieder mehr Überwindung für das morgendliche Aufstehen benötigte, weil die Schwerkraft der Enttäuschung und der Makel des Scheiterns meinen Körper näher an den Boden drückte und der Alltag eine Zeit lang mehr Schauspiel als Leben war. Ich musste mir die Fotos einer gemeinsamen Zukunft von den Seelenwänden reißen, musste die lieb gewonnene Tochter und Familie der High-Heel-Dame hinter mir lassen und die weißen Flecken in meinem Alltag und meiner Zukunft vorerst akzeptieren.

Sinnbildlich für diese Zeit stand eine Reizung meiner Achillessehne, die ich mir wenige Wochen vor der Trennung und das erste Mal im Leben überhaupt zugezogen hatte. Die Achillessehne, wie treffend! Diese Reizung sollte mich bis in den Herbst davon abhalten, Sport zu treiben. Ich musste sukzessive alle geplanten Wettkämpfe der nächsten Monate absagen, konnte bis auf moderate Schwimmeinheiten (wofür eigentlich?) kein Training absolvieren und hatte somit viel Freizeit. Diese Freizeit entpuppte sich jedoch erst mal als bedrückende Leere und sollte erst nach einigen Wochen zur »freien Zeit« reifen.

43

UNTER WASSER

Nach der Trennung von der High-Heel-Dame fühlte ich mich gescheitert, leer und kraftlos. Das Leben war in diesen Tagen eine Nummer zu groß für mich. Ich stolperte in zu großen Schuhen umher, fühlte mich unbeholfen und planlos, war monatelang in eine Sackgasse gelaufen, dabei lag das Ziel in einer ganz anderen Richtung. Vielleicht war mein Lebensentwurf ein Irrtum, eine Fata Morgana, die sich bei vermeintlicher Annäherung in nichts auflöste und dann weit weg an anderer Stelle wieder auftauchte, um mich erneut in die Irre zu führen. Ich schwamm gegen den Strom und hatte das Ufer aus den Augen verloren, wollte Land sehen, aber ruderte mit aufgerissenen Augen im trüben, aufgewühlten Nass. Dieses Wasser trieb mich in die falsche Richtung, dieses Wasser war unerbittlich, dieses Wasser war nicht mein Element.

Das Schwimmen ist psychisch meist die größte Herausforderung bei Triathlon-Wettkämpfen, und ich habe mehrfach das Gefühl erlebt, inmitten einer von Hunderten Schwimmern aufgepeitschten braungrünen Flussbrühe erst die Orientierung, dann den Atemrhythmus und kurz danach vorübergehend die Zuversicht und die Kraft zu verlieren. Mitten im Neckar habe ich der Panik bereits einige Male ins Auge geschaut, so tief, dass ich schnappatmend viele Athleten vorüberziehen ließ, bevor ich wieder langsam zur Ruhe kam, während ich gleichmäßig strampelnd beinahe auf der Stelle im Fluss trieb. Die DLRG-Streckenposten in den Begleitbooten behielten mich jedes Mal im Auge, bis ich irgendwann zumindest wieder brustschwimmen konnte. Nach einigen Minuten gelang mir auch das Kraulen wieder, die Kraft kehrte zurück und mit ihr die Zuversicht, den Wettkampf vielleicht doch beenden zu können.

Wenn jemand in der Lage ist, zwei Kilometer im Schwimmbad zu schwimmen, heißt das nicht, dass er eintausendfünfhundert

Meter im Fluss bei einem Triathlon locker wegsteckt. Das Wasser ist meist trüb, es gibt keine Orientierung durch schwarze Streifen auf hellblauem Kachelboden, man sieht unter Umständen gar nichts, wenn man mitten im Pulk schwimmt, und da mir dunkles, unüberschaubares Wasser eine mittelschwere Urangst einjagt, waren manche Veranstaltungen für mich die Vorstufe zum Horror. Meine frühere Trainerin kennt Urängste übrigens auch, denn sie traut sich nicht, alleine in einem vier Meter tiefen Sprungbecken zu schwimmen, gestand sie mir mal. Diese Frau war professionelle Sportlerin, hat Ironman-Wettkämpfe gewonnen, schwamm bei Wind und Wellen mit anderen Athleten vier Kilometer durch den Pazifik, aber ein leeres Sprungbecken flößt ihr Angst ein. Beim Schwimmen während des Triathlons wird vielen klar, dass dies nicht das Element des Menschen ist. Die wichtigsten Sinnesorgane, Ohren und Augen, helfen kaum weiter in dieser anderen Welt, das Wasser ist dunkel und aufgepeitscht, und akustische Reize werden gar nicht oder nur gedämpft wahrgenommen. Es dringen lediglich die Wassergeräusche und nach kurzer Zeit auch das Wasser selbst in die Ohren, und die Umgebung besteht aus Gurgeln, Klatschen, Blubbern, den eigenen Atemgeräuschen und hin und wieder einem kurzen Schreck durch einen versehentlichen Fremdeinschlag auf Beine oder Arme oder im schlechtesten Fall auf den Kopf. Schwimmerfahrungen wären für mich der erste Grund, den Triathlonsport an den Nagel zu hängen.

Die Tage nach der Trennung waren wie eine multiplizierte negative Wettkampferfahrung. Ich versuchte zu funktionieren, aber erlebte meinen Alltag wie betäubt, wollte längst angekommen sein und gemeinsam mit »meiner neuen Frau« ins Leben aufbrechen, und nun musste ich mich erst mal orientieren, irgendwann wieder Kraft und neuen Mut schöpfen und zum dritten Mal nach meiner Ehe den ersten Schritt tun. Ich war fünfzig Jahre alt, wurde zurück auf Start geschickt und durfte nicht über Los gehen. Ich musste durchhalten, auch wenn ich unter Wasser erst mal nichts sah, durchhalten und das Ausatmen nach dem Luftholen nicht vergessen, auch wenn mir einer auf die Wade und der Nächste auf den Kopf schlägt, irgendwann kannst du wieder kraulen, Athlet, irgendwann atmest du wieder ruhig, irgendwann ist es vorbei, dann steigst du aus dem Wasser und es scheint bestimmt die Sonne, ganz bestimmt, und sie wärmt dich, ganz sicher, du musst nur durchhalten, noch ist es dunkel und nass, aber bald bist du an Land, Luft holen und durchhalten, einfach weiterschwimmen, ausatmen nicht vergessen, lange, ruhige Züge, bald ist es vorbei, auch diesmal schaffst du es, Athlet, halte durch! Und ich schwamm weiter. Ich konnte zwar für längere Zeit aufgrund meiner Achillessehnenreizung nicht trainieren, aber ich schwamm weiter. Ich konnte in den ersten Wochen nach der Trennung auch nicht an diesem Buch schreiben, aber ich schwamm weiter. Ich schwamm auf die Arbeit, ich schwamm zum Einkaufen in den Supermarkt, ich schwamm in der Küche umher, wenn ich für meine Tochter und mich etwas kochen musste, ich schwamm mit meiner Tochter auf dem Rücken zum Training, zu ihrem Training natürlich, und holte sie auf dem Wasserweg wieder ab. Ich ließ mich einfach treiben, und alles geschah, es schien mühsam und mühelos zugleich. Mit großer Überwindung, aber innerlich unbeteiligt. Ich hörte meinen Atem, ich hörte meine Stimme, ich hörte sogar mein Lachen, ein ferngesteuertes Lachen, spürte mich innerlich fragen: »War ich das? Habe ich gerade gelacht?« Während ich schwamm, suchte ich nach Antworten. Ich wollte Land entdecken, indem ich verstand. Ich schrieb der High-Heel-Dame noch wenige Male, um manches im Detail zu begreifen, aber die Antworten waren spärlich. Von ihr bekam ich nach der Trennung nur wenige Antworten, sie wollte nicht mehr antworten auf meine Fragen, sondern ihr Leben schnell neu sortieren, wie sie sagte. Das hieß, den Mann aussortieren und nur noch mit ihrer Tochter die kleine Familie leben, die ihr in großer Form versagt geblieben war. Keinen Mann, keine Fragen, keine Antworten, nur ihre Tochter und sie, die kleinstmögliche Familie mit größtmöglicher Kalkulierbarkeit. Einfach so weiterwohnen wie jetzt, das war ihre Devise. Null oder Eins. Eins für Familie, Null für Beziehung, Eins für Weitermachen, Null für Fragen und Antworten. Sie hatte sich ihre Fragen schon vor einiger Zeit im Stillen beantwortet, so wie damals als Kind, als sie niemanden fragen konnte, wenn sie verzweifelt war und nur die eigene Antwort, der eigene Entschluss oder die Zeitachse der Verdrängung sie retten konnte.

Ihr im Nachgang der Trennung zunehmend schweigsamer Rückzug schmerzte mich zwar, aber ich söhnte mich damit aus und sah ihr letztendlich das nach, was ich in den Monaten zuvor auch nur schwer hatte akzeptieren können, ihre Null/Eins-Strategie, das Schweigen und Weitermachen. Sie wollte mir, vielleicht aus Rücksicht, vielleicht aus Unsicherheit, auch nicht mehr begegnen und fasste den Entschluss, ihre Sachen dann bei mir abzuholen, wenn ich nicht zu Hause war. Ich legte alles für sie bereit und beließ es bei dem Resümee, dass wir uns »zumindest gutgetan haben«. Die Superlative unseres Anfangs waren schon lange verschwunden und sogar in der Erinnerung verblasst, als hätte jemand diese Skulpturen versehentlich in der falschen Vernissage aufgestellt. Und die kleine Tochter habe ich leider auch nie wieder gesehen. Sie hatte mir eines Abends Gute Nacht gesagt, dann hatte ihre Mutter einen Schlussstrich gezogen, und am nächsten Tag war ich verschwunden, hatte ich mich für immer aufgelöst. So etwas werde ich nie wieder zulassen, das habe ich mir inzwischen vorgenommen. Egal, wie viele Tränen es auf welcher Seite gibt, einen Abschied hat jedes Kind verdient, auch wenn er Tage später stattfindet und auch wenn Tränen fließen, dann sieht jeder die flüssige Wahrheit und hat etwas mitzunehmen. Eine Handvoll Tränen ist besser als eine Handvoll Fragezeichen.

Während ich schwamm und anfangs den Trennungsgeräuschen und später der schmerzenden Stille lauschte, wusste ich dennoch, dass mein Leben sich wieder ändern würde. Irgendwann würde ich ans Ufer schwimmen, aus dem Wasser steigen und mich in der

Sonne wärmen, irgendwann würde ich mehr Kraft und Mut in mir spüren, und das Leben würde wieder leichter. Ich wusste, ich musste jetzt etwas tun, damit später alles besser wird. Aufräumen in der Wohnung oder Arbeiten am Haus waren ein sehr dürftiger Platzhalter für die Lebensperspektive. Sport treiben konnte ich wegen meiner Verletzung ebenfalls nicht, und so traf ich einen Entschluss, für den es eigentlich noch zu früh war. Augen zu und durch, sagte ich mir, manchmal liegt das, was man hinter sich gelassen hat, plötzlich wieder vor einem. Augen zu und durch, denn ich wollte raus aus der Sackgasse, raus aus der Gegenströmung. Ich wollte mich wieder in die Richtung drehen, wo ich das Ziel vermutete.

44

ALTE STRÖMUNG

Bereits knappe zwei Wochen nach der Trennung registrierte ich mich erneut in dem Internet-Portal, das mir meine letzten beiden Partnerinnen beschert hatte. Ich tat dies weder mit Vorfreude noch mit Neugierde, sondern trug mich mit meiner Registrierung in die Liste des Scheiterns ein. Schon wieder diese verdammte Liste, die ich bereits zweimal erleichtert zur Seite gelegt und auf Nimmerwiedersehen verabschiedet hatte. Meine Registrierung war wie das stigmatisierende, dokumentierte Einwerfen einer Kopfschmerztablette an einem verkaterten Morgen. Ich versprach mir in absehbarer Zeit Besserung.

Es war meine inzwischen dritte Registrierung, und sie ging problemlos und schnell vonstatten, so als kreuzte ich zum dritten Mal beim gleichen Arzt mit den gleichen Beschwerden auf und würde direkt ins Sprechzimmer durchgewinkt. Ich wollte meine Sprechstunde möglichst zügig und möglichst effektiv hinter mich bringen und nahm mir vor, von Anfang an kompromisslos vorzugehen, nach den wichtigsten Eckdaten zu schauen und konsequent auszusieben, bis ein paar vielversprechende »Goldnuggets« im Sieb hängen blieben. Diese würde ich zügig treffen und dann sehen, was im richtigen Leben von dem Gold noch glänzt.

Ein Teil des Frühjahrs und der komplette Sommer lagen noch vor mir. In wenigen Wochen würde ich – nach der Trennung jetzt alleine mit meiner Tochter – in Urlaub fahren, und auch wenn ich noch nichts von dem Land sah, das ich irgendwann betreten würde, ja auch, wenn ich nur widerwillig auf den Aussichtsmast kletterte und jeder Blick in die Ferne mühsam und jede Drehung um die eigene Achse schmerzhaft war, würde ich mein Land entdecken und dort ankommen. Ich wusste es.

Aber bereits am ersten Tag meiner dritten Mitgliedschaft stellte ich fest, dass sich etwas geändert hatte. Die Mitglieder in meiner Kontaktliste waren im Schnitt deutlich älter geworden. Ich hatte zwar ebenfalls achtzehn Monate mehr auf dem Buckel, das Durchschnittsalter der Damen war jedoch um ein gefühltes Jahrzehnt nach oben verschoben. Ich bekam überwiegend Kontaktanfragen von Frauen über fünfzig, die Anzahl meiner Partnervorschläge mit hoher Punktzahl war deutlich geschrumpft, und ich entdeckte in den ersten zehn Tagen nur eine knappe Handvoll Damen, auf die ich überhaupt einen zweiten Blick an meinem Computer warf. Diese Situation passte irgendwie zu meinem gescheiterten Lebensentwurf, der zerknüllt in der Zimmerecke lag. Bekam ich durch die »50« in meiner Altersangabe plötzlich andere Damen präsentiert, obwohl ich die Einstellung meiner Alterskriterien nicht maßgeblich geändert hatte? Oder hatte sich die Mitgliederstruktur in den letzten eineinhalb Jahren tatsächlich so sehr gewandelt? Es gab nur wenige Lichtblicke, beispielsweise eine Richterin aus Mannheim, die mich anschrieb. Sie gab anfangs vor, aus einer kleinen Kreisstadt im Odenwald zu kommen, um unerkannt von Richterkollegen, Anwälten oder deren Klienten auf Partnersuche zu gehen. Ihre Mail an mich begann mit dem Satz: *»Dich gibt's doch nicht wirklich, oder?«*, und sie schrieb sich anschließend mit hemmungsloser Ironie den gesammelten Frust über die Trostlosigkeit in diesem Portal von der Seele. Das war sehr erheiternd, und da es mich tatsächlich gab und ich bei ihr lebensbereichernde Eigenschaften für möglich hielt, vereinbarten wir ein Treffen für den darauffolgenden Samstagmittag. Zu dieser ersten Verabredung nach der Trennung erschien ich fast pflichtbewusst und ohne die übliche Neugierde oder große Erwartungen. Es fühlte sich an, als würde ich zu diesem neuerlichen Date geschwemmt wie ein Stück Treibholz in einer ruhigen, gemächlichen, altbekannten Strömung und mit der Hoffnung, irgendwo an einem Ufervorsprung hängen zu bleiben und seinen Platz zu finden.

Als Erstes entschuldigte sie sich mit einem Augenzwinkern für ihren Zustand, nachdem wir uns auf dem Fußgängerweg an der Heidelberger Neckarwiese begrüßt hatten. Ich erwiderte ihre Bemerkung mit einem etwas ratlosen Blick, und sie fügte hinzu, dass sie am Abend vorher mit einem befreundeten Rechtsanwalt in einem Mannheimer Sternerestaurant richtiggehend gezecht habe. Der Anwaltskollege sei zwar mit seiner Frau angereist, diese mache sich jedoch nichts aus gutem Essen und widmete sich lieber der ausgiebigen Körperpflege. Ich an ihrer Stelle hätte beides mitgenommen, aber ich bin auch nicht die Frau eines Anwalts. Vielleicht wollte sie sich eine Zeit gönnen, die frei von Plädoyers und Urteilsbegründungen war, und aß heimlich in einem anderen Restaurant zu Abend, während sie die Schweigsamkeit ihrer Zeitung oder ihres Buchs an einem kleinen Einzeltisch genoss, wer weiß. Meine Richterin und ihr Bekannter hatten jedenfalls einen kulinarischen Höhepunkt nach dem anderen erlebt, darüber hinaus die Beratungstauglichkeit des Sommeliers auf Biegen und Brechen getestet und mehrere Hundert Euro in Form von flüssiger und fester Nahrung an diesem Abend zu sich genommen. Sie nahm die Nachwehen dieser kleinen Genussorgie offensichtlich mit Humor, und erst auf den zweiten Blick stellte ich dann fest, dass sich tatsächlich ein überdurchschnittlich großer Teil ihres Kosmetikvorrats an diesem Mittag auf ihrem Gesicht befand. Trotzdem gefiel mir die unaufgeregte und selbstironische Art, mit der diese Frau ihre Lebenserfahrung unfreiwillig zur Geltung brachte. Außerdem traf sie mit ihrem milden Zynismus inmitten des Heidelberger Akademikerwohnviertels, in dem wir ein Straßencafé aufgesucht hatten, einige Male ins Schwarze. Sie musste den Cent offensichtlich nicht zweimal umdrehen, aber im Gegensatz zu mancher Vielverdienergattin auf den Plätzen neben uns verzichtete sie dabei auf snobistische Pikiertheiten oder gönnerhafte Attitüden. Diese hier und da pikierte oder gönnerhafte Seite hatte ich an Heidelberg und auch an diesem Stadtviertel bisher nicht kennengelernt und dachte, ich sollte vielleicht öfter mal samstagmorgens in den einzelnen Stadtteilen frühstücken gehen. Am Ende unserer vergnüglichen zwei Stunden gestand sie mir noch etwas. Sie liebte Fleisch. Gutes, sehr kurz gebratenes und somit noch fast rohes Fleisch. Sie war beinahe süchtig danach und erzählte mir, dass sie einmal im Monat ein großes Stück erstklassiges »Dry Aged«-Rinderfilet kaufte, es in ihrem Kühlschrank lagerte und davon jeden Tag ein Stück abschnitt, um es anzubraten und mit rohem Kern an einem Salat oder Gemüse als Beilage zu verzehren. Solch ein unmissverständliches kulinarisches Statement hätte ich eher einem Mann als einer Frau zugetraut. Mir fiel im Zuge dessen eine Zeitschrift ein, die sich mit dem Thema Fleisch in archaisch anmutender Art und Weise befasst. Die blutige Ansprache dieses Magazins ist bisher eindeutig auf Männer zugeschnitten. Vielleicht sollten die Macher ihre Zielgruppe noch einmal überdenken, denn es gibt viele Frauen, die Jura studiert haben, und nicht alle sind Vegetarier.

Unsere Begegnung sortierte ich anschließend wieder mal in die Rubrik »nett und bekanntenkreistauglich« ein, und sie schrieb mir nach meiner späteren Absage zwinkernd, dass ihr bereits am Anfang klar war, sie passe *»nicht ins Beuteschema«*. Das stimmte, aber diese Antwort klang fast so, als hätte ich möglicherweise in ihres gepasst.

45
RASENMÄHERIN

Rasenmäher, der – Wortart: Substantiv, maskulin – Worttrennung: Ra/sen/mä/her – Verwandte Form: Rasenmähmaschine.

Es heißt also »die Rasenmähmaschine«, aber »der Rasenmäher«, so steht es im Online-Duden, und so macht es auch Sinn. Wir reden hier ja von Gerätschaften, die dem Menschen bei der Landschaftspflege nützlich sind, und nicht von Menschen. *Der* Rasenmäher also.

Ich lernte wenige Tage später jedoch *die Rasenmäherin* kennen, vermutlich die einzige in ganz Baden-Württemberg. Sie war eine Frau von einundvierzig Jahren mit zwei kleinen Kindern und lebte – gerade frisch getrennt – in etwas verzwickten Wohnverhältnissen. Sie hatte sich erst kürzlich im Portal registriert und besaß keinerlei Blind-Date-Erfahrung, dafür aber offensichtlich Erfahrungen in Sachen Landschaftspflege und Marketing. Obwohl sie sich als *»Rasenmäherin«* titulierte, war ihr Näschen für das Marketing vermutlich ausgeprägter als der grüne Daumen. Gäbe man mir den Auftrag, eine Marketingabteilung neu zu besetzen, so hätte sie gute Chancen auf eine Anstellung. Ihr Profil war witzig geschrieben, sie liebte das Rasenmähen, konnte ein halbes Dutzend ihrer Lieblingsfilme auf Englisch auswendig mitsprechen und erwähnte noch andere ausgefallene Details. Sie hatte zweifelsohne begriffen, dass es im Internet erst mal darum geht, Aufmerksamkeit zu erregen und Dinge zu schreiben, die zwar zu einem passen, aber vor allem herausstechen. Das war ihr hervorragend gelungen.

Ich verabredete mich an einem Freitagnachmittag mit ihr in einem kleinen Café in Sindelfingen. Sie hatte vor wenigen Minuten Feierabend gemacht, und wir fanden uns beiderseits – na was wohl? – außerordentlich sympathisch, aber nicht partnerschaftstauglich. Sie war jedoch sehr froh, beim ersten Blind Date auf einen halbwegs normalen Menschen getroffen zu sein, und ich war angenehm überrascht, dass mich eine Frau, mit der ich keine Beziehung eingehen möchte, so angenehm überraschen kann. Es machte großen Spaß, mit ihr zu plaudern, ironisches Ping-Pong zu spielen und sich trotzdem zwischendurch ernsthaft zu unterhalten. Sie dosierte ihren Humor und ihre persönlichen Schilderungen für ein erstes Date nahezu perfekt, wie ich fand, und ich wusste aus eigener Erfahrung, das kann nicht jede Frau.

Ihr Ex-Mann war ursprünglich in einem sozialen Beruf tätig, hatte jedoch vor einigen Jahren in Stuttgart mehr oder weniger zufällig einen Dance-Club eröffnet, der sich innerhalb kurzer Zeit zum Dauerbrenner entwickelte und somit für die beiden zum Lebensmittelpunkt wurde. Nach der Geburt des zweiten Kindes brummte der Dance-Club zwar immer noch, aber aus der Ehe war prompt die Luft raus. Er zog nach der Trennung in einen Nebentrakt ihres Wohnhauses, und nach ihrer Schilderung verstand er scheinbar immer noch nicht so ganz die Spielregeln der Zuständigkeiten für die Kinder. Er schickte sie nach Lust und Laune und ohne Absprache zur Mutter, unter anderem auch dann, wenn seine neue Freundin spontan zu Besuch kam. Vor Kurzem hatte er sogar einen mehrwöchigen Urlaub mit seiner Freundin geplant und seine Ex-Frau automatisch für eine Woche mit einbezogen, weil sie auf die Kinder aufpassen sollte, damit er mit seiner Freundin etwas mehr Zeit und Ruhe hatte. Sie wurde nach ihrer Aussage nicht gefragt, »ob sie Zeit hätte und vielleicht …«, sondern ihr wurde mitgeteilt, dass er dann und dann in Urlaub führe und sie dann »in der letzten Woche dazustoßen könne …« Sie lehnte selbstverständlich ab und teilte mir eine Woche nach unserem Treffen auch in einer Mail mit, dass sie als Allererstes diese Wohnsituation und die derzeit unklaren Regeln ändern würde, damit sich ihr Alltag wieder zu einer halbwegs berechenbaren Größe für sie und ihre Kinder entwickelte. Das war auch für die Partnersuche wichtig, denn ich hatte ihr nach unserem Treffen ebenfalls mitgeteilt, dass ihre Wohnsituation für mich ein »No-Go« gewesen sei, wenn ich mit ihr hätte anbändeln wollen. Aber wir bändelten ja nicht miteinander an. Wenige Wochen später erfuhr ich, dass sie jemanden *»im Internet gefunden«* hatte. Ich bekam nämlich zufällig mit, dass sie ihr Profil inklusive Foto komplett änderte, und sprach sie in einer kurzen Mail darauf an. Sie antwortete, dass sie glücklicherweise einen Mann kennengelernt habe, der ihre weitere Anwesenheit im Portal überflüssig mache. Das freute mich sehr für sie, denn als alleinerziehende Mutter mit zwei sehr kleinen Kindern stand sie sicher nicht bei allen Herren ganz oben auf der Liste. Weil sie das Portal nur wenige Wochen genutzt hatte und die Restlaufzeit ihres Vertrages noch einige Monate betrug, wollte sie ihr Profil nun einer ebenfalls partnersuchenden Freundin übergeben. Ich weiß nicht, ob ihr das geglückt ist und ob die Portalbetreiber mitspielten, aber ich fand die Idee nicht schlecht. Es ist sicher ein interessantes Geschäftsmodell, brachliegende Portalmitgliedschaften und Restlaufzeiten auf seriösen Dating-Plattformen für relativ kleines Geld an den Mann und die Frau zu bringen. Bill Gates und Mark Zuckerberg haben ja auch mit außergewöhnlichen Ideen angefangen, und die Rasenmäherin schien ebenfalls ein Naturtalent zu sein.

46

DOPPELTER KLICK, DOPPELTES GLÜCK?

Die Ausbeute in den ersten Wochen nach meiner Kopfschmerztabletten-Registrierung war äußerst dürftig, und ich überlegte, ob eine Mitgliedschaft in diesem Portal innerhalb der dreimonatigen Vertragslaufzeit überhaupt zum Erfolg führen würde. Entweder war in den letzten achtzehn Monaten ein Großteil der für mich interessanten Singledamen vermittelt worden, oder sie tummelten sich inzwischen auf anderen Portalen, die mir unbekannt waren. Obwohl – eigentlich waren mir andere Portale nicht unbekannt, denn kein sehender Mensch konnte ihren Werbebotschaften bei einem durchschnittlich zusammengestellten Fernsehabendprogramm oder einem Spaziergang durch die Innenstädte Deutschlands entgehen. In fast jeder Werbepause lockten inzwischen kecke Blicke, zurückgeworfene Haare und erfüllte Herzenswünsche, genauso wie an jeder Straßenecke die Endlos-Werbebannerschleifen durchschnittliche Verliebungswahrscheinlichkeiten proklamierten.

Die Omnipräsenz dieser Werbung gab dann auch den Ausschlag dafür, mich zusätzlich auf einer zweiten Plattform für sechs Monate und wenige Hundert Euro zu registrieren. Sechs Monate war die kürzeste Laufzeit, die angeboten wurde, und durch diese zweite Mitgliedschaft würde ich meine Erfolgschancen sicherlich verdoppeln. Und weil ich nun mit dieser insgesamt vierten Registrierung auf einer *neuen* Plattform mein Debüt gab, absolvierte ich natürlich auch einen weiteren psychologischen Test – ebenfalls sehr ausführlich und seriös. Anschließend begann ich, mein neues, zweites Profil mit angemessener Kreativität auszufüllen, und lud ein paar Fotos von mir hoch. Als das erledigt war, stellte ich mich auf ein bis zwei Tage Wartezeit ein, da meine Fotos und der Inhalt vor der Freigabe sicher erst geprüft werden mussten. Während dieser Wartezeit wollte ich mich mit dem noch fremden Website-Layout und den angebotenen Such- und Recherche-Funktionen vertraut machen und meine Partnervorschlagsliste studieren. Aber dazu kam ich erst mal gar nicht. Hatte das »alte« Portal immer nur zusammengefasste E-Mails gesendet, um mir die Interessentinnen des vergangenen Tages auf einen Schlag zu präsentieren, so wurde in diesem neuen Portal vermutlich bei jeder Handbewegung einer an mir interessieren Dame eine E-Mail an mich generiert. Man mag zu der »Like-Kultur« stehen, wie man will, aber die ständige Flutung meines Postfaches fand ich in den Tagen darauf gelinde gesagt übertrieben. Frauen, die in meinem Profil stöberten, konnten nicht nur einfach in meinem Profil stöbern, sondern für verschiedene Rubriken und für meine Fotos auch einen »Like«-Button anklicken oder ein Lächeln versenden. Der »Like«-Button ist ja bekanntermaßen eine auf die kleinste menschliche Bewegungseinheit – das Zucken des Zeigefingers – reduzierte Meinungsäußerung, und ein »Like« für einen meiner Beiträge in einer der Rubriken oder für eines oder mehrere meiner Fotos (die ich jedoch erst für die »Likerin« hätte freischalten müssen) war die geringstmögliche und unverbindlichste Form der Kontaktaufnahme. Dieses »Liken« hieß so viel wie: *»Also irgendwie find ich das glaube ich ganz gut, was ich da lese/sehe.«* Die nächstgrößere Stufe der Sympathiebekundung war das Versenden eines Lächelns, ebenfalls per Klick. Diese Meinungsäußerung bezog sich dann nicht nur auf einen Beitrag oder einen anderen Teilaspekt des Profils, sondern auf meine ganze Person (beziehungsweise auf den virtuellen Holzschnitt, den sich die Lächlerin aus den Versatzstücken meines Profils zusammengereimt hatte). Und da durch jede Aktion eine separate Nachricht generiert wurde, konnte ein und dieselbe Person bei oberflächlichem Interesse unter dem Strich drei bis vier Nachrichten an mich verursachen. Schaute sich also eine Handvoll Damen jeden Tag mein Profil an, summierte sich das auf zehn bis zwanzig einzelne Mails pro Tag. Ich löschte von diesem Portal vermutlich dreimal so viele Mails, wie ich las, und ich selbst klickte nie auf *»Lächeln senden«* oder *»Like«*, sondern schrieb bei halbwegs begründetem Interesse ganze Worte, die ich meist in einen grammatikalisch hoffähigen Satz verpackte, und ich erwartete dementsprechende Antworten. Mit der Zeit stellte ich jedoch fest, dass nur vergleichsweise wenige Antworten eintrafen, was sicher daran lag, dass etliche Damen auf meiner Liste nur virtuelle Karteileichen von früheren Schnuppermitgliedschaften waren, obwohl sie auf den ersten Blick ein vollwertiges Mitglied zu sein schienen. Sie sollten durch mein Lächeln und »Liken« oder meine ausformulierten Kontaktanfragen sicher dazu bewogen werden, doch noch eine längere Mitgliedschaft abzuschließen. Um festzustellen, ob man es mit einem aktiven Mitglied oder einer untoten Karteileiche zu tun hatte, schaute man am besten auf das Datum des letzten Log-ins. Lag dieser letzte Besuch auf dem Portal mehrere Wochen zurück, so war die Dame vermutlich eine der untoten Schnuppermitgliedschaften, bei der nur geringe Chancen auf eine Antwort bestanden.

So weit, so gut und vor allem geschäftstüchtig. Aber zurück zu meiner jungfräulichen Registrierung. Kurioserweise landeten bereits wenige Sekunden nach dieser Registrierung (ich übertreibe nicht, es waren wirklich nur wenige Sekunden!) mehrere E-Mails in meinem Postfach. Diese trugen zu meiner großen Überraschung Überschriften wie: »*Mitglied ABC hat Sie angelächelt!*« oder »*Mitglied DEF gefällt Ihr Eintrag unter › Was ich sagen möchte …*‹«. Wenige Sekunden? Konnte das wirklich sein? War ich tatsächlich genau in dem Moment, als ich mein Profil mit der Enter-Taste in den riesengroßen Suchkatalog des Portals einsortiert hatte und obwohl meine Fotos erst noch geprüft werden mussten, einer Dame, die gerade online stöberte, positiv aufgefallen? Oder handelte es sich nur um künstlich generierte »Likes« der Portalbetreiber? Die ersten beiden Nachrichten – das Lächeln und das freigeschaltete Foto einer Dame – trafen so schnell ein, dass ich mir nicht vorstellen konnte, wie diese Dame mich erstens in einer Sekunde entdecken und zweitens in der nächsten Sekunde mein Profil komplett oder zumindest in Teilen durchgelesen haben konnte. Aber ich muss gestehen: Selbst wenn es sich um eine Lockvogeltaktik des Portals handelte, verfehlte diese ihre Wirkung nicht ganz. Ich wollte natürlich keine Chance auf das große Liebesglück ungenutzt lassen, und falls die Dame wirklich *gerade in diesem Moment* irgendwo auf der Welt von mir begeistert war, musste ich sofort reagieren. Also beantwortete ich ihren Lächelklick:

Betreff: Sternchen, Herzchen, Feuerwerk … … – mit Foto

Hallo PSC (das war der Anfang der Mitgliedsnummer, Anm. d. Autors) *… aus Rheinland Pfalz,*
ich habe mich hier vorhin in die Schlange an der Kasse gestellt, und vor 20 Sekunden haben mich die Türsteher reingelassen. Oder Türsteherin? Egal.

Auf jeden Fall habe ich noch nicht mal den Durchblick, wo ich was klicken und eintragen muss, und schon trägt mir der Kellner Dich auf dem Silbertablett mit Sternchen und Herzchen vorbei. Ich winke dem Kellner gerade, und vielleicht kommt er ja noch mal und Du springst mal kurz vom Tablett runter. Ist ja eh ein bisschen eng auf so 'nem Tablett ... finde ich. Und bestimmt nicht gut für den Rücken!
Bis dann vielleicht, Jörg

Ich hörte nie wieder etwas von dieser Dame, weder in geschriebener, gelächelter oder »ge-LIKE-ter« Form. Sie besuchte mein Profil auch nie mehr (sonst hätte ich ja wieder eine Nachricht bekommen) und war auch nie wieder online. Warum hatte sie mich dann überhaupt angelächelt? Das war für mich im Nachhinein die Bestätigung, nur von einer virtuellen Leiche kontaktiert worden zu sein. Oder hatte sie mich noch kurz geliked, angelächelt und war dann virtuell verstorben? Meine Güte, wie tragisch! Oder hatten die Betreiber ihr zum Zwecke der Wiederbelebung einen letzten Elektroschock verabreicht, der ein Zucken ihres rechten Zeigefingers und dadurch einen versehentlichen Lächelklick verursachte? Aber warum hatte sie dann sogar ihr Foto für mich freigeschaltet? Fragen über Fragen, und nur die Portalbetreiber wissen die Antwort ...

47

WIR SOLLTEN UNS KENNENLERNEN!

Neben den vielen E-Mails, die durch Klicks, Likes und Lächeln mancher Damen bei mir eintrafen, bekam ich mehrmals pro Woche einige Kennlernvorschläge des Betreibers serviert. Diese E-Mails trugen Betreffzeilen wie: *»Sie sollten sich kennenlernen!«*, *»Unser Tipp an Sie: Lernen Sie sich kennen!«* oder auch *»Dürfen wir Sie einander vorstellen?«*.

Bei einigen Frauen war ich tatsächlich der Meinung, wir sollten uns kennenlernen, allerdings bekam ich von keiner dieser Kandidatinnen aus den Serviervorschlägen jemals eine Antwort. Sie tauchten auch nicht in der Übersicht meiner Partnervorschläge auf, sondern wurden scheinbar ganz plötzlich für mich aus dem Hut gezaubert. Enthielten diese angeblich auf mich persönlich zugeschnittenen Nachrichten ebenfalls nur abgelaufene Schnuppermitgliedschaften, die ich mit meiner Kontaktaufnahme reanimieren sollte?

Einen Silberstreif entdeckte ich jedoch kurz nach meiner Registrierung, denn am Horizont ganz vorne auf meiner Vorschlagsliste thronte eine Dame mit sagenhaften einhundertsiebzehn Punkten. Die theoretische Höchstzahl lag in diesem Portal zwar bei einhundertvierzig, aber es gab nur selten Kandidatinnen, die in die Nähe von einhundertzwanzig Punkten kamen. Ich fand unter den über tausend Damen in der Liste während meiner gesamten Mitgliedschaft nur zwei Kandidatinnen mit einhundertzwanzig Punkten. Knapp dahinter folgte eine Frau mit einhundertneunzehn und dann bereits diese Dame mit einhundertsiebzehn Zählern.

Neben der Punktzahl visualisierte ein Balkendiagram die Partnerschaftstauglichkeit mit der jeweiligen Person, so ähnlich wie die Skala für Nähe/Distanz, Konfliktfähigkeit und so weiter auf der anderen Plattform. Da dieses Balkendiagramm auf den ersten Blick etwas unübersichtlich wirkte, wurde ein kurzes Resümee aufgeführt, und das lautete bei der Einhundertsiebzehn-Punkte-Dame so:

»Die Übereinstimmung und Ergänzung Ihrer Profile ist so herausragend, dass Sie das Zeug zum Traumpaar haben! Sie sollten unbedingt mit diesem Mitglied Kontakt aufnehmen!«

Wow! So etwas musste man mir nicht zweimal sagen, und ich schrieb ihr folgende Nachricht:

Hey … …
bist Du ein Wohlfühl-Tsunami?
Die sagen hier, dass wir total herausragend zusammenpassen und unbedingt auf jeden Fall und so weiter. Ich musste eben sogar die Standesbeamten und Caterer wieder aus der Wohnungstür drängen, weil sie schon Termine machen wollten. Heieiei – etwas ungeduldig, die Herrschaften.
Ich schlage vor, Du lässt mal mein Profil auf Dich wirken – habe es (kein Scherz) vorhin erst angelegt und muss mich erst mal orientieren. Haben die hier auch einen Weinkeller? Und ein Bett? Bin nämlich müde jetzt und lege mich gleich in den Weinkeller.
Kurzer ernst gemeinter Einwurf: Ich weiß, live ist live und virtuell ist virtuell. Wenn es einer weiß, dann ich. Aber trotzdem. »Herausragend!« Ich glaub, ich hänge mir das an die Wand, egal was aus uns wird ;-)
Also – pling – Gruß, gute Nacht und jetzt darfst Du Buzzer oder Papierkorb wählen.
Jörg
PS: Haben die hier überhaupt Papierkörbe? Ich schau mal kurz im Keller … huch, das war die Besenkammer. Wo geht's denn hier raus …Frechheit, diese Raumaufteilung …

Die Dame war Journalistin, ledig, kinderlos, blond, eins fünfundsiebzig groß und stammte aus Karlsruhe. Sie war laut Profil eine *»sehr schlanke«* Person, praktizierte Yoga, joggte regelmäßig und hatte angeblich das Zeug zu meiner idealen Partnerin. Am nächsten Tag stellte sich heraus, dass diese Dame zwar ebenfalls eine Karteileiche war (sie war nach eigener Aussage seit zwei Wochen kein Mitglied und somit nicht mehr aktiv), aber ich bekam trotzdem eine Antwort von ihr. Das war möglich, weil die Betreiber jeder erneut kontaktierten Karteileiche noch eine letzte Antwort zugestanden. In dieser Antwort konnte die Dame dann beispielsweise eine Absage oder ihre persönliche E-Mail-Adresse versenden. Als ich die Antwort meiner Karteileiche öffnete, entdeckte ich jedoch weder eine Absage noch eine Mailadresse, sondern eine Nachricht, die meinen Puls zugegebenermaßen für einige Sekunden beschleunigte. Sie teilte mir nur ihren Namen mit, außerdem dass sie am liebsten *»sofort etwas mit mir anfangen«* würde (Oha!) und ich sie doch suchen solle. Ein neckisches Spielchen als Eröffnung also, um anschließend *»sofort etwas mit mir anzufangen«?* Ich wurde neugierig. Sehr neugierig. Als Journalistin wollte sie vermutlich meine Recherchefähigkeit testen, und wenn mein Riecher gut genug und mein Grips ausreichend war, um den Test zu bestehen, war das auch für *sie* die Bestätigung, dass einhundertsiebzehn Traumpaar-Punkte nicht lügen konnten. Die Recherche im Internet dauerte nicht länger als fünf Minuten. Ihr Name war außergewöhnlich genug, um ihn in der Promotion-Abteilung eines kleinen Start-up-Unternehmens südlich von Karlsruhe zu entdecken. Ich rief sie noch am gleichen Tag dort an, und wir führten ein sehr angenehmes Telefonat. Sie bedankte sich mehrfach dafür, dass ich ihr diesen Freitag gerettet habe, weil sie wenige Minuten zuvor missgelaunt aus einer völlig bescheuerten Konferenz gekommen war und mein Anruf und das kurze Gespräch ihre Laune wieder merklich hatten steigen lassen. Auf meine Frage, ob wir uns demnächst mal treffen sollten, sagte sie, das sei jetzt blöd, denn sie sei dieses Wochenende auf eine Hochzeit eingeladen, und hätte sie mich früher kennengelernt, wären wir sicher zusammen auf diese Hochzeit gegangen (Oha!). So jedoch müssten wir einfach mal schauen, wann es terminlich passte.

Ich hatte nach diesem Telefonat und ihren eindeutigen Aussagen ein wenig Feuer gefangen. Natürlich wusste ich, dass diese Gedankenblase sofort platzen konnte, wenn wir uns trafen. Andererseits sah sie auf dem freigeschalteten Foto, das mit der einzigen, letzten Portalnachricht eintraf, sehr hübsch aus, und obwohl das alles irgendwie fast zu schnell ging und obwohl ich vorsichtig sein und erst die Wirklichkeit abwarten wollte, musste es doch eigentlich mit dem Teufel zugehen, wenn wir einander nicht auch im richtigen Leben wollen würden.

Am selben Abend schrieben wir uns kurze WhatsApp-Nachrichten, die die »Heute Show«, unseren Rotweinkonsum und die bevorstehende Gute Nacht zum Inhalt hatten. Am Samstag erhielt ich von ihr die Information, dass die Hochzeitsfeier, auf der sie sich befand, schön sei, und in der Nacht – während ich schlief – noch den Vorschlag, dass wir am kommenden Samstag doch vielleicht etwas gemeinsam unternehmen konnten. Garniert wurde diese Nachricht sogar mit einem geküssten Herzchen (Oha!). Aber so wie der Wind auf einmal drehte und Schauerwetter brachte, machte sich die Journalistin ab dem Sonntag plötzlich rar. Meine Frage, ob wir wegen des Treffens nicht mal telefonieren sollten, wurde in den beiden darauffolgenden Tagen nicht beantwortet. Als ich fragte, ob ihr meine Telefonfrage etwas auf die Nerven gegangen sei, lautete die Antwort zu meiner großen Überraschung: *»Ein bisschen schon …«* Von wegen »Oha« – ich verstand plötzlich die Welt nicht mehr. Ich war ihr Freitagsretter, sie wollte sofort etwas mit mir anfangen, am liebsten gemeinsam auf die Hochzeitsfeier ihrer Freunde gehen, mich kommenden Samstag vielleicht treffen, küsste mir per WhatsApp Herzchen entgegen, und nun ging ich ihr mit meinem Telefonwunsch auf die Nerven? Ich schrieb ihr eine längere Mail, in der ich versuchte, mich und die Situation zu erklären – ihre Äußerungen, meine Hoffnung, die Wirklichkeit mit ihren Tücken und so weiter. Telefonieren wäre sicher schneller gegangen, aber das wollte sie ja nicht … obwohl wir bereits telefoniert *hatten*! Wenige Minuten nach dem Absenden meiner Nachricht traf bereits ihre Antwort ein. Das ginge ihr alles jetzt wirklich zu schnell, schrieb sie, auch wenn sie wisse, dass sie ja angefangen habe, und darum wolle sie den Kontakt jetzt lieber beenden (Oha?). Ich versuchte, noch einen Fuß in die Türe zu stellen, denn bei der Rheinländerin und der High-Heel-Dame hatte meine Überzeugungsarbeit ja auch hier und da Früchte getragen. Und tatsächlich: Auf meinen Vorschlag, dass wir uns jetzt am besten erst mal in Ruhe lassen würden und sich jeder von uns einfach melden könne, wenn er in der Nähe sei, ging sie ein. Ich wusste zwar nicht, ob und was daraus tatsächlich werden würde, aber ein klitzekleiner Hoffnungsfunke bestand für das Einhundertsiebzehn-Punkte-Traumpaar scheinbar noch. Ich vermutete, dass sie irgendeine Kleinigkeit verunsichert oder plötzlich abgetörnt hatte, auch wenn ich keine Ahnung hatte was. Mein Wunsch, miteinander zu telefonieren, konnte es eigentlich nicht gewesen sein. War sie komplett unerfahren in Bezug auf Blind Dates und hatte plötzlich kalte Füße bekommen? Oder war ihr Vorschlag für ein Treffen samt Herzküsschen nur einem Hochzeitsfeier-Schwips geschuldet gewesen? Vielleicht würde sie sich ja nach einigen Tagen besinnen und einem unverbindlichen Treffen nicht mehr abgeneigt sein. Vielleicht würde sie sich zwischenzeitlich auch mit einer Freundin besprechen und diese ihr sogar raten, mich doch mal anzuschauen. Jemand Drittes würde meine Nachrichten sicher richtig deuten und feststellen, dass ich kein zwanghafter Stalker war, der mit Standesbeamten und Ehevertrag unter dem Arm zum ersten Treffen aufmarschiert.

Ich hörte jedoch nichts von ihr und schlug daraufhin zwei Wochen später meinerseits vor, auf einer Geschäftsreise in ihrer Nähe vorbeizuschauen. Diesen Vorschlag lehnte sie – immerhin mit einem freundlichen Augenzwinkern garniert – ab, weil sie gerade an diesem Wochenende im Elsass weilte. Als ich einige Wochen später erneut ein Treffen vorschlug, antwortete sie mir nicht mehr. Dabei beließ ich es dann, denn wer seinen punktedekorierten Freitagsretter nicht kennenlernen möchte, der muss sich halt an anderen Wochentagen von anderen Männern retten lassen.

48
TÜBINGEN – KÖLN

Im Rheinland sind die meisten Menschen zwar Rheinländerinnen und Rheinländer, aber trotzdem verschieden. Dieser Satz ist genauso richtig wie lapidar. Trotzdem glimmt da plötzlich, wenn Rheinländer sich außerhalb des vertrauten Rheinlands begegnen, ein kleiner Hoffnungsfunke, der mit seinem sparsamen Licht die Sehnsucht nach dem Gleichtakt der Lebenseinstellung wie unter dem Brennglas vergrößert. Beide Seiten sind sofort gewillt zu glauben, der andere sei ebenfalls großzügig, ebenfalls humorvoll und weder nachtragend noch übermäßig empfindlich.

Sie outete sich sofort als *»Kölnerin in Tübingen«*, als ich meine rheinländischen Wurzeln erwähnte, und das machte sie mir erst mal sympathisch. Denn aus der Ferne und über die Zeit gesehen empfinde auch ich als geborener Düsseldorfer so etwas wie genetische Verbundenheit mit Menschen aus Köln, ganz gleich ob Männlein oder Weiblein. Dem Kölner Weiblein aus Tübingen ging die schwäbische Mentalität inzwischen sogar *»gehörig auf den Keks«*, wie sie sagte, obwohl (oder weil?) sie schon über ein Jahrzehnt in diesem beschaulichen Städtchen wohnte. Ich hatte die Dame in meiner langen Vorschlagsliste entdeckt und kontaktiert, weil ihr Profil ganz nett geschrieben war. Sie schaltete daraufhin ihr ebenfalls ganz nettes Foto frei und teilte mir in sehr aufrichtig und ordentlich geschriebenen Mails mit, dass sie nach ihrer Trennung bisher weiterhin *»nur Hausfrau und Mutter«* gewesen sei und nun, nachdem der Vater ihrer Kinder aus Tübingen weggezogen sei, keinen Grund mehr für einen Lebensmittelpunkt in der schwäbischen Studentenmetropole sähe. Sie bildete sich inzwischen sogar fleißig fort, um irgendwann beruflich noch einmal umzusatteln beziehungsweise endlich mal anzufangen mit dem Geldverdienen. Als wir kurz darauf telefonierten, fragte ich sie, ob denn ein Umzug für die Kinder nicht schwierig sei in diesem Alter. Sie waren zwölf und sechzehn Jahre alt und hatten sicher schon tiefe Wurzeln geschlagen, die sich während der Pubertät nicht so einfach von heute auf morgen umtopfen ließen. Darauf entgegnete sie, dass sie auch mal an sich denken müsse und die Kinder das sicher bewältigten, wenn es so weit sei. Ich fand diese Auffassung nicht grundsätzlich verkehrt, aber sehr gewagt. Vielleicht war ihr Statement mir gegenüber auch den ersten euphorischen Fluchtgedanken geschuldet, nachdem sie mich kennengelernt und als potenziellen Rettungsring geortet hatte. Ich traute ihr diesen großen Schritt zwar durchaus zu, denn sie war eine intelligente, aufmerksame und sehr bewusst lebende Frau. Dass sie sich jedoch so beeilte, mir ihren Umzugswillen zu gestehen, hieß für mich: *»Ich bin sofort bereit zu gehen, wenn Du mich willst und mir ein wenig dabei hilfst!«*

Sie war über zehn Jahre *»nur Hausfrau und Mutter«* gewesen und hatte es nun sogar mit einem ganz netten Profil in dieses Portal geschafft. Allerdings stand sie mit Mails, Computern und Smartphones ein wenig auf Kriegsfuß, wie ich feststellte – keine gute Voraussetzung, wenn man sich ins Berufsleben stürzen möchte. Und sie tanzte Salsa. Natürlich Salsa, das passte zu ihr – getanzte Hoffnung, in der jede Schrittfolge ein Streifen Lametta ist, der dem Alltag, der Beziehung, dem großen Rucksack der verpassten Möglichkeiten im Leben einen kleinen Funken Exotik und Andersseins entgegensetzt. Ich finde es zwar wunderbar, sich den grauen Alltag mit Salsa etwas exotischer zu tünchen, und probiere das ebenfalls von Zeit zu Zeit mit Tango. Allerdings werden Tanzkurse nicht die Defizite im Lebensentwurf tilgen oder den Partner grundsätzlich verändern. Sie werden höchstens für etwas frischen Wind reichen, solange das Salsafenster geöffnet ist – immerhin. Schließt man es wieder, kommt der alte Mief allerdings erneut zum Vorschein, wenn er sich vorher bereits in der Wohnung festgesetzt hatte. Wie viel Mief in der Wohnung der Kölnerin aus Tübingen saß, weiß ich nicht, aber ihre sehr bewusste und mit kleinen, esoterischen Fünkchen versehene Lebenseinstellung, der Salsa-Kurs, ihr jahrelanges Dasein als Hausfrau und Mutter, dem mit zunehmendem Alter der Kinder die Perspektive fehlte, ihre Bereitschaft, die Zelte abzubrechen und die Kinder umzutopfen, all das waren in meinen Augen Indizien dafür, dass sie gerne sofort einen Platz in meinem Leben eingenommen hätte, um ihres endlich aufzugeben. Ihre Ratio propagierte das tiefenentspannte Mantra: »*Was passieren muss, wird passieren!*«, aber die Emotio ließ sie senden: »*Ich bin in wenigen Tagen da, wenn Du Ja sagst!*« Sie war sicher kein Mensch, der sich blind jedem an den Hals warf, und wenn es zwischen ihr und mir gepasst hätte, wäre das keine schlechte Variante gewesen, aber es passte leider nicht.

Als wir uns schließlich trafen, war ich sogar noch enttäuschter als vermutet. Ihre Stimme hatte mich am Telefon umgehauen. Eine sanfte Stimme mit einem Timbre, das die Wärme in mir hochsteigen ließ. Aber als sie mich dann in einem Stuttgarter Lokal begrüßte, besaß sie für mich etwas langweilig Braves. Sie entdeckte die Spuren der braven Langeweile in ihrem Leben vermutlich selbst immer häufiger und wollte aus dem bisherigen Zyklus ausbrechen, weg von Hausfrau und Mutter, Schwabenland und Schwabendeutsch, Salsa und Kochtopf – halt: Den kleinen Salsa vielleicht doch mitnehmen und weitere Salsas hinzufügen, einen Salsa-Mann, einen Salsa-Beruf und für die Kinder vielleicht eine Salsa-Schule mit Salsa-Hobbys, sodass sie als Salsa-Frau in einigen Jahren auf ein Leben voller Salsa zurückblicken konnte, auf ein Leben, das erst mit dem Mann richtig begann, der auch Salsa-Rheinländer war und wegen dem sie in die Salsa-Stadt Heidelberg zog, oder zumindest in die Nähe, damals, als alles besser wurde, weil das Leben plötzlich einen anderen Rhythmus bekam, den sie nicht mehr selbst generieren musste.

Nach unserem Treffen in Stuttgart sagte ich ihr natürlich ab. Sie hingegen hätte für eine Verlängerung unseres kurzen Dates sogar ihre Salsa-Tanzstunde geopfert, nur um mit mir noch etwas im echten

Dschungel des echten Lebens zu verweilen. Aber ich wollte das nicht, und so beendeten wir unser Date nach einer guten Stunde, denn ich wusste bei der Begrüßung bereits, dass ich sie weder in den echten noch in ihren Salsa-Dschungel begleiten würde, und trank trotzdem (oder deswegen?) ein Glas von dem Wein, den sie so gar nicht vertrug. Sie vertrug Wein generell schlecht, auch keine gute Voraussetzung für eine Beziehung mit mir, obwohl ich sie sicher zu einem Schluck hätte überreden können, aber das hätte den Reigen der neckischen Spielchen eröffnet, unpassend, weil ich weder ihr neckischer Rettungsring, noch der erhoffte Anker war und in ihrer Gegenwart keine Spielchen und in ihrer Zukunft keine Rolle spielen wollte.

In ihrer Antwort auf meine Absage erwähnte sie, dass ich nach ihrem Eindruck noch nicht für eine Beziehung bereit und meine Trennung sicher noch nicht lange genug her sei. Es war natürlich schwierig, darauf unvoreingenommen zu antworten. Ich trug keine drückenden Altlasten oder ungelösten Rätsel mit mir herum und richtete meinen Blick mit gutem Gefühl nach vorne, das schilderte ich ihr auch genauso. Sie sendete mir daraufhin den Link zu dem YouTube-Video eines berühmten Psychotherapeuten, der in dieser Filmsequenz einige kluge Zusammenhänge zum Thema Beziehungen schilderte, warum sie häufig scheitern und welche falschen und zur Enttäuschung verdammten Erwartungen damit zusammenhängen. Das war zwar interessant, aber für mich nichts grundlegend Neues, denn vieles davon hatte ich bereits erlebt und hinreichend verstanden. Ich war zwar mehrmals gescheitert, hatte jedoch nicht den Eindruck, ungelöste Lebensrätsel mit mir herumzuschleppen. Ihr Eindruck, ich sei noch nicht bereit für eine Beziehung, war sicher keine Retourkutsche, sondern ehrlich gemeint. Meiner Meinung nach entsprang er jedoch ihrer persönlichen Interpretation meiner höflichen, mit munterem Small Talk durchzogenen Distanz während unseres Treffens. Es war für mich bei einigen Blind Dates eine Gratwanderung, nett, unterhaltsam, aufrichtig und respektvoll zu agieren, ohne im Sumpf der offensichtlichen Hoffnungen des Gegenübers stecken zu bleiben. Vielleicht hatte ich durch diesen Spagat bei unserem Treffen widersprüchliche Schwingungen ausgestrahlt, die bei ihr den Eindruck erweckten, ich stünde mit einem Bein noch in der High-Heel-Vergangenheit. Vielleicht war der Grund für meine Außenwirkung jedoch auch einfach die Tatsache, dass ich inzwischen urlaubsreif war und nach einem anstrengenden Arbeitstag und diesem durchschnittlichen Date noch über neunzig Minuten Heimfahrt vor mir hatte.

Trotz meiner Absage reichte ihre Hoffnung in den darauffolgenden Monaten noch für zwei ganz nette Mails, die sie mir mit der Frage nach meinem Wohlbefinden schickte. Meine persönliche Übersetzung dieser Nachrichten lautete: »*Wenn Du inzwischen Deine frühere Beziehung verarbeitet hast, bin ich immer noch bereit für Dich. Und falls nicht, ebenfalls.*« Ich antwortete beide Male ebenfalls ganz nett, aber zurückhaltend, und nachdem ich damit wiederholt und endgültig die Rolle des Metronoms in ihrem Leben verweigert hatte, hörten wir nichts mehr voneinander.

49

DIES UND DAS UND ANDERES

Die seit Langem geplante Auszeit rückte näher. Es waren nur noch wenige Tage, bis wir Richtung Süden aufbrachen, wo ich meinen ersten Urlaub auf Elba verbringen würde, mit viel Zeit und hoffentlich mit Sonne, Strand und gutem Essen. Die anfängliche Leere nach der Trennung war inzwischen tatsächlich zu wertvoller Zeit geworden, und diese nutzte ich neben der Partnersuche sogar wieder für dieses Buch, denn ich hatte mich mit der neuen Situation nicht nur als Beteiligter, sondern auch als Erzähler abgefunden. Das Schreiben bestimmte somit in mehrfacher Hinsicht mein Leben, und kurz vor meinem Urlaub stieß ich im »alten« Portal noch auf eine vielversprechende Stewardess. Sie war genauer gesagt keine Stewardess, sondern eine »Purserette«. Es heißt laut Wörterbuch wirklich so, als Berufsbezeichnung hatte sie allerdings »Purser« angegeben. Wahrscheinlich klang »Purserette« zu sehr nach einem Haushaltsgerät, einer Mischung aus Pürierstab und Mörser, zum Beispiel. Da ich jedoch nicht einmal wusste, was »Purser« bedeutet, wählte ich diese Frage in meiner ersten Mail als Anknüpfungspunkt und erfuhr, dass es sich um die Kabinenchefin eines Flugzeugs handelt, die an Bord den Service, die Küche und im Ernstfall die Koordination der Notfallmaßnahmen leitet. Ich gebe zu, so oft wie ich schon geflogen bin, hätte ich es eigentlich wissen müssen, aber ich höre bei den monotonen Ansagen des Kabinenpersonals nie genau zu, weil ich jedes Mal den Vordruck mit den Sicherheitsanweisungen auswendig lerne.

Die Purserette wohnte in Aachen und arbeitete für eine belgische Fluggesellschaft. Doch trotz der ordentlichen Entfernung beschlossen wir schon am nächsten Tag, kurz miteinander zu telefonieren. Dieses Gespräch verlief nach meinem Eindruck jedoch etwas träge, ja fast statisch, und das Einzige, was ich bis heute in bleibender Erinnerung behalten habe, ist die kuriose Erzählung von einem ihrer früheren Blind Dates.

Nach vielen Mails und einem kurzen Telefonat hatte sie einen Herrn getroffen, der sich große Hoffnungen auf diese recht hübsche Frau machte. Ihre eigenen Ambitionen hielten sich jedoch in Grenzen. Zum einen sagte ihr Bauch nach den Telefonaten eher Nein zu diesem Mann, zum anderen war der von dem Herrn als Treffpunkt verordnete Rastplatz per se schon kein stimmungsvoller Ort für eine erste Begegnung. Wie sich auf dem Rastplatz herausstellte, wäre er allerdings auch jenseits von Fast Food und orangen Selbstbedienungstabletts ein Flop gewesen, denn er hatte auf seinen Fotos ein paar Jahre jünger und schlanker ausgesehen, und obendrein machte seine Kleidung bei diesem Treffen einen erschreckend unsortierten Eindruck. Der Gipfel war jedoch sein persönlich überreichtes Geschenk, das die Dame regelrecht schockierte: Ein Negligé! Und kein gewöhnliches Negligé, sondern es hatte stolze vierhundert Euro gekostet. Sie erfuhr den Preis, als sie das Textilstück entschieden zurückwies, er jedoch gekränkt darauf bestand, dass sie es behielt und kurz darauf, bevor er wutentbrannt und enttäuscht das Weite suchte, sogar den Kassenbon neben den teuren Fummel auf den Tisch knallte. Geschenkt ist geschenkt! Sie nahm das Negligé anschließend tatsächlich mit, denn so viel Geld auf dem Tisch liegen zu lassen, wäre Verschwendung gewesen, meinte sie. In den folgenden Wochen tauschte sie es allerdings um und kaufte ihrer Mutter etwas Schönes davon, denn sie selbst wollte keine von diesem Menschen finanzierte Kleidung tragen. Der Purserette war es zumindest gelungen, sich klar abzugrenzen, was anderen Frauen hin und wieder schwerzufallen schien. Ich erinnere mich beispielsweise an eine vergleichsweise junge Mutter von drei Söhnen, die in Würzburg wohnte und sich mit beinahe täglich wechselnde Profilfotos und kurzen, freundlichen Nachrichten bei WhatsApp immer wieder neu geschminkt, beschmuckt, frisiert und durchgängig attraktiv in den Vordergrund meiner Wahrnehmung inszenierte. Wir trafen uns zwar aus verschiedenen Gründen kein einziges Mal, aber sie erzählte mir bei unserem ersten und letzten Telefonat, dass sie nach der gescheiterten Ehe über das Internetportal einen Mann kennengelernt hatte, mit dem sie sich sogar einmal traf. Dieser Mensch war nach ihrer Aussage *»zwar lieb und nett«*, aber weder attraktiv noch in sonstiger Hinsicht ihr Typ. Das teilte sie ihm nach dem Treffen auch ehrlich, aber diplomatisch mit. Daraufhin konterte er entrüstet, dass das ja wohl kein Grund für eine Absage sei. Das Äußere sei bei einer Frau deutlich wichtiger als bei einem Mann, und wenn sie ihn grundsätzlich ganz nett fände, wie sie ja eben gesagt habe, dann wäre das ja wohl Grund genug, es mit ihm als Partner einmal zu probieren, zumal er auch für den Lebensunterhalt aller Beteiligten sorgen könne. Sie erzählte mir das mit leichter Empörung und gleichzeitig mit einem fragenden Unterton, weil sie meine Einschätzung dazu hören wollte. Ich hielt sein Verhalten selbstverständlich für anmaßend, ja fast patriarchalisch, und vermutete, es war aus der Verzweiflung geboren, weil er seine Felle davonschwimmen sah. Als ich ihr meine Meinung mitgeteilt hatte, überraschte sie mich mit der Aussage, dass sie ja schon ein schlechtes Gewissen habe und ihre endgültige Absage noch ausstünde.

Während ich in den Tagen vor meinem Urlaub immer wieder in meinen Damen-Vorschlagslisten stöberte, fiel mir auf, dass sich in beiden Portalen auffallend viele Ärztinnen, Rechtsanwältinnen und Lehrerinnen tummelten. Letztere benannten ihren Beruf häufig nicht mit dem Wort »Lehrerin«, sondern umschrieben ihre Tätigkeit mit kreativen Überschriften wie *»ich begleite Kinder auf ihrem Weg ins Erwachsensein«* oder *»ich bilde Kinder und Jugendliche für das Leben aus«*. Ich weiß nicht, ob diese Berufsumschreibung das Ansehen von Lehrern durch eine kluge Erklärung aufpolieren sollte oder ob sie damit ihrer persönlichen Hingabe und Ernsthaftigkeit Ausdruck verleihen und sich vom Rest der Nullachtfünfzehn-Lehrer abheben wollten. Oder schämten sich manche in der großen, weiten Welt der Partnersuche sogar unangebracht für ihren Berufsstand und wollten ihn lieber nicht beim Namen nennen? Nur wenige Lehrerinnen bezeichneten ihre Profession wirklich mit dem Wort »Lehrerin«. Bei Ärztinnen und Rechtsanwältinnen war das anders. Diese nannten ihren Beruf geradeheraus so, wie er hieß, und umschrieben ihn nicht mit Sätzen wie: *»Ich helfe Menschen mit meiner Diagnose und Behandlung, ihre Krankheit zu überwinden«* oder *»Ich berate und vertrete erfolgreiche und gescheiterte Existenzen, wenn sie in die Mühlen der Justiz geraten.«*

Eine dieser Ärztinnen traf ich sogar kurz vor meinem Urlaub noch. Sie stammte ursprünglich aus Flensburg, hatte anschließend für eine Klinik in München gearbeitet und wohnte nun seit mehreren Jahren in einem beschaulichen Örtchen in der Nähe des Autobahnkreuzes Weinsberg. Und auch wenn wir uns »nur« sehr sympathisch waren, gefiel mir der Klartext, mit dem sie ein paar ihrer

Erfahrungen schilderte. Sie war im Laufe ihrer Ehe zunehmend von ihrem Mann tyrannisiert worden – unter anderem durch krankhaften Kontrollwahn, der zum Schluss in Überwachungskameras auf dem Grundstück gipfelte. Diese wurden zwar unter dem Vorwand der Einbruchsicherheit angeschafft, galten jedoch hauptsächlich ihr, wie sie sagte. Der von ihm inszenierte Schlussakt der gemeinsamen Ehe war die ebenfalls durch krankhafte Eifersucht begründete nächtliche Demolierung der Schlafzimmereinrichtung – vor den Augen der kleinen Tochter und während seine Frau im Bett ebenjener Einrichtung lag. Dieses Trümmerfinale bewerkstelligte der Herr Gemahl zu meiner Überraschung ohne jeglichen Alkoholkonsum, und vielleicht lag es ja daran, dass Frau und Kind glücklicherweise zumindest körperlich unversehrt blieben. Sie trennte sich nach diesem Zwischenfall endlich und unverzüglich von ihm und mied aus nachvollziehbaren Gründen für eine Weile den Kontakt. Um dem gemeinsamen Kind nicht für immer den Vater zu nehmen, normalisierte sie das Verhältnis nach einiger Zeit wieder, so gut es ging, und inzwischen sah der Vater seine Tochter zwar regelmäßig, konnte jedoch nicht verstehen, dass sie auch Jahre danach noch nicht bei ihm übernachten wollte. Anscheinend blendete er tatsächlich Teile der von ihm kurz und klein geschlagenen Vergangenheit aus, denn obendrein fantasierte er gegenüber seiner Ex-Frau immer wieder von der »schönen Zeit, die wir beide doch miteinander hatten«, was sie meist milde lächelnd im Raum stehen ließ, um die Götter nicht erneut unnötig zu erzürnen. Nachdem sie ihre Ehe endgültig abgehakt und den Kontakt zwischen Vater und Tochter in regelmäßige Bahnen gelenkt hatte, begab sich die Ärztin wieder zaghaft auf Partnersuche – womit die eigentliche Geschichte beginnt. Während eines privaten Anwaltsbesuchs wurde sie prompt vom Advokaten gefragt, ob sie nicht Lust habe, mit ihm etwas zu Abend zu essen. Sie war zwar etwas überrascht, aber nicht abgeneigt. Der Herr schien integer zu sein, sah attraktiv aus, und so sprach eigentlich nichts dagegen. Also nahm sie die Einladung an und fuhr einige Tage später zu ihm nach Hause, um sich mit einem Abendessen verwöhnen zu lassen. Wie der Abend im Detail verlief, weiß ich nicht, aber sie erzählte mir, dass der geschiedene und seitdem alleinstehende Herr Rechtsanwalt sie nach dem Betreten seines eindrucksvollen Anwesens als Erstes fragte, wo sie denn geparkt habe. Sie antwortete, dass ihr Wagen natürlich vor der Grundstücksumzäunung neben dem Eingang stehe, und fügte fragend hinzu, ob sie dort nicht stehen dürfe und vielleicht ein Halteverbotsschild übersehen habe. Er antwortete mit der Gegenfrage, was für ein Auto sie denn besäße. Als sie den Modellnamen ihrer noblen Karosse erwähnte, erwiderte er trocken, das sei okay, mit diesem Auto könne sie dort stehen bleiben, das könnten die Nachbarn ruhig sehen. Sie fand diesen Spruch gut, lachte herzhaft und war froh, einen Menschen mit trockenem Humor kennengelernt zu haben. Der gemeinsame Abend war insofern erfolgreich, als dass die Ärztin sich mit einer Gegeneinladung revanchierte und der Herr Anwalt einige Tage später mit *seiner* Nobelkarosse an ihrem ebenfalls sehr stattlichen Anwesen vorfuhr und parkte. Als er klingelte, bereitete sie gerade das Essen in der Küche zu, öffnete ihm die Türe und bat ihn herein. Er legte seinen Mantel ab, während er sich im großen Flur und dem imposanten Treppenhaus ein wenig irritiert umschaute, stand einige Sekunden später mit gerunzelter Stirn in der Küchentüre und fragte: »Sag mal, das ist ja ein riesiges Haus, fast noch größer als meins, wie viele Quadratmeter sind das denn?« Sie stutzte kurz und merkte, dass er diese Frage mit vollem Ernst stellte. Nach kurzem Überlegen lockerte sie die Atmosphäre mit einer witzigen Bemerkung auf: »Das ist doch egal, wie viele es sind, auf jeden Fall immer zehn Quadratmeter weniger als in deinem Haus!« Ich finde diese Antwort schlagfertig und versöhnlich zugleich, der Rechtsanwalt fand das jedoch nicht, denn er drehte sich um, zog seinen Mantel an und verabschiedete sich sparsam. Die Ärztin konnte es nicht fassen! Im Nachhinein wusste sie, dass sie einen Fiat Panda in der Woche zuvor vermutlich einige Hundert

Meter entfernt hätte parken müssen, und wenn ihre Nobelkarosse einen größeren Hubraum oder mehr Pferdestärken als die seine besessen hätte, wäre das Abendessen schon beim ersten Mal nicht serviert und sie vermutlich des Hauses verwiesen worden.

50

ÜBER SUSHI UND MUT

Unser Urlaub war sowohl für meine Tochter als auch für mich eine willkommene Auszeit. Wir hatten Glück mit dem Wetter, legten bei hochsommerlichen Temperaturen auf Elba an und fuhren anschließend zu unserem Feriendomizil im Süden der Insel. Das kleine Appartement besaß zwei getrennte Schlafzimmer, war nett eingerichtet und verfügte über eine akzeptabel ausgestattete Küche sowie eine kleine Terrasse. Die zur Anlage gehörende Strandbucht konnten wir mit dem Auto in fünf Minuten erreichen, und da ein Teil unserer Verkehrswege aus staubigen Schotterstraßen bestand, sah mein Auto bereits am ersten Tag so aus, als hätten wir eine mehrwöchige Safari durch die Trockengebiete Afrikas hinter uns.

Das sollte sich nicht ändern, bis wir zwei Wochen später wieder in unserem Heimatort eintrafen. Es war der Urlaubsschleier, der nicht nur über dem Auto, sondern symbolisch auch über uns lag und den Alltag fernhielt. Ich widmete mich während dieser Auszeit von Job und Blind Dates meiner Tochter, meinem Buch, nur sporadisch einigen Partneranfragen und in der zweiten Woche gemeinsam mit meiner Tochter den Abendspielen der Fußballweltmeisterschaft, die in Brasilien begann. Die WM-Spiele wurden in bescheidenen Public Viewings an der Bar der Ferienanlage übertragen, und an den beiden Regentagen konnten wir in einem gemütlichen, als Wohnzimmer eingerichteten Aufenthaltsraum des angegliederten Hotels ebenfalls verfolgen, wie die Kugel rollte.

Nach diesen zwei Wochen war ich tatsächlich entspannt und ausgeruht. Das beste Indiz dafür war, dass ich eine kurze Autopanne auf der Rückreise nach dem Urlaub sehr gelassen nahm. Meine Tochter und ihre in der zweiten Woche zu uns gestoßene Freundin hatten ebenfalls großen Anteil an meiner guten Stimmung bei diesem Malheur, denn sie sorgten für lachende Gesichter im Stau auf der Gotthard-Autobahn. Erst pusteten sie den im Schritttempo vorbeifahrenden Autos Seifenblasen entgegen, und anschließend malten sie mit ihren Fingern Botschaften auf unseren Safaristaubkombi: *»Wir fahren bald in die Waschstraße!«* oder *»Durchhalten Hasi!«* So *konnte* bei mir gar keine schlechte Laune aufkommen, und ich merkte mal wieder, dass alles eine Frage der Einstellung ist. Und der Erholung, zugegebenermaßen.

Samstagabend waren wir aus dem Urlaub zurückgekehrt, und ich hatte für Sonntagmittag bereits die erste Verabredung mit einer Dame aus Rheinland-Pfalz. Sie war Anfang vierzig und hatte eine volljährige Tochter, die erst vor Kurzem ausgezogen war. Ihr unterhaltsames, selbstironisches Online-Profil hatte mich dazu veranlasst, sie noch während meines Urlaubs zu kontaktieren. Da ihre Antwort nicht nur klug und interessiert klang, sondern das freigeschaltete Foto eine gut aussehende Frau mit wachem Blick und dunklen, schulterlangen Haaren zeigte, verabredeten wir uns kurzerhand für den erstmöglichen Termin. Sie fuhr leidenschaftlich gerne Cabrio, aber welchen Beruf sie ausübte, konnte ich ihrem Profil nicht entnehmen. Es war nur der etwas diffuse Terminus *»beratende Tätigkeit«* aufgeführt, und das konnte sowohl einen Coach oder eine Therapeutin als auch eine Finanz- oder Unternehmensberaterin umschreiben. Oder war sie eine der vielen Lehrerinnen, die ihren Beruf nicht gerne beim Namen nannten? Sie wohnte in einem kleinen Ort bei Mainz, arbeitete jedoch in der Mainmetropole Frankfurt und kannte sich dort gut aus. Entgegen meiner Gewohnheit hatten wir uns verabredet, ohne vorher miteinander zu telefonieren. Zum einen war ich urlaubsentspannt und hätte einen Nachmittag mit hessischer oder Pfälzer Mundart locker verkraften können, zum anderen hatte ich ein sehr gutes Gefühl bei dieser Cabrio-Fahrerin, ohne genau zu wissen, ob das an meinem Urlaub oder tatsächlich an ihrem Favoritennimbus lag. Meine Tochter hatte ich bereits am Samstagabend, nach unserer Rückkehr, wie vereinbart zur Mutter gebracht, weil sie den Rest des Wochenendes bis zum Schulanfang dort verbringen würde. Am Sonntagmorgen schlief ich bis neun Uhr, packte nach dem Aufstehen mein restliches Urlaubsgepäck aus, wusch zwei Maschinen Wäsche und hängte sie auf der Terrasse in die Sommersonne. Anschließend frühstückte ich in Ruhe und wählte meine Lieblings-Chino-Jeans, ein Kurzarmshirt und Turnschuhe für das Date aus. Es war Ende Juni, und meine Schuhe besaßen fast den gleichen Sandfarbton wie der immer noch vom Urlaubsstaub überzogene Kombi, das passte also. Aber vielleicht war mein dreckiges Auto für die Dame mit dem Cabrio ja ein No-Go, und sie würde auf dem Parkplatz irritiert zwischen mir und dem Wagen hin- und herschauen und mich mit einem gequälten Lächeln begrüßen. Zumindest wüsste ich dann sofort, dass sie die Falsche ist.

Als ich am frühen Nachmittag in der Nähe von Frankfurt auf dem vereinbarten Rastplatz am Rande des Messegeländes eintraf, stand dort tatsächlich schon ein Cabrio*, und es saß sogar eine Frau drin. Ich parkte zwanzig Meter entfernt in der nächsten freien Parklücke, stieg aus und spazierte auf den Wagen der Dame zu, denn wir hatten vereinbart, mit ihrem Auto in die Innenstadt zu fahren, dort ein wenig am Main spazieren und vielleicht etwas trinken zu gehen. Als ich mich dem Wagen näherte, winkte mir die Dame zu, nahm ihre Sonnenbrille ab und stieg kurz aus, um mich zu begrüßen. Sie machte auf Anhieb einen sehr netten und sehr lockeren Eindruck, trug ein helles, mittellanges Sommerkleid und war tatsächlich hübsch. Mein dreckiges Auto schien sie ebenfalls nicht im Ge-

* *ein gut gepflegter, dunkelgrüner Fiat Spider, der im Laufe des Nachmittags mit seinen hellen Ledersitzen und den Holzarmaturen sogar auf mich Eindruck machte*

ringsten zu irritieren. Trotzdem wusste ich sofort: »Die isses nich!«, auch wenn ich nicht genau sagen konnte warum. Schade, Sekundenbruchteile, in denen meine Körperchemie eine Entscheidung traf. Mein Enttäuschungspegel stieg deutlich an, denn diese Dame war in den letzten Tagen meine größte virtuelle Hoffnung gewesen, und nun zerplatzte sie wie eine letzte verspätete Seifenblase von der Gotthard-Autobahn am Tag zuvor. Eben noch groß und prächtig in allen Farben schillernd, und dann durch eine abgenommene Sonnenbrille beim Drehen des Kopfes und beim Öffnen der Autotür machte es »Popp!«, als sie den Fuß auf den Asphalt setzte.

Die Hoffnung war weg, die Frau war noch da, und ich befand mich erneut in der Schleife eines netten Nachmittags, den wir uns trotzdem machten. Wie so oft in den letzten Jahren ein netter Nachmittag mit einem netten Menschen bei nettem Wetter in einer ganz netten Stadt.

Das Mainufer war voll von netten und sommerlich gelaunten Menschen, es wurden Getränke und Snacks angepriesen, es wurde gelacht, geradelt, geskatet, jongliert, diskutiert, gesimst und gechattet, fotografiert und gelächelt, gelächelt und fotografiert, und wir liefen durch dieses seichte sommerliche Durcheinander, setzten uns in zwei Liegestühle, jeder mit einer Apfelschorle gegen den Sommerdurst, und plauderten über dies und das und alles und nichts. Kurz darauf beschlossen wir, etwas essen zu gehen, weil jeder von uns nur gefrühstückt und dieser Nachmittag dann doch unseren Appetit geweckt hatte, trotz meiner Enttäuschung, trotz Sonne und Hitze. Was isst man bei Sonne und Hitze? Etwas Leichtes am besten, etwas Leichtes am Nachmittag, »Sushi am besten«, schlug sie vor. Sushi war nicht schlecht, aber nur gutes, bitte! Mit einer Sushi-App oder einem »Frankfurt-Fish-Finder« auf ihrem Smartphone fand sie ein gutes Sushi-Restaurant, das an diesem Nachmittag bereits um sechzehn Uhr öffnete.

Als wir wenige Minuten nach vier dort eintrafen, waren wir nicht die ersten Gäste. Das Laufband wurde gerade mit frisch vor unseren

Augen zubereiteten Spezialitäten bestückt, und da wir uns für das lohnenswerte Pauschalangebot, nämlich alles, was das Sushi-Laufband zu bieten hatte, entschieden, konnten wir nach Lust und Laune zulangen. Ich hatte schon längere Zeit kein Sushi mehr gegessen, und ihr Vorschlag war daher für mich eine willkommene Abwechslung. Die meisten Gerichte schmeckten mir. Mit dem Reis hielt ich mich etwas zurück und aß nie die komplette Ration, die auf den kleinen Tellerchen neben Fisch und Gemüse angerichtet war, denn dafür hatte ich zu viel Appetit und zu wenig Heißhunger. Die Cabrio-Dame konnte sich an dem eingelegten Ingwer nicht sattessen und vertilgte alleine davon zwei ordentliche Portionen. Diese Menge beeindruckte mich. Mir schmeckte der Ingwer zwar auch, allerdings in geringerer Dosierung, zumal er in der Sushi Gastronomie die Rolle eines Parfaits einnimmt, das die Geschmackspapillen zwischen den Gängen neutralisieren soll.

Während unseres Spaziergangs am Main hatte die Cabrio-Fahrerin bereits ihr Berufsgeheimnis gelüftet, und ich erfuhr zu meiner Überraschung, dass sie tatsächlich als Finanzberaterin für eine namhafte Fondsgesellschaft arbeitete. Ihr war es unangenehm, diesen Beruf im Profil preiszugeben, da sie schon einige Zeit nicht mehr hinter dieser Tätigkeit stand. Sie fand die Macht, die von den Banken ausgeht, sehr beängstigend und erzählte, sie sei »inzwischen Occupy-Aktivistin« und würde jede Woche mit Gleichgesinnten in Frankfurt in einer Mahnwache gegen die Macht des Finanzsektors demonstrieren. Sie wollte ihren jetzigen Beruf baldmöglichst aufgeben und machte bereits eine Fortbildung, um sich auf ihre Selbstständigkeit und eine im wahrsten Sinne des Wortes gewissenhafte Tätigkeit vorzubereiten. Sie erzählte an diesem Nachmittag ebenfalls ausführlich von ihrer Tochter. Diese war vor Kurzem aus der mütterlichen Wohnung zu ihrem Freund gezogen, obwohl die Tochter von der Beziehung mit dem Freund »nicht restlos überzeugt« war. Sie wollte ihn jedoch nicht enttäuschen, denn er sei ja »ein Netter«. Es klang eher wie ein Entschluss gegen den eigenen Mut statt für den Freund. Tom, so hieß er, würde nicht glücklich mit diesem Mädchen, das wusste ich bereits, und auch die Cabrio-Mutter wusste es. Den Weg zu dieser Erkenntnis mussten Tom und die Cabrio-Tochter natürlich selbst gehen, und den Zeitpunkt dafür mussten sie auch selbst bestimmen. Manchmal hilft das Schicksal in solchen Situationen nach, und ich meinte kurze Zeit später, als wir auf dem Rückweg von dem Sushi Restaurant wieder durch das sommerliche Durcheinander am Main zu ihrem Cabrio spazierten, dass das Schicksal der Cabrio-Tochter auf einmal unseren Weg kreuzte und uns sogar ansprach. Das Schicksal hieß Tom. Nicht der Tom-Freund von der Cabrio-Tochter, sondern ein anderer Tom. Wir waren vom Mainufer die Treppe zu einer Brücke hinaufgegangen und anschließend gute zwanzig Meter über den Main in Richtung des schicken Cabrios gelaufen, als wir plötzlich bemerkten, dass uns jemand hinterhergerannt war und mitten auf der Brücke neben uns stehen blieb. Es war ein ziemlich junger Bursche Anfang zwanzig, wie sich später herausstellte: Tom! Er war ganz außer Atem und entschuldigte sich, dass er uns einfach so anquatschte. Als Erstes fragte er uns, ob wir ein Paar seien. Wir verneinten diese Frage einstimmig und freundlich, und dann hob er zu einem beeindruckenden Plädoyer an, das ich anfangs noch etwas skeptisch, später jedoch mit Hochachtung und Respekt verfolgte. Er schilderte, wie er die Cabrio-Dame im Vorübergehen unten am Mainufer gesehen und sofort gewusst habe, dass er sie klasse fände, sie gefiele ihm sehr, das klänge jetzt sicher ziemlich ungewöhnlich, und er wisse, dass das auch ungewöhnlich sei, und er müsse das trotzdem jetzt einfach so sagen, er fände sie klasse und würde sich sehr freuen, wenn es eine Möglichkeit gäbe, sie näher kennenzulernen. Vielleicht könne sie ihm ihre Telefonnummer geben, oder sie könne ihn auch erst mal alles fragen jetzt, wenn sie etwas über ihn wissen wolle, bevor sie ihm die Nummer gibt, und er spräche gewöhnlich nicht einfach Frauen auf der Straße an, aber er habe das bei ihr einfach tun müssen, weil er da wirklich etwas

Besonderes gespürt habe. Sie wich seinem Blick anfangs etwas verlegen aus, schaute kurz ungläubig auf mich und dann auf die Straße, auf den Flusshorizont und wieder auf ihn und wusste wohl nicht so recht, was sie davon halten und dazu sagen sollte. Er jedoch schaute ihr die ganze Zeit fest in die Augen, ließ ihren Blick auch nicht los, wenn er eine kurze Denkpause machte. Mich schaute er nur freundlich an, wenn ich ihn etwas fragte – was ich nach ein paar Minuten tat, denn anfangs glaubte ich an eine Wette oder einen PR-Gag oder vielleicht an ein Schauspieltraining. Interessanterweise studierte er tatsächlich Theaterwissenschaften, wie ich durch mein Blitzverhör erfuhr. Und es war schon fast etwas unheimlich, dass er den gleichen Namen wie der jetzige Freund der Cabrio Tochter trug, über den wir kurz zuvor noch gesprochen hatten. Er war viel zu jung für die Cabrio-Mutter, fand die Cabrio-Mutter. Tom fand das nicht, er fand, das Gefühl entscheide, ob es passt oder nicht.

Die Cabrio-Mutter sagte mir später, sie hätte sich geschworen, keinen Mann unter fünfunddreißig zu nehmen, auch wenn er so nett wie dieser Tom sei, und dabei bliebe sie selbstverständlich. Ich glaubte ihr das sogar, aber als Tom erneut nach ihrer Nummer fragte, weil er sie unbedingt wiedersehen wollte, wurde er für seinen Mut belohnt, denn die Cabrio-Mutter gab ihm am Ende tatsächlich ihre Nummer, ausdrücklich wegen ihrer Tochter, wie sie sagte, und weil er wirklich nett sei, und Tom bedankte sich, verhalten glückselig lächelnd und jetzt nach seinem mutigen Auftritt vielleicht sogar mit zwei Optionen statt nur einer. Ich zollte ihm ausdrücklich Respekt für seinen Mut und war ziemlich beeindruckt. Ich hatte sogar das Gefühl, durch Tom inspiriert worden zu sein und etwas von seinem Mut für mich mitzunehmen. Ich könnte doch auch einfach eine Frau auf der Straße oder sonst wo ansprechen, wenn sie mir gefiel, warum nicht? Ich war nicht auf den Mund gefallen, hatte nichts zu verlieren, und die Erfolgsquote war vielleicht höher, als ich glaubte. Allerdings müsste mir dafür auch erst mal eine Frau auf der Straße oder sonst wo begegnen, die ich ansprechen *wollte* und die nicht gerade mit ihrem Lebensgefährten Händchen hielt. Tom sah auch nicht jeden Tag eine Frau am Mainufer, die ihm gefiel, wie er sagte. Trotzdem war es ein merkwürdiges Gefühl, von einem jungen Mann inspiriert zu werden, der noch nicht einmal halb so alt war wie ich, was mir nichts ausmachte, denn so ist das Leben, wenn man hinschaut, und ich war an diesem Nachmittag in der glücklichen Lage, direkt danebenzustehen und nicht wegschauen zu können.

Ehrlich gesagt hätte ich das Gleiche vor einigen Jahren bereits von meiner älteren Tochter lernen können. Ihren damaligen Freund hatte sie auf ähnlich mutige Weise kennengelernt, allerdings war ihr Mut damals von ein wenig Alkohol beflügelt worden. Sie befand sich mit Freundinnen in einem Taxi in Düsseldorf auf der Fahrt von einem Sommerwochenendevent zum nächsten. Als das Taxi an einer Kreuzung etwas langsamer fahren musste, sah sie auf der gegenüberliegenden Straßenseite einen Typen, der ihr sehr gut gefiel. Sie wies den Taxifahrer an, kurz am Straßenrand zu halten, kurbelte das Seitenfenster herunter und rief den jungen Mann zu sich. Er kam zu ihr ans Auto und rechnete vermutlich mit der Frage nach der Uhrzeit, nach Feuer für eine Zigarette oder nach einem Straßennamen, obwohl die Frage nach einem Straßennamen für den Fahrgast eines Taxis ungewöhnlich gewesen wäre, das gebe ich zu. Aber meine Tochter machte es kurz und knapp: »Hast du eine Freundin?« Als er etwas irritiert verneinte, ließ sie sich schnurstracks seine Handynummer geben und teilte ihm mit, dass sie ihn anrufen werde, wenn er nichts dagegen habe. Er schaute zwar verdutzt, aber hatte nichts dagegen. Sie haderte ein paar Tage mit sich, ob sie wirklich anrufen sollte, und wartete aus taktischen Gründen noch eine gute Woche, aber die beiden wurden tatsächlich ein Paar. Die Beziehung hielt immerhin einige Jahre, und erst später lernte sie ihren jetzigen Mann kennen, mit dem sie inzwischen eine kleine Familie gegründet hat. Mut wird oft belohnt, das wusste ich nun nicht nur von meiner Tochter, sondern auch von Tom. Welche Rolle welcher Tom für welche der beiden Damen in der folgenden Zeit spielte, erfuhr ich jedoch nicht mehr, denn ich sah und hörte die Cabrio-Mutter nach diesem Treffen und unserer einvernehmlichen Absage nie wieder.

51

CRÈME DE LA CRÈME

Als ich nach dem Sushi-Date und der Begegnung mit Tom auf der Mainbrücke mit meinem verstaubten Kombi nach Hause zurückkehrte, spürte ich es wieder. Inzwischen war mir dieses innere Navigationsvakuum vertraut, diese kurzzeitige emotionale Orientierungslosigkeit, die sich manchmal einstellte, wenn ich von einem ursprünglich mit Spannung erwarteten und im Nachhinein eher enttäuschenden Blind Date nach Hause kam, die Türe aufschloss und hörte, wie meine einsamen Schritte durch die Stille des Treppenhauses zurück in die zwar unbedrohlichen, aber etwas zu leeren vier Wände führten. Meist waren diese vier Wände trotzdem noch randvoll mit dem Rest des Tages oder des Wochenendes. Diesem Rest musste ich beim Übertreten der Türschwelle schnell eine Struktur geben, bevor der Spieß sich umdrehte und dieser Rest meinen fehlenden Willen und die noch nicht vorhandene Deckung ausnutzte, um mich mit einem Lucky Punch auf dem Sofa niederzustrecken und anschließend den Fernseher einzuschalten, damit das Betäubungsszenario seinen Lauf nimmt und nichts mehr passiert. Als ich zu Hause die Wohnungstüre öffnete, hatte ich noch keinen Appetit und somit auch keine Lust, mir für später ein Abendessen zu kochen. Es befand sich schließlich ein ordentlicher Sushi-Vorrat in meinem Verdauungstrakt, der trotz meiner Zurückhaltung Spuren von klebrigem Reis enthielt. Um dem Lucky Punch vorzubeugen, entschied ich beim Übertreten der Türschwelle, einfach noch ein wenig im Internet zu surfen, nebenher eines der

WM-Spiele an diesem Abend zu schauen und anschließend vielleicht weiter am Buch zu arbeiten. Ich schaltete den Fernseher ein, warf einen Blick auf die Vorberichterstattung des weltweit mit großer Spannung erwarteten WM-Gruppenspiels Südkorea gegen Algerien*, wählte einen frischen Roséwein aus, den ich mir dann doch mit einem winzig kleinen Snack gönnte, weil ich nicht auf das Geschmacks-Pingpong von Wein und Essen verzichten wollte, und schaute vor dem Anpfiff noch kurz nach Neuigkeiten auf beiden Singleportalen. Im alten Portal gab es erwartungsgemäß nichts Neues, und im neuen Portal tauchte nach dem Einloggen in der Kopfzeile meines Profils eine kleine rote »1« auf. Nur wenige Minuten zuvor war eine neue Nachricht eingetroffen:

106 Punkte
Zahntechnikerin
Baden-Württemberg (7 …), < 50 km

Hallo du Handfetischist …
du hast ja mal viel zu sagen … Hut ab … damit bist du hier eine Rarität! Mag ich alles sehr was du so schreibst … bis auf ein paar Ausnahmen:-)
Das mit den Fingern kann ich so gut nachempfinden. Bei mir ist es auch so, kleine und dünne Hände dürfen es bei mir nicht sein, klein und dick auch nicht, aber da find ich bei Mann dünn noch schlimmer.
Du darfst dich geehrt fühlen, du bist der 2. Mann, den ich mal anschreibe :-) Ansonsten lass ich mich lieber kontaktieren, da bin ich altmodisch.
Grüße von M.
… und dann setz ich noch einen drauf und schalt dir auch noch meine Bilder frei … ach du liebe Zeit ist das doof … jetzt merk

* *Es endete 2:4 und war abwechslungsreicher, als die Paarung ahnen ließ!*

ich erst mal, wie das ist, wenn man sich quasi hier anpreisen muss! Was ist, wenn er sich darauf gar nicht meldet? Mist, bin ich zu hässlich?? Nicht sein Typ? Er steht auf Brünett? Fingernägel nicht in Ordnung???
Egal, ich mach es trotzdem …

Ich musste schmunzeln über diese Zeilen – einfach mal aus dem Bauch heraus direkt in mein Postfach gekippt, weil ihr mein Profil zusagte. Dass sie keinen Hehl aus ihrem mulmigen Gefühl machte, war mir sehr sympathisch. Und eine Zahntechnikerin war auch eine Rarität und mal was anderes als Lehrerin, Rechtsanwältin oder Ärztin. Auf ihrem freigeschalteten »Titelfoto« sah sie ganz sympathisch aus, mit blonden kürzeren Haaren und einem verschmitzten Lachen, während sie auf dem Bauch lag und in die Kamera schaute. Zwei Jahre zuvor hatte ich schon mal eine Zahntechnikerin in einem Kurpark getroffen. Sie war ebenfalls blond, aber irgendwie ziemlich gleichgültig gewesen und hatte mich dann virtuell abgewählt*. Ich war für sie damals ein guter Freund, aber kein Mann, der sie reizte. Und nun wieder mal eine Zahntechnikerin, komisch eigentlich, dass dieser Beruf so selten in den Portalen auftaucht, dachte ich, als ich die sechs eingestellten Fotos der Dame durchschaute. Sie besaß auf jeden Fall schon mal mehr Eigeninitiative und schien sich auch mehr Gedanken über mich zu machen als ihre Berufskollegin damals. Und die Fotos sahen auch ganz ansprechend aus, fand ich. Doch als ich beim letzten Foto angelangt war, dachte ich nicht mehr, dass es *»ganz ansprechend«* aussah. Das letzte Foto sah nämlich *»sehr ansprechend«* und vor allem *»sehr bekannt«* aus. Es war genau das Foto, auf dem sich die andere Zahntechnikerin vor zwei Jahren eine grüne Strickmütze aufsetzte und eine karamellfarbene Lederjacke trug. Das gelungene Foto, auf dem sie aussah, als würde sie sich für ein gelungenes Foto vorbereiten. Ich schau-

* *Das Kapitel »Nicht im Hier und Jetzt«*

te mir die anderen Bilder noch mal an, und jetzt erkannte ich sie darauf ebenfalls wieder. Ich hatte die Frau ja nur einmal kurz für ein paar Stunden in einem Park getroffen, und das war bereits zwei Jahre her, aber es war tatsächlich dieselbe Frau! Damals hatte ich sie kontaktiert, und sie hatte mir nach unserem Treffen abgesagt. Nun schrieb *sie mich* noch mal an, natürlich ohne zu wissen, wer ich bin, ohne zu wissen, dass ich *»der gute Freund«* bin, der Typ, der zwar nett, aber wohl ein bisschen zu langweilig oder zu uninteressant war, was auch immer.

Ich nahm es mit Humor und antwortete ihr sofort.

Hey :)))))))
Bei »Händen« hätte es eigentlich bei Dir klingeln müssen. Wir haben uns vor 2 Jahren im Kurpark getroffen, und ich war Dir zu sehr »guter Freund«. Damals im anderen Portal ;-)
Die Fotos lösen das Rätsel sicher.
Aber danke für Deinen Mut. Schreib weiter Männer an, denn Du schreibst echt nett und natürlich.
Alles Gute für Dich.
Jörg
PS: Hörst Du echt Volksmusik????

Sie hatte in ihrem Profil tatsächlich angegeben, dass sie Volksmusik hörte. Das jagte mir einen kleinen Schreck ein, und ich war im Nachhinein froh, dass sie mich damals abgewählt hatte, denn Volksmusik ist für mich keine Geschmackssache, sondern eine Lebenseinstellung.

Einige Minuten später stöberte ich bereits in anderen Profilen, während ich nebenbei einen Blick auf die Zeitlupe des ersten Tores für Algerien warf, als ich eine weitere Nachricht von ihr bekam. Huch? Sie war nicht nur online, sondern *las* meine Mail auch und antwortete sofort!? Das war vor zwei Jahren anders gewesen, da dauerte das oft Tage …

Ach du liebe Zeit …
:-)) ich fass es nicht … oh wir armen Ladenhüter!
War das so?? Ich hab dich eher als guten Freund empfunden? Ich glaube, ich hätte da jeden als guten Freund empfunden, weil ich noch an meiner gescheiterten ersten Portal-Verliebtheit hing … In so einer Situation darf und sollte man sich einfach nicht treffen, weiß ich jetzt jedenfalls.
Ja, und dann war ich 1 1/2 Jahre mit jemandem zusammen, der auch eher gut Freund war … so wie ich es eigentlich nicht will. Es war trotzdem eine schöne Zeit, aber mir viel zu leidenschaftslos. Leider.
Und bei dir? Wie erging es dir?
Ich fass es nicht, dass so was passiert … und dann schreib ich dich auch noch an. Hast du mich gleich wiedererkannt?
Liebe Grüße
M.
PS: Was hätte denn bei Händen klingeln müssen?
War das damals schon dein Thema? Hatten wir es darüber?
Und ja, ich höre echt Volksmusik, aber nicht, wie du dir das vorstellst, sondern rumänische, ungarische, israelische, französische Volksmusik …

Die »*erste Portalverliebtheit*« hatte sie mir bei unserem Treffen verschwiegen. Damit war das Rätsel ihrer freundlichen, aber merklich uninteressierten Haltung also gelöst. Und ihr Musikgeschmack ging anscheinend eher in Richtung Folklore, was für mich dann doch als Musikgeschmack durchgeht und mir sogar meist lieber ist als Reggae.

Da ich gerade Zeit und sie anscheinend Lust zum Schreiben hatte, antwortete ich ihr erneut.

Wir SIND KEINE LADENHÜTER!!
Wir sind wählerisch!!

Ich zumindest und Du vermutlich auch.

Also, M.,

mir erging es so, dass ich Ende September 2012 eine tolle Frau gefunden habe. Ja, über das andere Portal. Leider war das Timing blöd, weil wir eigentlich zusammenleben wollten und sie aber wegen Einschulung Tochter in Ffm geblieben ist. In den letzten 18 Monaten hat dann die Entfernung und die wenige Zeit für uns langsam die Liebe schwinden lassen. Ich hätte (noch) nicht aufgegeben, aber sie wollte nicht mehr. (Ultrakurzversion)

Händeklingeln – ich hatte damals geschrieben, dass ich künstliche Fingernägel und Wurstfinger bei Frauen nicht mag. Darüber hatten wir es auch mal – ist aber nicht wichtig und war »kein Vorwurf, Baby« ;-)

Volksmusik – das klingt so, als würdest Du »Hansi Hinterseer« hören – zumal dahinter gleich »Schlager« steht. Überdenke das noch mal, denn für den Musikästheten klingt das nach »No-Go« ;-))

Weißt Du was? Wir kennen uns so gut ;-) ich gebe dir mal meine Telefonnummer. Ich habe deine wohl doch gelöscht, obwohl ich da oft zu bequem bin bei der Datenraumpflege. 017x xxxxxxxx

Ich habe keine Ahnung, ob ich Dich und Du mich noch oder wieder oder überhaupt interessierst. Aber ich fände es witzig, wenn wir uns mal treffen. Und 106 Punkte und so – ganz so daneben sind wir ja nicht. Zumindest können wir beide endlich mal einen guten Freund treffen … hüstel … falls Du Lust hast. Und ich habe übrigens in der Zwischenzeit die Frau kennengelernt, die das Café im Kurpark innen-designt hat.

Ach, es gibt viel zu erzählen ;-))

Jörg

Südkorea hatte keinen einzigen Torschuss abgegeben und Algerien führte überraschend mit 3:0, als der Halbzeitpfiff ertönte und die nächste Antwort der Zahntechnikerin eintraf:

Nein, wir sind die Crème de la Crème, das ist klar, aber das wissen die anderen nicht :-))
Aber eigentlich sagt man doch, der Abstand hält die Liebe frisch! Da hat irgendwas anderes auch noch nicht gepasst, oder ist das so eine romantische Vorstellung von mir mit dem Abstand?
Ich glaub eh, ich hab da wirklich ein paar Vorstellungen zu viel in mir verfestigt, aber ich kann's einfach nicht abschalten. Ich will mich eben verlieben und nicht erst zehnmal treffen und probieren ob was wachsen kann. Sorry, war bei mir grad erst Thema. Und ich muss auf mein Bauchgefühl hören, das lässt mich nieee im Stich …
Ok … das mit der Volksmusik ist echt peinlich. Ich wusste gar nicht mehr, dass ich das tatsächlich angekreuzt hab. Mach ich raus.
Wie hast du die denn kennengelernt … ich meine die Café-Innenarchitektin?
Also auf jeden Fall sollten wir uns treffen … so komplett ohne Aufregung und ohne, dass es ein Date ist. Was für 'ne gute Idee! Die Portalbetreiber wissen, was gut für uns ist, aber wir sind zu wählerisch!
Ich hab kommendes Wochenende kinderfrei, da könnten wir uns treffen und irgendwas unternehmen oder einfach nur gemütlich an einem See rumlungern … oder was auch immer uns einfällt. Oder am Mittwochabend? Oder bist du schon verplant?

Unfassbar! Sie wurde sogar konkret und ging sofort auf meinen Vorschlag ein.

M., natürlich bist Du sowieso die Crème de la Crème ;-))
Also – erst mal zur Erklärung – ich sitze nicht jeden Abend 3 Stunden im Portal eingeloggt, sondern bin gestern Abend aus Elba aus dem Urlaub zurückgekommen und habe heute lange geschlafen und nebenher Fußball-WM am TV laufen, während ich die Postfächer grundreinige und meine schriftlichen Hausaufgaben mache.

*Das zur Rechtfertigung, Selbstverteidigung, als Plädoyer für Menschen- und Singlerechte und für den Weltfrieden überhaupt.**
Abstand bzw. Distanz in welcher Hinsicht auch immer kann natürlich auch reizvoll sein oder Raum füreinander geben. Der Physiotherapeut rät ja auch: anspannen, entspannen, anspannen … Aber wenn man nur 3 x 24 h innerhalb von 4 Monaten für sich alleine ohne Kinder hat, ist das – zumindest mir – zu wenig. So war es. Aber natürlich gab es auch Unterschiede und verschiedene Ansichten und vielleicht noch mehr Gründe. War ja auch die Ultrakurzversion. Frag zwei Menschen, und Du hast oft zwei verschiedene Ansichten. Sie hat mich nicht mehr so geliebt wie ich sie. Warum auch immer. Das ist dann vielleicht die noch kürzere. Dass du vielleicht in manchen Dingen etwas zu verfestigte Ansichten hast, kann natürlich auch sein, man sollte sich immer selbstbewusst hinterfragen ;-)
Aber natürlich sollte man sich schnell verlieben. Wenn man nach dem ersten Treffen eher kein Interesse oder nur ein »Guter Freund«-Gefühl hat, sollte man es bleiben lassen. Das ist nur Ballast. Bei dir war ich mir damals auch nicht sicher. Und weil ich »nicht sicher« war, hätte ich vermutlich auch eher Nein gesagt. Aber du warst auch nicht jemand, dem ich sofort 100%ig abgesagt hätte. Obwohl ich das, glaube ich, damals auch in Erwägung gezogen habe – oder nicht? Keine Ahnung. Du aber auf jeden Fall mir. Nach dem Motto – keinen Brieffreund.
Eigentlich müsste ich einen Menschen, der mir irgendwie zusagt, immer erst mal küssen. Aber das führt jetzt zu weit hier – Schluss, aus!

* *Keine Ahnung, warum ich diese Einleitung wählte. Wahrscheinlich wollte ich nur nicht zugeben, dass ich eben doch an einigen Abenden »3 Stunden im Portal eingeloggt« war. Und dass ich an diesem Abend inzwischen zunehmend neugieriger auf ihre Antworten wartete.*

Und Bauchgefühl gebe ich IMMER den Vorrang. Ich habe bei »Gefühl« den totalen Ausschlag, wie du siehst. Man rät mir hier sogar, nicht immer nur mit Herz und Bauch zu agieren. Also die 32.000 Psychologen raten mir das. Obwohl ich Jungfrau bin. Frechheit, so was, oder?
Wochenende habe ich auch kinderfrei. Also gerne! Am See rumlungern ist auch nicht schlecht. So ein gechillter Tag ab frühem Mittag miteinander, wenn man schon weiß, dass einem der andere nicht total auf den Keks geht, sondern zumindest ein guter Freund ist. Man kann sich ja einfach mal guttun und fertig.
So guuuuute Nacht jetzt. :-)
Jörg

Das Spiel war zu Ende, und der große Außenseiter Algerien hatte 4:2 gewonnen. Damit war der Grundstein für die erste WM-Achtelfinalteilnahme der Nordafrikaner gelegt, und sie verloren ein paar Tage später knapp mit 1:2 nach Verlängerung gegen Deutschland.

52

COUNTDOWN?

Ich wusste nicht, was ich von der Blitzkonversation dieser drei Sonntagabendstunden halten sollte. Die Zahntechnikerin hatte offensichtlich mehr Interesse als vor zwei Jahren, und es war nun im Nachhinein auch klar geworden, warum sie damals beim ersten Treffen so gleichgültig wirkte. Außerdem hatte sich der Volksmusik-Eintrag in ihrem Profil glücklicherweise relativiert. Der Rest ihrer Seite las sich ebenfalls sympathisch und unterhaltsam, einhundertsechs Punkte waren auch sehr ordentlich, also Schulnote Zwei plus sozusagen, und das sah bis hierhin eigentlich ziemlich gut aus. Aber ich blieb skeptisch, denn beim ersten Treffen hatte sie mich nicht verzaubert, und warum sollte ihr das *jetzt* gelingen? Nur weil sie die Vergangenheit hinter sich gelassen hatte? Außerdem konnte *sie* sich an *mich* noch weniger erinnern als ich an sie, warum sollte sie dann plötzlich für *mich* schwärmen?

Ich wusste zudem nicht, wie aktuell ihre Fotos waren, das mit der grünen Strickmütze war mindestens zwei bis drei Jahre alt, und der Rest der Abbildungen? Ich hatte bereits einige Überraschungen erlebt. Damals im Kurpark hatte sie nichts von der Ausstrahlung auf dem tollen Foto besessen, auf dem ihre Augen unter der grünen Strickmütze lebenslustig funkelten und sie auf eine Art lächelte, dass mir warm ums Herz wurde. Etwas stutzig machte mich auch ein Profilhinweis unter dem Balkendiagramm, das unsere Persönlichkeiten, Interessen und Gewohnheiten miteinander verglich. Dort wurde ausdrücklich auf Unterschiede in unseren Kommunikationsstilen hingewiesen, denen wir *»besonderes Augenmerk widmen«* sollten. In einer eventuellen Beziehung müssten wir *»die Kommunikationsstile einander annähern oder lernen, mit den unterschiedlichen Stilen umzugehen«*, und diesen Hinweis nahm ich sehr ernst. Zwar wurden solche und ähnliche Hinweise bei sehr vielen Profilvergleichen thematisiert, aber viele Beziehungen scheitern nun mal auch an einer gestörten Kommunikation, in welcher Form auch immer. Ich hatte gerade in den letzten Beziehungen erlebt, wie Gesagtes oder nicht Gesagtes eine Partnerschaft scheitern lässt. Meine Erwartungen hielten sich also in Grenzen. Ich ordnete unsere geplante Verabredung in erster Linie als das proklamierte Treffen alter Freunde ein und blieb im Internetportal genauso aktiv wie zuvor, schrieb einige Damen an und terminierte sogar zwei Treffen für die Woche nach dem freundschaftlichen Treffen mit der Zahntechnikerin.

Mitte der Woche telefonierten wir sogar eine gute halbe Stunde miteinander, und anschließend konnte ich immer noch kein Haar in der Suppe finden. Mir gefiel ihre dunkle Stimme, ihr Humor, der, wie mein eigener, hin und wieder in Albernheiten abglitt, und ihre positive, unkomplizierte Art. Auf einmal doch alle Daumen hoch?

Einen Tag nach dem Telefonat wurde ich in den frühen Morgenstunden von einer Halbschlaffantasie überrascht, in der mein Unterbewusstsein zwei ihrer Fotos zum Leben erweckte: zum einen das »Titelfoto«, auf dem sie bäuchlings auf einem Handtuch lag, sich auf die Ellenbogen stützte und mit geneigtem Kopf lächelnd nach rechts in die Kamera schaute, zum anderen mein Lieblingsfoto mit der grünen Strickmütze und dem wunderbaren Augenfunkeln, mit diesem Blick, der sich jedes Mal aus dem Foto löste und mich so unmittelbar traf, als schaue sie nur für mich in die Kamera. In meinem Halbschlaftraum lagen wir am darauffolgenden Wochenende wirklich entspannt an einem Badesee – ich auf dem Rücken und sie rechts neben mir, bäuchlings auf die Ellenbogen gestützt, so wie auf ihrem »Titelfoto«. Die Sonne wärmte unsere Körper, nachdem wir im Wasser gewesen waren, und sie erzählte mir von sich und schaute mich mit diesem Blick an, der nur mir galt, wie auf dem Foto mit der grünen Strickmütze. Ihr Gesicht war nicht weit von meinem entfernt, und während sie erzählte, schaute ich sie an, hörte nach einiger Zeit nicht mehr zu, was sie sagte, sondern achtete nur noch auf den Klang ihrer Stimme und schaute ihr in die Augen, beobachtete ihre Mimik, die Bewegungen ihrer Lippen, das sanfte Nicken als Intonation und immer wieder ihre Augen, die nur für mich schauten. Und mitten hinein in ihre fernen Worte und ihre nahen Bewegungen sagte ich plötzlich zu ihr: »Küss mich!«

Sie hielt inne und fixierte mich, indem ihre Augen für einen kleinen Moment schmaler wurden, schaute anschließend auf meine Lippen und wieder in meine Augen, rückte etwas näher, beugte sich langsam und sachte zu mir, während sie auf meine Lippen achtete, um sie bloß nicht zu verfehlen, und begann ihren ersten, sanften Kuss, der so guttat, weil er ebenfalls nur mir galt. Und während ich auf dem Rücken unter ihren Lippen lag und sie mich küsste, wollte ich mich nicht mehr bewegen an diesem Tag.

Verflixtes Kopfkino! So würde unser Samstagnachmittag sicher nicht verlaufen, alleine schon deshalb, weil das Wetter einen Seeaufenthalt vermutlich vereitelte, denn es war auf einmal kühleres und durchwachsenes Sommerwetter angekündigt. Außerdem stellte sich am Donnerstag plötzlich heraus, dass mein als »kinderfrei« eingestuftes Wochenende doch nicht kinderfrei sein würde, und wenn mir nicht irgendetwas einfiel, musste ich das Treffen kurzfristig absagen. Da war mir aufgrund meines Urlaubs wohl im Terminplan etwas durcheinandergeraten. Allerdings würde ein neuer Termin dann schwierig zu finden sein, denn sie hatte genau an meinen kinderfreien Wochenenden immer ihre Töchter bei sich und ich umgekehrt an ihren kinderfreien Wochenenden meine Tochter bei mir – das klassische Problem alleinerziehender Eltern-Liebespaare. Aber ich fand eine Lösung. Nachdem ich meine Sechzehnjährige kindgerecht in dieses Dilemma eingeweiht hatte, lud sie eine Freundin ein, die bei uns übernachtete. Dann hätten die beiden Mädchen einen ungestörten Nachmittag, vielleicht sogar einen ungestörten Abend, wenn ich mit der Zahntechnikerin noch etwas essen ginge. Nichts musste verschoben oder abgesagt werden. Die Mädchen wollten sich ausdrücklich selbst etwas kochen, und so musste ich mir auch darum keine Gedanken machen.

Nachdem die Freundin meiner Tochter am Samstagnachmittag eingetroffen war, instruierte ich die beiden kurz in Sachen Küchenbenutzung, schärfte ihnen ein, dass ich für sie jederzeit telefonisch erreichbar sei, und machte mich anschließend auf den Weg.

Bereits als ich auf der Autobahn in Richtung P+R-Treffpunkt unterwegs war, klingelte mein Telefon. Ich schaute auf das Display und sah zu meiner Überraschung die Nummer der Zahntechnikerin. Was kam denn jetzt auf einmal? Musste sie etwa kurzfristig absagen? Hatte *sie* nun auf einmal ihre Kinder doch bei sich? Ich nahm das Gespräch entgegen und lächelte wenige Sekunden später leise, denn sie fragte mich lediglich nach der genauen Autobahnausfahrt. Diese hatte ich ihr zwar bereits zweimal mitgeteilt, aber sie wusste den Namen nicht mehr, denn sie war »halt manchmal eine Chaotin, was diese Dinge angeht«. Mir schoss unvermittelt die »Anpassung unserer Kommunikationsstile« durch den Kopf, und ich passte mich an, indem ich ihr noch einmal freundlich den Namen der Ausfahrt nannte und betonte, dies sei doch kein Problem. Und das war nicht geflunkert.

Als ich auf dem Parkplatz ankam, stand ihr weißer Pkw bereits wenige Meter entfernt von der Parklücke, die ich mit meinem Kombi ansteuerte. Ich aktivierte die Handbremse, nahm meine Brieftasche und mein Smartphone, zog den Autoschlüssel ab, hätte beinahe den Regenschirm auf dem Beifahrersitz vergessen und stieg aus. Als ich die Autotür schloss, mich umdrehte und in ihre Richtung ging, sah ich, wie sie im gleichen Moment aus dem Auto stieg und mich anlächelte.

53

POP

War das dieselbe Person? Ich erkannte in ihr zwar die Frau aus dem Kurpark, aber sie hatte sich verändert. Zum einen war sie etwas schlanker als vor zwei Jahren, was ihr sehr gut stand, obwohl sie schon damals weit entfernt von offensichtlichem Übergewicht gewesen war. Zum anderen – und das traf mich wie ein wundervoller, warmer Schauer – sah und spürte ich genau das, was ich beim ersten Treffen vermisst hatte: Präsenz! Ich hatte ihr Gesicht als eine ansehnliche Konstellation wenig zugewandter Sinnesorgane in Erinnerung. Aber die Frau, die mich jetzt anlächelte, hatte genau jenes warme Funkeln in den Augen, das mich auf dem Foto mit der grünen Strickmütze fasziniert hatte. Sie sah mich *wirklich* an, denn ihre Gedanken schauten in die gleiche Richtung wie ihr Blick. Mein »Dating-Modus« änderte sich schlagartig, und ich wollte mich ab diesem Moment nicht mehr mit einem Treffen unter »guten alten Freunden« abfinden. Ich wusste zwar noch nicht, wen und was genau ich finden würde, aber ich hielt plötzlich für möglich, dass mir ein sehr interessanter Nachmittag mit ihr bevorstand.

Wir entschieden uns dafür, mit *meinem* Wagen weiterzufahren. Als wir uns wieder auf die Autobahn Richtung Mannheim/Heidelberg einfädelten, bekam ich die Aufgabe, ein spontanes Programm für uns zusammenzustellen. Ich beschloss, dass wir zuerst ein nettes, kleines Café am Wasserturm in Mannheim besuchen und anschließend zurück nach Heidelberg kehren würden, um dort ein wenig zu bummeln und vielleicht ein Restaurant für das Abendessen zu finden. Als wir vor dem kleinen Café Flo am Wasserturm in Mannheim eintrafen, fanden wir dort sogar einen Platz in der Sonne, und da ich nachmittags gerne ein Stück Kuchen esse und der Kuchen in diesem Café wirklich toll schmeckt, bestellte ich uns ein Stück – diesmal Käsekuchen, soweit ich mich erinnere – mit zwei Gabeln. Die Zahntechnikerin machte sich nichts aus Kuchen. Als sie jedoch anstandshalber von meinem kostete, aß sie anschließend tüchtig mit, denn sie fand ebenfalls, er schmecke »toll, wirklich toll!« Wir erzählten uns, was in den letzten zwei Jahren nach unserem ersten Treffen so passiert war, und sie schilderte noch einmal ihre persönliche Situation damals im Kurpark: Trennung vom Ehemann, erste flüchtige Internetliebe und dann ein guter Freund wie ich auf der Parkbank, das konnte ja nichts geben, meinte sie, und eigentlich hätte sie sich damals gar nicht erst mit mir treffen sollen, wenn sie ehrlich sei. Ich verstand, hatte eigentlich schon beim Lesen ihrer Nachricht verstanden, und während ich anschließend von mir erzählte, fragte mich mein Hinterkopf immer wieder, was es denn wohl jetzt geben könnte mit dieser Frau, die wie ein Stapel neu gemischter Karten neben mir am Tisch saß und ab und zu ihre Augen funkeln ließ, während sie nun, zwei Jahre später, endlich lustig, interessiert und authentisch wirkte. Nach dem kurzen Streifzug durch die jüngere Vergangenheit kamen wir auf unsere Töchter zu sprechen, deren Hobbys, die Schule und die ganzen individuellen Alltäglichkeiten, für die sich Mütter und Väter interessieren. Und nach meinem Eindruck hatten wir bis hierhin keines der vom Balkendiagramm prognostizierten Kommunikationsprobleme. Nachdem die Sonne an unserem Platz dem Schatten gewichen war, brachen wir auf, schlenderten entspannt zum Auto zurück und fuhren nach Heidelberg.

Fünfzehn Minuten später, als ich von der Friedrich-Ebert-Anlage in das Geflecht aus Gassen und Einbahnstraßen in der Altstadt bog, wartete ein Sechser im Lotto auf mich, denn ich fand nach wenigen Metern bereits eine freie Parklücke. Und das am frühen Samstagabend, unglaublich! Da wir spontan entscheiden wollten, wo wir zu Abend essen, bummelten wir erst mal über den Theaterplatz und anschließend die belebte Hauptstraße entlang. Sie wollte mit ihrer Jeans und den Wildlederturnschuhen auf keinen Fall in ein nobles Restaurant, es sei denn, sie fände vorher noch passende Schuhe, witzelte sie. Ich schaute sie daraufhin kurz an, und nach wenigen Sekunden war klar, dass wir noch ein paar Schuhgeschäfte aufsuchen mussten. Zum einen, um vielleicht wirklich etwas für sie zu finden, zum andern war das ein guter Test, ob wir shoppingkompatibel sind oder nicht. An unterschiedlichen Shopping-Attitüden können Beziehungen nämlich ebenfalls scheitern, da waren wir uns sofort einig. Sie suchte nach eleganten, hochsommertauglichen Schuhen, vielleicht sogar High Heel Sandaletten, »mal sehen, was es so gibt«.

In den meisten Läden fanden wir nichts Passendes, zu fette Absätze, zu dicke Sohlen, zu plumpe Form, zu sehr »Daisy Duck«, zu wenig Eleganz, hier zu viel Öko-Touch, und da drückte eine Schnalle, Gold ging gar nicht, und Größe achtunddreißig musste natürlich auf Lager sein. Ich warf nebenbei immer wieder mal einen Blick auf das Sortiment der Herrenschuhe, aber da gab es ebenfalls nur wenige Modelle, die mir gefielen. Erfreut stellte ich jedoch fest: Was mir gefiel, gefiel ihr auch! Nach einer knappen Stunde resümierten wir augenzwinkernd, dass wir zwar erfolglos waren, aber trotzdem gut miteinander einkaufen gehen konnten. Als wir den letzten Schuhladen verlassen hatten und gerade in ein Restaurant reinschnuppern wollten, sahen wir ein weiteres Schuhgeschäft. Okay, eins ging noch, nur kurz mal reinschauen und dann was essen gehen. Und tatsächlich fanden wir in diesem Laden ein Modell, das wie für ihren Fuß gemacht schien: eine elegante, schwarze High-Heel-Sandalette mit schmalen Riemchen, bequemem Sitz, die unkompliziert anzuziehen war und ihren schönen Füßen eine unaufdringliche, sommerliche Erotik verlieh. Aber leider war ihre Größe nicht mehr vorrätig. Die Verkäuferin bot zwar an, in einer der Filialen in Mannheim oder Würzburg nachzufragen, aber das lehnten wir ab. Mit diesem haarscharf verpassten Erfolgserlebnis beendeten wir unsere erste Shopping-Tour und hielten nun unverzüglich nach einem netten Restaurant Ausschau, denn langsam bekamen wir Appetit. Als wir kurz darauf von der Hauptstraße in die »Untere Straße« gelangten, fiel mir das »POP« ein. »POP« ist ein kleines, ausgefallenes Lokal in Heidelberg, dessen Inneneinrichtung unter Denkmalschutz steht. Es handelt sich jedoch nicht um mittelalterliche Fresken oder historisches Gemäuer, sondern der Besitzer hat seiner Liebe zu Autos freien Lauf gelassen und von einem Künstler Karosserieteile, Zahnräder, Reifen, Schraubenschlüssel und sogar ein durchgesägtes Auto an Decke und Wänden anbringen lassen. Diese außergewöhnliche Dekoration macht aus dem Restaurant eine schmale, begehbare Werkzeug- und Autoteilecollage. Die italienische Küche ist ebenfalls in Ordnung – warum also nicht das POP, vielleicht war dort ja noch ein Tisch frei?

Die Plätze auf der Straße vor dem Lokal waren jedoch alle besetzt, als wir gegen Viertel vor acht eintrafen und ich befürchtete, dass es drinnen nicht anders aussah. Aber als hätte man auf uns gewartet, war im Innenbereich noch ein letzter Tisch frei. Wir überlegten nicht lange und nahmen Platz, denn aus unserem Appetit war inzwischen Hunger geworden. Die Dame, die unsere Bestellung aufnahm, erweckte den Eindruck, als sei sie die Inhaberin. Sie war um die fünfzig, vielleicht auch etwas älter und eher wie ein Gast gekleidet, der dieses Lokal für einen besonderen Anlass auserkoren hatte. Sie trug für unseren Geschmack an diesem Abend etwas zu viel Blassrosa, ein Kostüm mit blassrosafarbener Hose und blassrosafarbenem Sakko sowie ein blassrosafarbenes Top. Die Schuhe waren ebenfalls rosa, und das alles wirkte in der Summe eine Spur zu dick aufgetragen. Allerdings setzte sie damit die Opulenz der in dieses Lokal gestopften Autodekoration fort und passte mit ihrem Kostüm auch zum schrillen Namen des Restaurants. So fügte sie dem Ganzen mit ihrer Erscheinung eher eine Facette statt eine Entgleisung hinzu. Noch mehr als ihre Kleidung irritierte uns jedoch der freundliche, aber etwas rätselhafte Blick, den sie jedes Mal lange und durchdringend auf uns richtete. Weil dieser Blick eine gefühlte Ewigkeit dauerte und sie obendrein dabei noch geheimnisvoll lächelte, gaben wir der Dame, noch bevor unsere Hauptspeise eintraf, den Namen »Kaa« – wie die Schlange aus dem *Dschungelbuch*, deren Markenzeichen ebenfalls ein hypnotischer Blick ist. Wir ließen uns von ihren Blicken natürlich nicht stören, sondern werteten diese als Zeichen ihrer Freundlichkeit und großen Aufmerksamkeit und genossen unbeschwert das Abendessen. Als Vorspeise teilten wir uns einen Salat und eine Portion Bruschetta, begleitet von einem Glas italienischen Chardonnays. Zum Hauptgang bestellten wir beide einen gemischten Fleischspieß, zu dem uns ein junger Kellner eine gute Flasche Rotwein kredenzte. Dieser Rotwein war entgegen unserer Erwartung allerdings viel zu warm. Die Zahntechnikerin mochte zu warmen Rotwein genauso wenig wie ich, denn er erinnerte uns beide mit seiner überhitzt-alkoholischen Blume eher an Brandy, und den wollten wir zum Essen nicht trinken, erst recht keine ganze Flasche. Schlange Kaa hatte vorher auf meine Nachfrage versichert, dass die Weine extra in einem eigenen Raum gelagert seien. Der junge Kellner entschuldigte sich für die hohe Temperatur nun mit dem Worten: »Das ist bei uns nicht optimal, die Weine lagern leider im Heizungsraum.« Er war sehr freundlich und zeigte sich begeistert, dass deutsche Gäste endlich mal einen Rotwein für zu warm befanden und diesen in einem

Weinkühler mit Eiswasser herunterkühlen wollten, das hatte er noch nie erlebt. Wir fühlten uns etwas geschmeichelt, obwohl wir mit diesem Wunsch kein Aufsehen erregen wollten. Nach wenigen Minuten war die Temperatur akzeptabel, er schmeckte wunderbar, und wir saßen und erzählten und aßen und genossen den Abend miteinander. Ich fragte per WhatsApp zwischendurch zu Hause bei meiner Tochter nach, ob alles okay sei, und bekam einige Minuten später eine Antwort mit »Daumen hoch« und der Information, dass das selbst gekochte Essen und der angeschaute Film halbwegs gelungen waren. Auf die Frage, wann ich heimkäme, antwortete ich wahrheitsgemäß, ich wisse es noch nicht, sie sollten schon ins Bett gehen, es könne auch später werden.

Und es wurde tatsächlich später, genauer gesagt deutlich nach Mitternacht, und das lag nur in zweiter Linie an der Tatsache, dass das POP ab dreiundzwanzig Uhr allmählich vom Restaurant zur Disco mutierte. Während wir beim Essen und Trinken saßen, trafen immer mehr Leute ein, die sich mit einem Drink an der Bar niederließen und nicht wie Dinner-, sondern wie Partygäste ausschauten. Das erklärte vermutlich auch das Ganzkörperrosa von Kaa. Am Nebentisch hatten sich zwischenzeitlich drei junge Damen niedergelassen, die mit ihrer aufgekratzten, erwartungsfrohen Haltung offensichtlich mehr an den männlichen Gästen als an der Speisekarte interessiert waren. Auch die Bar war zunehmend von Singles besetzt, jeder etwas zu sehr mit sich selbst beschäftigt, mit seinem Getränk, der Handtasche, dem Smartphone oder der für Überbrückungsgespräche mitgebrachten gleichgeschlechtlichen Begleitung. Wir zwei machten uns am Rande immer wieder über die Mutation des Publikums lustig, und mir gefielen die Albernheiten sehr, die die Zahntechnikerin beisteuerte. Während wir so über Eck an unserem Tisch saßen, die Musik um uns herum langsam immer lauter gedreht wurde, unser Wein bereits getrunken war und wir vernünftigerweise nur noch Wasser zu uns nahmen, ich ihre Hände anschaute, die mir genauso sehr gefielen wie ihre Füße vorhin im

Schuhladen, ich immer wieder in ihre Augen sah, diese Augen, die mich weiterhin in regelmäßigen Abständen an das Foto mit der grünen Strickmütze erinnerten und nur für mich schauten, wollte ich diese Frau küssen. Es war wie ein kleiner Sog, der meine Lippen an ihre wünschte. Und es war wie der Wunsch nach der Erfüllung meines Halbschlaftraumes, in dem sie mich auf der Wiese geküsst hatte. Aber ich tat nichts. Ich schaute nur und genoss dieses Verlangen und die Überraschung darüber, dass es jetzt auf einmal doch einen Menschen gab, der all das in mir weckte.

»Was denkst du gerade?«

Mitten hinein in meine Gedanken stellte sie diese Frage. Ich zögerte kurz, lächelte und schaute etwas verlegen zur Seite. Die Frage war mir nicht unangenehm, aber ich musste mich kurz sammeln. Dann sah ich ihr wieder in die Augen und sagte: »Treffer!«

54

TÄNZELNDE FISCHE

»Noh, mochts ihr grad Bause?«, fragte einer der beiden Wanderburschen die Zahntechnikerin, als ich an der Bar vorbei und quer über die winzige Tanzfläche ins Untergeschoss auf Toilette gegangen war. »Ja, aber nicht lange!«, antwortete sie schlagfertig.

Die beiden Jungs waren vor einer Stunde vor dem Sommergewitter in dieses Lokal geflohen, hatten sich mit bairischem Dialekt und witzigen Sprüchen bei den drei aufgekratzten Damen am Nebentisch beliebt gemacht, während sie selbst vor der Bar standen, ihre tropfenden Rucksäcke auf dem Boden abgestellt hatten und sich ein Weizenbier nach dem anderen gönnten. Als ich zurückkehrte, ließ ich die Zahntechnikerin kurz aus der Sitzecke heraus, denn sie wollte ebenfalls ins Untergeschoss. Während sie an mir vorbeiging, hielt sie kurz inne und legte ihre Lippen noch mal kurz auf meine, so wie man einen Kopf sanft für einige Sekunden auf ein Ruhekissen bettet.

Ihre Art zu küssen war wie eine kleine Offenbarung gewesen, ein sich öffnendes Tor, hinter dem die Farben in alle Richtungen verliefen, um neue Muster zu entwerfen, zufällige Schönheiten, die nur durch das Treiben- und Fallenlassen entstehen können, nicht wiederholbar oder einstudiert und nur für diesen Moment entworfen. »Treffer!«, hatte ich geantwortet und kurz darauf vorsichtig ihre Hand genommen, während ich hinzufügte: »Ich habe Lust, dich zu küssen, möchte wissen, wie sich das anfühlt.« Ich wusste nicht genau, wie dieser Satz bei ihr ankommen würde, und ließ wenige Sekunden später ihre etwas zögerliche Hand vorsichtshalber wieder los. Es dauerte jedoch nicht lange, bis *sie* begann, meine Hand zu berühren. Ganz zart und sachte fuhr sie nur mit einer Fingerspitze zuerst alle Konturen mehrfach ab, so als müsse sie sich vergewissern, dass diese Hand sich so anfühlte, wie sie aussah, und dass jeder Finger, jeder Knöchel, die Sehnen und Aderverläufe, die Zwischenräume und kleinen Vertiefungen auch wirklich alle da seien. Einige Minuten später fasste diese Vorhut Vertrauen, und alle Finger durften meine Hand erkunden, liefen auf und in und unter ihr hindurch, wie kleine Kinder an einem neuen Klettergerüst, anfangs noch zögerlich und später mit zunehmender Lust auf Berührung. Nach einigen Minuten waren unsere Hände ineinander verschlungen, lösten und fassten sich wieder und wieder, wie das Liebesspiel zweier Oktopusse mit fünf Tentakeln. Nachdem uns diese zärtliche Langsamkeit alles Überstürzte genommen und unserem Gefallen aneinander die nötige Gewissheit gegeben hatte, kam es zum ersten Kuss, besser gesagt zu unserer »ersten Stunde Küssen«.

Diese »Stunde Küssen« war der beste Zungensex, an den ich mich erinnern kann. Wir erklommen immer wieder langsam und voller Vorfreude den Gipfel unserer Achterbahn, verharrten dort oben kurz, um uns noch einmal zu spüren, bevor wir lustvoll in die

Tiefe stürzten und die Geschwindigkeit unseres Zungenspiels genossen, diese Wonne der schnellen, heftigen Berührung, während der zu- und abnehmende Druck unserer verschlungenen Finger das sanft streichelnde Klavierspiel am Hals oder in den Haaren begleitete. All das Fordern, Geben, Nehmen und Genommenwerdenwollen, all die Heftigkeit und Zartheit unseres Wesens und all die mögliche Liebe lag in diesen Küssen, und ich war mir sicher, dass diese Frau lieben konnte, dass sie ihre Rinnsale zu Wellen und ihre Täler zu Bergen verwandeln konnte, dass sie sich genauso gerne treiben ließ wie ich und keine Angst hatte, ihre Farben in meine zu mischen und zu schauen, was dabei entstand.

Unsere vom Wanderburschen kommentierte Toilettenpause dauerte nur kurz, denn schon bald kam die Zahntechnikerin ebenfalls zurück, nahm wieder Platz, und die zwei Burschen sowie ein Teil der anderen Gäste konnten uns erneut beim Küssen zuschauen. Ich wäre neidisch geworden bei unserem Anblick, denn wer so geküsst wird, hält das Glück in den Händen. Sie erwähnte ein paar Mal, dass sie es wunderbar fand, wie ich den Moment genießen konnte, eigentlich fiel das Wort »Moment« etwas zu häufig, wie ich fand, aber das war mir egal, denn ihre Küsse übertönten diese Worte. Zwischendurch hatten wir noch einmal Wasser bestellt, das uns von »Kaa« auf bemerkenswerte Art serviert wurde. Mitten in unseren Kuss hinein hatte sie zwei frische Gläser nah vor uns auf den Tisch gestellt. Als wir das bemerkten, ließen wir kurz voneinander ab, und während sie das Wasser nur wenige Zentimeter vor unseren Augen in die Gläser goss, schaute sie uns eindringlich an, nur unterbrochen von der kurzen Kontrolle des Wasserstandes in den Trinkgläsern. Als sie fertig war, entfernte sie sich mit einem vielsagend betonten »Bitte seeehr!«. Wir vermuteten auch dieses Mal, es war freundlich gemeint, und sie wollte das profane Wasser einfach nur mitten hineinstellen in den Dunstkreis unserer Zweisamkeit, in die Griffnähe zwischen zwei Küssen. Oder sollte uns ihr eindringlicher Blick zu verstehen geben, dass es nun reicht mit dem

Zungensex? Sank der Getränkeumsatz an der Bar und die Tanzfläche leerte sich bereits, weil die Leute nur noch zu uns herüberschauten? Den Namen »Kaa« wurde Madame Rosa spätestens seit dieser Szene nicht mehr los.

Es war kurz nach zwei Uhr, als wir das POP verließen, begleitet von Kaas hypnotischen Blicken (übrigens auch in den Sekunden, als sie meine Kreditkarte mit ihrer Rechnung belastete) und von bajuwarischen Wünschen für eine »guade Nocht« mit »vui Spoos«.

Arm in Arm gingen wir über die noch feuchten Straßen der Altstadt zu meinem Wagen. Das Gewitter war seit einiger Zeit vorbei, die Luft jedoch noch angenehm frisch und unsere umschlungene Wärme auch deswegen wertvoll und angenehm. Am Parkplatz angekommen, küssten wir uns noch einmal, wohlwollend kommentiert von angeheiterten Altstadtstreunern, die sich dem Vernehmen nach genau das wünschten, was wir beide gerade taten. Anschließend stiegen wir müde und etwas hypnotisiert ins Auto, und ich fuhr die Zahntechnikerin zum Parkplatz, auf dem wir uns nachmittags getroffen hatten, denn sie musste noch nach Hause fahren. Ich bot ihr an, dass sie auch bei mir zu Hause übernachten könne, das würde ich meiner Tochter samt Freundin schon erklären, und dieses Angebot war in erster Linie zur Sicherheit gedacht, denn sie war müde, und wir hatten etwas getrunken, auch wenn der letzte Schluck Wein länger zurück und dazwischen mehr als nur eine Flasche Wasser lag. Sie lehnte jedoch freundlich ab und wollte auf jeden Fall heim. Auf der Fahrt zum Parkplatz schlief sie sofort ein und wachte erst auf, als mein Auto vor ihrem zum Stehen kam. Nachdem sie die Augen aufgeschlagen, sich kurz orientiert hatte und wir uns noch einmal geküsst hatten (der letzte Kuss war ja immerhin schon eine halbe Stunde her), sagte sie erneut, dass sie es liebe, wie wir den Moment genießen und das sie etwas Angst habe, Angst vor sich selbst, sie würde sich kennen und manchmal käme ihr das Gefühl abhanden, und sie zöge sich zurück, und alles wäre vorbei.

Ich nahm das einfach nur zur Kenntnis, konnte dazu nicht viel erwidern, außer sanften und ernst gemeinten Beschwichtigungen. Wir stiegen aus, gingen die wenigen Meter zu ihrem Auto und verabschiedeten uns mit einem letzten innigen Kuss. Ich würde von diesen Küssen träumen heute Nacht, das wusste ich schon. Ich bat sie noch, mir kurz zu schreiben, wenn sie heimgekommen war, denn ihre Müdigkeit machte mir etwas Sorge. Ich bot auch ein letztes Mal einen neutralen Schlafplatz bei mir zu Hause an, aber sie ließ sich nicht von ihrem Vorhaben abbringen, bedankte sich noch einmal für den schönen Abend, stieg ins Auto und fuhr los. Ich setzte mich ebenfalls wieder in meinen Wagen und fuhr nach Hause, wo ich zwanzig Minuten später eine dunkle Wohnung mit zwei zufrieden in ihren Betten schlafenden Mädchen vorfand. Ich putzte mir die Zähne und legte mich ebenfalls ins Bett. Das Licht ließ ich noch an, denn ich wollte auf die Nachricht der Zahntechnikerin warten. Es war mittlerweile halb vier Uhr morgens, und allzu viel Schlaf würde ich nicht mehr haben. Die Mädchen konnten zwar ausschlafen, denn es stand kein Spiel oder Training am nächsten Tag an, aber länger als zehn Uhr würden die beiden sicher nicht in den Betten bleiben. Sechs Stunden wären das nur. Aber das war unwichtig. Wichtig war dieser Abend gewesen, die Überraschung darüber, was für eine Frau die Zahntechnikerin im Hier und Jetzt war, wie sich ihre Präsenz anfühlte und ihre Küsse, diese einmaligen Küsse, das war ein Abend, der vielleicht so etwas wie ein neuer Anfang sein konnte, ich hielt das für möglich, auch wenn sie zu oft den »Moment« betont und die Vergänglichkeit solcher Momente angedeutet hatte. Aber jetzt kam erst mal die Nacht mit wenigen Stunden Schlaf, dann würden wir weitersehen. Morgen schrieben oder telefonierten wir sicher mal, vielleicht könnten wir uns ja sogar treffen, abends, wenn meine Tochter wieder bei ihrer Mutter war, Lust hatte ich dazu …

Brrrrrrt! Die Vibration meines Smartphones schreckte mich auf. Sie schrieb, dass sie angekommen war, auf der Autobahn immer wieder vom Sekundenschlaf bedroht, aber so gerade noch angekommen. Meine Güte, gut, dass nichts passiert war! Ich antwortete ihr mit einer kurzen, lieben Nachricht, schaltete das Licht aus und schlief relativ zügig ein. Auch wenn ich mich nicht mehr daran erinnere, was ich in dieser Nacht träumte, bestimmt waren es tänzelnde Fische, die als Zungen im Mund des anderen umherschwammen, sich übermütig umeinander wanden, um sich auf der ganzen Länge ihrer kleinen, muskulösen Körper zu spüren. Und ganz gleich in welcher Pose – sie waren immer das passende Gegenstück zum anderen und formierten sich alle paar Sekunden neu zu einer perfekten, lebendigen Skulptur.

55

DAMENBESUCH

Am nächsten Morgen ging es mir überraschend gut, und ich fühlte mich weder verkatert noch todmüde. Wir hatten nicht übermäßig getrunken, vielleicht etwas zu viel zum Autofahren, aber das reichte nicht für Kopfschmerzen am nächsten Tag, erst recht nicht, wenn man die dreifache Menge Wasser trinkt und ein reichhaltiges Essen zu sich nimmt. Mein fehlender Kater wurde durch das Glücksgefühl ersetzt, das die Erinnerung an den leidenschaftlichen Abend auslöste. Allerdings hatte ich ihre Andeutungen über die »Angst vor dem eigenen Rückzug« nicht vergessen, und während die beiden Mädchen mit mir das Frühstück zubereiteten, schweiften meine Gedanken immer wieder in diese Richtung ab. Mal sehen, wie sich das entwickelte. Ich nahm mir vor, später auf jeden Fall eine kurze, liebe Nachricht an die Zahntechnikerin zu senden.

Die Freundin wurde kurz nach dem Frühstück abgeholt, und anschließend hielt ich meine Tochter »grob auf dem Laufenden«, wie sie es gewünscht hatte, erzählte, dass der Abend nett war, wir etwas gegessen hatten, nachdem unser Schuhkauf erfolglos verlaufen war, ich erst sehr spät zu Hause gewesen sei, da ich die Zahntechnikerin noch zum Auto hatte fahren müssen, und dass wir nun mal abwarteten, wie sich das entwickelte. Von Küssen oder anderen Details erzählte ich natürlich nichts, nur dass wir viel gelacht und uns gut verstanden hatten. Danach widmeten wir uns ihren Hausaufgaben für die kommende Woche, und am frühen Mittag kam die Zahntechnikerin meiner geplanten Nachricht zuvor:

Guten Morgen, Du Küssweltmeister! Mein Kopf brummt, mein Kinn brennt, und meine Gefühle fahren Achterbahn ...
Du küsst mit so viel Leidenschaft, das ist wunderschön, ich liebe das, wenn jemand den Augenblick so genießen kann ... und Deine Hände ...
Ich bin sehr offen und ehrlich, das hast Du ja schon gemerkt, und habe glaub ich wirklich ein Problem damit, mich voll und ganz auf jemanden einzulassen, also ich meine gefühlstechnisch, das hat meine letzte Partnerschaft auch kaputt gemacht.

Da war es wieder, »*den Augenblick so genießen kann ...*« und gleich hintendran stellte sie unübersehbar ein großes Warndreieck auf »*ein Problem damit, mich voll und ganz auf jemanden einzulassen ...*« Ihre Ehrlichkeit war zwar aufrichtig, klang jedoch nach Komplikationen. Aber trotz des Warndreiecks freute ich mich sehr, dass sie geschrieben hatte, und antwortete ihr:

Guten Morgen, Du Küssweltmeisterin, Du küsst sensationell und mit so viel Leidenschaft und erotischer Langsamkeit. Und Deine Hände – wissen, was sie tun. Und wollen. Ganz sanft und unbeirrt. Das mit dem Kinn ist ärgerlich, aber tut mir nicht leid ;-)
Ist der zweite Abschnitt Deiner Nachricht jetzt schon der Rückzieher? Ich würde Dich sonst heute Abend gerne kurz oder mittellang sehen, bevor Du mir hinterher noch einen Schal beim Fern-

sehen strickst, den ich nicht anziehe. Aber würde auch gerne reden, wäre mir wichtig. Aber nur, wenn Du magst.*

Um meine gute Laune zu unterstreichen, schickte ich noch ein paar Smileys und ein Küsschen mit. Ihre Antwort kam eine Minute später:

Ich mag …
Und: Nein, das war nur die Ankündigung und Erinnerung an den Rückzieher.

… schrieb sie, gefolgt von einem skeptischen Smiley mit Denkfalte auf der Stirn. Offene Karten und ein angekündigter Rückzug – diese Bemerkungen waren also ernst gemeint.

Aber sie wollte mich trotzdem heute sehen, was ich zumindest »für den Moment« als gutes Zeichen deutete. Ich beschloss, mich erst mal vorsichtig weiter in diese Begegnung zu tasten, um zu sehen, wann tatsächlich ein Rückzieher von ihrer Seite käme. Vielleicht waren ihre Rückzugsängste nur Scheinriesen, die sich bald in Luft oder besser noch in Liebe auflösten?

Andererseits würde ich sofort die Notbremse ziehen, wenn ich mich unverstanden oder ausgenutzt fühlte, denn erneute Probleme und endlose Missverständnisse brauchte ich nach den Erfahrungen der letzten Jahre nicht mehr. Nachdem die Zahntechnikerin mich, ohne zu zögern, wiedersehen wollte, beschloss ich, den anderen Damen abzusagen, mit denen ich in den letzten Wochen kommuniziert hatte. Da war eine weitere Rechtsanwältin, die junge Mutter dreier Söhne, die Stewardess (nein: Purserette!) und noch eine Psychologin und eine Ärztin. Es standen zwar bereits Treffen für die nächsten Tage und Wochen im Raum, aber ich wollte keine der Damen zum jetzigen Zeitpunkt sehen, trotz Warndreieck und an-

* *Sie hatte am Abend zuvor erwähnt, dass sie manchmal beim Fernsehen Schals strickte.*

gekündigtem Rückzieher. Ich verfasste noch am frühen Sonntagmittag eine Nachricht, die ich allen Kandidatinnen mit gleichem Text schickte:

Hallo, mir ist gestern Abend etwas Außergewöhnliches passiert. Ich habe nach einigen Jahren eine gute, alte Freundin wiedergetroffen, und es hat so gefunkt, dass ich derzeit erst mal niemanden treffen möchte und kann. Tut mir leid – war auch für mich überraschend. Lieben Gruß, Jörg

Innerhalb von maximal dreißig Minuten bekam ich von jeder (!) der Damen einen kurzen Glückwunschtext mit Daumen hoch, Smiley oder ähnlichen Nettigkeiten. Dass niemand zickig oder beleidigt, sondern alle nicht nur schnell, sondern auch vernünftig und nett reagierten, freute mich sehr und sprach natürlich für sie. Die etwas diffuse Angst der Zahntechnikerin vor ihren eigenen Gefühlen jedoch trübte diese Freude ein wenig. Das war für mich schwer einzuschätzen. Es schien wohl so etwas wie ihr roter Faden zu sein. Am Abend vorher hatte sie bereits von ihrer letzten Beziehung erzählt, einem Mann, der sich »*irgendwie eingeschlichen*« hatte in ihr Leben. Sie hatte ihn im entfernteren Bekanntenkreis kennengelernt und öfter mal was mit ihm unternommen, denn er war spontan, neugierig, humorvoll und reiste gerne. Mit der Zeit stand er immer häufiger auf der Matte, nicht aufdringlich, aber beharrlich, und so fanden sie sich nach einigen Wochen dann doch im Bett und nach einigen Monaten dann doch in einer Beziehung wieder, obwohl es, zumindest bei ihr, nie so richtig gefunkt hatte und diese Liaison nicht furios genug war, um von einer leidenschaftlichen Liebe zu sprechen. Vielleicht kam es nur dazu, weil niemand anderes da war und beide zu wenig weg vom anderen wollten. Vielleicht war die Zeit miteinander ja auch zu kurzweilig, um das leidenschaftliche Feuer zu vermissen. Oder waren Beziehungen im richtigen Leben letztendlich doch anders als die oft geträumten Träume von der großen Liebe? Sollte sie das Widerfahrnis dieser Zweisamkeit nicht einfach wertschätzen und sich damit abfinden, dass nicht jedes Glas randvoll ist? Aber die Zahntechnikerin wurde ihre Zweifel nicht los, denn sie vermisste eine leidenschaftliche Liebesbeziehung bereits seit den letzten Jahren ihrer Ehe. Sie hatte ihren Mann schon mit zwanzig Jahren kennengelernt, ihn später geheiratet und eine anfangs erfüllte, abwechslungsreiche Partnerschaft mit ihm geführt. Nach ein paar Jahren kamen die Kinder zur Welt, und anschließend stand der Alltag im Vordergrund, und die Leidenschaft geriet ins Hintertreffen, so wie es viele erwachsene Menschen bereits erlebt haben, der Lauf der Dinge, wenn man die Pfade der Tristesse und die Fehler in seiner eigenen Zukunft noch nicht kennt. Die Kommunikationsbereitschaft der beiden war in dieser schwierigen Phase nicht besonders ausgeprägt, und so blieb nach einigen Jahren nur das Resultat des altbekannten, schleichenden Prozesses, das Aufschieben, die Bequemlichkeit, die Unsicherheit, manchmal auch die Feigheit, sich selbst und dem anderen die zu kurz gekommenen Bedürfnisse und das sich andeutende Scheitern einzugestehen. Nach dem Ehe-Aus gab es nur wenige Affären, und bei der einige Monate zurückliegenden *»eingeschlichenen Beziehung«* hatte es nicht nur an der Leidenschaft, sondern wieder mal an der Kommunikation und der Konfliktfähigkeit gehapert. Wenn sie Probleme ansprach, flüchtete er, beim letzten Mal sogar wortwörtlich und endgültig. An einem Silvesterabend war das gewesen, Flucht vor Mitternacht und vor dem unangenehmen Thema. Keine gemeinsamen Vorsätze für das neue Jahr, kein Feuerwerk mit einem Kuss und der Hoffnung, dass jetzt alles besser wird, keine Antworten, keine Stellungnahme, keine Klärung, nur ein paar Monate Schweigen mitten in die kalte Jahreszeit hinein. Unter dem Strich kein gutes Gefühl, um sich einer neuen Partnerschaft zuzuwenden. Sie hatte diesen Mann *»irgendwann wohl auch geliebt«*, wie sie sagte, und das unfertige Ende dieser schleichenden achtzehn Monate machte ihr einige Zeit zu schaffen. Wer ernsthaft nachdenkt, zweifelt auch an sich. Zwei

Monate später meldete sie sich dann, teils zum Zeitvertreib, teils ernst gemeint, in dem Singleportal an, auf dem wir uns erneut begegnen sollten. Kurz nach ihrer Anmeldung hatte sie sogar eine Liaison mit einem Mann, der wohl ganz nett und auch *»im Bett ganz akzeptabel«* war, aber ein wenig trampelig und schweigsam daherkam, ein seltsamer Kauz irgendwie. So seltsam, dass die Töchter und die Freundinnen sich wunderten, was das denn jetzt für einer sei. Er passte nach Ansicht aller Außenstehenden gar nicht zu ihr, und nach einigen Wochen merkte sie selbst, dass da was dran war, und beendete die Geschichte. Und so traf sie nun auf mich, nach einigen Rückziehern, Irrtümern und halben Sachen, auf den *»guten Freund«* von vor zwei Jahren, traf mich mit all ihrer Sehnsucht nach großer Leidenschaft und nach einem Mann, den sie lieben und ein wenig bewundern konnte, mit dem sie reden und wenn nötig auch mal streiten und sich versöhnen konnte, nach einem Mann, der sie verwöhnte und zum Lachen brachte, und vor allem nach einem Mann, der sie ebenfalls begehrte, an verschiedenen Orten, zu verschiedenen Zeiten, egal was die Nachbarn denken und ganz gleich, wann morgens der Wecker klingelt. Doch solche Männer existieren meist nur in der Fantasie …

Als die Zahntechnikerin an diesem Sonntagabend zu mir kam, gelang uns der nahtlose Übergang in das Miteinander des Vorabends. Ich hatte gekocht, und wir aßen gebratenes Fischfilet und eine kräftige Gemüsepfanne mit Oliven, die wir mit einem Sauvignon Blanc aus Rheinhessen kombinierten. Das passte hervorragend, wie wir fanden, und da war sofort wieder diese kleine Magie und die Leidenschaft in unseren Bewegungen, nichts Überstürztes, um sich hastig zu nehmen, was man braucht, sondern etwas Fließendes, von der Gewissheit durchzogen, dass alles da ist, wenn man es möchte. Vielleicht meinte sie ja genau dieses Gefühl mit »den Moment genießen« und der Rest ihrer Sorge war nur die Angst vor der eigenen Vergangenheit, vor dem Déjà-vu der kleinen Trostlosigkeiten und Irrtümer, die jeder Mensch erlebt hat im Leben und sie in letzter Zeit zu oft. Vielleicht war es nur eine falsche Vermutung, dass sie sich nicht einlassen konnte, weil sie in den letzten Jahren versucht hatte, sich auf die falschen Männer einzulassen. Es war für mich unvorstellbar, dass diese Frau nicht lieben und die Nuancen einer Partnerschaft nicht erkennen, deuten und mit ihnen umgehen konnte. Ich glaubte nicht, dass sie sich selbst im Weg stand, wo sie doch so klar war, in dem was sie mochte und nicht mochte, was sie tat und nicht tat. Oder war das unser »Kommunikationsproblem«, das die Single-Plattform bereits thematisiert hatte? War ihr Knoten, den wir nicht zum Platzen bringen sollten, bereits in den Balkendiagrammen unserer Persönlichkeitsprofile vorhergesagt? Vielleicht täuschte mich mein Bauchgefühl ja auch, und da lauerte noch etwas, was auf den ersten Blick nicht zu erkennen war. Ließ ich mich zu sehr von den weltmeisterlichen Küssen täuschen, von der traumwandlerischen Zärtlichkeit und den wohldosierten Berührungen ihrer Hände? Hatte ich so früh schon etwas Wesentliches übersehen?

Einen kleinen, unbeabsichtigten Nadelstich bekam ich an diesem Sonntag von ihr, denn sie erwähnte, dass sie am Nachmittag im kleinen Damenkreis auf das neue Glück einer Freundin angestoßen hatten. Diese hatte am Vortag einen Mann in München getroffen, und es hatte anscheinend gefunkt. Allerdings fand *unser* furioses Kennenlernen dort keine Beachtung, denn sie erwähnte mit keiner Silbe, dass sie von mir erzählt, geschweige denn irgendjemand auf unseren bemerkenswerten Abend angestoßen hatte, und ich fühlte mich ein wenig verleugnet. Trotzdem: Sie übernachtete bei mir, und wir schliefen das erste Mal miteinander. Wir liebten, bestaunten, befriedigten und bewunderten uns, wir mussten keine Barrieren überwinden, uns nicht vorsichtig kennenlernen, nicht erst den anderen verstehen und deuten lernen, nicht wenn wir Haut an Haut waren, nicht wenn unsere Zungen und unserer Finger sprachen, nicht wenn sich unsere Blicke trafen und wir uns vermischten, dann war alles einfach. Wir waren uns einig über Ebbe und Flut, über

Sonne und Mond, Tag und Nacht, es war klar, es war neu, aber vertraut, wir waren, wie wir waren, und wollten uns genau so und nicht anders. Das war außergewöhnlich.

Der nächste Morgen war ein Montagmorgen, und während sie duschte, bereitete ich einen Latte Macchiato mit dem von mir versprochenen »traumhaften Milchschaum« für sie zu. Ich selber mag leider keine Form von Milch im Kaffee und bedaure das zutiefst, denn guter Milchschaum sieht verführerisch aus, und ich lasse mich grundsätzlich gerne verführen. Statt selbst Kaffee zu trinken (das kann ich so früh noch nicht), schmierte ich uns Brote, Pausenbrote für zwei große Schulkinder. Ich tue das jeden Tag, von daher war das nichts Außergewöhnliches. Aber ich registrierte erleichtert, wie sie den Kaffee und die Brote begeistert entgegennahm und sich nicht über Gebühr bemuttert fühlte. Anschließend fuhren wir in getrennten Autos in unsere gemeinsame Arbeitgeberstadt, die gleichzeitig ihr Wohnort war. Das könnte ebenfalls praktisch für eine Beziehung sein, fiel mir auf, denn wenn ich bei ihr übernachtete, wäre mein Weg zur Arbeit an diesen Tagen sehr viel kürzer als sonst. Aber so weit war es noch nicht, wir hatten noch nicht mal ein Wiedersehen vereinbart. Ich hatte zwar kurz die kommenden Wochenenden erwähnt, die bei uns im konträren Kinderrhythmus arrangiert waren und somit ein entspanntes Wochenende zu zweit vorerst unmöglich machten. Sie wollte das Thema allerdings nicht weiter vertiefen und konnte ihren Rhythmus auch nicht ändern, weil er nicht nur mit dem Ex-Mann, sondern auch mit den alleinerziehenden Freundinnen abgestimmt war. Es musste vorerst alles bleiben, wie es war, und wir würden mal sehen, wann wir uns sehen. Oder machte sie vorher bereits ihren angekündigten Rückzieher?

In den Tagen danach schrieben wir uns immer wieder, wobei ich der deutlich aktivere Schreiber war. Ich muss das Smartphone aus beruflichen Gründen immer eingeschaltet haben, sie hingegen schaute eher sporadisch auf ihr Handy und antwortete auch nicht immer sofort. Ich konnte nicht einschätzen, ob diese Unregelmäßigkeit mit mir und ihren Rückzugsängsten zu tun hatte, oder ob sie grundsätzlich eine launische Schreiberin war. Manchmal schrieb sie sehr intime, liebevolle Nachrichten und dann am nächsten Tag wieder lange gar nichts oder nur einen kurzen, lapidaren Satz. Nach einigen Tagen begann ich, ihre Kommunikationslücken zu interpretieren und auf die Goldwaage zu legen. Ich wurde einfach nicht schlau daraus, denn jede längere Pause oder vermeintliche Zurückhaltung hätte bereits den angekündigten Rückzug einläuten können. Eine Nachricht, die sie mir am Mittwochabend nach unserem Wochenende über das Portal schickte, klang jedoch interessiert und enthielt sogar etwas Perspektivisches:

*Du hast einfach ein tolles Profil, Herr ter Veer!**
Und das mit deinem schrecklichen Fahrradausflug würd ich gerne auch noch näher erläutert haben. Und wie du vom Fliegen träumst, das will ich auch wissen. Siehst du dich dann selbst? Oder siehst du die Welt von oben?
Liebe Grüße von der Zahnfee

Ich freute mich über diese Worte, allerdings wusste ich nicht genau, ob die Zahntechnikerin sich im Portal immer noch die Partnersuche offenhielt, oder ob sie dort nur ab und zu ihr Postfach leerte, den Herren freundlich absagte und mir an diesem Abend noch kurz geschrieben hatte. Heute war Mittwoch, und für morgen Abend hatten wir uns verabredet, weil ihre Kinder beim Vater sein würden. Ich war gespannt, wie wir uns vier Tage nach unserem furiosen Wochenende wohl begegneten.

* *Damit war natürlich nicht mein Gesicht, sondern das Internetprofil gemeint, das auch am Ende dieses Buches abgedruckt ist.*

56

DUNKELBLAU

Vor zwanzig Minuten war ich noch im Büro gewesen, und jetzt grub ich meine Zehen in den Sand. Die meisten Liegestühle waren noch frei, entspannte Sundowner-Beats waberten unaufdringlich durch die Luft, zwei Flaschen mit geringprozentiger Bierbrause hatte ich bereits besorgt, und nun wartete ich. Sie war sicher schon unterwegs hierher, auf diese künstliche Insel, eine Strandbar mitten im Gewerbegebiet. Wobei »Insel« die falsche Bezeichnung ist, denn obwohl der Name »Island« in der gastronomischen Überschrift auftauchte, handelte es sich eher um ein exaktes, mit Sand, Holzstegen, Buden, Liegestühlen, Strandkörben und Kunststoff-Flechtmöbeln gefülltes Quadrat. Eine schöne Aussicht gab es nicht, bis auf die eigenen Füße im Sand vielleicht, obwohl das Wort »schön« eher mein Gefühl als den Anblick beschreibt, denn der Arbeitsalltag klebte noch an den gerade erst von Schuhen und Sneakersocken befreiten Zehen. Dann doch lieber die andere Aussicht, der Media Markt gegenüber, die Bio-Food-Supermarktkette auf der linken Seite, die Autostraße hinter mir oder die monströse Videoleinwand, die rechts neben mir auf ihren nächsten WM-Einsatz wartete. Morgen Abend würde Deutschland sich dank Hummels' Kopfballtor und Neuers Paraden gegen Frankreich verdient ins Halbfinale zittern.

Ich war gespannt, wie sich das Wiedersehen mit der Zahntechnikerin anfühlte, ob sich doch schon ein Rückzieher bei ihr andeutete, die multiplizierte Angst vor ihren ausbleibenden Gefühlen? Oder das Gegenteil? Glaubte sie inzwischen an die Wahrheit unserer Momente und war vielleicht ein wenig verliebt in mich, nach der ersten gemeinsamen Nacht vor vier Tagen? Ich schrieb ihr eine Nachricht, dass ich *»wenn Du reinkommst hinten links«* saß.

Ich hatte mir fest vorgenommen, sie zu fragen, ob sie mich weiterhin mit dem aufrichtigen Ziel traf, vielleicht eine feste Beziehung einzugehen, und in mir nicht nur einen Zeitvertreib für körperliche Befriedigung sah. Ich hatte zwar nicht den Eindruck, dass sie nur eine Affäre suchte, allerdings konnten die erneuten Rückzugsankündigungen und die Betonung, wie wunderbar wir *»den Moment genießen«* eine von unserem Kommunikationsproblem verschlüsselte Botschaft sein. Vielleicht meinte sie damit: *»Ich möchte keine Beziehung mit Dir und habe Dir von Anfang an gesagt, dass ich mich irgendwann zurückziehe!«* Dieses Missverständnis wollte ich von Angesicht zu Angesicht ausschließen.

Sie winkte von Weitem, als sie mit den Schuhen in der Hand barfuß zunächst an der Theke der großen Bar entlang über die Holzbohlen in meine Richtung kam, um dann die letzten Meter durch den Sand zu stapfen. Sie trug einen bunten, kurzen Rock und ein weißes Top, und bevor sie sich in den Liegestuhl neben mich fallen ließ, bekam ich einen Kuss und den Titel »aufmerksamer Gentleman« für das bereits besorgte Brausebier verliehen. Als sie es sich im Liegestuhl bequem gemacht hatte, lächelte sie mich unter ihrem Blondschopf an, und wir gruben gemeinsam unsere Zehen in den Sand, genossen die inzwischen langsam sinkende Außentemperatur und zugleich den restlichen Sonnenschein dieses Hochsommerabends. Sie hatte mir am Vormittag geschrieben, dass sie mit einer Freundin ihr kleines Schlafzimmer neu streichen wolle, und dieser Nachricht ein »Vorher«-Foto angefügt, das die alte Ansicht der Schlafzimmerwände zeigte. Die Freundin bezeichnete sie augenzwinkernd als »persönliche Innenarchitektin«, obwohl sie eigentlich Fotografin war, jene Fotografin, die das wunderbare Foto mit der grünen Strickmütze geschossen hatte. Als sie morgens von dem freien Tag der Zahntechnikerin erfuhr, hatte sie im Handumdrehen einen ihrer berüchtigten Pläne aufgestellt. Sie schleppte die Zahntechnikerin in den Baumarkt, suchte einen Farbton aus, den sie bereits vor ihrem inneren Auge sah, und danach strichen sie in Rekordzeit das Schlafzimmer des kleinen Mietshauses, in dem die Zahntechnikerin wohnte. Am frühen Mittag, als die Kinder der beiden von der Schule abgeholt werden mussten, war das vormals weiße Raufaserzimmer mit den großen lila- und bordeauxfarbigen Kreisen an der Dachschräge einem durchgehend tiefdunkelblauen Nachtzimmer gewichen, einer Schlafhöhle mit kleinem Kerzenmeer vor dem Kopfende der beiden aneinandergeschmiegten Matratzen und mit einer Schatztruhe aus Korbgeflecht zur Linken des Bettlagers, auf der Zeitschriften und sonstiger ansehnlicher Kleinkram Platz fanden. Fehlende Tatkraft konnte man den beiden alleinerziehenden Damen nicht vorwerfen, und vermutlich würde ich das neue Schlafzimmerdesign nur wenige Stunden später persönlich begutachten, denn wir hatten vor, auch diese Nacht gemeinsam zu verbringen. Während wir in den Liegestühlen saßen und uns unterhielten, achtete ich auf jede Nuance in ihrem Verhalten, auf all die kleinen Dinge in den Blicken und Gesten, die oft mehr ausdrücken als Gesagtes und manchmal bereits ankündigen, was später in Worte gefasst wird. Ich verhielt mich abwartend, und während ich mit konzentrierter Unterhaltung unseren Strandbarabend aufrecht hielt, fühlte ich mich häufig wie der Beobachter unserer Situation statt als Teil des Geschehens. Ich wollte mich zwar dem »Moment« mit ihr hingeben, wünschte mir jedoch ein wenig Sicherheit, etwas mehr Verbindlichkeit für die nächsten Tage und nicht nur für die nächsten Minuten oder Stunden. Ich hätte am liebsten eine einwöchige emotionale Quarantäne für uns beantragt, um dem Genuss des Moments zumindest einen mehrtägigen doppelten Boden zu geben und die Gefahr des sofortigen Absturzes zu minimieren. Ich wollte nicht mehr jäh abstürzen, nicht mehr aus der warmen Höhe ins kalte trübe Wasser fallen, nach Luft schnappen und anschließend warten, bis irgendwann wieder die Richtung klar und das ferne Ufer in Sicht ist.

Ich glaubte zwar nicht, dass die Zahntechnikerin mich fallen lassen wollte, und ich war mit ihr auch noch nicht in schwindelerregender Höhe angelangt, aber ich musste sie trotzdem fragen, was mir den ganzen Abend auf der Zunge und nach dem kleinen

Abendessen auf der Bierbank vor einer Strandbude endlich auf den Lippen lag: »Du hast zwar Angst vor deinem Rückzieher, aber du triffst dich schon mit mir, weil du grundsätzlich eine feste Beziehung möchtest, oder?« Sie beantwortete diese Frage mit einem reservierten aber immerhin klaren »Ja, schon«. Diese Antwort reichte mir, auch wenn ich lieber gehört hätte: »Aber natürlich, was hast du denn gedacht?! Entschuldige, wenn ich dich im Unklaren gelassen habe ....«

Ich spürte die Ehrlichkeit in ihren Worten, und somit hakte ich die Sorge mit der kurzen Affäre und dem körperlichen Zeitvertreib vorerst erleichtert ab.

Unser Beisammensein hatte in der Summe dieses Abends und der anschließenden Nacht etwas Ambivalentes. Da war das wohlwollende, aber trotzdem vorsichtige Belauern unseres Miteinanders in der Öffentlichkeit, die wenigen Fragen und Antworten, die unserer Gratwanderung im Laufe des Abends immerhin wieder einen emotionalen Boden unter den Füßen gaben, und andererseits das erlösende und vorbehaltlose Fallenlassen, die zweisame Befreiung im Moment des Nacktseins, im Moment der Lust aufeinander, dieser sehenden und den anderen wertschätzenden Geilheit, während die Welt um uns und der Alltag durch jeden auf der Haut spürbaren Atemzug übermalt wurde, bis die Welt und dieser Alltag nur noch blass hindurchschimmerten, ganz schwach und nur, wenn wir im Kerzenschein des neuen Schlafzimmers genau hinschauten, denn das neue Dunkelblau war stärker als die Welt da draußen, das Dunkelblau war unsere warme Hülle, unser Kokon, und ich war der erste Mann, der dieses nackte Dunkelblau mit dieser nackten Frau sehen und spüren durfte. Wir liebten uns auf dem sandigen Meeresboden ihres Schlafzimmers, um uns herum die dunkelblaue Unterwasserwelt aus Kissen, Decken, Matratzen und Kerzen, nur unser Klang unter Wasser, unser Geruch, unsere von hungriger Haut überzogenen Berge und Täler, unsere Worte, die nur ins Ohr des anderen und nirgendwo sonst hin flossen, bis uns die eigenen

Flammen auf dem Meeresgrund entgegenschlugen, wir mit ihnen tanzten und der Sand auf unserer Haut von Schweißbahnen durchzogen war. Wir liebten uns und gossen das Selbst in den anderen, schlossen die Worte und Laute gleich mit ein in unseren Körpern, würden sie nie mehr gehen, sondern nur noch mehr hineinlassen, immer mehr Worte, Laute, Lust und Säfte, ein ganzes Meer davon in uns – dunkelblaue Liebe.

Auch als wir am nächsten Morgen miteinander aufwachten, war die Welt noch weit weg, trotz Wecker und Verkehr und bevorstehendem hastigen Aufbruch in den Tag. Wir wollten in unserem Magnetfeld bleiben, wollten nicht weg von dieser Anziehungskraft, die uns mit Wohlsein und Schwerelosigkeit durchtränkte. Doch mitten in diese Schwerelosigkeit, in das morgendliche Dunkelblau des Zimmers und in unsere Nacktheit hinein klingelte es plötzlich an der Haustüre. »Oh nein! Die Kinder!?«, murmelte die Zahntechnikerin verschlafen. »Sie haben bestimmt irgendwas vergessen!« Normalerweise fuhr ihr Vater sie in die Schule, und sie kämen erst am frühen Nachmittag zur Mutter nach Hause. Das sollte eigentlich auch an diesem Freitagmorgen so sein. »Bleib einfach oben!«, sagte sie, nachdem es geklingelt hatte, stand auf, zog sich schnell etwas über und verließ unser dunkelblaues Meer durch das angrenzende Durchgangszimmer der jüngeren Tochter in den kleinen Flur des Obergeschosses, um die Treppe hinunter zur Haustüre zu gehen. Ich blieb oben, diesmal ohne mich verleugnet zu fühlen, denn die Zahntechnikerin hatte nach der letzten Affäre beschlossen, erst dann jemanden den Kindern vorzustellen, wenn die Beziehung von Dauer war. Und unsere Fünf-Tage-Bekanntschaft war dafür natürlich zu wenig.

Während ich undefinierbares Stimmengewirr aus dem Untergeschoss vernahm, zog ich mir trotzdem zumindest eine Unterhose an, nahm meine restlichen Sachen, ging ein paar Schritte in das Durchgangszimmer der jüngeren Tochter und wollte um die Ecke durch die Türe in den Flur des Obergeschosses biegen, um zu warten, bis die Luft wieder rein war. Doch plötzlich hörte ich schnelle Schritte und Kinderlaute auf der Treppe zum Obergeschoss. Ich blieb wie angewurzelt neben dem Türrahmen am Eingang des Tochterzimmers stehen. Die Schritte kamen näher, und das Mädchen rief irgendwas, während die Mutter ihr ebenfalls etwas hinterherrief. Hätte meine Lähmung früher nachgelassen, so wäre ich mit einem kurzen Sprung zurück ins dunkelblaue Schlafzimmer von der Bildfläche verschwunden. Jetzt stand ich jedoch regungslos da und dachte, dass ich, nur mit einer Unterhose bekleidet, dort neben der Türe stehe und die Tochter doch einen Riesenschreck bekommen wird, wenn sie tatsächlich in dieses Zimmer kommt und links neben der Tür vollkommen unerwartet einen fremden Mann in Unterhose stehen sieht. Ich nutzte die wenigen Zehntelsekunden nicht zum Verschwinden, denn ich war festgefroren und dachte nur diesen Gedanken mit dem Schreck der Tochter und – »Zoooom« – kam sie auch schon wie von der Tarantel gestochen an mir vorbei ins Zimmer gerannt, blieb kurz vor ihrem Bett ungefähr drei Meter vor mir stehen, wandte mir den Rücken zu, während ich die Luft anhielt und keine Ahnung hatte, was ich gleich sagen sollte, wenn sie sich umdrehte. Sie kramte in irgendeiner Tasche, während ich die Luft anhielt und keine Ahnung hatte, was ich gleich sagen sollte, fand ihr Mobiltelefon, während ich die Luft anhielt, und drehte sich um, den Blick auf ihr Telefon gerichtet, ging ungefähr einen Meter an mir vorbei aus dem Zimmer, während sie weiter auf ihr Telefon schaute und ich keine Ahnung hatte, was ich gleich sagen sollte …

Ich konnte es nicht fassen!

Sie ging tatsächlich aus dem Zimmer, durch den Flur und die Treppe runter und hatte mich nicht bemerkt. Ich holte wieder Luft und wusste immer noch nicht, was ich sagen sollte. Das war einer der wenigen Momente in meinem Leben, in denen ich die hypnotische Wirkung von Smartphones begrüßte. Überflüssigerweise sprang ich jetzt, als sie bereits die Treppe hinunterging, zurück ins schützende Dunkelblau des Schlafzimmers und stellte mich in die vom Eingang am wenigsten einzusehende Ecke. Dort wartete ich, bis die Zahntechnikerin nach wenigen Minuten wieder hochkam. Wir mussten über diese morgendliche Überraschung sowieso lachen, aber wir begannen uns auszuschütten, als ich ihr im Detail erzählte, was passiert war. Sie konnte nicht glauben, dass ich wirklich neben der Türe gestanden und ihre Tochter mich nicht bemerkt hatte. Sie befand, es sei kein Drama gewesen, wenn sie mich doch entdeckt hätte, »dann wäre es halt so gewesen, meine Güte!«, sagte sie. Aber diese Szene wurde von uns beiden sofort als filmreif eingestuft, und da ich ihr bereits von diesem Buchprojekt erzählt hatte, bat sie mich lachend, sie unbedingt in diesem Buch zu schildern.

57

TACHELES

Ich hatte mir vorgenommen, an diesem Freitagabend das Viertelfinalspiel »Deutschland gegen Frankreich« in der Strandbar auf der monströsen Videoleinwand zu verfolgen. Am Nachmittag schrieb mir die Zahntechnikerin, dass ihre jüngere Tochter (die morgens an mir vorbei ins Zimmer gestürmt war) unbedingt das Fußballspiel schauen wolle. Sie interessiere sich normalerweise nicht für Fußball, aber in ihrer Klasse war dieses Spiel am Vormittag ein Dauerthema gewesen, sodass sie nicht nur neugierig war, sondern das Gefühl hatte, vielleicht etwas Wichtiges zu verpassen und am nächsten Tag nicht mitreden zu können. Das wollte ihre Mutter zum Anlass nehmen, ebenfalls in die Strandbar zu kommen. Ihre Idee war, dass ich ganz zufällig an den beiden vorbeischlendern, als alter Bekannter überrascht »Hallo« sagen und mich dazusetzen könne, wenn »die Damen es erlauben«.

So traf ich also noch am gleichen Abend kurz vor Spielbeginn auf der (diesmal vollkommen überfüllten) Sandinsel ein, schlenderte in die vereinbarte Richtung, entdeckte die beiden und spielte meinen Part wenig überzeugend, wie ich fand: »Huch, was machst du denn hier? Ach, ist das deine Tochter? Ist hier noch frei?« Es funktionierte insofern, als dass ich kurze Zeit später neben ihnen saß, links die Tochter im Sand, in der Mitte die Zahntechnikerin auf einem Liegestuhl, rechts ich ebenfalls im Sand, denn sämtliche Stühle und alles, was nur im Entferntesten als Sitzgelegenheit dienen konnte, waren natürlich belegt. Das Spiel begann nur wenige Sekunden nachdem ich Platz genommen hatte, perfektes Timing also, und die Aussicht auf die monströse Videoleinwand war eigentlich ganz gut. Allerdings liefen alle ein bis zwei Minuten neue Gäste den Holzsteg entlang, blieben auf der Suche nach einem Platz an immer derselben Stelle und natürlich mitten im Bild stehen, schauten sich um und trollten sich irgendwann weiter. Der Hinweis aus dem bereits sitzenden Publikum, dass sie für viele Zuschauer die Sicht versperrten, wurde sehr unterschiedlich aufgenommen. Manchen war es unangenehm, sie entschuldigten und duckten sich sofort und gingen schnell zur Seite. Andere begriffen überhaupt nicht, was man von ihnen wollte, schauten ein paar Mal ungläubig hin und her und begannen irgendwann mit einer unfassbaren Trägheit zu begreifen, dass *sie* gemeint waren und im Weg standen, woraufhin sie sich mit ebensolcher unfassbaren Trägheit langsam, Zentimeter für Zentimeter und ohne erkennbare Gesichtsregung vom Fleck bewegten, so als wenn ein großer Felsbrocken mit Seilen langsam von der Straße gezogen wird. Wieder andere fühlten sich nach dem Hinweis aus dem Publikum sofort persönlich angegriffen und machten mit aggressiver Miene gespielt beschwichtigende Bewegungen, als wollten sie sagen: »Jetzt chill mal Alter, ich steh hier nur rum, und du hast mir gar nix zu sagen, klar?« Das wirkte hin und wieder wie eine Provokation – sehr zum Unmut der Zuschauer. Ein Mädel stand mal nach ein oder zwei Minuten auf und ging zu drei Gockeln, die wohl gerade begannen, Wurzeln zu schlagen, und wies sie darauf hin, dass sie im Blickfeld stünden. Das hatte zwar keine einsichtigen

Mienen, sondern eher betonte Coolness zur Folge, aber kurze Zeit später trollten sie sich tatsächlich, jedoch nicht ohne dabei vollkommen desinteressiert auf ihr Smartphone zu schauen, um den Triumph der anwesenden Gäste etwas zu schmälern.

Die Tochter der Zahntechnikerin schaute nicht viel von dem Fußballspiel, sondern spielte und »malte« hauptsächlich im Sand, zeigte ihrer Mutter hin und wieder ihre Kreationen und sagte ab und zu mal etwas. Sie war ein sympathisches Mädchen, wirkte zwar nicht schüchtern, aber war sehr still und verzog nur eine Miene, wenn irgendetwas für sie emotional von Belang war. Sie beäugte mich nicht ständig, aber wir schauten uns zwischendurch immer mal wieder an. Wenn ich etwas zu ihr sagte, verhallten manche meiner Kommentare im Nichts, bei anderen schaute sie mich kurz an und grinste breit. Nach einiger Zeit begann sie damit, mich mit dem Smartphone der Mama zu fotografieren, diese Fotos zu verfremden und mir immer wieder zu zeigen, was ich zumindest nicht als Ablehnung verstand. In der Halbzeitpause kaufte die Zahntechnikerin eine Pizza für sich und ihre Tochter, von der sie selbst nicht viel aß. Darum musste die Tochter den Großteil vertilgen, was ihr jedoch nicht gelang. Ich hatte ein freundlicherweise angebotenes Stück anfangs ausgeschlagen, weil ich mir selbst nach dem Spiel zu Hause noch etwas kochen wollte. Da die Tochter nun aber mit der Teiglappenmenge kämpfte, bediente ich mich ausnahmsweise einmal. Der Teig war sogar dünn und knusprig und besaß glücklicherweise nicht die Konsistenz eines zusammengedrückten Sofakissens. Zum Schluss war noch ein Stück Pizza übrig, und dieses wurde mir von Mutter und Tochter erneut eindringlich angeboten. Beide betonten, sie seien pappsatt, aber ich zierte mich etwas. Daraufhin stand die Tochter plötzlich auf, lief mit dem Stück Pizza in der Hand zu mir, baute sich vor mir auf und befahl: »Augen zu!« Ich folgte ihrer Anweisung natürlich und sah noch den verdutzten Blick ihrer Mutter, bevor ich die Augen schloss. Dann wurde mir wie von Geisterhand ein Stück Pizza bis zur Hälfte in den Mund geschoben, ich sagte halb erstickt und mit gespielter Überraschung: »Boarrgh, Fikfa!« Die Tochter wies mich an, die Augen weiter geschlossen zu halten und den Mund ein weiteres Mal zu öffnen, nachdem ich den ersten Riesenbissen gekaut und heruntergeschluckt hatte. So wurde das letzte Stück Pizza an den guten alten Freund der Mutter verfüttert, und die Diskussion war beendet. Die Zahntechnikerin war sehr erstaunt über diese Aktion, und als mir das Mädchen nach dem Spiel bei der Verabschiedung die hingehaltene Hand mit großer Wucht und breitem Grinsen abklatschte, wusste ich, dass wir uns im Falle meines Outings als »Mamas neuer Freund« ganz gut verstehen würden. Später am Abend schrieb ich der Zahntechnikerin noch, dass ich unsere »zufällige« Begegnung nett fand, ihre Tochter ein aufgewecktes Mädchen sei und ich mir darum vorstellen könne, sie hätte bemerkt, dass da mehr zwischen ihrer Mama und mir ist. Sie antwortete kurz, dass sie den Abend auch entspannt fand, und schob noch eine Nachricht mit den Worten: »*Quatsch … hat sie nicht …*« hinterher. Kein »*Gute Nacht*« oder »*Schlaf gut*«. Ich schickte als Erwiderung zwar noch einen Smiley, aber der blieb unbeantwortet, und aus der Mitte meiner taxierenden Wachsamkeit heraus fand ich diese Verabschiedung zu abrupt nach allem, was zwischen uns gewesen war. Ich fühlte mich wie eine lästige Nebenbemerkung beiseitegeschoben, obwohl wir vor vierundzwanzig Stunden noch die ersten Menschen waren, die in der dunkelblauen Tiefsee nackt gewildert hatten, obwohl wir beide die Menschen waren, deren Zungen schon vor einer Woche stundenlang umeinander tänzelten und jede Liebkosung wie eine warme Höhle belagerten und obwohl unsere Körper schon vor fünf Nächten all die Fragen und Vorbehalte nicht mehr hatten, die unser Kopf und Bauch, noch mehr allerdings *ihr* Kopf und *ihr* Bauch, weiterhin in den Raum stellten und die wie ein unsichtbares Mahnmal zwischen uns standen, wenn wir aus dem Dunkelblau erwachten.

Auch in den Tagen danach änderte sich grundsätzlich nichts. Wir sahen uns, wenn es die Kinder- und Arbeitszeiten zuließen, unsere

Körper stellten weiterhin keine Fragen, wir verselbstständigten uns nahezu, wenn wir alleine und intim miteinander waren, weihten sogar Plätze mit unseren Höhepunkten ein, die vorher gewöhnlichen Tagesabläufen vorbehalten waren. Es war jedes Mal ein Kopfsprung in die verheißungsvolle Tiefe, deren Türen sich gleichsam öffneten, während eine neue Welt um uns gegossen wurde, alles stehen blieb und verharrte und nur wir uns miteinander bewegten. Sie genoss dieses Sein genauso wie ich, das tat sie mir auch kund. Allerdings sparte sie mit Komplimenten, erwähnte nie, dass ihr mein Körper gefiel, ich gut aussähe oder in anderen Belangen etwas Besonderes für sie sei. Ich muss so etwas nicht ständig hören, aber *ich* machte ihr diese Komplimente und hatte mit der Zeit das Gefühl des Ungleichgewichts. So begann ich nach zwei Wochen, meine Worte dosierter zu verwenden, fing an, ein wenig aufzurechnen, und so ungezwungen, wie wir unsere Sexualität fließen ließen, so zunehmend unangemessen behandelt und auf das Körperliche reduziert fühlte ich mich. Egal, ob ich in der Nähe ihrer Wohnung wartete, bis die Luft rein war, damit ich den Kindern und dem Ex-Mann nicht begegnete, oder ob ich nach einem spontanen Hausbesuch während meiner Mittagspause zwar ihre Begierde und Hingabe, aber weiterhin keinen konkreten Vorschlag für ein Wiedersehen, geschweige denn eine Beziehungsperspektive in den Nachrichten entdecken konnte. Ins Dunkelblau tauchten wir beide mit gleicher Lust, das nächste Wiedersehen hingegen regte meist ich an. Es entwickelte sich aus meiner Sicht ein einseitiger Kampf für unsere Sache, und ich wollte mich entweder ganz oder gar nicht mit ihr einlassen und nicht mehr ausschließlich die ohnehin freien Nischen ihrer Tage fernab von Freunden und Kindern wie ein anonymer Lückenbüßer besetzen.

Nach drei Wochen merkte ich, dass sich nicht viel geändert hatte und sich die bestehenden Grenzen unserer Welten, der dunkelblauen und der öffentlichen, nicht aufweichten oder durchlässiger wurden. Und ich spürte, was mir gut- oder nicht guttat, und die derzeitige Konstellation begann mir langsam nicht mehr gutzutun. In einer Woche würde sie mit zwei Freundinnen für ein seit Langem geplantes Wochenende auf ein Tanzfestival in die Schweiz fahren. Es war zu allem Überfluss ein Wochenende, an dem wir ausnahmsweise einmal beide kinderfrei hatten, das erste Mal überhaupt. Ich erwartete nicht, dass sie ihre Reise absagte, dafür bedeutete ihr dieses Event zu viel. Aber sie schien sich darüber hinaus auch keine ernsthaften Gedanken über unsere zukünftigen Wochenenden zu machen. Wir hatten bisher keine zwei Tage und Nächte am Stück miteinander gehabt, und nun kam eine Zeit, in der wir uns zehn oder vierzehn Tage gar nicht oder nur selten sehen würden. Sie würde einen Tag vor ihrem Geburtstag sonntags aus der Schweiz zurückkommen, musste am nächsten Tag arbeiten, und es war alles irgendwie unklar. Feierte sie mit Freundinnen am Sonntag oder am Montag ihren Geburtstag? Sahen wir uns noch am Sonntag oder erst am Mittwoch oder erst mal gar nicht, weil sie ihre Kinder in dieser ersten Sommerferienwoche durchgehend bei sich hatte? Würden wir uns dann länger nicht sehen? Würden mich die Kinder eigentlich irgendwann kennenlernen? Alles ungeklärte Fragen, die von ihrer Seite bisher nicht kommentiert worden waren. Gedankenlosigkeit oder Vermeidungsstrategie? Ich beschloss, ihr noch vor dem Tanzwochenende meine Wahrnehmung der Dinge zu schildern und mein zunehmendes Unverständnis nicht mehr zu verschweigen. Meine Unzufriedenheit und die verstreuten Schlaglichter meiner Gedanken hatten sich inzwischen zu ganzen Sätzen formiert und lagen mir ungeduldig auf der Zunge. Ich ging mit diesem Klartext zwar das Risiko ein, dass sie sich bedrängt, beleidigt oder unverstanden fühlte, aber das nahm ich in Kauf. Ich wollte auf keinen Fall so weitermachen.

Am Sonntag schrieb ich ihr zuerst eine Nachricht, dass ich am kommenden Mittwoch vor ihrer Abreise in die Schweiz gerne mit ihr über einige Dinge sprechen wolle, weil mir ihr Verhalten zunehmend Rätsel aufgäbe. Sie antwortete kurz darauf, dass sie mir das in den letzten Tagen bereits angemerkt habe und sie auch nicht recht wisse, was los sei, sie habe keine Schmetterlinge im Bauch, auch wenn die Zeit »*wenn wir uns sehen immer so schön ist, alles*«. Ob ich denn welche habe? Meine Schmetterlinge waren sozusagen in Warteposition, sie wurden jedes Mal verscheucht, wenn sie sich aus dem Kokon in meinen Bauch trauten und kurze Zeit später bei ihr ins Leere flogen. Zur Liebe gehören immer zwei, sonst wird aus den Schmetterlingen irgendwann ein Wespennest.

Später am Sonntagabend, als meine Tochter zur Mutter gegangen war, hatte ich Zeit und Ruhe und schrieb mir meine Gedanken von der Seele:

Liebe M.,
ich schreibe Dir jetzt mal per Mail mit 10 Fingern – denn ich muss dir ein paar Dinge sagen.
Natürlich finde ich – wie du heute Morgen geschrieben hast – »die Zeit, wenn wir uns sehen so schön … alles.« Ja. Geht mir genauso. Auch wenn ich nicht das absolute »Frau fürs Leben«-Gefühl habe. Dafür habe ich einige Fragezeichen zu viel im Kopf, die nicht nur mit Deinem Zögern zu tun haben. Aber die Zeit, die wir miteinander verbringen, ist für mich etwas sehr Besonderes und weit weg von körperlichem Zeitvertreib. Auch wenn wir die Zeit wunderschön körperlich vertreiben … Und ich würde im Moment immer noch nicht ausschließen, dass wir vielleicht irgendwann zusammenfinden. Große Worte, die ich aber ganz bewusst mit Bedacht und Vorsicht und einem sehr großen VIELLEICHT aussprече. Vielleicht. Du bist nicht wie meine letzten Freundinnen die Frau, bei der ich sofort ziemlich sicher war, sie ist es. Waren sie dann ja beide doch nicht … interessanterweise. Aus verschiedenen Gründen und im Nachhinein sicher auch richtig so.
Ich bin auch eher vorsichtig mit Zuwendungen am Anfang, und ich würde heutzutage nie mit jemandem einfach so am zweiten Tag ins Bett springen. Und Du auch nicht. Richtig?

Du bist, wenn wir uns sehen, ganz nah bei mir, und wir tun uns gut. Das geht nicht, wenn da nur ein bisschen Sexflimmern ist. Zumindest für meinen Teil bin ich sehr »ganzheitlich veranlagt«. Bist Du da anders? Glaube nicht …
Aber WAS lässt Dich dann bitte schön oft (nicht immer, ich weiß) wie eine Sprungfeder zurückschnellen, sobald ich die Türschwelle übertreten habe oder in meinem Büro angekommen bin? Hast Du Angst, ich würde Dich für irgendwann geschickte Küsschen zur Rechenschaft ziehen? Hallo? Dann doch wohl eher für die wenige Stunden vorher noch innigeren Körperlichkeiten, wenn ich das wirklich wollte.
Mich bringen manche Nachrichtenverläufe auf die Palme – wie am Wochenende oder letzten Donnerstag halt. Ich schreib Dir was Nettes, und Deine Antwort ist so kühl wie vierzehn Aquavit. Ich dachte, wir kennen uns zumindest. Oder gehst Du mit Deinen Freundinnen auch so um?
Oder damals nach unserem Viertelfinal-Fußball in der Strandbar ging es mir ähnlich. Ich schrieb, dass ich glaube, Deine Tochter hätte was gepeilt und Du schriebst äußerst schroff zurück: »Quatsch … gar nix hat sie gemerkt!« Fertig. Ohne Gute Nacht oder irgendwas. Nur nicht freundlich sein … Du warst zwar gestern zum x-ten Mal im Bett mit ihm (mir) – aber hinterher denkt er noch, Du willst was. Ist ja nur für den Moment.
Sorry, wenn das platt klingt. So hast Du es auch nicht gemeint, das weiß ich. Aber ein bisschen wirkt es so, und ich halte Dir jetzt mal den Spiegel vor.
Der Satz »Quatsch, gar nix hat sie gemerkt« als Tagesabschluss klingt, isoliert gesehen, eher so, als wenn Du einer Zecke schreiben würdest, dass sie sich bloß verziehen soll. Aber nicht einem Mann, an den Du dich freiwillig mehrmals in der Nacht schmiegst, weil Du seine Nähe magst. Selbst meine ätzende Bäckersfrau begrüße und verabschiede ich, wenn ich Brot kaufen gehe. Und bei dir fühlt sich das in solchen Momenten an, als steht da eine Mauer. Peng.

Hast Du mit den anderen Typen und »meinen Vorgängern« (auch ein sehr schmeichelndes Wort übrigens) auch so kommuniziert, und ist das normal für Dich? Wenn ja, dann haben wir nichts miteinander verloren, weil, so möchte ich nicht von dem Menschen behandelt werden, dem ich etwas bedeuten will. Oder ist das nur Deine »Angst, jemandem wehzutun« ... nach dem Motto »dann lieber schroff als einen Smiley zu viel«.
Bisher vermutete ich das und habe aus diesem Grund erst mal nicht viel dazu gesagt.
Ich war bisher bereit, weiter zu schauen, ob das klappt. Und ich bin unter Umständen auch immer noch bereit zu schauen, ob das mit uns klappt. Sagte ich ja bereits. Aber wenn Du kein einziges Mal in den drei Wochen irgendeinen Satz sagst, der nur ansatzweise mit Zukunft oder Perspektive zu tun hat – oder oft noch nicht mal einen Satz über unser Wiedersehen in den Mund nimmst –, dann bin ich mir zu schade dafür und muss meine Geduld nicht in ein Fass ohne Boden schütten.
Das willst du auch nicht. Ich weiß. Und ich vermute, Dich erschreckt diese Mail eher, als dass sie Dich mir näher bringt. Und vermutlich ist Dir das alles zu viel, was ich Dir da schreibe, und Du denkst, dann lieber gar nicht. Mir geht es darum, Dinge klar zu machen. Im wahrsten Sinne des Wortes. Klar. Für beide. Darum ist es vielleicht besser, ich schreibe das, bevor wir uns sehen am Mittwoch. Ich freue mich sehr, Dich zu sehen. Und ich würde natürlich gerne mit Dir zum Beispiel das kommende Wochenende verbringen. Drei Tage am Stück. Einfach so dahinfließen lassen und schauen, wie sich das anfühlt. Und vielleicht wüssten wir dann noch ein bisschen mehr übereinander, und die Welten wären nicht mehr so getrennt voneinander, und das Schwarze und Weiße würde hier und da in ein Leuchtendes was auch immer fließen. Ich weiß natürlich, das geht nicht am Wochenende. Das ist auch o.k. so.*

* *Hier fehlt natürlich die Farbe Dunkelblau, die mir im Eifer des Gefechts nicht einfiel!*

Und ich weiß, das wird in den Wochen drauf auch nicht gehen. Auch wenn die ersten Ferienwochen bei Dir noch nicht klar sind. Oder doch? Egal. Mir sind sie nicht klar.
Und ich weiß auch – und stimme diesbezüglich zu! –, dass wir unsere »Familien« erst vorstellen sollten, wenn wir uns einig wären miteinander. Im Moment sind wir nach dieser Mail vermutlich noch weiter entfernt davon. Auch wenn ich das nicht hoffe und das nicht meine Absicht ist.
Klingt das halbwegs nachvollziehbar für Dich?
Und obwohl ich weit davon entfernt bin, Dich heiraten zu wollen: Kussss
PS1: Übrigens hatte ich in unserem früheren Portal bei Konfliktfähigkeit, Kommunikationsfähigkeit, Einfühlungsvermögen und Stressverarbeitung den Vollausschlag. Kannst Dich also ruhig mit mir streiten. Nicht jeden Tag, bitte, weil den Scheiß hatte ich schon ein paar Mal ;-)
PS2: Außerdem hast Du seit einigen Wochen den Hauptgewinn vor Dir sitzen und hältst Dir die Augen und Ohren zu, wenn es hell wird ;-)) Was soll das …

Anschließend sendete ich ihr noch ein paar Zeilen über WhatsApp, um sie auf meine über das Portal gesendete Mail aufmerksam zu machen und um ihr zu signalisieren, dass sie mir wichtig ist.

So, ich bringe noch ein fröhliches »Gute Nacht« über die Lippen und habe Dir eine lange Mail in dein Portalpostfach gelegt. Habe ja Deine Mailadresse nicht. Und ich freue mich auf Mittwoch, egal was wir reden. Ohne Emoticons dann jetzt halt.

Und am nächsten Morgen schrieb ich ihr noch:

Guten Morgen …
Und falls Du noch mit mir redest ;-) – meine Mailadresse ist (xxx)

Ich wäre jetzt gerne bei Dir übrigens, auch wenn es Dir vermutlich total anders geht. (Emoticon mit Kuss)

Ich rechnete mit einer längeren Kommunikationspause oder einer knappen, distanzierten Antwort. Unter Umständen würde sie sogar einen Schlussstrich ziehen, weil sie nicht Ja zu uns sagen konnte. Vielleicht wollte sie auch erst mal ihr Tanzfestival genießen, sich anderen Eindrücken aussetzen, und dann würde sie sich eingestehen, dass unsere nackte dunkelblaue Welt nicht die wahre Welt sei, dass wir uns zwar begehrten, uns aber niemals lieben würden, nicht im Hier und nicht jetzt, nicht heute und nicht damals vor zwei Jahren, als sie in ihrer Zwischenwelt festklemmte, als eine dunkelblaue Welt für uns noch nicht mal in Gedanken existierte. Egal, wie viel Präsenz sie heute, zwei Jahre später, ausstrahlte, sie konnte diese Präsenz mir gegenüber nicht in Liebe verwandeln, denn ihre und meine Präsenz und unsere Lust, Leidenschaft und Begierde ließen den Wunsch nach einer Partnerschaft nicht wachsen. Dann war das halt so, und ich wusste es zumindest und konnte mich irgendwann damit abfinden und wieder anderen Damen auf dem Portal zuwenden, anfangs noch mit etwas Überwindung und flauem Solar Plexus, weil drei Wochen Hoffnung doch eine Spur des Lichts hinterlassen, das erst mal gelöscht werden muss, trotz angezogener Handbremse muss es gelöscht werden, denn selbst nach drei vielversprechenden Wochen muss der Letzte das Licht ausmachen, und der Letzte war ich, wenn sie den Raum jetzt verließ. Ich würde dieses vielversprechende, warme dunkelblaue Licht dann löschen, bevor es andere Farben annehmen konnte und bevor ich kurze Zeit darauf weiter nach meinem persönlichen Happy End suchen würde. Noch vier Monate Mitgliedschaft, die ich nutzen wollte, um irgendwann für dieses Buch ein glückliches Ende in die richtigen Worte zu fassen und niederschreiben zu können. Vier Monate waren genügend Zeit, hoffentlich, bevor die Müdigkeit zu groß wird. Aber lieber Müdigkeit, als ein fauler Kompromiss in Herzensangelegenheiten, denn außer beim Bypass, Schrittmacher oder künstlichen Herzklappen kennt das Herz keine Kompromisse. Es liebt, oder es liebt nicht, es sagt Ja oder Nein, nur der *Verstand* ist für Kompromisse zuständig, und mein Verstand wird in Liebesfragen immer die zweite und nicht die erste Instanz sein, das steht fest.

58

JUWELENDÄMMERUNG

»Brrrrrrrrt« – mein Smartphone vibrierte, kurz bevor ich meine »Pausenbrote« in die Tasche packen und an diesem Montagmorgen zur Arbeit fahren wollte. Ich hatte mich nach meiner Mail an die Zahntechnikerin und den bisher unbeantworteten Nachrichten langsam mit dem Gedanken an einsamere Tage beschäftigt. Beschäftigt, nicht angefreundet, denn einsame Tage sind mitten im Hochsommer kein Freund, obwohl die Sonne mit etwas Glück zumindest trösten konnte und die vielen sommersüchtigen Menschen an der frischen Luft den trügerischen Eindruck von Gemeinsamkeit vermittelten. Welchen Lauf würden die Dinge nehmen? Wie würde sich die kleine Eiszeit anfühlen, wenn dieser Tag ohne Antwort bliebe und zur neuen Stunde null wurde? Jetzt hatte mein Smartphone vibriert, als ich den Autoschlüssel bereits in der Hand hatte, und so griff ich nach dem Smartphone statt nach den Pausenbroten, schaute auf das Display und las tatsächlich den Anfang einer Nachricht von ihr:

Guten Morgen Jörg,
ich hab deine Mail gelesen, und natürlich …

Um den Rest zu lesen, musste ich meine PIN eingeben und die Nachricht aufrufen. Aber die ersten Worte lasen sich bereits sehr nüchtern, so wie eine höfliche Absage normalerweise eingeleitet wird … »*und natürlich … wollte ich niemals … aber Du wirst verstehen, dass ich erst mal … mach es gut, vielleicht melde ich mich mal, wenn ich zurück bin*« … irgend so etwas würde da stehen und meine kleine Eiszeit einläuten, die sich danach langsam ausbreitete, der Klick des verkehrten Metallplättchens im kleinen Kunststoffkissen und darum keine schnelle Wärme, sondern langsame, kriechende Kälte, anschließend nackt, enttäuscht und wütend auf der Autobahn, ohne Dunkelblau, ein Montagvormittag mit Winterreifen auf der Seele, Eiszeit im Sommer, später am Abend nach dem Kochen, dem Essen mit der Tochter, dem Aufräumen der Küche erst mal hinlegen und irgendwann aufstehen, irgendwann, wenn der Wecker klingelt oder der Sommer wieder da ist, oder wenn ich einfach nur auf Toilette muss und schnell wieder ins Bett möchte, bevor ich anfange nachzudenken.

Ich gab meine PIN ein, öffnete WhatsApp und tippte auf das Chat-Symbol der Zahntechnikerin. Es dauerte ein paar Sekunden, bis die Verbindung stand, der kleine Posteingangs-Jingle ertönte und nun konnte ich ihre Nachricht komplett lesen.

Guten Morgen Jörg,
ich hab deine Mail gelesen, und natürlich noch keine Zeit zum Antworten gehabt. Du hast mit vielem so recht, und ich hätte gern gleich eine lange Mail zurückgeschrieben. Ich sag dir nur schnell eins, so klare Worte liebe ich, und das Letzte, was es mit mir macht, ist mich irgendwohin treiben. Ganz im Gegenteil, genau das will ich ja, und bisher warst du mir viel zu glatt und angepasst, zu überlegt in allem, was du sagst …
Ich glaube wirklich, dass ich selbst das Problem bin …
(hier war ein erröteter Smiley mit weit aufgerissenen Augen eingefügt)
Und jetzt muss ich rein, sonst werde ich heut mit meiner Arbeit nicht fertig.
(Emoticon mit Kussmund!!) *ohne Heiratsantrag* ☺

Ich war baff, denn damit hatte ich wirklich nicht gerechnet. Sie war nicht eingeschnappt, zog sich nicht zurück, im Gegenteil, sie forderte geradezu ein, dass ich mal Klartext redete. Natürlich hatte sie recht, dass ich aufgrund meiner beobachtenden Vorsicht vermutlich glatt und angepasst gewirkt hatte. Von daher war sicher nicht nur sie »*das Problem*«. Ich schrieb ihr sofort zurück:

Ok, Du überraschst mich! Positiv! Bist Du etwa »konfliktfähig«?

Hinter diese Nachricht setzte ich zwei lachende Smileys, nahm meine Sachen, ging die Treppe runter und setzte mich ins Auto. Wäre ich ein Hund gewesen, so hätte ich mich in diesem Moment geschüttelt wie nach einem Bad im See, um die abgewendete Enttäuschung endgültig loszuwerden und mein Gefühlsbarometer neu zu justieren. Es war mit einem Mal ein sehr schöner Montagmorgen, und auf der Autobahn breitete sich das Gefühl in mir aus, als wäre ein Knoten geplatzt, als wäre die Strecke nun frei, als hätte sich vielleicht nun auch in der anderen Welt, der Welt ohne Nacktheit, ein Tor geöffnet für unsere Nähe und ein paar leise Jaworte. Es schien, als hätte jemand die erste Murmel oben in die Öffnung fallen lassen und damit eine Kette von Gefühlen und Ereignissen ausgelöst. Dieser »Jemand« war ich und die Murmel war meine Mail gewesen. Gut, wenn das Herz das Sagen hat und die Worte wählen darf, zumindest in der Liebe. Denn da muss die Wahrheit bleiben, wie sie ist.

Sie wollte am gleichen Abend noch vor dem Schlafengehen mit mir telefonieren, und während dieses zärtlichen und offenen Gutenachtgespräches beschlossen wir, uns am Mittwochabend nach meiner Arbeit für einen kurzen Spaziergang zu treffen. Die Kinder waren zwar noch bei ihr, und so würde an diesem Abend nicht viel Zeit für uns bleiben, aber immerhin hatten wir eine gute Stunde, um uns zu sehen, miteinander zu reden und … ja was eigentlich? Aufeinander zu wirken, während wir unter veränderten Vorzeichen sprachen, das traf es wohl am besten. Meine veränderten Vorzeichen waren die abgelegte Glattheit und Angepasstheit, da das Ende meines Geduldsfaden sichtbar wurde, meine Ambitionen jedoch ernsthaft blieben, vielleicht sogar ein bisschen stärker als bisher, weil mich ihre Kritikfähigkeit angenehm überrascht hatte. Ihr verändertes Vorzeichen war, dass sie sich mehr zu mir hingezogen fühlte, weil ich für mich Grenzen zog, die ich klar kommunizierte, für die ich einstand und notfalls sogar ein Scheitern in Kauf genommen hatte, und das imponierte ihr. Sie sah mich plötzlich mit anderen Augen und hoffte, dass ich ihr ab jetzt auch im Tageslicht unverwechselbarer begegnete.

Ich hatte sie am ersten Abend im POP »Juwelenmädchen« getauft, weil ihre Art zu küssen für mich so verheißungsvoll war, dass ich in ihr ein Juwel vermutete, eine liebesfähige Frau, die Leidenschaft und Beziehungsvernunft miteinander kombinieren konnte, ohne übertriebene Empfindlichkeiten oder unberechenbare Launen darunter zu mischen. Und nun hoffte ich, dass sie den Vorhang ihrer leisen Skepsis endlich zur Seite zog und in mir den Menschen sah, der ihr sehr viel bedeutete und den sie schon bald lieben konnte. Ihre Angst vor dem eigenen Rückzieher würde sich mit der Zeit in Luft auflösen, wenn sie bereit war, sich auf mich einzulassen, da war ich mir sicher. Und weil ich sie damals schon für ein »Juwelenmädchen« hielt, hatte ich das Schuhgeschäft eine Woche nach unserem Abend im POP angerufen und die High-Heel-Sandaletten in ihrer Größe aus der Würzburger Filiale ordern lassen. Das war mein in ein Geburtstagsgeschenk verpackter grenzenloser Optimismus. Hätte sie mir den Laufpass gegeben, dann hätte ich diese Schuhe an ihrem Geburtstag einfach vor die Haustüre gestellt, damit sie jedes Mal, wenn sie diese Schuhe anzieht, an mich denken müsste, an den Mann, der ein Auge hat für ihre Füße, für den passenden Schuh, für das, was ihr steht, und somit ein Auge für sie. Manche Menschen bringen bei anderen die schönen Seiten zum Vorschein. Manchmal trifft man einen Bekannten oder Freund wieder, nachdem er eine Zeit lang in einer neuen Beziehung steckt, und er strahlt auf einmal Ruhe, Sicherheit oder eine Attraktivität aus, die er oder sie vorher nicht besaß. Oder aber er sieht mitgenommen, sorgenvoll und empfindlich aus, als wenn er häufig Leidensgrenzen ausloten muss, die er früher nicht gekannt hatte. Ich wollte der Mann sein, der die Zahntechnikerin schöner macht, der sie strahlen lässt, und das sollte ihr mein Schuhgeschenk zeigen. Die Schuhe waren vor wenigen Tagen in der Heidelberger Filiale eingetroffen, und ich hatte sie bereits abgeholt. Und seit diesem Montagmorgen, seit ihrer Antwort auf meine Tacheles-Mail, war ich mir sicher, dass ich sie persönlich überreichen und nicht nur als Abschiedsgruß und ewiges Andenken vor ihrer Tür deponieren würde.

Als wir uns am Mittwochabend trafen, liefen wir eine knappe Stunde am Neckar entlang, setzten uns zwischendurch auf einen kleinen Bootssteg und sprachen die ganze Zeit miteinander, sprachen von unseren großen Wünschen und den kleinen Ängsten, von Situationen, die wir nicht mehr erleben wollten, weil wir die Schnauze voll davon hatten, weil sie uns nicht guttaten, weil sie keine gesunde Basis für eine Beziehung sind. Sie verstand und schätzte meine klaren Formulierungen, jene Klarheiten und Formulierungen, die sie bei meinen »*Vorgängern*« oft vermisst hatte, denn sprachlose Flucht war ihr zuwider, und die Sorge davor ließ ihre Liebe gefrieren, und gefrorene Liebe erstickt die Leidenschaft. Und ich merkte, dass ich mit ihr wirklich Klartext reden konnte, ohne missverstanden zu werden oder sie zu kränken und Wochen später einen Bumerang im Nacken zu riskieren. Wir sprachen ehrlich, konzentriert und trotzdem humorvoll und locker miteinander, gingen Hand in Hand, Arm in Arm oder – wenn uns viele Radfahrer entgegenkamen – auch mal ein paar Minuten hintereinander und machten uns über die dadurch erschwerte Art der Kommunikation lustig. Als wir wieder auf dem kleinen Parkplatz vor unseren Autos angekommen waren, küssten wir uns mit vertrauter Leidenschaft. Wir hatten während unseres Spaziergangs vereinbart, dass wir uns am kommenden Sonntagnachmittag nach ihrer Heimkehr vom Tanzfestival bis Montagmorgen sehen würden. Ihr war es auf einmal ausdrücklich wichtig, Zeit mit mir zu verbringen, und ihre Freundinnen würde sie erst für Montagnachmittag einladen. Da musste ich leider arbeiten, schade, denn sonst hätte sie mich tatsächlich allen in der Runde vorgestellt. Nach unserem Mittwochsgespräch schrieb ich ihr später am Abend noch eine Nachricht, denn es war befreiend gewesen, mit ihr zu sprechen. Kurze Zeit später antwortete sie, dass ihr unser Gespräch ebenfalls gutgetan hatte, und sie schloss ihre Nachricht mit dem Satz: *... und jetzt pass mal auf, was ich mache«*, gefolgt von einem Kuss-Smiley, dazu noch einem mit Herzchen in den Augen und einem mit klappernden Zähnen, der ihre Angst vor der eigenen Courage bei dieser geballten Emoticon-Premiere zum Ausdruck bringen sollte. Auch wenn Emoticons den Ruf der Infantilität genießen (und häufig bestätigen), bescherten mir diese symbolischen gelben Punkte einen Glücksmoment. Wir beide freuten uns unbändig auf unser Wiedersehen am Sonntag.

Die Nachrichten, die ich in den folgenden Tagen aus der Schweiz bekam, schien mir eine andere Frau zu schreiben. Sie vermisste mich, wollte *»am liebsten sofort jetzt«* mit mir tanzen, sendete mir Küsse, und ich fühlte mich endlich auf ganzer Linie erwünscht. Und ich wusste, sie schrieb diese Nachrichten nicht, weil ich das von ihr erwartete. Dazu konnte ich sie vermutlich nicht einmal mit entsicherter Handgranate bewegen, was ich sehr an ihr schätzte. Montag war ihr Geburtstag, und am Sonntagabend wollte ich sie nach ihrer Rückkehr mit einem mehrgängigen asiatischen Menü überraschen. Die Weine dazu hatte ich schon ausgewählt, ein Moselriesling von Markus Molitor und ein fränkischer Müller Thurgau von Christian Stahl. Essen, Trinken, Lieben – das war unser Motto für das Wiedersehen am Sonntagabend.

59

GEBURTSTAGSÜBERRASCHUNGEN

Es klingelte mehrmals. Wer war das denn jetzt? Eine Freundin? Oder nur der Nachbar? Ich stand am späten Nachmittag in der Küche der Zahntechnikerin und bereitete die Zutaten für das Kochen im mitgebrachten Wok vor. Für unsere vier kleinen Gänge sollte alles vorbereitet sein, damit ich später mit perfektem Timing kochen konnte, um mich beim Essen ganz ihr zu widmen. Erneut übertönte das Klingeln an der Haustür das Rauschen der Dusche. Allerdings hörte die Zahntechnikerin trotz offener Badezimmertüre nichts, da sie selbst unter der rauschenden Dusche stand. Wer klingelte da so penetrant? Hatte eine ihrer Freundinnen, die sich nach der gemeinsamen Rückfahrt vor wenigen Minuten verabschiedet hatte, etwas vergessen? Oder wollte der Nachbar ein Ei fürs Abendessen ausleihen? Oder wieder die Töchter? Diesmal würde ich nicht zur Salzsäule erstarren, sondern mich vorher geschickt in Deckung bringen – am besten in der Duschwanne mit zugezogenem Vorhang, denn zum Duschen kämen sie sicher nicht unangemeldet vorbei. Es klingelte erneut, diesmal länger und eindringlicher, so als wolle jemand sagen: »Ich weiß, dass du da bist, mach endlich auf, es hat keinen Zweck!« Vielleicht war es ja ihr Ex-Freund, der stumme Silvester-Flüchtling, der nicht reden wollte? Kam er jetzt, einen Tag vor ihrem Geburtstag, vorbei, um ihr seine Welt zu erklären, einen großen Strauß Rosen zu überreichen und seine niemals erloschene Liebe zum Ausdruck zu bringen? Das fehlte gerade noch, schon wieder ein Ex, der nicht verstand, dass es vorbei war und sich verquere Hoffnungen machte, das Ruder noch herumzureißen, während sein Boot schon längst den Wasserfall hinuntergestürzt und am Boden der Schlucht zerschellt war. Ich rief nach der Zahntechnikerin, während ich in der Küche stand, aber sie hörte mich unter der Dusche nicht. Ich legte mein Messer beiseite und wollte gerade die fünf Meter aus der Küche bis zum Bad gehen, als ich plötzlich zusammenzuckte. Ich sah durch das große Küchenfenster, wie eine Person durch den Garten hinter dem Haus zum kleinen Geräteschuppen ging. Am zielstrebigen Gang erkannte ich, dass sie sich sehr gut auskannte, und ich duckte mich instinktiv, auch wenn die Person im Garten mir den Rücken zuwandte und mich nicht sehen konnte. Anschließend ging ich – immer noch geduckt – die wenigen Schritte ins Bad, klärte die Zahntechnikerin auf, dass es mehrfach geklingelt hatte und eine Person durch den Garten lief. Auf den ersten Blick handelte es sich um eine Frau mittleren Alters, also nicht die Töchter und nicht der Ex-Freund! Vielleicht eine ihrer Freundinnen oder doch jemand aus der Nachbarschaft? Die Zahntechnikerin stand lächelnd vor mir, runzelte – halb vom Duschvorhang verdeckt – die Stirn, zuckte ihre nassen Schultern und stieg aus der Wanne. Sie hüllte sich schnell in ein Handtuch und lief tropfend in die Küche, um mit mir gemeinsam aus halb verdeckter Position gebannt in den Garten zu schauen, wo sich die rätselhafte Besucherin hoffentlich noch einmal zeigen würde. Unter Umständen würden wir uns einfach verleugnen, denn niemand sollte uns den heiß ersehnten Abend verderben. Essen, Trinken, Lieben – das ging nur zu zweit.

Da war sie wieder, die unbekannte Frau! Sie kam aus dem Geräteschuppen und ging den schmalen Weg entlang, der rechts neben der kleinen Wiese mit dem großen Kirschbaum das Grundstück begrenzte. Sie schaute nicht ins Küchenfenster, sondern ging zielstrebig zurück Richtung Hauseingang. Ich hörte ein Stöhnen neben mir, die Zahntechnikerin verdrehte die Augen und sagte: »Das darf doch nicht wahr sein, meine Mutter!«

Fünf Minuten später hatte ich mich nach einer für meine Verhältnisse sehr unterkühlten Begrüßung mit halbherzigem Lächeln wieder der »Mis en place« zugewandt. Ich war stinksauer darüber, wie sich unser erstes frisch verliebtes, kinderfreies Wiedersehen entwickelte. Nach der eisigen Begrüßung brachte ich meinen Frust durch konzentrierte und durchgängig wortlose Kochvorbereitungen zum Ausdruck, obwohl ich laut hätte losbrüllen können. Die Mutter der Zahntechnikerin war einfach unangekündigt »zum Geburtstag und für einige Tage zu Besuch« gekommen. Das tat sie öfter im Jahr, in der Regel allerdings mit Anmeldung. Aber heute war die Ausnahme von der Regel. Sie hatte mittags mehrfach versucht, ihre Tochter telefonisch zu erreichen. Der Akku ihres Smartphones war nach dem Zeltaufenthalt in der Schweiz und aufgrund der langen Rückfahrt im Kleinwagen allerdings leer gewesen, und daraufhin entschloss Mama sich zu dieser Geburtstagsüberraschung. Sie wollte bei den Vorbereitungen für den Montagnachmittags-Kaffee helfen, ihrer Tochter etwas Hausarbeit nach dem langen Tanzwochenende abnehmen, die Wäsche, die Küche und so weiter – guter Wille mit miserablem Timing. Die Zahntechnikerin machte aus ihrer Verwunderung ebenfalls keinen Hehl, gestand der Mutter zwar zu, dass sie nichts von mir wissen konnte, betonte jedoch, dass sie trotzdem nicht einfach ohne Absprache vor der Tür stehen dürfe, um »das kinderfreie Wochenende zu stören, auf dass wir uns seit einer Woche freuen«! Ich war positiv überrascht, wie sachlich, aber unverblümt sie mit ihrer Frau Mama kommunizierte. Ihrer Mutter war die Situation ebenfalls sichtlich unangenehm. Sie rechtfertigte ihr Handeln zwar mit den vergeblichen Anrufen, wurde jedoch immer kleinlauter und hatte nach wenigen Minuten verstanden, dass sie sich das nächste Mal besser ankündigte. Meine anfängliche Hoffnung, dass wir uns einfach verleugnen und die Türe nicht öffnen würden, war in dem Moment zerplatzt, als die Mutter noch durch den Garten lief und ich von der Zahntechnikerin erfuhr, dass Mama gute eineinhalb Stunden Fahrt von ihrem Wohnort im fränkischen Bayern hinter sich hatte. Den letzten Hoffnungsschimmer, dass sie sich vielleicht nach einem Alibi-Kaffee oder spätestens nach einem durch drei geteilten asiatischen Abendessen (ich konnte und wollte acht gute Gambas in diesem Moment allerdings nicht durch drei teilen!) wieder auf den Rückweg oder zu einer Freundin begab, begrub ihre Tochter wenige Minuten später. Während ihre Mutter die Reisetasche aus dem Wagen holte, gestand sie mir, dass sie sie weder nach Hause noch zu irgendeiner Bekannten schicken wolle und könne. Die Frau Mama hatte das in ihrer anfänglichen Verzweiflung zwar selbst vorgeschlagen, aber ein temporäres Hausverbot hätte ihre guten Absichten mit Füßen getreten. Allerdings beruhigte mich die Zahntechnikerin mit der Information, dass ihre Mutter sowieso im Wohnzimmer des Erdgeschosses schlafen würde und wir zumindest beim letzten Akt unserer Essen-Trinken-Lieben-Trilogie im Dunkelblau des ersten Stocks ungestört seien. »Meine Mutter geht früh ins Bett, schaltet immer den Fernseher ein und hat einen sehr tiefen Schlaf!«, versicherte sie mir.

In solchen Situationen kann die Stimmung schnell kippen, weil einer sich missachtet, der nächste sich verpflichtet und der dritte sich übergangen, abgewiesen oder schlicht unwohl fühlt. Und hinterher sagt keiner, was ihm schon vorher gestunken hat, oder alle sind einfach nur beleidigt. Aber es entwickelte sich anders. Es dauerte ungefähr eine viertel Stunde (bei mir zugegebenermaßen eine ausgewachsene halbe Stunde), bis wir uns arrangiert hatten. Der Grund dafür war die unkomplizierte und offene Art der beiden Damen, miteinander zu reden. Die Mutter war sich aufgrund des leeren Smartphone-Akkus ihrer Tochter zwar weiterhin keiner überwiegenden Schuld bewusst, aber ihr Naturell war nicht das einer kapriziösen Madame, die ihren überraschenden Besuch als den Mittelpunkt des sonntäglichen Weltgeschehens einstufte und einen roten Teppich erwartete. Sie fügte sich mit etwas unsicherer Restschuldmiene in die Rolle des unerwarteten Gastes, dem dankenswerterweise nicht nur eine offene Türe und ein Dach über dem Kopf, sondern auch noch ein viergängiges asiatisches Abendessen (mit drei hervorragenden Gambas beim zweiten Gang und einem Müller Thurgau aus der fränkischen Heimat!) geboten wurde. Und die Zahntechnikerin dosierte ihre Kommentare in Richtung Mutter zielsicher, aber nicht bösartig und ließ sich vor allem die gute Laune nicht verderben, die mir für kurze Zeit abhandengekommen war. Trotzdem verstand sie meinen Frust, und so sammelte sie mit ihrem Krisenmanagement bei mir ein gutes Dutzend Pluspunkte. Mein letzter Groll verflog spätestens beim ersten Glas Wein, mit dem wir kurz vor dem Essen im Garten anstießen.

Eine gute Stunde später hatten wir uns blendend unterhalten, und der dritte Gang stand auf dem Tisch – Hühnchenfleisch mit Zuckerschoten, Champignons, gerösteten Walnüssen, Petersilie und Reis natürlich, klar! Immer wenn ich zum Kochen verschwand, tauschten Mutter und Tochter Neuigkeiten über Familie und Heimat aus. Und wenn wir zu dritt am Tisch saßen, landeten wir früher oder später bei Kindheitserzählungen, Geschichten über den Nachwuchs, über unsere Geschwister oder kuriose Familienfeste, kurzum alles, was dem unaufdringlichen Kennenlernen verschiedener Generationen förderlich ist. Die zweite Flasche Wein war inzwischen angebrochen, und mit jedem Schluck und jedem Bissen wurde unsere Unterhaltung etwas leiser und gedämpfter, während die Dämmerung sich langsam in eine grillenzirpende Sommernacht verwandelte.

Nachdem ich für den vierten Gang ein letztes Mal in der Küche verschwunden war und kurze Zeit später zum Abschluss einen scharf gewürzten Rindfleischwok auf den Tisch gestellt hatte, beleuchteten nur noch der Mond und ein paar Kerzen auf dem Tisch und am Rande des Gartenweges die warme Dunkelheit. Und weil ihre Mutter an diesem Abend bereits von einem Mann bekocht und bedient worden war – was für eine Frau ihrer Generation aus dem bodenständigen Frankenland vermutlich einen alarmierenden Ausnahmezustand darstellte –, fühlte sie sich nach dem Essen für das Aufräumen in der Küche zuständig. Das ferne Geklapper dieser Aufräumarbeiten diente als Hintergrundmusik, während wir uns bei Kerzenlicht im Garten unserer Lust auf die Lust widmeten – nicht ohne dabei ein Auge auf das hell beleuchtete Küchenfenster zu richten. Würde dort das Licht gelöscht, wären wir binnen weniger Sekunden wieder zu dritt im Garten. Der Wein verwandelte unsere Vorsicht jedoch zeitweise in lüsternen Leichtsinn, aber wer Essen und Trinken nicht nur zubereitet, sondern auch noch teilt (inklusive der Gambas!), darf das Ende des Drehbuchs und somit Zeitpunkt und Ort für den dritten Teil der Abendtrilogie selbst bestimmen. Also war nun die Liebe an der Reihe.

Ob ihre Mutter sich noch hatte ins Bett verabschieden wollen, konnten wir später nicht sagen, denn wir hatten nichts dergleichen mitbekommen. Vielleicht unternahm sie am Fenster des Esszimmers, von dem aus man direkt in den Garten schaute, unbemerkt einen Anlauf, war aber nach dem Anblick zweier Hals über Kopf (beziehungsweise Arm unter Bein) verliebter Menschen wortlos abgedreht und schlafen gegangen. Das Licht in der Küche brannte noch, als wir den französischen Abgang der Frau Mama feststellten. Aber uns war nichts unangenehm, denn der Abend war nett gewesen und das Verhältnis zwischen Tochter und Mutter zu gut, um einer in Ansätzen kompromittierenden Situation mit Prüderie oder Generationskonflikten zu begegnen. Außerdem war die Dame Dame genug, sich dezent zurückzuziehen und unserem kinderfreien Abend ohne großes Aufheben eine mutterfreie Nacht folgen zu lassen. Sie wusste das Leben ebenfalls zu genießen, und so lag das goldene Schweigen ihres Gönnerherzens nur einen verkniffenen Zungenschlag vom Gutenachtgruß entfernt.

Gegen ein Uhr schlossen wir im dunkelblauen Zimmer leicht beschwipst und sehr befriedigt die Augen. Ich hatte ihr mein Geburtstagsgeschenk, die High-Heel-Sandaletten, überreicht, und die Zahntechnikerin hatte sich wie eine Schneekönigin darüber gefreut. Es schien, als mache sie dieses Geschenk noch ein Stückchen verliebter in mich. Ich war der erste Mann, der ihr Schuhe schenkte – und was für welche! So gaben wir uns anschließend Haut an Haut der hochsommerlichen, glückseligen Müdigkeit dieser lauen Nacht hin. Es war unsere erste Nacht als frisch verliebtes Paar und die erste Nacht, die wir nebeneinander mit dem Wunsch und der Hoffnung auf eine gemeinsame Zukunft verbrachten. Diese Nacht erlebten wir auf den Tag genau einen Monat nach unserem ersten Wiedersehen. Und ziemlich genau vier Jahre nach meinem Treffen mit der Dildo-Bikerin, dem ersten Blind Date meines Lebens überhaupt.

EPILOG

Das Smartphone vibriert auf dem Wohnzimmertisch, während ich nur mit einer Unterhose bekleidet in der Küche stehe. Ich gehe kurz rüber und schaue nach, wer mich am Sonntagmorgen um zehn Uhr anschreibt. Einige Sekunden später muss ich lachen. »*Wo bleibt der Kaffee?!*«, lautet die WhatsApp-Nachricht. Darunter ist das Foto einer Frau zu sehen, etwas verschlafen, frech grinsend, während der Kopf mit den in alle Himmelsrichtungen stehenden blonden Haaren schief auf dem Kissen liegt. Die Nachricht kommt aus dem Schlafzimmer.

Ich habe mit keiner Frau in meinem Leben bisher so viel Blödsinn gemacht wie mit ihr. Manchmal verlieren wir uns in irgendwelchen Albernheiten und finden kaum den Weg zurück auf das ursprüngliche Thema. Einmal im Supermarkt standen wir in der Gemüseabteilung vor den Tomaten und wollten eigentlich welche mit »Bio-Label« nehmen. Die schienen jedoch eine sehr kurze Lebenserwartung zu haben. Also nahmen wir »normale« Tomaten. Als die Schale im Einkaufswagen lag, entdeckte ich doch noch ein paar Biotomaten, die akzeptabel aussahen, tauschte die Päckchen hin und her und hin und her und sagte scherzhaft: »Oder doch die? Oder doch die anderen? Ja oder nein? Ach ich weiß auch nicht …!« Darauf machte sie ein sehr ernstes Gesicht, stampfte mit dem Fuß auf den Boden und sagte laut und entschlossen: »Immer die Tomaten! Ich habe es satt mit deinen Tomaten! Diese Tomaten hängen mir zum Hals raus, mach doch, was du willst!« und lief wutentbrannt im Stechschritt voraus, bevor sie nach zehn bis fünfzehn Metern anhielt. Ich musste mich in der Zwischenzeit biegen vor Lachen und hatte aufgrund ihrer filmreifen Vorstellung Tränen in den Augen. Ein Vater und sein Sohn, die im Vorbeilaufen diese Szene mitbekamen, schauten verstört. Ich glaube, mein Lachen irritierte die beiden am meisten, sie dachten bestimmt: *Die arme Frau muss sich über dieses Arschloch aufregen, und dann nimmt er sie noch nicht mal ernst!* Wenige Sekunden später wussten sie Bescheid, denn sie kehrte lachend von ihrem Stechschrittausflug zurück zu den Tomaten und küsste mich.

Oder als wir statt der »Zigarette danach« mitten in der Nacht einen Spaziergang durch das Wohnviertel unternahmen, nur mit einem Bademantel, Flip-Flops (sie) und Straßenschuhen (ich) bekleidet. Sie brachte mich ebenfalls ständig zum Lachen. Sie versuchte mein verstörendes Outfit schönzureden, indem sie mir versicherte, dass ich als kranker Mann durchginge, der nach einem längeren Bettlager im Dunkel der Nacht kurz frische Luft schnappen muss. Das entschuldige nicht nur meinen Aufzug, sondern errege auch Mitleid, falls uns jemand begegne. Kaum hatte sie das gesagt, bogen wir um eine Straßenecke und schauten in die höchst irritierten Augen eines jungen Paares, das auf dem Treppenabsatz einer hell erleuchteten Bankfiliale saß.

Mr. Bean und Blondie schritten Arm in Arm durch das Rampenlicht an dem jungen Paar vorbei, und ich versuchte ganz normal weiterzureden, nachdem ich die beiden laut gegrüßt hatte (was sehr zögerlich erwidert wurde). In einer kleinen Seitengasse schickte sie mich anschließend ein paar Meter vor, öffnete ihren Bademantel, zog ihn halb aus und schritt dann in alberner Modelmanier und nackt mit ihren Flip-Flops durch den Lichtkegel einer Straßenlaterne auf mich zu. Ich bekam inzwischen Halsschmerzen vor Lachen, aber tat es ihr nach. Auf der Gasse war niemand außer uns, ob sich jedoch hinter den dunklen Fenstern der säumenden Wohnhäuser jemand die Nase platt drückte, weiß ich nicht.

Es sind inzwischen drei Jahre vergangen, und wir sind immer noch zusammen. Wir tanzen immer noch miteinander, auch wenn wir gerne mehr Zeit dafür hätten. Und wir lieben uns immer noch leidenschaftlich. Einen heftigen Streit hatten wir noch nicht, das war nicht nötig. Immer, wenn es etwas zu klären gab, dann haben wir das offen und ohne übertriebene Empfindlichkeiten getan und wieder schnell zueinander gefunden. Unsere Töchter verstehen sich ebenfalls sehr gut, und zu fünft haben wir nicht nur schöne Tage, sondern bereits gemeinsame Urlaube verbracht. Auch diese verliefen – so unglaublich es klingt – ohne Probleme, und keiner kam in dieser Zeit zu kurz. Ich bin mir sicher, dass wir irgendwann in den nächsten Jahren zusammenleben werden, wenn die Umstände passen und die Zeit reif ist. Vielleicht erst, wenn die Kinder aus dem Haus sind, vielleicht vorher. Das wird sich ergeben.

Am Anfang unseres Kennenlernens fragte sie mich einmal, wo und wie ich am liebsten wohnen wolle, wenn meine Zukunft wie ein weißes Blatt vor mir auf dem Tisch läge und ich nicht auf Beruf oder Kinder achten müsse. Ohne lange zu überlegen, antwortete ich, dass ich am liebsten am Meer wohnen würde, in einem Haus mit großer Glasfront und Blick auf die Holzterrasse und den dahinterliegenden Strand und die Wellen. Es war immer schon mein Traum, in einem Haus am Meer zu leben, mit dem heimatlichen Sand zwischen den Zehen, dem Rauschen des Wassers als ständigem Begleiter, dem salzigen, manchmal rauen und manchmal sanften Klima mit Wolken und Sonne, Regen und Hitze und Haaren, die abends vom Wind stumpfgestreichelt sind. Sicherlich ist mein Blick etwas verklärt, aber trotzdem würde ich einige mir noch unbekannte Nachteile für die Erfüllung dieses Traumes in Kauf nehmen. Zeit am Meer ist für mich immer eine Zeit voll bunter Farben in der Seele, und wenn ich kurze Zeit später wieder zu Hause bin, werden die Farben langsam zu Gold, denn am Meer rostet alles, außer die Liebe, der Körper und die Seele. Nach meiner kurzen Beschreibung des Hauses am Meer sagte sie »Ja, das ist gut, mit einer Schreibmaschine für dich …« und lächelte mich an. Mal sehen, ob es dazu kommt. Zumindest begleitet uns dieser Traum seitdem, und jedes Mal, wenn wir ein Haus, eine Anhöhe oder einen Ort sehen, an dem wir uns gemeinsam wohlfühlen könnten, dann sagen wir: »Schau mal, ein Haus am Meer!«

WAS BLEIBT? MEIN PLÄDOYER

Ich habe in meinem ersten Buch *How to survive Scheidung* bereits die Partnersuche im Internet kurz thematisiert und meine Meinung dazu geschrieben. Da die Online-Partnersuche in diesem zweiten Buch das zentrale Thema ist, möchte ich mein Resümee an dieser Stelle noch einmal wiederholen, auch auf die Gefahr hin, dass der eine oder andere Leser meine Meinung dazu bereits kennt.

Außerordentliche berufliche oder sportliche Erfolge werden in den allermeisten Fällen nur durch harte Arbeit möglich. Sie müssen recherchieren und ein Ziel definieren, effizient trainieren oder mit klarer Linie voranschreiten, Sie müssen Rückschläge und Verletzungen wegstecken, unerwartete Entwicklungen richtig deuten, und Sie dürfen vor allen Dingen nicht aufgeben. Wenn Sie das alles nicht tun, werden Sie weder Ihre Karriere noch den Marathon in New York genießen können. Und auch wenn das erst mal fürchterlich klingt – im Prinzip gilt Ähnliches für die Partnersuche im Internet: Gute Recherche, richtige Deutung, klare Linie, Effizienz, letztendlich also ein ganzer Schwung administrativer Arbeit, bevor Sie die Ernte einfahren. Aber keine Sorge, wenn Sie sich dessen bewusst sind, kann es auch Spaß machen. Vor allem natürlich hinterher mit dem richtigen Partner. Sie dürfen während des *virtuellen* Teils nur nicht der Emotio komplett das Ruder überlassen. Ihr Bauch ist wichtig, aber bevor Sie einen Menschen wirklich treffen, sollte die Ratio im Zweifel der Chef bleiben.

Im Internet-Profil einer Dame entdeckte ich während meiner Partnersuche einen Satz, den Eckhardt von Hirschhausen gesagt oder geschrieben haben soll: »*Die Liebe ist der einzige Weg, und Umwege erhöhen die Ortskenntnis.*« Meine Ortskenntnis in Bezug auf die Liebe hat sich in den hier geschilderten vier Jahren deutlich erhöht, und das nicht nur in Bezug auf die Liebe. Mit zunehmender Ortskenntnis sind in diesen vier Jahren nämlich auch die Demut und Dankbarkeit gewachsen, dass mein Leben so ist, wie es ist.

Trotzdem bin ich erleichtert, dass die »Zeit im Internet« vorüber ist. Nicht nur, weil mit dem Finden das eigentliche Ziel erreicht ist, sondern auch, weil die emotionale Achterbahnfahrt in diesen vier Jahren kräftezehrend und die zeitlichen Engpässe im Alltag ein organisatorischer Drahtseilakt waren. Das daraus resultierende Gedankenkarussell kostete mich immer wieder mal einige Stunden Schlaf, und gesundes Leben funktioniert auf Dauer anders. Ich war zweimal drei und einmal sechs Monate Mitglied in den »beiden großen« Single-Portalen, zum Schluss sogar gleichzeitig. Ich wusste, dass mir im Durchschnitt jedes dreizehnte Date mit interessanten Kandidatinnen einen Menschen bescherte, der gegebenenfalls als Partner infrage kam. Und »im Durchschnitt« heißt natürlich, Sie können gleich am Anfang einen der Hauptgewinne und dann dreißigmal nur Nieten treffen, oder Sie müssen über zwanzig Dates lang warten, bis Sie – dann vielleicht sogar zweimal hintereinander – eine »spätere Heirat« nicht ausschließen. Natürlich habe ich die Partnersuche mit sehr hoher Schlagzahl betrieben, das macht sicher nicht jeder so. Und da ich in diesen vier Jahren nebenher noch Vater, Hausmann und Arbeitnehmer war, außerdem Sport treiben und fast jeden Abend etwas Frisches kochen wollte, fehlte manchmal fast die Luft zum Atmen. Ein solches Pensum ist aus meiner Sicht keine empfehlenswerte Blaupause, und ich weiß gar nicht, wann ich damals noch die Zeit zum Schreiben gefunden habe. Und dennoch möchte ich einen Großteil der Erfahrungen nicht missen. Ich war vorher sicher nicht das, was man einen egoistischen oder intoleranten Menschen nennt, aber ich habe nicht nur viel über andere, sondern auch viel über mich selbst gelernt. Ich bekam einige Male den Spiegel vorgehalten, musste lernen, mich mit meiner Ungeduld zu arrangieren, habe ein paar engstirnige Ansichten abgelegt und kann verschiedene Lebensentwürfe heute unvoreingenommener akzeptieren. Ich habe mehrmals erfahren müssen, dass man Menschen auch aus nächster Nähe nicht grundsätzlich ändern kann, und gebe mir mehr Mühe, Alltagsgewohnheiten zu tolerieren, über die ich mich zu früheren Zeiten aufgeregt hätte. Das klingt nach abgedroschenen Binsenweisheiten? Egal, denn wirkliche Toleranz ist schnell proklamiert, beginnt jedoch auch bei mir erst in dem Moment, wenn ich ordentlich schlucken muss.

Wenn Sie mich fragen, ob ich das Internet für die Partnersuche empfehlen würde, lautet meine Antwort natürlich »Ja!«. Doch es gibt auch ein »Aber«. Partnerbörsen sind lediglich ein großes, buntes Telefonbuch, eine Horizonterweiterung für die Vorauswahl. Sie ermöglichen Ihnen, E-Mails in Orte zu senden, von deren Existenz Sie bisher gar nichts wussten. Und die Leute, denen Sie diese Mails schicken, kommen aus diesen Orten vielleicht auch mal endlich raus. Aber Partnerbörsen *ermöglichen* das Kennenlernen nur, sie *ersetzen* es nicht, genauso wenig, wie ich mit einem Klick auf Facebook echte Freundschaften schließe. Wenn Sie jemanden auf einer Internetplattform entdeckt haben, der aufrichtig und interessant erscheint und bei dem Sie ein gutes Gefühl haben, dann sollten Sie sich schnell mit ihm treffen, bevor eine riesige Gedankenblase entsteht, in die Sie sich verlieben. Denn in der eigenen Vorstellung ist die imaginäre Person nicht, was sie *wirklich* ist, sondern was sie *am liebsten sein soll.*

Die seriösen Partnerbörsen bieten außerdem Profilvergleiche mit Punktzahlen an, die ich auf jeden Fall mit hoher Priorität zu Rate ziehen würde. Es kostet ein wenig Aufwand, sich diese im Detail anzuschauen, aber sie sind ein im wahrsten Sinne des Wortes grundlegender Baustein. Selbst wenn das Foto und die Hobbys des Gegenübers verlockend erscheinen, ist eine hohe Partnerpunktzahl aus meiner Sicht um ein Vielfaches ausschlaggebender für den langfristigen Erfolg einer Beziehung. Der passende Partner sollte Ihnen nicht nur auf dem Foto – und natürlich im wirklichen Leben – *gefallen*, sondern Sie müssen sich mit ihm im allerbesten Fall auch für den Rest des Lebens hervorragend *verstehen*. Nach meiner eigenen Erfahrung haben die Punktzahlen und die detaillierten Persönlichkeitsvergleiche immer zugetroffen. Auch wenn ich in der Realität letztendlich nur sehr wenige der Damen als Partnerin in Betracht zog, so verstand ich mich mit ihnen meist blendend.

Für diesen Abgleich der Persönlichkeiten sind natürlich die umfangreichen psychologischen Tests verantwortlich, die Sie bei seriösen Portalen während der Registrierung absolvieren müssen. Nehmen Sie diese Tests ernst, und antworten Sie spontan, aber gewissenhaft. Sonst bekommen Sie grüne Faltenröcke angeboten, obwohl Sie eigentlich einen roten Hosenanzug wollten. Außerdem hilft es nicht, bei der Selbstdarstellung im Internet wesentliche Informationen über die eigene Person zu verleugnen, denn wenn es ernst wird, kommt sowieso alles raus. Und Ihr Gegenüber hat das Recht, aufrichtig informiert zu werden. Alte oder stark geschönte Fotos sowie falsche Angaben zum Familienstatus verschieben die Wahrheit nur in ein späteres Tageslicht. Und Menschen, die dem anderen trotz Interesse ihr Foto lange vorenthalten, sollten meiner Meinung nach einmal versuchen, mit einer Tüte über dem Kopf in der nächsten Kneipe jemanden kennenzulernen. Oder einfach offen sagen, dass sie lediglich eine Brieffreundschaft suchen.

Partnerbörsen – und damit meine ich die seriösen Partnerbörsen, für die man aus gutem Grund etwas bezahlen muss – sind sicher nicht jedermanns/-fraus Sache. Aber wer es versuchen möchte, sollte sich ganz oder lieber gar nicht damit beschäftigen. Ich brauche die Litanei der zu erledigenden Hausaufgaben hier nicht aufzuzählen, die steht bei jeder Partnerbörse auf der Ratgeberseite und wird Ihnen nach der Registrierung täglich als elektronische Frühstückspost serviert. Aber es muss jedem klar sein, dass man sich im Internet nun mal präsentieren und aktiv sein muss, sonst steht man ein halbes oder ganzes Jahr für viel Geld winkend im Dunkeln und wird nicht gesehen. Nur ein Foto, die ausgefüllten Pflichtfelder und zwei kurze Sätze (womöglich noch *»Du musst selbst herausfinden, wie ich bin!«*) reichen nicht. Jeder ist auf den ersten Blick nur ein kleines Bild mit wenigen Zeilen in einem riesigen Katalog. Wer möchte, dass mehr daraus wird, muss sich etwas anstrengen, aktiv, authentisch und ein wenig anders sein als die anderen, so wie meine Freundin und ich das seinerzeit versucht haben (Profile am Ende dieses Buches). Hinterfragen Sie sich in regelmäßigen Abständen, lesen Sie Ihr Profil nach einigen Wochen noch mal aus »fremder Perspektive« durch, korrigieren oder ergänzen Sie es, wenn nötig, und geben Sie nach Fehlern oder kleinen Enttäuschungen nicht auf. Hätte ich nach meinen ersten beiden Rückschlägen das Handtuch geschmissen, wäre ich nie an diese wunderbare Frau geraten.

Vielleicht macht es auch mehr Sinn, erst mal für wenige, hoch motivierte Monate zu bezahlen statt für ein antriebsarmes ganzes Jahr, auch wenn der Monatsbeitrag dadurch höher ist. Wenn man in den ersten Wochen richtig Gas gibt, die Mitglieder mit ganzen Sätzen, persönlich und kreativ anschreibt und sich höflich und aufrichtig benimmt, dann ergeben sich schnell positive Erfahrungen. Das ist keine Garantie für den Traumpartner, aber besser als Nichtstun und Selbstmitleid. Und falls der Partner ausbleibt, hat man etwas dazugelernt und weiß, ob einem die Suche im Internet wirklich liegt oder nicht. Vielleicht lernt man sogar nette Menschen kennen, mit denen man sich austauscht so wie ich zeitweise mit Vera, meiner besten Internetfreundin, oder wie meine jetzige Partnerin mit Jens, einem ehemaligen Online-Blind-Date, mit dem sie heute noch regelmäßig Kontakt hat.

Wer seine Mitgliedschaft später verlängern möchte, sollte mit einer Verlängerung des Vertrages bis zu dem Tag warten, an dem die Mitgliedschaft ausläuft. Der Betreiber wird wenige Wochen vorher kleine und zum Schluss größere Rabatte anbieten. Selbst *nach* dem Ablauf der Mitgliedschaft bekommen Sie noch Angebote, zu denen Sie angeblich nicht Nein sagen können. Also ruhig Blut, da rennt nichts weg.

Zum Thema »Single-Events«, die viele Partnerbörsen inzwischen im richtigen Leben anbieten, kann ich keine eigenen Erfahrungen beitragen, weil ich daran nie teilgenommen habe. Aus dem Bauch heraus würde ich jedoch sagen, dass die Wahrscheinlichkeit, dort den richtigen Partner zu finden, rein rechnerisch sehr gering ist.

Abschließend wünsche ich Ihnen als Leserin oder Leser dieses Buches, dass Ihre erhöhte Ortskenntnis Sie ebenfalls irgendwann zu der oder dem Richtigen führt, damit die persönlichen Umwege ein Ende haben. Also die großen Umwege, denn die kleinen wird es immer geben, und das ist gut so, sie halten einen wach und lebendig. John Lennon sagte bereits: *»Leben ist das, was passiert, während Du eifrig dabei bist, Pläne für etwas ganz anderes zu machen.«* Ich möchte diesem Zitat mit aller Bescheidenheit hinzufügen: Einen nicht unerheblichen Teil dessen, *»was passiert«*, können Sie beeinflussen. Seien Sie mutig! Und bitte geben Sie nicht auf! Für das Leben und für die Liebe!

PROFILAUSZÜGE

Jörg ter Veer, Auszüge aus dem Profil von 2010

Berufsgruppe: Angestellter
Ausbildung: Abitur
Familienstand: getrennt lebend
Kinder: 2 Kinder, zeitweise im Haus
Kinderwunsch: Ich möchte keine weiteren Kinder

Vorlieben
Bevorzugte Zeitschriften: Der Spiegel, Essen und Trinken
Die schönste Jahreszeit: Sommer
Bevorzugte Wohnsituation: die ruhige Stadtvilla
Bevorzugte Küche: Italienisch, Asiatisch
Lieblingsurlaub: Sonne und Strand, Städte, Kultur und Kunst
Freizeitbeschäftigungen: Entspannen/Relaxen, Musik hören, Sport aktiv, Sport passiv, Wein, gutes Essen, Kochen
Hobbys/Interessen: Kochen, Literatur, Musik, Wellness, Gesundheit, Wein, Sport
Bevorzugte Sportarten: Radfahren, Fußball, Joggen//Laufen, Wintersport, Triathlon
Musikgeschmack: Chill-out, House, Jazz, Klassik, Funk

Ich über mich

Mein Lieblingsbuch ist ...
»Traum der Vernunft« von Michael Schneider, weil dort die Gratwanderung zwischen Menschlichkeit und Unmenschlichkeit in den Wirren der französischen Revolution mitreißend, eindrucksvoll und nachvollziehbar beschrieben wird – übertragbar auch auf heute! Aber Horst Evers »Mein Leben als Suchmaschine« ist auch klasse.

Ich kann es nicht leiden, wenn …
… Kinder von Erwachsenen ungerecht behandelt oder »allein« gelassen werden, Menschen in Dienstleistungsberufen ebenjene vollends vermissen lassen, Autofahrer so trödeln, dass die Ampel nur für sie noch grün ist, Männer sich mit typischen Männerthemen vollkommen unempathisch in Gesellschaft produzieren, Weine zu warm serviert werden (auch rote!), ich mehrere Nächte hintereinander zu wenig Schlaf bekomme, die Menschen, die sich um Kinder und Ältere in unserer Gesellschaft kümmern, dafür einen Hungerlohn bekommen.

Es macht mich glücklich, wenn …
… ein schöner Morgen einen schönen Tag verspricht, wenn ich weiß, dass mir wichtige Menschen glücklich sind, wenn ich trotz sportiver Erschöpfung Kraft in mir spüre, wenn Wellenlängen passen, wenn Musik oder Worte einen kleinen Zauber entfachen, ein guter Wein gutes Essen mit guten Freunden ergänzt (oder andersrum ☺), wenn ich etwas erlebt habe, was ich nicht mehr missen möchte, und wenn Sonne, Licht und Liebe vorhanden sind. Und wenn die richtige Frau keine Wurstfinger oder künstlichen Fingernägel hat.

Wenn ich ein Kunstwerk wäre, dann wäre ich …
Das kann schnell ungewollt peinlich werden, das sollen andere beurteilen.

Ein ideales Wochenende ist für mich, wenn …
… keine Hektik herrscht, alles im Fluss ist und schönes Wetter noch dazu. Zeit für Sport, Zeit für etwas »Beine hoch«, vielleicht Sauna, Zeit für Tochter, Zeit für kulinarische Höhepunkte, Zeit zum Ausschlafen und natürlich Zeit mit der Dame meines Herzens (Die Reihenfolge stellt keine Prioritätenliste dar!)

Wenn ich mir einen Traum erfüllen könnte, dann …

… würde ich ein unerschöpfliches Zeit- und Geldkonto für Reisen und Unternehmungen anlegen. Ich würde mein Geld 2–3 Tage in der Woche damit verdienen, Kinder zu coachen – beim Sport oder im Alltag (leider kann man damit kaum sein Auskommen bestreiten), außerdem hätte ich weitere 2–3 Tage einen Weinladen mit kleiner Trattoria (oder umgekehrt) an einem schönen Ort, und ich würde Bass und Schlagzeug und Klavier lernen und vielleicht Saxofon – obwohl das immer so ein Gesabber ist … außerdem die Gehälter von Erzieherinnen und Altenpflegern verdoppeln und ein Serum erfinden, das es einem ermöglicht, sich genauso wie ein anderer Mensch zu fühlen – körperlich und emotional … aber hier stand ja nur »einen Traum« …

Am wichtigsten im Leben ist mir …

… Gesundheit und Glück/Zufriedenheit für mich und die Menschen, die mir sehr wichtig sind.

Es bringt mich zum Lachen, wenn …

… etwas WIRKLICH lustig ist – was, das entscheide natürlich immer ich ☺. Helge Schneider und Horst Evers sowie meinen Töchtern und zahlreichen Alltagssituationen ist das schon oft gelungen. Auch mir selbst bei Missgeschicken …

In fünf Jahren möchte ich …

… mitten im schönsten Teil des Lebens stecken.

Das Besondere an mir ist, dass …

… ich einer der Hauptgewinne bin und bereit, für den schönsten Teil des Lebens auch etwas zu tun … Und »Hauptgewinn« ist nicht arrogant gemeint. Erstens bin ich natürlich nicht der einzige, und zweitens weiß ich, wovon ich spreche ☺

Ihre drei Fragen an andere Mitglieder

- Welche Frage würdest Du gerne gestellt bekommen?
- Hast Du schon mal beim Tanzen das Gefühl gehabt, Du bist eins mit der Musik und dem Rhythmus?
- Würdest Du für ein gutes Essen mit tollen Weinen und netten Menschen die Sightseeingtour ausfallen lassen?

Jörg ter Veer, Auszüge aus dem Profil 2014

Produktmanager, 50 Jahre, attraktiv, humorvoll, einfühlsam

»Ich suche eine Partnerin, die – nicht zwingend aber optimalerweise – selbst Kinder hat und die damit einhergehenden Belange und Lebenssituationen selbst erlebt hat. Ich möchte in absehbarer Zeit am liebsten mit dieser Partnerin zusammenleben und den schönsten Teil des Lebens gestalten. Unter Einbeziehung aller Personen und Vorlieben, die uns beiden wichtig sind. Und großzügig sein. Und unser Leben mit Lust, Genuss, Sinnlichkeit und einem täglichen Augenzwinkern bereichern. Außerdem … mein Ernst … mag ich keine künstlichen Fingernägel oder dicke, kurze Finger. Also bei Frauen meine ich. Bei Männern ist mir das egal, mit denen halte ich nicht Händchen. Auch wenn das Glitzer-Shirt auf dem einen Foto so aussieht. Aber die Glitzer-Shirt-Geschichte erzähle ich nur persönlich und den von mir ausgewählten Personen ;-))

Und – um das klärend hinzuzufügen – Frauen mit kurzen, dicken Fingern sind keine schlechteren Menschen. Ich mag dies nur genauso wenig wie manche Frauen Bart oder Glatze bei Männern. Und das ist bei der Partnersuche ja legitim, finde ich. Für eine Brieffreundschaft wäre das natürlich kein Kriterium. Aber dafür gibt es glaube ich ein anderes Portal.

Das tue ich am liebsten in meiner Freizeit:

Lesen, ausgehen/Freunde treffen, meinen Hobbys nachgehen

Diese Themen interessieren mich:
Sport, Theater, Literatur, Musik, Kochen, Wein

Sport:
Schwimmen, Radfahren, Skifahren, Joggen, Triathlon

Urlaub:
Badeurlaub, Sport- und Aktivurlaub, Städtereisen, Erholungsurlaub, am Meer, in den Bergen, Schönheits/Wellness-Urlaub

Instrumente, die ich spielen kann:
Blockflöte natürlich ☺☺ und ich habe mal Keyboard/Computermusik gemacht in den 80ern, jaja …

Musik:
Symphoniekonzerte, Kammermusik, Ethno, Jazz/Blues, Rock/Pop, Dance

Wenn man mich aufheitern will …
… muss man sich mir nur ein wenig zuwenden oder mit intelligentem, liebevollem Humor agieren. Aber meistens muss man mich nicht aufheitern.

So würde ich mein Äußeres beschreiben:
Sportlich, ansehnlich oder so was, gepflegt und eher modisch-leger gekleidet … aber wer meine Fotos sehen möchte, kann sich gerne melden … obwohl das echte Leben ja erst der richtige Eindruck ist. Und natürlich sehe ich deutlich jünger aus, als ich bin. So wie vermutlich 94,2 % aller Männer (und Frauen) in diesem und allen anderen Portalen auf unserem wunderschönen Planeten.

Eine schräge Angewohnheit von mir:
Ich glaube nur an Sternzeichen, wenn es mir in den Kram passt ☺.

Mit Jungfrau und Aszendent Schütze stehe ich allerdings nicht ganz schlecht da … ist meistens vielleicht sicherlich eine Traumkombination.

Wer mehr will: Jeden Tag Füße eincremen und Gesichtscreme

Außerdem: Eine Fliege im Zimmer möglichst zum Fenster rausjagen. Mücken (süddeutsch: Schnaken) will ich meist sofort erledigen.

Ein Ort, an dem ich mich besonders wohlfühle:
Es gibt Städte, die mir das Herz sonnig machen – Heidelberg oder Marburg zum Beispiel und auch Teile meiner Heimatstadt Düsseldorf. Ansonsten meist Orte, an denen es »weit« ist – am Meer, auf einem Berg. Und in Italien an vielen Orten, z. B. in den Städtchen an den Seen – traumhaft. Da kann ich sitzen und nichts sagen.

Ohne das kann ich nicht leben:
Liebe, Licht, Gesundheit, Sport, Wein und gutes Essen und Humor natürlich.

Ein Tag ist für mich perfekt, wenn …
… er z. B. ein Wochenendtag ist, ich genug geschlafen habe, mit »ihr« zusammen langsam aufwachen kann, vielleicht Sport, entspannt frühstücken, und wenn trotzdem noch genug »Tag« da ist, der sich vor mir und meiner Liebsten ausbreitet, damit wir uns hineinstürzen – wie auch immer. Kann auch ein Film auf dem Sofa sein oder shoppen (ja, das kann man mit mir) oder Sauna oder schöne Orte besuchen oder Kino oder Klassikkonzert oder gut kochen oder Weinprobe oder schlag Du was vor.

Diesen Urlaub vergesse ich nie:
Mit 18 eine Fahrradtour von Düsseldorf nach Den Helder (Nordspitze Holland). Auf der Hinfahrt Gegenwind und Schauer. Dort 7 Tage Regenwetter auf dem Campingplatz, alle Klamotten waren

nass, und wir haben in der Touristeninformation jeden Tag zwei Tassen Kaffee getrunken, weil günstig und ein Keks umsonst. Ein Traum!

Rückfahrt über den 30-km-Damm am Ijsselmeer – Regen und Gegenwind morgens um sechs. Ich habe laut geweint und geschrien und geschworen, zufrieden zu sein, wenn ich im Leben ein Bett und ein Dach über dem Kopf habe.

Wenn ich schlechte Laune habe …
… geht diese meist auch schnell wieder vorbei.

Darüber kann ich lachen:
Helge Schneider live (ich sagte LIVE, nicht »Katzeklo«), Horst Evers Bücher, natürlich mich selbst und wenn Kinder etwas total Beklopptes ganz selbstverständlich machen. Und jeden Tag sowieso.

Ein positives Merkmal von mir:
Ich kann zuhören. Und ich frage nach, wenn ich etwas nicht verstehe.

Ich reagiere allergisch auf:
Mittelspurfahrer, die die Autobahn für alle anderen halbieren, Kegelklubhumor, Menschen, die sich unempathisch in den nicht zugestandenen Mittelpunkt labern, aufdringliche, in ozeanischen Ausmaßen aufgetragene Parfüms, zu warm servierte Weine (auch und gerade Rotweine), brachiale Gewalt- und Horrorfilme, unterirdische Essgewohnheiten und natürlich Arroganz, Verlogenheit usw.

Als Kind war ich der festen Überzeugung, dass …
… der große Bleistift, den man mir bei der Sparkasse Düsseldorf mit den Worten »der kann keine Fehler schreiben!« überreichte, wirklich keine Fehler schreiben konnte. Das erste Wort schrieb

ich absichtlich falsch und war wirklich sehr enttäuscht. Aber inzwischen habe ich verstanden, dass fehlerloses Schreiben erst mit dem iPhone möglich werden konnte.

Ich würde nie …
… Kinder schlagen oder demütigen. Bei schönem Wetter in Lederkombi stundenlang auf einem Motorrad sitzen. Alles aufschreiben können, was in diese Rubrik gehört. Niemals nie sagen finde ich allerdings zu gewagt, auch wenn ich verstehe, was damit gemeint ist ☺.

Ich wünschte, ich könnte …
… fliegen, denn das träume ich sehr oft, und es ist klasse. So wie Tauchen, nur oben in der Luft. Und ich wünschte, ich könnte ein Serum entwickeln, mit dem man sich in andere Menschen hineinversetzen kann und somit deren Körpergefühl und Emotionen nachempfindet. Und dabei geht es mir um Verstehen und nicht um Manipulation, wie manche schon dachten. Und Schlagzeug, Bass, Klavier und Saxofon spielen. Lerne ich vielleicht noch, mal sehen …

Drei Dinge, die mir wichtig sind:
Intelligenter Humor, alberner Humor, gutes Essen und guter Wein, Luft, Liebe, Leben, Licht, Humor, Stil, gepflegtes Äußeres, Sport, Sonne, Strand, Meer, Humor … äh … waren das schon drei? Ach ja, Ernsthaftigkeit ist mir durchaus ebenfalls wichtig, wenn sie angebracht ist.

Auszüge aus dem Profil meiner Freundin (2014):

43 Jahre, attraktiv, humorvoll, weltoffen, schlank
Getrennt lebend, 2 Kinder (2 im eigenen Haushalt)

Ich bin ein einfach unglaublich angenehmer Mensch und zudem auch noch ziemlich witzig, sexy, anschmiegsam, unternehmungslustig und manchmal leider auch total unentschlossen, aber dennoch fähig, Entscheidungen zu treffen.

Eine schräge Angewohnheit von mir:
Ich klopfe nachts im Schlaf mit dem Fuß!!! Schrecklich, aber wahr! Und ja, das ist gefährlich!

Diesen Urlaub vergesse ich nie:
Meinen Türkeiurlaub vor vielen Jahren mit meinem Bruder. Rucksack auf und los ging's. Ich wäre fast an einen Türken verkauft worden, hätte dann für den Rest meines Lebens Melonen ernten müssen. Zum Schluss habe ich noch meinen Flieger verpasst und – ach egal, ging alles gut aus, und der Urlaub war unvergesslich und trotz allem auch schön.

Ein positives Merkmal von mir:
Ich denke nicht nur aus meiner Perspektive.

Darüber kann ich lachen:
Über Martina-Hill-Sketche, Menschen mit ganz feinem Humor, Situationskomik mit einer Freundin, über die wir uns danach noch stundenlang lustig machen … ach, und vieles mehr!

Diese Person würde ich gerne einmal treffen:
Ich geb's zu … Robbie Williams.

Ich wünschte, ich könnte ...
... richtig gut singen! Ja, mich berühren schöne Stimmen so sehr, ich würde das auch gerne können.

Ich reagiere allergisch auf:
Menschen, die nur das Schlechte in allem sehen, sich über nichts freuen können ... und Kiwi.

Drei Dinge, die mir wichtig sind:
Natürlich erst mal meine zwei Mädels, ja und dann kann ich einfach nicht sagen, was mir ansonsten so wichtig ist, dass ich es hier in den Vordergrund stellen will. Was ich auf jeden Fall suche, ist ein Mann, der – jetzt kommt's – fähig ist, zu lieben und geliebt zu werden, und außerdem soll er mich natürlich auf Händen tragen, jeden Wunsch von den Augen ablesen, mir mit zweistündigen Öl-Massagen Vergnügen bereiten, gut kochen, mich zum Lachen bringen können und und und ☺☺

So würde ich mein Äußeres beschreiben:
Mein Äußeres ... hm ... ich find ja mein Inneres auch nicht schlecht

Frühaufsteher oder Morgenmuffel?
Auf jeden Fall Spätinsbettgeher – aber kein wirklicher Morgenmuffel.

Wenn man mich aufheitern will ...
... muss man sich nur über mich lustig machen. Na ja, kommt auf die Situation an.

So passen Sie zusammen:

Ihr Matching-Ergebnis ist gut. Ihre Persönlichkeiten passen gut zueinander. Dazu können Sie in Ihrer Partnerschaft im Hinblick auf

Vorlieben und Gewohnheiten Harmonie im Alltag erwarten, und Sie haben besonders viele gemeinsame Interessen und Hobbys – ein echtes Plus.
Es wird Ihnen viel Freude bereiten, Ihre Freizeit zu zweit zu gestalten. Wir empfehlen Ihnen, Kontakt aufzunehmen.

Entwicklungspotenzial:
Trotz Ihres guten Matching-Ergebnisses von 106 Punkten könnte die Kombination Ihrer Kommunikationsstile Ihre mögliche Partnerschaft beeinträchtigen. Schauen Sie, wenn Sie eine Beziehung eingehen, ob Sie gemeinsam einen Weg finden, damit umzugehen oder etwas an Ihrer Kommunikation zu verändern.

DANKE

Dieses Buch ist meine zweite Veröffentlichung, aber eigentlich mein erstes Buch, denn die hier geschilderten Erlebnisse veranlassten mich seinerzeit dazu, mit dem Schreiben anzufangen. Aus diesem Grund bin ich – auch wenn es sehr kitschig klingt - ausnahmslos allen Menschen dankbar, die mit dieser Zeit und diesen Erlebnissen in irgendeiner Art verwoben sind. Und: Vater zu sein hat mir gerade damals viel Kraft gegeben, auch wenn meinen Töchtern das (glücklicherweise) nicht bewusst war.

Für wertvollen Zuspruch, Zeit und Anregungen danke ich Gia Nakat, Sybille Riegger Gnamm, Annette Schmidt, Mathias van Hulst, Frauke Poolman, Ines ter Veer, Uschi ter Veer, Claudia Meyer, Suse Wirtherle, Manuela Munz, Helga Ferber, Hans Mikasa, Sabine Kroker-Hohmann, Claudia Pietsch, Jule, Mia, Masha und Mila und natürlich Mayla und Johanna sowie meinen Brüdern.

Ein großes Dankeschön auch an »Nele Fotografie« – unter anderem für dieses eine lebensentscheidende Foto. Außerdem danke ich Oliver Schwarzkopf, Martin Brinkmann und Ulrike Bauer für die wunderbar entspannte und konstruktive Zusammenarbeit, Ulrika Rinke für nicht selbstverständliche Zeit und glasklare Worte sowie Saskia Heintz für kleine Tipps mit großer Wirkung. Und Martina für dieses Meer aus positiver Energie, unerschöpflicher Neugierde, Humor und Liebe.

JÖRG TER VEER, geboren 1963 in Düsseldorf, lebt bei Heidelberg. Die Partnersuche nach gescheiterter Ehe war für den zweifachen Vater zwischen Job, Haushalt und Kind anfangs ein Buch mit sieben bis acht Siegeln. Dass er heute wieder in einer glücklichen Beziehung lebt, ist dem Mut zum ersten Schritt, ein paar Fehlern und einer letztendlich erfolgreichen Mischung aus Sehnsucht, Naivität, Humor und Beharrlichkeit zu verdanken. Sein Buch HOW TO SURVIVE SCHEIDUNG ist ebenfalls bei Schwarzkopf & Schwarzkopf erschienen.

Jörg ter Veer
»WIR SOLLTEN UNS KENNENLERNEN!«
Eine zu 99 % wahre Geschichte über meine atemberaubende Partnersuche nach der Scheidung

ISBN 978-3-942665-28-5

VERLAG
Schwarzkopf & Schwarzkopf Media GmbH
Kastanienallee 32, 10435 Berlin
Telefon: 030 – 44 33 63 00
Fax: 030 – 44 33 63 044

INTERNET | E-MAIL
www.schwarzkopf-schwarzkopf.de
www.facebook.com/schwarzkopfverlag
info@schwarzkopf-schwarzkopf.de